东北大学 往事

张在军 著

1931-1949

九州出版社 JIUZHOUPRESS | 全国百佳图书出版单位

图书在版编目（CIP）数据

东北大学往事：1931-1949 / 张在军著. -- 北京：
九州出版社，2017.8
ISBN 978-7-5108-6016-4

Ⅰ．①东… Ⅱ．①张… Ⅲ．①东北大学－校史－
1931-1949 Ⅳ．①G649.283.11

中国版本图书馆CIP数据核字（2017）第243397号

东北大学往事：1931-1949

作　　者	张在军　著
出版发行	九州出版社
地　　址	北京市西城区阜外大街甲 35 号（100037）
发行电话	(010)68992190/3/5/6
网　　址	www.jiuzhoupress.com
电子信箱	jiuzhou@jiuzhoupress.com
印　　刷	三河市九洲财鑫印刷有限公司
开　　本	787 毫米 × 1092 毫米　16 开
印　　张	22.5
字　　数	300 千字
版　　次	2018 年 1 月第 1 版
印　　次	2018 年 1 月第 1 次印刷
书　　号	ISBN 978-7-5108-6016-4
定　　价	48.00 元

作者在西安事变纪念馆

序一：中国学术研究的希望

谢　泳

　　在军是我没有见过面的朋友。前些年他每有新著出版，都不忘寄我。初期我以为他是职业研究，后来了解多了，才发现他对民国高校的兴趣和热情完全发自内心，所有研究都是自己选题，一切经费也都是自己负责。

　　我也多次想问在军，他研究民国大学的原初动力来自何处，个人花费近十年的精力选择这个难题，其中乐趣何在？但终于是没有问，我只读他的书。先是一本关于武汉大学的研究，后来就是这本关于东北大学的研究，他还有写西北联合大学的学术计划，可以称得上是雄心勃勃了。说实话，就是专门在学校和研究所的职业研究者，也很少有在军这样的持续研究热情，我想这也许才是中国学术研究的希望。

　　中国科学界有所谓"民科现象"，那些人试图用自己的研究力量来解决科学研究中的一些重大问题，他们一般都没有受过严格的科学训练，也不在专业的研究机关，但他们就是有天生的好奇心。因为民间科学研究者多没有受过相应的专业训练，所以在中国科学界有很多嘲笑他们的人。2004 年夏天，我曾在中国科学院自然科学史研究所做过一年访问研究，对"民科现象"稍有耳闻。这些人有明显的短处，但在整体上我反对科学界有些人以专业训练歧视他们，因为道理非常简单，这些人对科学的热情和兴趣发自内心，是一种痴迷的知识追求，有时候在职业科学家看来难免有好笑处，但在知识面前没有傲慢，没有专业训练不等于对知识没有热情或这种热情中没有一点可取之处，还有就是这些民间科学爱好者绝对没用国家的经费，总比无端空耗公帑的研究者在道德上更高尚。我甚至认为在知识追求上最后无功而返也不是什么坏事，也是人生时光的一种流逝方式，古人说不为无益之事，何以遣有涯之生大概就是这个意思。

人文社会科学界的"民科现象"则是另外一回事，因为学科特点，人文社会科学界对专业训练要求并不很严格，有些业余研究往往比专业研究做得还好，此类事在自然科学界少有，但在人文社会科学界却极为常见。我自己虽然得朋友关照，中年后到了大学里混饭，但之前我也是纯粹的业余研究，业余研究的好处就是完全凭兴趣而无功利。

在军的研究放在专业研究中毫不逊色，当然这是我个人的判断，我的偏见是对知识有兴趣，自然也就有能力，无兴趣则无能力。

大体来说，在军的学术研究可放在一般高等教育史范围，也可放在校史研究里，但我更愿意将在军的研究作为历史研究看，因为他的研究中寄托了他对现实的很多判断和关怀，他对历史真相的探索有相当清晰的时代感受，他选择的民国大学均有他个人的情感寄寓其中。就选题来观察，在军这几个选题通常都只能以集体力量才可完成，比如像东北大学这样的题目，就是动员有关联的高校当重大课题来完成，也不是件容易的事，而在军以一人之力完成，可以想见其人的努力与热情。

2016 年 10 月 30 日

序二①

臧英年②

　　我很佩服此书作者张在军先生的远见、执着和成就，写出这本好书，在一个起伏动荡的大时代下，用东北大学的历史为主轴和牵引，就事论事，影射全局，发人深省，引人慎思。

　　从 1923 年 4 月 26 日沈阳东北大学建校直到 1950 年春季解体的过程，十足反映出在中国动乱的大环境里一所高等学府如何挣扎求生，千辛万苦，流离失所，校址多迁；东大师生员工如何尽其在我、坚忍不拔地建校、护校、迁校、兴校不已。针对这一个情况进行思量，我们应有何领悟和推论呢？

一、张氏父子的可贵

　　论及东北大学就必然要讲到建校的张作霖和张学良父子。他们的具体成就是：

　　1. 科教兴国付诸实施。张作霖是草莽英雄，和文人学者相去甚远，但是他看到若在东北可以办一座高等学府，就自然增加了振兴东北、科教领先、实力加强、

---

①　此为繁体字版《战乱与革命中的东北大学》序言，遵照作者臧英年先生意见，收入本书时有所删减。

②　臧英年，1932 年生于天津，原东北大学校长臧启芳的次子。近数十年来以美籍华人身份推动中美民间交流，义务献身大陆控制烟害工作，倡言海峡两岸合作、和解、统一。在台时他曾担任何应钦将军的上尉侍从官出访欧美。1967 年赴美后曾任华盛顿大学钓鱼台运动委员会主席，全美华人协会西雅图分会会长等职。现在北京担任吴阶平医学基金会控烟项目召集人、中央电视台和中国国际广播电台英语节目时事评论员。

抵御外敌的力量。拥有这种见识，又拍板兴建东北大学是难能可贵的。少帅张学良秉承父志，加以跟进，便也是锦上添花，相得益彰。

2. 捐钱助学自解私囊。这是张学良的作为，他把钱花在刀口上，是恰得其所、恰得其时，充沛了东大的实力和建设，可以吸引全国著名教授前来就职，各执教鞭，也给就读学子创造了理想的学习环境。九一八事变前，张校长资助数十名毕业成绩优秀的学生前往美、英、德三国深造。他们学成返国后不少成为名师，在教育界贡献良多。

3. 敦请学者建设学府。张学良有自知之明，了解教学要敦请学者专家主持，对教务的运作他就不加过问。先父臧启芳于 1926 年春执教于东北大学，后任法学院院长，其他各院的院长也都是欧美深造学成返国的称职学人。

4. 爱护学生全力以赴。20 世纪 30 年代在北平和西安数次学运启动，学生走上街头和军警对峙时，流血事件一触即发，张学良都亲自出马，疏通当局，安抚学生，化解对抗。东北大学迁校时，他也用心支持，力促其成。

5. 金玉良言余音犹存。他对学生讲话时都一再强调自省在先，自强在后，怀技在身，报国有日。对国家式微外敌入侵的看法也是"物必自腐而后虫生"和"自力更生强敌却步"。这都是掌握要点，一言中的。

二、后继有人的贡献

东大建校后最初的三位校长是王永江、刘尚清和张学良。其后以代校长身份主持校务的有宁恩承、王卓然和周鲸文。其中宁恩承和周鲸文对东大的建设颇有贡献。九一八事变时东大情势告急，宁恩承安顿校务，临危不乱，坐镇校园，最后撤离，令人敬佩。20 世纪 90 年代末，我曾多次路经旧金山，去看望宁恩承老先生，我们坐谈终日，说南道北，其乐无穷。周鲸文于 1936 年在北平期间受到敦请，主掌东大校务数月，也发挥了稳定和改善校局的正面效果。如今我和他的儿子周昆交往不断，也进一步了解到周鲸文爱校和爱国的情思。

三、先父掌校的作为

正如本书作者张在军所言，先父臧启芳是主掌东大校务任期最长的一位校长。他1937年到任，1947年离职，主持校政达10年之久，又面临了东大多次迁校（北平到开封，到西安，到三台，返沈阳）和长期办学的严峻考验。我觉得先父对东北大学的贡献有以下各点：

一是临危受命，继往开来。张学良因1936年西安事变兵谏后遭受软禁，东大失去领导，陷入群龙无首的困境，难以自拔。停办东大的声浪已风云大作，此时先父坚持立场，力陈东大不能停办的理由。后经挚友齐铁生推荐，上峰同意，先父于1937年1月接掌东大校务，离开江苏省无锡区督察专员任所。这既是一个维持东大继续生存的要务，也是一个引人指责的根源。有些东北人士，包括东大师生，认为这一任命是中央政府要从张学良手里抢走东大的指挥权，用CC派（注：指国府要员陈果夫、陈立夫两兄弟）背景的先父介入，达成任务。殊不知先父不是求名求利，而是用心良苦地要维持东大存在，让家乡子弟有就学和栖身之所。先父曾在陈果夫（时任江苏省主席）麾下任职，也是陈氏有"知人善任"之贤，而非"自成派系"之私。（那时日本已霸占东北，陈氏乃启用先父和王德溥等东北名士在江苏省任职，先父在江苏先后主政盐城和无锡两行政督察区，政绩良好，市民称庆）

东北大学面临第二次存亡危机是于1937年在西安立足后，又有上峰指令东大西迁到青海的蛮荒之地，果应命实施，大多数教职员是不会前往的，东大的命运也自然中止了。先父的应变措施是及时在四川三台获得了当地县长郑献徵的支持，而迁校入川，先斩后奏，在木已成舟的情况下也获得教育部的追认。这一奋斗的成功又来之何易呢。总之，先父要维护东大的存在，是志在必成，尽其在我的。

二是唯才是用，公正透明。先父掌校任职的准则是："我聘请教授一向无畛域之见，我所求的是学问品格，不问他是哪校出身，哪省人士，哪国留学，这可以从先后在东大任教的教授名册中看出来。"此一准则实施的结果是,群贤毕至,饱学之士纷纷到来,使东大成为众多优秀学人的荟萃之所,而让学生们获益匪浅。有名师在校,东大教学和研究的领域也不断发展,让东大进入国内一流学府之列。

三是百鸟齐鸣,百花齐放。先父全心全意在学校提倡思想开放,学术自由。各种社团和活动,各种观点和展示都蜂拥出现,各擅胜场,不一而足。要维持这种风气和环境,是需要见识和勇气的。再有,1943年东大首先响应"十万青年十万军"的号召,有数十位同学弃笔从戎,加入了青年军,其中也包括了正就读东大的我的大哥臧朋年。

四是清廉正直,树立校风。先父以身作则,不贪一分钱,不做一点假。每逢上级检查单位到东大查账审阅,都是账目分明,一丝不苟,迅速查明,圆满结束。那时,校长之职也是收入菲薄。在三台八年的抗日期间,家中变卖了以往收藏的略有价值的物品,补充家用。家母手存的一些金银饰物也全部投入"献机救国"的行动里。

五是事成身退,有始有终。抗日战争胜利后,先父以东大校长、教育部特派员和东北行营教育处处长三重身份前往东北,接收东北教育设施和恢复教育运作。只可惜那时国共内战已经爆发,接收大员,先父除外,大多滥权贪腐,这便也加速了国民党失败,败退台湾的进程。先父见大势已去,难以作为,便于1947年4月辞去东大校长之职,再于1948年12月率未成年子女过上海,迁厦门;1949年6月告别大陆,渡海赴台了。1950年秋我在台湾考取了台湾大学和"海军机械学校",为了减少先父的经济负担,决定投入免费就学的"海军机校"。其后在中国台湾海军服役达十三年。

今年9月我的译著《进攻日本》一书经广西师范大学出版社发行问世,书中内容阐述了"二战"时期日军在亚太地区的暴行及美军投掷原子弹的真相。我在书内的"献词"里写下:"谨将此译作献给先父臧启芳和先母臧王淑清。他们树立了爱国护家、心胸坦荡、助人为乐、正直高尚的典范。"

四、作者著书的成就

我细读此书，得知作者张在军先生写书的准备很完善，写书的"本钱"很充足。他有丰富的民国教育史研究写作的经验，为写书收集参阅和整理了大量的资料，此书也编排有序，顺畅易读，全书问世补充了研究东大校史的一些空白，并引发了读者的深思和感叹。

书内出现了一些长住大陆的东大校友过往的陈述，他们有的指责先父"夺权谋利"，有的放言先父"贪污腐化"，有的推论先父"为何反对张学良"……我要认真地告诉他们，这都是隔雾看花，难窥其实。我和书中提及的不少人都曾直接交往，畅所欲言，其中包括宁恩承、白世昌、金锡如、殷宝璜、郭衣洞（柏杨）、徐放、于学谦和许多赴台东大校友，他们对先父的观察、理解和公正评价应该更有依据和令人取信。

2014 年 11 月，北京

目 录

引言：这是一部国难史

高粱叶子青又青，九月十八来了日本兵；

先占火药库，后占北大营。

中国的军队好几十万，恭恭敬敬地让出了沈阳城。

——《九一八小调》

1931 年 9 月 18 日晚上，日本关东军的一声炮响，让东北大学成为近代中国第一所流亡大学。

东北大学校长办公楼

　　从此，东北大学师生背井离乡，流离燕市，转徙长安，借住开封，南渡潼川，及至抗日战争胜利之后复员沈阳，辽沈会战打响之际再迁北平，最后在 1949 年解体。

　　十八年的流亡路，让东北大学成为中国流亡时间最长的大学，堪称中国最苦难的大学。

　　东北大学的命运，始终与"不抵抗将军"张学良联系在一起。东北大学因张学良而发展、壮大，也因张学良而流徙、衰败。

　　东北大学的命运，也始终与国家的命运联系在一起。从东北沦陷、华北危局、西安事变，直到迎接北平解放，都有东大的身影。

　　东北大学走向流亡之后，其命运经历了两大转折点：

　　1937 年 5 月，国民党政府教育部对东大进行"整顿"，改为国立；

　　1949 年 2 月，中共东北局教育部对东大进行调整。

　　东北大学的命运，就是东三省的命运。东北大学抗战中的流亡史，其实就是一部国难史。

第一章　流离燕市（1931.9—1937.2）

> 我的家在东北松花江上……
>
> 九一八，九一八，从那个悲惨的时候，
>
> 脱离了我的家乡，抛弃那无尽的宝藏，
>
> 流浪！流浪！整日价在关内，流浪！
>
> ——张寒晖《松花江上》

一、炮弹从校园上空飞过

1931 年 9 月 18 日这天下午，美国木德博士来东北大学讲演，晚上 7 时，校秘书长、代校长宁恩承[①]招待他在市内青年会西餐部吃饭。饭后八时半宁恩承返回北陵校园，路经工业区接近日本附属地，有日本巡捕三三两两，拿着灯笼，沿街巡察。汽车经过时，他们提着灯笼看着，并未阻拦。宁恩承以为出了抢劫案件。日警巡查街道是常有的事，不以为怪。9 时到家，按平时一样 10 时就寝。

刚进入睡梦中，忽然一个极大的爆炸之声，声震屋宇，窗门动摇，宁恩承被震醒了。他以为东北大学工厂锅炉爆炸了，立即打电话询问工厂看守人员，他们

---

① 1931 年 3 月 2 日，东北政务委员会决定废除东北大学副校长制，设秘书长一人。张学良特邀宁恩承任秘书长，代行校长职务。宁恩承（1901.3.18—2000.2.15），辽宁省辽中县人，少时牧猪，十岁进学堂，后来考入南开大学。1925 年受张学良资助赴伦敦大学和牛津大学专攻财政金融学；1929 年回国任沈阳边业银行总稽核；1930—1933 年任东北大学秘书长、代张学良主持校务，使东北大学走向鼎盛。后任华北四省税务局局长、财政部顾问、中国农业银行总稽核、沈阳世和公银行总经理等要职。1950 年赴香港创办书院，1959 年移民美国。

1

回答说工厂平安无事。他大
为惊异，这爆炸是什么呢？
由哪儿来的？宁恩承披衣出
门，在门口大道上西望，只
见新月当空，一般夜景，寂
静如常，没有发现什么异样。
再打电话问问学校各部门，
也没什么消息。

九一八事变前的北大营

　　宁恩承沿着大中路走向
校长办公楼的灰楼，一边向西走，一边想这大爆炸究竟是什么事呢？心思起伏，
务要寻求爆炸之源。他后来在回忆录中写道：

　　我方走到办公楼门前十码，忽然一个大炮弹经我头上飞过，一道火光，索索
作响，由西向东如流星一般飞去。夜深人静，大炮弹由头上掠过，声音特别清晰。
我不禁大吃一惊，知道大事不好了，日本人开始攻打我方驻军北大营。我急忙入
办公室打电话给大帅府荣臻参谋长，问明是什么事。荣参谋长是沈阳的留守司令，
代理张学良主持东北一切军务。我向大帅府打电话打了许久，只听对方铃响，没
人接话。我再打电话给省主席臧士毅。他先问我："学生全在校吗？"我说："全
已睡觉了。"他说："日本人攻打北大营，学生不要闹事。"

　　"日本人攻打北大营"一句话，比大炮弹由头上飞过更可怕。我立即惊觉发
生了大事。我再打电话给教育厅长兼省府秘书长金静庵，他也说日本人进攻北大
营，他还力说必须管好学生，不可让他们出校闹事，国难当头，我们必须忍辱
负重。①

　　巨大的爆炸声同时也惊醒了东北大学的一些学生，据文法学院的何浚洲回忆：

---

　　① 宁恩承：《百年回首》（沈阳：东北大学出版社，1999 年），第 236—237 页。

1931 年 9 月 18 日晚十点多钟，我正在东北大学文法院宿舍酣睡，突然被爆炸声惊醒，和一些同学到院中仰望看见天空中一发接一发的炮弹，从日本站附近射来，经过我校上空，落在北大营方面。爆炸声惊天动地，浓烟四起。少许，犹出现绿色火焰，响如鞭炮，大家都怀疑是北大营火药库被炸起火了。继而由北大营也发出枪炮响声，过了半夜时，炮火逐渐星稀。满院师生纷纷议论：有的说这一定是日本鬼子侵略行动，有的说好像前几天那样的日军演习，有的说是部分日本鬼子的暴动，吵吵嚷嚷，不一而足。正在莫衷一是的时候，周天放、臧启芳[①]二位院长来到，说这可能是日本鬼子又要什么花招。现在电话不通，究竟是什么事，还不清楚，不要在院中乱嚷，要镇静，要躲在暗处，千万不要深夜外跑，免遭意外，给同学们一番安慰。[②]

日军攻打北大营是件紧急大事。东北大学邻近北大营。作为一校之长，宁恩承必须采取一切紧急行动应付危局，他立即召集事务人员李莅、敖世珍两人，吩咐他们把所有的马灯、孔明灯集中起来，排在体育场附近，把体育场的更衣室全部打开。宁恩承的计划是，如果学校的电源被日军破坏，全校昏黑了，把孔明灯点起来，由女生宿舍沿路设灯，把二百个女生由宿舍领到体育场的更衣室暂避。学校体育场是钢筋水泥建筑物，可以防枪防弹。"东北大学女生宿舍中二百名女生是最大的危险品，日本军人如果攻入我校，后果不堪设想"，宁恩承想："如果二百女生有了安全地带就减少我心中最大忧虑了。二千多男生任他们各自照顾自

---

① 臧启芳（1894—1961），字哲先，又字哲轩，号蛰轩。辽宁盖平人。1912 年入南京民国大学。翌年，转读北京国民大学（后易名中国大学）商业预科。1919 年应文官高等考试，分发北京政府财政部实习。旋赴美国留学，研究财政学、经济学。1923 年返国，任中国大学经济系教授。1925 年任商务印书馆奉天分馆经理。1926 年兼东北大学教授，1928 年任东大法学院院长。1930 年 10 月任天津市市长。1934 年起先后任江苏省第四区、第二区行政督察专员。1937 年 1 月至 1947 年 10 月，任国立东北大学校长。1948 年任财政部顾问、中央大学教授等职。1949 年去台湾。著有《经济学》《蛰轩词草》。译有《经济思想史》等。

② 何俊洲：《"九一八"历难记》，政协辽宁省文史委编：《"九一八"事变·抗日烽火》（辽宁文史资料精粹第三卷）（沈阳：辽宁人民出版社，1999 年），第 102 页。

己，其不能照顾自己、维护自己的男生，听天由命。"

11 时后，月儿西下，夜色渐渐阴沉了。日军的大炮每隔几分钟有一次，每次经东北大学上空飞过。假如炮弹落下校园，房屋着了火或伤了人，如何处理。宁恩承找到东大校医刚时大夫，请他留守在家里，听候电话，预备救死扶伤。

11 时半以后，宁恩承巡察了女生宿舍，告诉管理员金陟佳在危急之时如何领女生去体育场暂避。事实上大多数女生已沉入睡乡，没听得炮声，因为炮声在十里以外，门窗紧闭，已酣睡的年轻姑娘，这时还不知外边发生了惊天动地的大事。

随后，宁恩承命令学校工厂看守人员把易燃物品移到较安全地带。理工楼化学室中爆炸性的药品，加封隔离以免扩大燃烧。

12 时再打电话给大帅府、省政府、教育厅，均没有人接电话了。"我自知已陷入孤立绝援之地了。12 时半，我走出办公楼，心思沉重，踽踽独行，返回校长宿舍途中，遇见几个学生，问长问短，我强颜为笑告诉他们，日本人攻打北大营与我们无关，一切措置我已有办法，不必害怕。苗可秀是我在途中遇见的学生中之一，他向我说：'我们必须沉着谨慎'，他是中国文学系的学生，后来率领义勇军抗日三年，身经百战，为敌所获，杀身成仁。他建议'沉着谨慎'虽嫌空泛，仍算有主张的人。"[①]

凌晨 1 时以后，炮声已停，只听远远的机关枪声。校园里万籁无声，宁恩承独坐房中，心绪万端，感到疲劳。2 时以后，便和衣睡着了。

二、国难当头，士报国恩

9 月 19 日清晨，东北大学许多教授来宁恩承宿舍打听消息，有些惊慌失措。一位教授说："这样严重时候，秘书长还能睡觉？"宁恩承说："不睡觉我们抱头大哭也不能解决问题。"

5 时后，宁恩承客厅已挤满了惊慌的教授和学生。校园中没有落炮弹，更没

---

① 宁恩承：《百年回首》（沈阳：东北大学出版社，1999 年），第 238 页。

有抢劫，表面上一切平安。只是大难临头人心恐慌，好像处于台风的中心风眼之中，虽然风眼中有一小块的安静，四周狂风暴雨冲杀之力正在施虐。

宁恩承决定 6 时召开全校大会，报告时局消息。未到 6 点，理工大楼已挤满了人，学生、教职员、工人、巡警全都来了。宁恩承开始向他们郑重地讲话：

留英时的宁恩承

昨晚十点半日军攻打北大营。半夜十二时以后，大帅府、省政府已经没有人接电话。现在北大营火光冲天，正在燃烧之中，你们全可看见。我的消息，只是这一点点。

日本在沈阳驻军只三千人，攻打北大营、兵工厂，占领省政、大帅府，尚感人手不足，大概不会派兵攻占我们大学文化机关。我们目前的安静［按，疑为"安全"之误］不成问题，将来如何发展，会发生什么危险，那就不可知了。我和诸位一样，同在校园，没有特别消息可以奉告，只是大帅府、兵工厂、北大营全被日本小鬼攻占了，我将尽我的一切能力维护东北大学，给教授学生提供一切安全办法。如有任何逃生之路，我一定告诉你们，我要尽我全力来帮助你们。

我在英国上过学。英国是海岛之国，远航渔船常有沉船。英国人有一传统，一艘船将沉没的时候，船上的妇女小孩先下船，先上救生艇，其次是男的乘客，再次是船工水手，最后是船长。如果船沉得太快，船长来不及逃生，这船长就随船沉入海底。今天我是东北大学的船长，我们这条船处在风浪之中，不知要有什么危险。我向诸位保证，我一定遵守英国传统，筹划安全出险办法，如果遇上危险，逃生的次序一定按我所说次序实行：妇孺先离船，其次是教授学生，再次是职工，我是永守舵位，尽力让大家先逃生。

中国向有国家养士的传统。古人说"士报国恩"，今天国难当头，我们全是一国的善士，应有"士报国恩"的准备。如果暴风暴雨不久就过去了，大家平安无事岂不好。反之，如果发生任何危险，应该恪守"士报国恩"的信条，就一切无恐无惧了。①

这一段讲话，全场听众，寂静无声。六十年后还有一部分学生记得"士报国恩"的话。

散会后，宁恩承令会计主任解御风把学生们的伙食费先发还给学生，东北大学规定开学之初学生须把学费膳费交给会计处保管，学生每月伙食费由会计领取应用。9月是开学的第一个月，膳费全在学校铁柜之中。膳费发还以后，铁柜空空如也。宁恩承又令会计主任把铁柜永久打开，以示存款已空，校内之人不能求借，校外强徒放弃抢劫意图。

一夜虚惊之后，沈阳全市已陷入敌手，人们四处奔逃。北边陶然里，有两三家十四五岁的女孩都被奸污了，财产更是抢夺一空；一见青年男子，硬说是匪，许多被绑走；南边离浪树通（日本人住区名）近的地方更险，那些浪人都拿刀拿枪的说杀就杀，说抢就抢。宁恩承放心不下，也是最困扰的难题，仍是这二百女生，万一日本兵来校把女生拉走几个，如何应付呢？宁恩承传谕女生部金主任，凡家在沈阳市或沈阳市内有亲友可投奔者，任其自由回家或投靠亲友，没有投奔的人全部送入小河沿英国人的医学院躲避一时。

日军占领了沈阳全市，但南满铁路和北宁铁路照常通行无阻，许多东大学生、教授乘火车分往南北东西，各自逃生去了。到达小河沿医院的女生，一两天内也已星散。

黄昏降临了。黑夜再一次带来忧虑和恐慌。一些学生说学校四周的流氓可能乘夜入校抢劫，必须有所防备。宁恩承召集部分学生组成三队义勇队，学生们称为棒子队，预备抗击土匪。领队的头头是郝更生、宋君复和德国人布希（体育教练），队员刘长春等人多数是体育系的。这支义勇队三队共三十人，分在各处守夜防贼，但并没发生任何事故。

---

① 宁恩承：《百年回首》（沈阳：东北大学出版社，1999 年），第 239—240 页。

　　20 日的晨光依旧光照东北大地，经过一天两夜的惊慌，学生、教授走了许多人，东大校园中渐渐沉寂了。到了午前 11 时，发生大惊慌，学生们看见两辆插着日本军旗的汽车，由沈阳市驰向北陵东北大学。学生们以为是日本人来接收或攻打学校，全体大哗，有些人惊慌四散，有些人逃到附近村庄躲避。宁恩承在办公楼正襟危坐，等着大难的来临，默想在全校大会讲过的沉船故事，和"士报国恩"的大义，既然祸难临头，只有硬着头皮顶住。

　　两辆汽车很快到校长办公楼前停下，车上走出来的不是日本人，而是四个美国人。一车是哥伦比亚大学教授张伯伦和他的侄女，另一车是太平洋国交讨论会纽约支部书记克特和他的儿子。他们四人原定去上海开会，会期是 10 月初，由美国东行，漫游欧亚各国，经西伯利亚到东北，然后去上海。未想到 9 月 18 日他们到了哈尔滨，遭遇日本人攻打沈阳。他们到了沈阳，发现老朋友宁恩承仍在东北大学，乃驱车来访。事变紧急期间，西洋人的汽车必须在车头插挂日本军旗方可通行，这是遵照日方的规定。他们到了东北没见到任何一个官方负责人，却见到旧识，极为欣喜，极力赞誉宁恩承困守校园的英勇。克特重述南开大学张伯苓校长的名言"大学是不沉的大船"，"大学的贡献胜过许多军舰"。

　　到了 23 日上午，东大校园真的来了日本人，不过不是军人而是文人。他是南满中学堂校长中岛守人。他说本庄繁司令官请他前来慰问，如有什么可帮忙的地方他一定尽力云云。宁恩承说："我是中国官方人员，虽然我们是教育界中人，我仍然站在中国的立场。在现在环境之下我不能接受日本帝国的任何援助，而且我们大学之中的教授学生多已离校了，没有什么困难需要外援，谢谢你的好意。"中岛听罢，很是失望，然后留下名片就走了。臧启芳《国立东北大学》亦载："沈阳为日军占据后，有自称日本南满中学堂堂长者来校伪致慰问，即劝照常上课，毋事他迁，经费则彼方愿为供给。此语与筹设本校之初，日本驻沈阳总领事坚请我毋办大学，愿以彼之南满医大与旅顺工大为我育才之举先后出于一辙。全校员生悲愤不堪言状，严词拒之。"①

————————
　　①　臧启芳：《国立东北大学》。

9月24日，东北大学校园中已渐沉寂。人去楼空，学生们已四方星散了。东三省总督赵尔巽之子赵世辉家有专车离沈，宁恩承又找北宁铁路局车务处长交涉，把要去平津的教授全送走了。这里有一插曲值得记述，邱昌渭教授原在东北大学任教，是年秋他受聘为北京大学政治系主任教授，他去了北京，他的夫人周淑清仍留在沈阳在东大教英文，她独自带有一初生四个月的女孩。赵家专车接洽好了以后，宁恩承对她说："明天有一节专车离沈阳去天津，你可以带小孩附车同行。"不曾料想，她说她不怕，她决定随同其他教授一起行动。

24日这天，宁恩承家的老小也随同教授大队去了北平，家中只剩下他孤家寡人一个。九平方公里的东大校园已十分空寂了，只有事务处敖世珍、李莊两人和几个工友。翌日，他令工友们把各处门窗全部关闭锁上。宁恩承独自一个人步行入城——

忧愤凄惨地离开了我的家，不知何年何月我再返还我家园。……我穿上一件蓝色大褂，走向北市场工业区；回首校园，愁思万斛。走路本是可以消除烦恼，街头漫步、屋中踱步，可以减少烦恼，但是今天的凄凉惨别不是走路可以消除的，半里地一回头屡屡北望。行行复行行……[①]

三、短暂的辉煌

20世纪20年代，日本帝国主义将其侵略势力伸到中国东北之后，不仅进行了残酷的掠夺，还开办各类学校，实行奴化教育，进行文化侵略。这时，兴办教育，发展经济，振兴东北，是东北民众的当务之急。1921年春，时任东三省巡阅使、奉天督军兼省长的张作霖，采纳了奉天省代省长王永江和教育厅长谢荫昌"欲使东北富强，不受外人侵略，必须兴办教育，培养各方面人才"创办大学的意见，作为抵制外敌侵略的一项举措。是年10月25日，奉天省会议根据张作霖

---

① 宁恩承：《百年回首》（沈阳：东北大学出版社，1999年），第247—248页。

的建议，一致表决通过了联合吉、黑两省创办东北大学的议案。所需经费也由三省分担，只是吉黑两省比奉天要少一些。因吉林拟自办大学，结果张作霖决定经费由奉、黑两省分担，为九与一之比。

然而就在筹备处设立不久，兴办东北大学一事竟引起了日本人的注意。日本驻奉天总领事曾向当时奉天省公署提出"劝告"："你们不必办大学，你们要造就理工人才，可以上我们的旅顺工专，学医可以到我们的南满医大，学文、学法可以到日本去，我们可以给予官费优待及一切便利。"张作霖听了王永江报告日本阻挠东北自办大学的卑劣行为，很是气恼，说："小鬼子是怕我们自强啊，那就更得非办不可，而且我们也能把大学办好，我就不信那个劲儿。"[①] 张作霖对日本的诱惑根本未加理睬，毅然决定创办东北大学。

1922 年春，在奉天省公署内设立东北大学筹备委员会，制定了东北大学规程和东北大学组织大纲，规定"东北大学由奉天、吉林、黑龙江及所辖蒙旗合力组织之"，"大学设于奉天城"，"大学暂定六科，分年组织"，拟将东北大学办成包括文、理、工、农、商、法等学科的综合性大学。筹委会公推王永江兼任东北大学校长。

1923 年 4 月 26 日，奉天省公署颁发"东北大学之印"校章，即日开始启用，东北大学正式宣告成立。暑期招收第一届预科学生，分文、法、理、工四科，两年毕业，可直接升入大学本科。1925 年暑期招收第一届本科学生，分文、理、法、工四个学科共九个系，四年毕业，毕业后授予学士学位。此外，1926 年 5 月又增设东北大学附属高中，分文科和理科两部分，毕业后经过考试，升入大学本科。还成立东北大学夜校专修科，招收在职的公教人员，有政法专修科和数理专修科两个班，修业三年，成绩及格，发给大专毕业证书。还设有师范性质的一种专修科，享受官费待遇，也是三年毕业，毕业后任中学教员。

1927 年 11 月 1 日，东大第一任校长王永江病故，同月 8 日奉天省省长刘尚清兼第二任校长。是年冬天，学校添办师范部，招英文、数理专修科两个班。翌年 7 月，师范部教育学系正式成立，文科添设哲学系，法科添设经济学系，工科

---

① 熊晓梅主编：《东大传统》（沈阳：辽宁人民出版社，2008 年），第 58 页。

添设建筑学系。

1928 年 8 月，刘尚清校长因事辞职，经东北临时保安委员会委托，东北保安委员会委员长张学良兼第三任校长。9 月 14 日，东大教授、职员 200 余人，学生1300 余人济济一堂，举行开学典礼，张学良发表演讲，语重心长地说：

现在敝人在名义上虽然是大学校长，然而我在学问方面，却是非常的幼稚，尚未受过大学教育。在年龄方面也与诸同学相仿，所以，我对于大学校长的位置，很有抱愧的地方。而保安委员会曾以余之地位，推以本大学校长的重任，这不过是勉强而已。所以我很不愿与诸同学称为师生，不过同学罢了。所以我更愿常与诸位青年朋友接近，就是我内人亦欲往东北大学受教……我们很愿嗣后时常到校与诸同学接触。至于校长、学生，不过是名义上的问题罢了。

学问方面更是重要，好的要特别奋勉，劣的要极力改善。现在我们中国正在风雨飘摇之中，所以，我们中国人的中国，诸位同胞都得努力奋救她的危险。况且人才方面又是特别需要呢。

我很希望大家，将来处身社会，要本着自己的人格，拿来从前在校时的热心，来处置社会。拿从前批评旁人的话，来整理社会。人人如此，则社会国家就没有不富强的道理。

方才我说现在中国需要人才，不是指大人物而言，恐怕大人物多了，不但国家不能富强，反倒要乱。……我说的人才，是指专门人才而言。他学的是工，就要作工，学的是农，就要作农。不要存着当官的心理。然而现在中国的学生，如果试问他们毕业后的事业，他们都说要为国做大事业，那么，岂不是要重开争端了吗？所以，专门人才要作专门事业。

诸同学要专心研究，以图用之于来日，造成中国人才，人民中坚，求学事小，国家事大，才不辜负国家兴学的本质和职员教授的苦心哩。①

① 毕万闻主编：《张学良文集》（1）（北京：新华出版社，1992 年），第 120—122 页。原载《盛京时报》1928 年 9 月 18 日。

张学良任职不久，就着手于大学的改革与扩充。首先是把原有的文、法、理、工四个学科，改为四个学院，即文学院、法学院、理学院、工学院，原来的学科领导人学长，改称院长。接着，又新成立教育学院和农学院。还收购了英国教会设立的盛京医科大学及附属医院，改为东北大学医学院，也计划成立商学院或者财经学院，把东北大学办成为八大学院综合的标准大学。学校为扩建校舍，需要巨款，省库负担困难，张学良慨然捐私款近两百万元，建筑汉卿南楼、北楼、汉卿宿舍和图书馆。同时还修建了中国第一座现代化体育场，在这里举办过中、日、德三国远东运动会，以及华北的和东北三省的运动会。《东北大学周刊》中记载着中文系教授刘异（豢龙）描述东北大学校景的赋文："校之中部，为汉卿南楼，即文学院；汉卿北楼，即法学院；迤东为理工学院，迤西为教育学院。各科讲座，分设其中，皆层楼竞峙，杰阁通明，朱栋云浮，绮窗斗巇。可以邀谈天之客，会绝尘之子，高论雄辩，逸俗荡氛，狙丘稷下，方斯蔑矣。紫幅云开五色烟，银冈虚馆尚依然，玉笙终日调鸾凤，合被人呼碧落仙。汉卿南楼东，即图书馆，曾构飞星，鸳瓦流耀，缋彩焕发，烂焉铺翠，宁芬涵秘，苞诸赤绿，搴羽陵之丹篆，森群玉之仙华，逍遥文雅，校雠图籍，亦石渠天禄之所也。"①从上文的描写中可以想象，当年的东大校园是何等壮丽，环境是何等幽雅。

当年国内兵荒马乱，北平南京均不安定，北平各校经常欠薪、减薪。东北大学相对来说安定很多，常年办学经费居全国之首，为一百六十万银圆（北京大学常年经费是九十万银圆，清华大学虽有庚子赔款补贴也只有一百二十万银圆）。宁恩承回忆说："东北大学教授月薪三百六十元，天津南开大学二百四十元，北大、清华三百元。重赏之下必有勇夫，关内许多名人学者联袂出关不是无因的，文法学院计有黄侃、章士钊、罗文干、邱昌渭、吴柳隅、李正刚诸君；理工学院有冯祖恂、刘仙洲、梁思成、林徽因、庄长恭、王董豪、张豫生诸君；教育学院有陈雪屏、郝更生、高梓、吴蕴瑞、宋君复诸君，皆全国知名之士。"②1928 年 4 月 26

① 丁义浩等主编：《漫游东大》（沈阳：东北大学出版社，2013 年），第 18 页。
② 宁恩承：《百年回首》（沈阳：东北大学出版社，1999 年），第 206 页。

日，梁启超怀着对子女的极大关怀，给正在欧洲度蜜月的梁思成写了一封信："你们回来的职业，正在向各方面筹划进行（虽然未知你们自己打何主意），一是东北大学教授（东北为势最顺，但你们去也有许多不方便处，若你能得清华，徽音能得燕京，那是最好不过了），一是清华学校教授，成否皆未可知……"[1]6 月 19日，梁思成夫妇尚在旅途中，东北大学先将聘书送到梁启超手里。后来梁思成夫妇来到东北大学创建了中国第一个建筑学系。1930 年，章士钊欧游归来，受聘东北大学文法学院教授，月薪八百银圆，为教授中最高者。当年的化学系教授姚文林在回忆中还提到，东大对外省籍的教授"更显得优礼有加"，"例如东北籍教授的修金是发奉票，外省籍都发现大洋，两者差额相当之大"。[2]

在办学方针上，张学良主张"德、智、体、群、美五育并重"。他曾明确指出，东大办学目的"在培养实用人才，建设新东北，以促进国家现代化，而消弭邻邦的野心"。他曾表示：武的要靠办好讲武堂，文的要靠办好东北大学。此外，张学良还打破男尊女卑的传统思想，在各系招收女生，给妇女界以研究高深学术之机会，"表现了男女地位平等，开东北风气之先"。

东北大学在 20 世纪 20 年代末 30 年代初进入了历史上辉煌的鼎盛时期。据 1929 年 3 月末出版的《东北大学概览》统计，在校学生数如下：文学院二百零三人、法学院二百六十一人、理学院一百五十五人、工学院三百二十六人、教育学院二百三十八人，总计一千一百八十三人。

教师资历部分统计：教授一百人（其中博士十三人、硕士三十人、学士二十六人），讲师十三人、助教授七人、教员八人、助教一人。[3]

到 1930 年秋，东北大学已有六个学院二十四个系八个专修科，在校学生三千多人，超过北大一千人，教职员工四百余人。校舍壮丽，设备充足，良师荟萃，

---

① 张品兴编：《梁启超家书》（北京：中国文联出版社，2000 年），第 530—531 页。

② 姚文林：《怀念东北大学》，《国立东北大学六十周年纪念特刊》（台北自印本，1983 年），第 263 页。

③ 杨兴坡：《东北大学校史侧记》，《东北大学建校 65 周年纪念专刊》（自印本，1988 年），第 96 页。

学风淳朴，各项指标均在国内称冠，东北大学真正成为东北人民的希望之所。

然而，世事难料，好景不长，正值东北大学气象蓬勃、光辉璀璨之际，九一八事变一声炮响，让盛景转瞬即逝。臧启芳在《国立东北大学》一文中说："9月26日西上，校中档卷、图书、仪器，以及所有公私器物，皆未能迁运，损失殆难计数，语其大者，建筑值八百余万元，图书仪器值六百余万元，工厂资产及流动金亦六百余万元，总计逾两千万元。"[①] 另从魏向前《"九一八"事变给东北大学造成的破坏和损失》一文看，仅就物质损失来说，包括五个方面：

1. 图书资料、教学设备。东北大学图书馆藏书六万五千万册。这些图书中大多数是从国外购买的各专业原版书籍，也有国内的珍本，连同长期订阅的国内外各种杂志六百余种，全部损失殆尽。历史学家金景芳[②] 在自传中说："由于九一八事变，东北大学及其他公私藏书流散出来的颇多，在沈阳南门外出现很多旧书铺。每家前屋、后屋都堆满古籍，问价异常便宜。我以工资有限，养家以外，所余无多，不能恣意收购。当时仅购得带有李审用手迹的《三礼古注》、陈奂《陈氏诗毛氏传疏》、浦起龙《史通通释》、王念孙《广雅疏证》及木版大字《公羊传注疏》和正续《清经解》零散本若干种。在这些书中，尤以李审用书录有在大学课堂上听课笔记，最为珍贵。我读了以后，仿佛置身在大学课堂听名教授讲课。"[③]

到1931年，东北大学有各种实验室三十九个。从仅有的档案能查到的仪器设备物理系有三千三百九十五件，天文学系十四件，工学院一万零一百五十一件，1928年底至1929年初东北大学进口的仪器设备三百六十八箱，等等。此外1930年公布的物理、化学、生物（包括动植物标本）、纺织和建筑等系的仪器设备，还有大量教具，这些全遭破坏。

---

① 臧启芳：《国立东北大学》。

② 金景芳（1902—2001），辽宁省义县人，历史学家、文献学家。1923年毕业于辽宁省立第四师范学校。1940年考入乐山复性书院，师从马一浮等先生从事儒学研究。1936年在西安任东北大学工学院秘书。1938年任东北中学国文教员。1941年到四川三台的东北大学工作，任文书组主任、中文系讲师、副教授、教授。1954年调入东北人民大学（后更名"吉林大学"），历任历史系教授、系主任、博士生导师。

③ 金景芳：《金景芳自传》（成都：巴蜀书社，1993年），第13页。

20 年代东北大学工厂全景

2. 东北大学工厂损失情况。大学建校之初就设有大学工厂，用于学生实习和生产。工厂在校南一公里处，占地三百三十八亩，工厂建设投资一百七十万大洋，设备多数是从国外进口。工厂下设十个分厂，包括机车修理厂、客货车修理厂、翻砂厂、铁工厂、铆工厂、汽锤厂、锅炉厂、发电厂、锅炉维修厂和印刷厂等。工厂有职工七百余人。1930 年《东北大学工厂概况》一书写道：工厂规章制度完备，产品适合经济发展要求，因此效益显著。仅铁工厂就已经修理铁路机车六十九辆、客车二百八十八辆、货车八百零五辆、行李车四辆。1927—1928 年获利润三百四十三万零九千六百大洋。由于九一八事变，工厂停产，工人失业，工厂被日本人占有。

3. 校园被强占，建筑遭破坏。东北大学校园被日寇强占十四年，占用的费用无法计算。学校建筑损失更加严重。1946 年东北大学回迁沈阳时，不得不全面维修。当时维修工程包括理工科大白楼、图书馆、汉卿南北楼、教育学院教室和宿舍、文法学院宿舍等共十六项工程。维修费用近百万大洋。

4. 辗转迁徙，颠沛流离。九一八事变后，东北大学师生先后流亡到北平、西安和四川，最后又迁回沈阳。除广大师生付出的辛苦之外，花掉的交通费、每到一地的建房费、租房费、重新采购图书和仪器设备等费用，不计其数。

5. 历史档案损失严重。由于九一八事变，东北大学数次迁校，历史档案遭到严重破坏，很多珍贵的资料丢失，给学校后来总结办学经验和正常使用带来极大的不便。这笔损失更是无法计算。①

据不完全统计，九一八事变给东北大学造成的有形损失约八亿美元。②

九一八事变给东北大学造成的最大损失莫过于对学校师资队伍的严重破坏。据档案记载，东北大学在事变前的三百名教授中，九成以上来自世界各国的名牌大学。如美国的哈佛大学、麻省理工学院、哥伦比亚大学、康奈尔大学，德国的柏林大学，英国的牛津大学，日本的早稻田大学等等。其中博士二十九名、硕士六十四名。这在当时国内高校中极为少见，是一笔巨大的财富，是办一流大学的基础。特别是在这三百名教授中，有一大批各学科的学术泰斗、鼻祖和学术大师级的学者。但是，日寇的炮火使他们被迫离开东北大学，分散到国内其他各个高校。可以说，这是东北大学历史上最为惨痛的和无法挽回的损失。

四、离家，流亡到北平

日本关东军一个晚上兵不血刃就占领了沈阳，谁经历过这样的事变呢？事变的第二天早上，校园里就乱套了。学生没有人组织，只好各自纷纷逃命。他们顾命唯恐不及，就顾不了自己的行李、衣物了。当时家住在沈阳市内的学生，悄悄绕道溜回家去，可苦了外地的学生，特别是住在哈大线上的，不敢乘坐日本人的火车，只好三人一群，两人一伙，随着大批逃难的人流，盲目逃跑。一开始，奔法库县往北跑，但跑出不远，突然从高粱地里蹿出一伙劫道的强盗。跑在前边的学生被抢个精光，后边的马上往回跑。由于迷失了方向，稀里糊涂跑到沈阳驻军营房附近，只见烟火冲天，军队早已撤走，只留几个看房喂马的人。

经济系学生张霁野经过南满铁路桥洞和小西边门，摸回到家里：

---

① 魏向前：《"九一八"事变给东北大学造成的破坏和损失》，魏向前等主编：《东大逸事》（沈阳：东北大学出版社，2003年），第43—44页。
② 杨佩祯等主编：《东北大学八十年》载："学校图书、仪器、设备、建筑等各种损失合计793134191.74美元。"（沈阳：东北大学出版社，2003年，第96页）

敲了两下家门，伯母出来问一声，急忙把门打开。看见我她高兴了，妈妈像我离家了很长时间似的盼着我。走进屋里，佛爷前的香炉里点着香火。看见这个情景，我明白了她们祈祷佛爷保佑我平安回来。这一闪念把我引得很远，她们为我祈祷。有谁知道还有多少母亲在为自己的孩子祈祷啊！

晚饭后我躺在炕上。与其说是有些累，不如说心里有一种说不出的难过滋味。妈妈看出我的心思了，用宽解的口气说："不是咱们一个人啊，车到山前必有路。"

路在哪里呢？谁来引路呢？一切都在茫然之中。展现在眼前的是亡国奴的生活——十家一把菜刀，夜里不许关门。

不管发生什么事情，人们总要生活，尽管商店还关着门，街上已经有了行人。经售油盐的杂货铺开了一个窗口，粮店开了一扇窄窄的门，伯父也照常去帮人送煤了。

伯父每天回来都讲些街上情况和听到的日本兵的暴行，"皇姑屯每天都有火车开往关内"。听到这句话，我考虑离开沈阳了。当然，这要和妈妈商量，可以想象，丈夫死去十几年，在兵荒马乱的时刻让自己辛辛苦苦抚养快要成人的孩子离开自己，将是怎样的心情和滋味啊！然而，当我提出这个想法后，妈妈沉思一下很快就同意了。说："去闯吧，如果能待下去让你弟弟也去。"完全出乎我的意料，妈妈不仅未加阻拦，而且连犹豫踌躇的样子也没有。她那样爽快、果断，像小时候上街鼓励我向生人问路一样，是单单让我去闯么？不，在为我缝棉袍时妈妈说出了她的真意："你看朝鲜人！这里没有你们的出路啊！"既是说明她的真意，也是为我增加离家的勇气，加强我离家的决心。

妈妈为我准备好衣服和行李，在一个露水很重的早晨和弟弟送我到皇姑屯火车站，把我送上火车。

火车慢慢开动了，我从车厢的窗口向他们挥手，他们呆呆地站在月台上一动不动。这时我没有心情去咀嚼离别的滋味，咬着牙，带着对日本帝国主义的仇恨离开了沈阳。[①]

---

① 张霁野：《早年的回忆》，相树春等主编：《我们走过的路》（北京：今日中国出版社，1993年），第266—267页。

　　徐景明所在俄文系同班的五六名男生，为了相互照应、壮胆，始终结成一伙，抱成一团，但辨不清方向，一会儿向东跑，一会儿向西跑，没有定向目标。后来有个人说："我们逃到北平吧！"可当时的沈阳火车站（今北站）早已被日本人占领，他们只好奔皇姑屯车站。

　　好不容易跑到皇姑屯时，已日落西山，这几个学生都一天没吃东西了，可谁也不想吃啥。看到车站上人山人海，都不要命地抢着上车，但车上早已超员。只见车上的人手推脚踢，不让下边的人上去，一倒一片。他们也不敢靠近，没法上车。徐景明回忆说：

　　正为难时，又听说另外有个火车站，说是要花钱买票才让上车。可当时车站上没有人售票，我们正在发愁的时候，突然来了个铁路员工打扮的人，手中拿着自己做的简易车票，票面上只印有"皇姑屯至北平"的字样，每张票售价二十元，比原有票价高一点。我们几个人一起凑钱买了票，都很庆幸，拿着"车票"上了车。可马上就明白了原来我们花钱"买票"受了骗，我们所上的"火车"，没有火车头，是开不走的废车。我们哭笑不得，没办法，只好垂头丧气地走下来了。后来，又听说那边有一列运煤的货车，是拉难民的，我们一个一个都爬上去了。但直等到半夜，那趟车还不开。身上穿的单薄衣服都被露水淋湿了。这时我们才感到又冷又饿，难受得很。要买吃的，手里又没钱，即使有钱，也买不到吃的，只好仍留在车上。

　　后来，看见相邻的客车上往上坐人了，才半信半疑地转移到那个车厢里。在车厢里有两个日本兵，手持上了刺刀的枪，把每个难民手中的包袱都给挑开了。我们五六个人相依为命，挤坐一团。鬼子用刺刀对着我们问："你们什么的干活？"有一个胆大的同学答道："我们是逃难的老百姓！"才免得被刺刀挑开衣物。这时车已开始西进，有人听见外边有飞机的声音。接着有人说："火车的上空有四架日本飞机。"车里人都提心吊胆，就怕飞机"下蛋"，火车开到打虎山车站停了下来，就在这时，听到连续爆炸的声音。车站附近的中国军人的三匹马被炸死了。

稍停以后，火车转向南进。不一会儿，车又停下来，车厢里有一名妇女，抱着一岁左右的男孩大便。费了好大劲才挤到车窗前，这个妇女刚把孩子伸到窗外，车突然开动了，那妇女手中的孩子突然掉到窗外不见了。孩子的妈妈哭叫着要往外跳，被旁边人拽住。于是孩子妈揪头发，捶胸大哭……接着，有人发现车窗外面，有血水自上流下来。原来外面车顶上也有难民挤坐，车过隧洞时，头被撞伤而流血了。①

徐景明一伙人就这样逃到了北平。而 1930 年从东大附中毕业后直接进入东大的董树屏流亡北平的经历又有所不同：

事变后的第七天，我和十几个同学一起轻装徒步，越过敌人封锁线，长途跋涉走到大虎山火车站，搭车来到天津，以"借读生"身份落脚于天津北洋大学。危亡之际，我们怎能有心思闭门读书呢？！我们东北流亡学生就会同北洋大学学生每天都走上街头，宣传抗日收复东北失地，到日租界旭街边境示威，查封日货，动员群众同仇敌忾。然而国民党政府采取不抵抗政策，幻想依靠国际联盟按国际公法来解决。广大爱国师生深为不满。在进步力量支持下，北洋大学学生和我们东北流亡学生组成一个南下请愿团。在天寒地冻的十月，我们数百名学生到天津老站卧轨，劝说乘客们下车；让我们去南京呼吁团结一致抗日，国民党当局无可奈何，不得不允许我们去到南京。我们在南京游行宣传抗日，收复东北失地，到国民党政府请愿，要求出兵东北收复失地。蒋介石、陈立夫等被迫接见了我们，但以"攘外必先安内""救国不忘读书""国际法自有公论"等谬论说教一番，企图软化学生抗日运动。正由于反动的国民党政府的不抵抗政策，使得侵略成性的日本帝国主义又想在天津制造事端。我们请愿团听说日军要在天津发动第二个"九一八"以后，不得不返回天津。当时天津局势黑云密布、急风暴雨就要降临，北洋大学当局宣布学校对全体师生人身安全无力保障，决定提前放寒假。我们无

① 徐景明：《开始流亡的东北大学》，齐红深编著：《流亡：抗战时期东北流亡学生口述》（郑州：大象出版社，2008 年），第 67—68 页。

家可归的东大学生再次流亡到了北平。[①]

刘永济教授

法学院赵鸿翥[②]教授后来回忆从沈阳到北平的这段历程时，这样描述："大部师生见敌寇无退意，乃……集团乘北宁路专车西上，仓促就道，校中印信档卷，以及公私图书衣物，均未及运出，全部损失，不可估计。车行三日始抵北平，师生中多囊空如洗，沿站乞食，有忍饥数日而未得一饱者，其颠沛情况实难馨述。"[③]

中文系刘永济教授带着妻女搭乘难民车撤入关内时，"火车走走停停，沿途只见逃难的群众和一簇簇士兵。火车摇晃了三天三夜，我们只能吞咽一点点干粮，口渴难慰，在一次火车停车时，正好有一批士兵烧了一大锅洗澡水，车上的人便一拥而下，将这锅未开的水，抢得干干净净"。[④]在火车上，刘永济还一句句教给六岁女儿刘茂舒唱他写的军歌《满江红》：

禹域尧封，是谁使，金瓯破缺？君不见，铭盂书鼎，几多豪杰。交趾铜标勋迹壮，燕然勒石威名烈。忍都将神胄化舆台，肝肠裂。

天柱倒，坤维折。填海志，终难灭。挽黄河净洗，神州腥血。两眼莫悬阊阖上，支身直扫蛟龙穴。把乾坤大事共担承，今番决。

① 董树屏：《"九一八事变"前后在东大》，《东北大学建校65周年纪念专刊》（自印本，1988年），第175—176页。
② 赵鸿翥（1887—1960），字翰九，辽宁省大洼县人。北京大学法律系毕业。曾任奉天、沈阳、辽阳地方审判厅推事，东三省高等审判厅检察所检察长，东北大学法学院教授。1935年以后，先后任国民党武昌行营军法处副处长，西北"剿匪"总部、抗日西北联军军事委员会、江苏绥靖公署军法处少将处长。1938年，任国民党陕西省襄城地方法院院长。抗战胜利后，任东北大学法律系教授、系主任、法学院院长等职务。1949年之后，任东北财经学院教授。1958年，以"历史反革命罪"判刑五年，不久病死狱中。
③ 《永不停息的文化列车》，丁义浩主编：《漫游东大》（沈阳：东北大学出版社，2013年），第39页。
④ 刘茂舒：《难忘的九·一八》，武汉大学台北校友会编：《珞珈》（1996年）第127期。

六十多年后，刘茂舒回忆乃父说："他那充满悲愤、铿锵有力的歌声，至今犹在耳际。"

五、北平东北大学

九一八事变后，东北大学逃难学生，先后到北平的不下六七百人，约为原在校生的三分之一。他们初到北平的狼狈窘态，我们可在徐景明的回忆中窥见一斑：

到北平不久，即由"流亡处理"大员安排在各省的"会馆"里。我们同车逃难的几个小学生，住在江西会馆里，睡在楼上走廊的地板上，没有被褥，都枕胳膊和衣而睡。吃的是大锅粥，事先把流亡学生分成许多队，每天按每队人数发给定量的小米和咸菜。由学生轮流煮粥。由于锅大水多，学生又没有煮大锅饭的经验，几乎每顿都吃"锅底糊，锅上生"的小米粥。吃饭时，每人都是一手端一碗粥，一手拿块大咸菜。粥很稀，不用筷子，撮起嘴唇"哧溜"一声喝光完事，只管"了"而不管饱。嘴快的能喝上第二碗，嘴慢的只能喝一碗，半饥半饱。那时，当局说要东北大学搞军训，将来要打回东北老家，但既无军装，又无枪支，没有组织训练，实际是一盘散沙。当局美其名曰"复学于北平"，然而既缺教室，又少教授，实际上大批学生都无所事事，只好游大街，逛小巷。有的学生喝大锅粥没吃饱，进饭馆吃一顿后，掏出"奉票"付钱时，饭馆主人才"傻眼"了，弄得哭笑不得。"奉票"在北平早已不用了。但"免费进餐"只能享受一次，不到三天，所有的饭馆都不谋而合，不再接待东北学生了。这时东北逃来的学生，无家可归，无书可读，无饭可吃，颇有"哀鸿遍野"之势！东北大学的学生，在北平一个多月以后，看到复学无望，军训不成，天气渐冷，衣着单薄，因此，有不少学生便返回东北。[1]

---

[1] 徐景明：《开始流亡的东北大学》，齐红深编著《流亡：抗战时期东北流亡学生口述》（郑州：大象出版社，2008 年），第 68 页。

事实上，东大师生抵达北平后，教授们组成了"教授代表会"，由文法学院院长刘百昭、教育学院院长姬振铎负责推动工作。为协助"教授代表会"能有效地进行工作，学生成立了由陈彦之等十一人组成的"东北大学临时学生会"。张学良在顺成王府召见逃来北平的东北大学全体教授，对他们进行了安慰，

北平东北大学总校校门

每人发临时补助费现大洋二百元。刘茂舒回忆，乃父刘永济教授逃到北平没有工作，闲住了一年，用完所有积蓄，还背了一身的债。[1]

为了复校，校方首先借到北平奉天会馆等处进行收容。后借到东城南兵马司前税务监督署旧址（称为东校，该处后为女子家政专修科用），乃于11月18日[2]在此勉强复课，后来成为东大第二分校校址。在这里，八十余间房舍收容了男女学生三百余人，"宿舍中既无床铺，学生以地为席，移砖为枕。饭厅则桌凳皆无，倚室而立食者，阅十余月"。"各级学生各在宿舍上课，教员坐着教授，学生环立敬听，遇有笔记，则俯床书写……然师生精神，始终不懈"。[3]东北大学校部后迁入西直门里崇元观五号原陆军大学旧址，以此为总校，以彰仪门大街原国货陈馆为第一分校。宁恩承是1931年10月初到的北平，据他回忆：

我未到北京以前已有好几百学生逃难先到了北京，分别暂住彰仪门的国货陈列馆，及东城南兵马司原税务处官房和西直门里原陆军大学旧址，分散三处。这些学生无衣无食艰苦万分。打胜仗时带兵容易，打败仗时收容乱兵很困难。由极

---

① 刘茂舒：《难忘的九一八》，武汉大学台北校友会编：《珞珈》（1996年4月）第127期。

② 复校日期据《国立东北大学廿周年纪念册》（三台：国立东北大学编印，1943年），第9页。

③ 《永不停息的文化列车》，丁义浩主编：《漫游东大》（沈阳：东北大学出版社，2013年），第40—41页。

辉煌大学变成流亡难民，处处辛酸，步步艰苦，张少帅虽然仍是当政，可是前方军务紧急，今天丢了两个县，明日哈尔滨被占了。东北大学的困难是较小轻微的事。不可扰乱张少帅军国大事，一切困难问题由我独撑，自己想法解决。好在国难当头学生们义愤填膺，许多人讲杀敌救国，对于饥寒交迫他们全可忍受，他们的热血可抵抗饥寒。他们和我彼此体贴，彼此谅解，所谓同安乐难，共患难易，在这次流亡中得一证明。一部分学生组织义勇军，在彰仪门宿舍每日操练，以刘德邻、于学恩、关印忱等为首。另有出关深入敌后的学生，如张德厚、张雅轩等往返关里关外，原留在东大未进关的义勇军领袖如苗可秀、赵同等学生与在校学生通气作抗敌工作，全是安定校中情绪的因素。[①]

冯庸大学校门

1932 年 2 月，锦州东北交通大学（系张作霖以北京交通部名义于 1927 年 9 月建立，亦称唐山大学锦州分校，校长由张学良兼任）两班学生 150 人和十几位教授群龙无首，彷徨无路之中找到宁恩承，请求收容。校方借得北平彰仪门大街原国货陈馆所旧址（时为北师大校舍），把这两班学生和教师们收为东北大学之一部，设立交通学院（后改为工学院），亦称南校（第一分校）。"九一八"后逃难来平的私立冯庸大学，在西直门里崇元观五号原陆军大学校址复校。后因经费

---

① 宁恩承：《百年回首》（沈阳：东北大学出版社，1999 年），第 225—226 页。

困难，张学良遂于1933年7月派员接管了冯庸大学，并以其校址为东北大学校部和文法两院院址，又称北校。为了给从伪满逃来北平的东北青年补习功课，换取中华民国的高中毕业文凭（当时国民政府教育部不承认伪满高中毕业生学历），东大遂又在东总布胡同原俄文法政大学旧址，招考东北籍高中毕业青年，成立东北大学补习班。从此，以东北大学为主体，合并冯庸大学、东北交通大学等，办起了北平东北大学。

宁恩承说："流亡困苦之中，要有一些应急之方应付环境。'需要是发明之母'。为求学生的安身，继续求学，我发明了'借读'方法。东大在流亡之中，支离破碎，设备奇缺，图书不全，教授不齐，不得不借重他山之石，因此向北大、清华、南开等未受战祸的学校借读。所谓'借读'是请他们收容我校一部分学生，遵守各校规章，但不经入学考试。他们仍算东北大学学生，由东北大学发给毕业证书，只是免除入学考试。如果要经入学考试，有些学生就不可能入校了。这种协议，由蒋梦麟、梅贻琦、张伯苓三校长同意，一部分东大学生就转入北大、清华、南开了，他们多能随班及格在三校毕业，未经东大发文凭。"① 关于借读生活，一位到南开大学借读的东大化学系学生，在1932年《东北大学校刊》上撰文，笔触轻松幽默，却难掩借读生活的苦涩和对母校的眷念："已有九岁的东北大学，已经由沈阳被迫而到北平。他（东北大学）的孩子太多，因为自己有些照顾不周，所以把一部分送到他的伙伴（南开大学）那里寄养。这些孩子们固然感谢他的伙伴能代为抚养的好意，同时还是想念东北大学。因为只有东北大学一切都愿意，一切都舒适，东北大学为着这些孩子的前程打算。这些孩子们当然要遵守着这种意旨努力前进。"② 南开大学对东北学生帮助良多，从当时《南大周刊》的一则新闻就可看出来："自日本破坏辽吉以后，东北同学首当其冲，近来经济情形极感困难。所幸东北同学向有学会组织，近已由代表向校长请求，结果学校暂垫，其手续乃由斋务郭屏藩先生书借单一份，同学持此，即可交费。东北同学从此当无饿殍之

---

① 宁恩承：《百年回首》（沈阳：东北大学出版社，1999年），第226—227页。
② 《永不停息的文化列车》，丁义浩主编：《漫游东大》（沈阳：东北大学出版社，2013年），第40页。

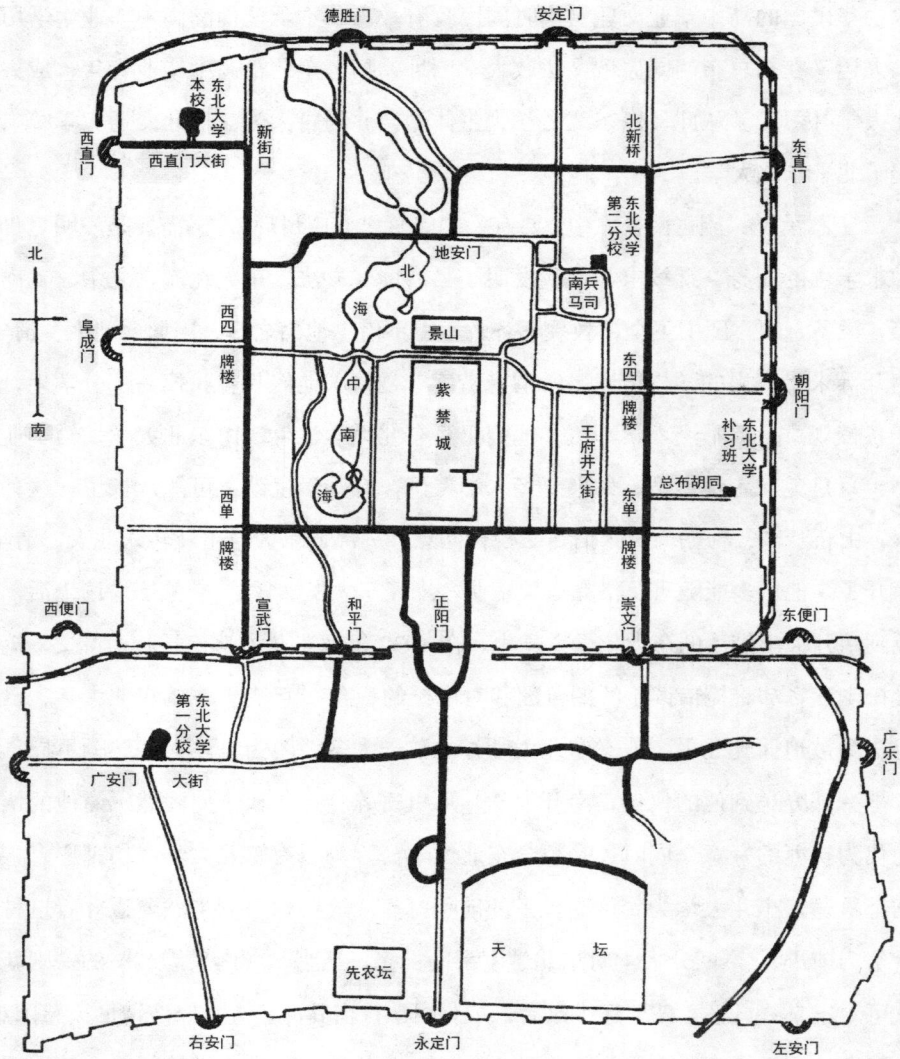

德胜门　安定门

本校
东北
大学
西直门大街
西直门
新街口
北新桥
东直门

北

阜成门

西四牌楼

地安门
北海
中南海
景山
紫禁城

东北大学
第二分校
南兵马司

东四牌楼

王府井大街
东单牌楼

朝阳门

东北大学
补习班
总布胡同

南

西单牌楼

西便门
宣武门
和平门
正阳门
崇文门
东便门

广乐门

东北大学
第一分校
广安门　大街

天坛

先农坛

右安门　永定门　左安门

东北大学各分校在北平的分布示意图

虑也！"①

还有申请到其他院校借读的学生。董树屏回忆1931年11月复校之后，"在军训的业余时间，我和几位同学仍坚持到平大工学院机械系借读，基本学完了大二第一学期的课程，如微分方程、机械学、材料力学、水力学、工厂实习等"。又说："我和几位志同道合的同学，想把大学念完，走上'工业救国'的道路。考虑到当时母校在两三年内重建工学院教学设备非常困难，我们提请学校介绍到南京中央大学借读，半年后通过转学考试成为正式生。"②旅居台湾的何秀阁说："我纺织系第二、三届同学，转南通大学借读（予为三届），以余纺系主任张朵山（佶）夫子，亦转任该校纺织系主任故也。"③

农学院学生到北京者二十人，起初在彰仪门上课，但却没有地方实习。中国有农学专业的大学很少，南京金陵大学有农学院，那是教会学校，不接受东大的学生。开封有河南大学农学院，屡经洽商便把东大这批学生收容了。当即决定送他们到河南开封，临行时只有十四人。他们行前一起来向宁恩承校长辞行。他们丢了家乡，来到北平，现在又要流浪南行到一个陌生的地方，很是依依难舍。宁恩承给他们每人十元钱，作为火车费，对他们说："现在国难当头，我们丢了家乡，丢了学校，离开父母远去河南，我很伤感，赋上起首两句'春草碧色，春水绿波，送君南浦，伤如之何！'生离死别一向是伤心的事。现在你们无依无靠，继续流亡，一切要靠你们自己了。到河南后，务须努力用功，学成专业，将来报效国家，对人要谨慎，看看人家颜色，不可多说一句话，不可多走一步路，祝福你们一路平安。"几个学生热泪盈眶，偷偷擦干眼泪走了。另据河南大学校史资料载："东大教授许振英、林世泽等率农学院学生南下开封，来到河南大学，除了该校四年级的学生以借读名义读到毕业外，其余三年级以下的学生都办理了转学手续，成

---

① 王文俊等编：《南开大学校史资料选》（天津：南开大学出版社，1989年），第522页。原载《东北同学膳费有着》，《南大周刊》1931年10月6日第114期。

② 董树屏：《"九一八"事变前后在东大》，《东北大学建校65周年纪念专刊》（自印本，1988年），第177页。

③ 何秀阁：《八十忆往——我悲欢交集的读书生涯》，相树春等主编：《我们走过的路》（北京：今日中国出版社，1993年），第79页。

为河南大学的正式学生。……东北大学师生来到开封后被安置在河大农学院。背井离乡的东北学子们时刻不忘国难家仇，他们不住学生宿舍，而自愿住在驻豫军官教导团，与军人一起闻鸡起舞，操练仁列，以锻炼身体，振奋精神，随时准备应付战时情况，河大师生莫不感慨。在一次总理纪念周上，校务主任杜岫僧号召全体师生向东大学生学习，重视军事训练，健身强体，整饬服装，培养良好的习惯，形成郑重认真的做事风气。河南大学给予了东北同胞无微不至的关怀，尽管当时本校的经济也较为窘困，但仍负担了东大学生的住宿、实习以及各项杂费。按两校原来商定，东大学生的伙食、服装等费用，由原学校每年补助每生八百元，但由于东北沦陷，东大经济无着，也未能照此办理。许心武校长一方面积极向教育部申请酌给适当补助……另一方面他在全校大会上强调‘全国无论国立、省立、私立各大学，都有互助的义务’，号召大家尽己所能给予东大师生以帮助。"①

还有一部分学生送到南京军校和浙江笕桥空军学校，空军学校和军官学校均不要学费，适于没饭吃拿不出学费的流亡学生。抗战时中国第一次飞临日本东京的飞将军佟彦博和胜利后东北行辕情报首脑章大光，即是宁恩承资助去南京投笔从戎的学生。②经宁恩承帮助借读他校分送军校者几十人，其他入关学生多是自寻出路，自己设法转入他校。例如郭维城即是自己设法转入上海复旦大学，王文景转入女师大等。另有一些进步分子愤于国家危亡，组织民族先锋队，加入中国共产党。

东北大学迁入北平后，张学良多方努力，为办学筹备经费。1932 年由北平政务委员会按期（三十五日为一期）拨给补助费大洋一万二千五百三十元。财政部决定于烟酒税下，月拨大洋六千元。1933 年 9 月，南京政府决定每月拨给东北大学补助费大洋两万五千元，11 月又决定每年补助设备费大洋两万元。1934 年 3 月，铁道部令北京铁路局拨给东北大学交通学院补助费每月大洋两千八百五十元，至翌年该院学生毕业为止。11 月南京国民政府中央第一百七十四次政治会议通过

---

① 陈宁宁：《河南大学抗日流亡办学纪实》（开封：河南大学出版社，2012 年），第 7—8 页。
② 宁恩承：《东北大学话沧桑》，相树春等主编：《我们走过的路》（北京：今日中国出版社，1993 年），第 26 页。

决议，补助东北大学设备费每年大洋两万元，以十年为限。尽管政府给予了一点补贴，也难以满足办学经费的需要，学校还必须多方筹措资金。

在当时极端困难的条件下，东北大学依然对在校学生全部实行公费，除吃住公费供给外，教材也由学校免费提供，没衣服的发给军衣。对毕业生的工作分配，张学良也亲自安置，尽量使其各尽所能，各得其所。在当时那个毕业就是失业的年代，这种举措对学生安心在校学习，免去失业之忧，起了积极的作用。

六、留学生束装归国

张学良思想开放，致力革新，锐意进取，尤其重视学习西方国家先进的科学技术。学习欧美所长，以为"振兴东北"而用，这是他的一贯主张。为此，张学良广聘留学欧美的专家、教授到东北大学任教，购置外国的先进教学设备和仪器，理、工两学院的专业课教学均采用英美等国家的大学教材。他还决定，各系考第一名的毕业生，由学校资助，公费出国留学深造，作为对优秀毕业生的一种奖励制度。比如，1927 年 7 月毕业学生被选派出国留学的，据工学院机械系第一届毕业生金锡如回忆："当时全校共八人。工学院三名：土木系刘树勋，电机系王际强，机械系金锡如；理学院两名：物理系崔九卿，数学系学沈启巽；文学院一名：英语系陈克孚；法学院两名：政治系应德田，法律系白世昌。应德田、崔九卿、刘树勋、王际强、金锡如五人留学美国：应德田在底特律大学攻读政治；崔九卿到康奈尔大学攻读物理；刘树勋到伊利诺斯大学攻读钢结构；我和王际强到普渡大学分别攻读铁路机械和电力输送。"①

张学良主政东北后，派遣留学生的去向，较多的由日本转向欧美西方国家。据 1930 年 1 月调查统计，辽宁省籍学生在 1928 年下半年和 1929 年，被以公费或私费派遣，去美国的有二十三人，分别在美国康乃尔大学、芝加哥大学、普渡大学等学校学习；去德国的有二十三人，分别在德国柏林大学、布来斯劳大学、

---

① 金锡如：《回忆"九一八"事变在美国》，相树春等主编：《我们走过的路》（北京：今日中国出版社，1993 年），第 67 页。

耒布基西大学等学校学习；去英国的有十人，分别在爱丁堡大学、爱丁堡师范学院、阿伯丁大学、波尔顿工商专门学校等学校学习；去比利时的有十人，分别在列日大学、王尔可专门学校、鲁文大学、数学专门学校等学校学习；去法国的有三人，分别在法国航空学校、巴黎大学文学院、巴黎工业专门学校学习。1930 年是辽宁省在国外留学人数最多的一年，这一年，全省在日本各大学高等专门学校学习公费领取奖金的学生已有九十人，新派遣考入指定日本各大学及高等专门学校特预科学生还有二十七人，另有各县在外人所办学校毕业到日本留学的二十人。①

在被选派的学生出国之前，校长要亲自与他们谈话，进行鼓励。金锡如回忆："出国前夕，张学良校长召集我们以秘书身份到他的北陵别墅工作一段时间，他一方面是亲自教诲我们要爱自己的祖国，爱自己的家乡，东北东有日本、北有俄国，我们若不奋发图强、振兴东北，前途不乐观。告诫我们要胸怀大志，刻苦学习，学成后回来报效祖国，使我们增强了爱国意识。另一方面，他还让我们熟悉外国的一些礼仪，以及处理一般政府机关中的公文程式，以增强办事能力，还让我们不忘了解外国的情况和风土人情及教育、文化事业的发展等。同时，要求我们在以后的学习中多交往外国朋友，扩大东北地区对外的影响，并一再要求我们加强体育锻炼，增强体质。在此期间，校长一有空就和我们打网球……在东大的学习和工作过程中，我们深深感到校长循循善诱十分亲切，增强了我们年轻人的信心和意志。也体会到了校长办学思想的深谋远虑。"②

1985 年初，晚年的陈克孚在西安接受东大校友拜访时说："那是 1929 年我毕业的时候，汉公校长决定，在东大首届毕业生中，各班名列第一名的学生，全部公费留学。一共是七个人，其中有我和白世昌等。出国留学，当然高兴。一天，我去校长的别墅辞行，校长对我说，现在离出国的时间还早，你在我这里先住下。这使我感动得不知如何是好。在校长身边，一住就是两个月，校长亲自教我们吃西餐的方法，教我们西方的风俗、习惯和礼节，为出国后做准备，这是多么难忘

---

① 孙景悦等：《张学良与辽宁教育》（香港：同泽出版社，1993 年），第 269—270 页。

② 丁晓春、魏向前主编：《张学良与东北大学》（沈阳：东北大学出版社，2003 年），第 71 页。

的两个月啊！"①应德田回忆："我们留学生于（1929年）9月初出国。出国前，张学良将军勉励我们发愤读书，将来能成为国家有用之才。他还送给我一个照相机留念，并说：每年除学校公费外，另津贴五百元，作为旅行参观等活动费用。"②

留学生白世昌　　　留学生陈克孚

东大选派留学生之事，在九一八事变之后戛然而止。宁恩承说："东北大学资送海外留学生十二人分在英、美、德三国。东北沦陷后，大学经费来源中断。他们不得不束装归国，也是我的问题。先是东北大学于1929年决定资送毕业学生成绩最优、各班考第一名者分送美、英、德三国留学。由大学资助，这群人中有金锡如、应德田、白世昌、陈克孚、赵玉昌、王际强、刘树勋、沈其巽等。我把回国旅费分别汇给他们，这些人不久就回到北京了。我把他们安置在校中，请他们帮助教学，这些人义愤填膺，热情万丈，极力要帮助母校。他们说不受薪给，实际上那是热情之下的说法，没钱吃饭，总不能饿死以后再教书，我一人每月发给生活费一百元，他们极为满意，毫无怨言。东大流亡时代的第一、第二年很得力于这些人维持残局。后来日久情疏，两年以后我离开东大，另就河北财政特派员职，东大校务由王卓然主持，这批东大留学生就逐渐分散了。"③

金锡如当年在美国普渡大学取得硕士学位后，转入伊利诺斯大学继续攻读机车制造专业博士学位时，九一八事变爆发了。他说：

爆发的第二天，消息就传到校园，使我悲愤交集。悲的是家乡沦陷，愤的是竟有非东北籍的国民党学生，向我大声疾呼——"你们的东北丢了！"东北是中国的东北，不只是东北人的东北，稍有爱国心的人也不会用这种口吻讲话的。事

---

① 刘志学：《访陈克孚》，东北大学北京校友会编：《东北大学校友通讯》1985年第3期。
② 应德田：《张学良与西安事变》（北京：中华书局，1980年），第8页。
③ 宁恩承：《百年回首》（沈阳：东北大学出版社，1999年），第228页。

变发生后，我们的生活、学费随之发生问题。只好赶赴芝加哥中国大使馆求援。可万万没有想到，大使馆竟不承认我们是中国人，只是东北人。他们只负责国家派遣的留学生，而不管省派留学生，真是莫名其妙。无奈，向学校的中国留学生学生会求助，又遭到把持会务的国民党学生的反对。不得已向学校的外国学生指导处救援，得到了饭票的补助。哪曾想，却遭到中国学生会的反对，认为我们有失国家的体面。气愤之余，只有出卖劳动力，自谋生活，边劳动边读书，为饭馆洗碗、为教授擦地板、为图书馆清书等等零星工作。学校通过中国学生会组织宣讲"九一八"事变的真相，可是学生会领导人为了自己收取演讲费，不让我们讲。我们只好去听，以纠正他们演讲中的错误。如：北大营在沈阳城南面，对日帝不谴责而是污蔑东北行政的失误，不符合国民党中央治国精神等等谬论。引起一群国民党学生大为不满，说我们是赤化分子，以致回国后在政治上还受到一定的影响。

为了应付生活的紧张，我们不管公费、自费，决定集体生活，自力更生、互相支援。每人每日所得，一律交公为集体所有，组织伙食，轮流当厨。个人的必需用费，由大家评议后予以支付。这样不但未影响学习，反而鼓励我们更好地读书。直到1932年初，东北大学汉卿校长由京寄来最后一笔费用，并说明今后不再供给。我们研究后，决定用寄来的公费作为我们旅费（包括自费东北学生在内），买最低等船票集体回国。事件之后，我们从上海登岸，回到了自己的祖国。当时的上海，形势甚为混乱。我们未在上海停留，随即北上北平。多数人回到家中，少数人寄居小旅馆，等待找事谋生。[1]

金锡如返回祖国后，先后在北京大学、湖南大学、广西大学等校任教授，历任东北大学工学院长，重庆大学副校长、校长。

还有陈克孚和白世昌，当年在英国爱丁堡大学学习了两年半，还没有等到毕业，就发生了九一八事变，学习费用中断了。当时陈克孚给张学良校长写了一封

---

[1] 金锡如：《回忆"九一八"事变在美国》，相树春等主编：《我们走过的路》（北京：今日中国出版社，1993年），第67—68页。

信，说明了情况，要求辍学回国参加抗日工作，"校长很快给我一封很长的复电，指示我继续学习直到毕业，并要我继续担任苏格兰中国友好协会的苏格兰方面的秘书，在英国扩大宣传日寇侵占我东北的残暴罪行。随后，我就先后收到校长和校长的母亲①，以他们私人的钱，给我寄来的学习费用，直到毕业和获得硕士学位"。② 在爱丁堡大学的毕业典礼大会上，该校校长丘吉尔先生说：自爱丁堡大学成立以来，陈克孚先生是第一个有色人种取

留学生金锡如

得硕士学位荣誉的人。陈克孚后来回国成为东北大学教授，并于 1947 年冬接替陆侃如出任文学院院长。

应德田起初在美国的伊利诺大学学习政治，后来转到密西根大学攻读市政专业。"九一八"的炮火，使他放弃了继续在国外求学的念头，于 1932 年 2 月和十几个留美同学一道返回硝烟弥漫的祖国。"张学良将军在北平西城北沟沿顺承王府张将军公馆（今赵登禹路政协礼堂之北）举行宴会，欢迎我们这一批归国留学生。在宴会上，三年多不见的张学良将军无论是形容面貌还是思想行动，都给了我异常突出的印象。参加这次宴会的约三十人，共四桌。原来请帖上明明写的是 12 时午餐，但作为主人，张学良将军却姗姗来迟，一直等到下午 2 时他才出席。他，面色苍白，形容枯槁，衣冠不整，连领带都歪歪斜斜，颓唐潦倒的样子，真是出人意表。"③

应德田美国归来，除了在东北大学任教授外，还与东大教授兼北平大学教授金锡如、赵玉昌等一同归国的同学创办了念一中学，并担任校长。

---

① 疑此处回忆有误，因张学良母亲在其十一岁时便已去世。

② 陈秀梅：《父亲的回忆和回忆父亲》，东北大学北京校友会编：《东北大学校友通讯》（1989 年 3 月）第 9 期。

③ 应德田：《张学良与西安事变》（北京：中华书局，1980 年），第 8 页。

七、学生军事训练

东北大学在学生中开展军事训练始于 1929 年。当年 11 月 2 日，张学良校长决定，把"军事训练"作为一门课程，在学生中进行教授。该课是东大预科一、二年级和本科一年级全体学生的必修课；是本科二、三、四年级学生的选修课。军事训练之校令发布后，"选修各级学生限定 4 日前往注册部报名，同学争先恐后群往签字，截至昨日志愿报名者，已超越三分之二，连同预一、二及本一统计不下一千五百人，约一团之众。其中理工学院同学志愿练习工兵炮兵者甚多，闻女同学亦不肯示弱愿作秦良玉第二，踊跃加入"。（《东北大学周刊》）①

"痛国难之未已，恒悲火之中烧；东人兮狡诈，此族兮骄骁；灼灼兮其目，霍佑兮其刀；苟捍卫之不力，宁宰割之能逃！惟卧薪而尝胆，庶雪耻于一朝。"这是东北大学第一首校歌中的一段歌词。唱完这段歌词，就不难理解为什么张学良做出上述决定，并受到广大学生的热烈回应了。

"期同学等对于军事学术上，有相当之智识，军队组织上有相当之了解，其他国防作战，亦期有充分之经验，养成充分之实力，准备将来为国驰驱，尽匹夫之责"，这是当时《东北大学周刊》的一位编者对张学良关于开展军训目的的描述。为了实现此目的，任东北边防司令长官的张学良将军决定，东北大学学生的军训由其军事厅荣臻厅长负全权责任，军装军械统由军事厅供给。

12 月 2 日，东北边防司令长官公署派十二位教官到东北大学担任军训的军事教习。这十二人中有上校三人，中校四人，少校三人，上尉两人。他们除指导学生作正式兵操外，还于每周三、六两日下午分别在理工学院大厅、文法学院阶梯教室，为参加军训学生讲授"国民军事学""战术学"等课程，"讲解极为明了，兼以个人作战经验，叙来又饶有兴趣"，深受学生欢迎。

东北大学流亡北平后不久，又重新开展军事训练，据董树屏的回忆：

---

① 丁晓春、魏向前主编：《张学良与东北大学》（沈阳：东北大学出版社，2003 年），第 73 页。

1931 年 11 月东大在北平复校，起初我们住在北兵马司一个旧王府内。校长张学良将军应同学们要求，建立起"东北大学学生军"组织。我们接受了军事训练。我和几个同学在军训时间以外，又到北平大学机械系借读。后来因复校同学人数日益增多，学校就迁移到彰仪门（现广安门）里老师大旧址，有了教室和宿舍，操场也大了。每日清晨穿好灰色军装扎好绑腿，带枪跑步到操场集合，按"步兵操典"要求，练习步法、列队、卧倒、劈刺、射击等动作。教官对士兵要求很严格，动作达不到要领、步枪枪腔来福线擦得不通亮、迟到早退等都会受到体罚。在场地操练后，还要到课堂听一二小时军事课程。军事训练步步深入，步枪打靶、机关枪实弹射击、排、连作战、战略战术基本知识都学到了。我的步枪打把打中了九环，获得一块第三名银质奖章……

到了 1932 年 7 月军事训练和借读业务学习都结束了。张学良校长向全体学生军讲话，大意是：国难当前，在艰苦环境下，你们完成了军事基本训练和业务学习，可喜可贺。大家急于奔赴前线，打回老家去，这种心情人们是完全可以理解的。不过，大规模军事行动有个时机问题、策略问题、全面部署问题，需要从长计议。抗日救国管道很多，需要有武人，也要有文人，更要有文武全才之人。我们将改进复校工作，为同学们继续学习创造较好条件，若有的同学想转到其他学校，学校也可以介绍。听了校长讲话以后，同学们议论纷纷，每个人都考虑自己今后的行径。有的同学回了东北，参加了抗日义勇军，进行武装斗争，英勇地牺牲于敌人屠刀之下，苗可秀同学就是一位代表者。佟彦博同学投考了航空军校，在抗战期间英勇地为国捐躯了。[1]

杨兴坡则回忆说，在北平开学后，校当局发给学生旧军服军鞋及旧枪支，延请教官进行军事训练。从个人到班排，各科目教练。有时夜间紧急集合夜行军荷枪跑步，高唱军歌，歌词如：

---

[1]　董树屏：《"九一八事变"前后在东大》，《东北大学建校 65 周年纪念专刊》（自印本，1988年），第 176—177 页。

黄沙万里不见人，惟闻战斗声。

去时宫殿成焦土，只剩自由魂。

壮矣哉，风腥日暗旋转乾坤手。

呜呼，多少英雄血，地轴折而大山崩。

呜呼！呜呼！草木皆兵，杀！杀！杀！

建功立业此其时，义魄忠魂。

进矣哉！勇往直前万夫莫当，金鼓震天。

战矣哉！为国家之光荣。为民族之光荣，为同胞之光荣。

舍身哉！牺牲躯壳救吾众生，黄土埋吾骨，做鬼也光荣，

身虽死而名不死，骨虽朽而名不朽一、二、三、四。[1]

1932 年 8 月，张学良出任国民政府军事委员会北平分会代理委员长。按当局规定，东北大学成立军事教育处。国民政府军事委员会北平分会派参议高仁绂任东大军事教育处主任；派高级参谋赖恺等十人分别担任东大军事教育处的教官、总队长或各大队队长等职务。

在 1933 年 9 月 9 日举行的东北大学新学年开学典礼上，军事教育处主任高仁绂就东北大学开展军事训练的必要性作了专题致辞，其中特别指出：本校处在特殊地位，实行军事训练的要因之一，是"为恢复东北失地。日本自明治维新以后，即有吞并东北之野心。其步骤为先成立'满洲国'，第二步成立蒙古国，第三步成立回族国，第四步成立华北国，最后成立华南国，次第并吞。因东北失亡乃是我们所眼见的，非收回不为功"。

这一时期军训的各种实际演练，多是在寒暑假中到地势险要之地区进行，其艰苦情况可想而知，并且对学生的要求十分严格，"凡未经请假而竟旷操一次者记大过一次，在一学期内旷操三次者开除学籍"。张学良为鼓励学生积极参加军训，发电报对其训勉："诸生在溽暑炎氛之下，从事军训四星期，劳苦可想。方今

---

① 杨兴坡：《东北大学校史侧记》，《东北大学建校 65 周年纪念专刊》（自印本，1988 年），第 98—99 页。

国势微弱，痼疾已深。军事训练，是其药石。附期虽促，成功实钜。所望坚苦自持，胙从永矢。实事求是，积健为雄，愿诸生共勉之。"①

恢复东北失地是这一时期东北大学学生军训的主题，使流落异乡的东北大学学生，时刻不忘国难家仇之痛，虽"溽暑蒸人，操作勤苦，固非人情所欲，然试思吾侪亡省亡家之氓，岂息怠惰之时乎"。又有张学良校长的不断勉励，参加军训的东北大学学生们，真正做到了不畏酷暑，不惧严寒，取得了优异的成绩。

1934 年 4 月中旬，国民政府军训总监部国民军训教育处，对在北平的国立、私立各院校军训进行了总检阅，结果东北大学获总成绩第一名，得到高度评价："此次检阅结果，成绩最佳者为东大，……东北四省沦陷，华北垂危，挽救责任，不仅赖之东北青年，亦为全国民众之非轻义务，历史昭示我辈，强国强民，惟一要素，为振兴民族精神，充实民族实力，提倡学校军事操，庶洗刷一切障碍，不致有覆灭之危险。"少将处长潘佑强感慨道："我检阅过全国许多大学的军训，在操练绩效和英勇精神方面东北大学是文科院校中最好的。我也参观过国外的大学军训，但都不如东北大学，换言之，东北大学的军训是世界上最优秀的，东北大学的军训之所以会如此成功，盖因学校领导、教师和学生三方面思想认识一致，能密切配合，具有高度的爱国情操，有国恨家仇必报的勇气和决心，不怕苦，不怕累，认真操练之故。"②

张学良获悉东北大学学生军训取得优异成绩，"欢慰万分"，于 1934 年 4 月 21 日发来祝贺电报："挚奇③ 兄转全体学生均鉴：阅筱（17）日《北平晨报》藉悉，最近中央检阅军训结果，我校成绩拔居第一，佳誉传来，欢慰万分。此固由高主任与各教官训导有方，亦诸生知耻自强，有以致之。可知有一分努力即有一分成功，未有有因而无果者也。军事教育精神在纪律化，而纪律化之价值在能保持永久。除电奖高主任及各军事教官令更加倍严格训练，认真管理外，望诸生善体期许之精诚，善保光荣之历史，倍加刻苦，蹈厉无前，他日鹏程万里，有厚望焉，

---

①　丁晓春、魏向前主编：《张学良与东北大学》（沈阳：东北大学出版社，2003 年），第 74 页。

②　王太学：《矢志兴中华——王卓然传》（香港：中华国际出版社，2001 年），第 124 页。

③　挚奇，杨毓桢字。时任东北大学理工学院院长，代理校务。

专此。顺颂学祺。"[1] 同时也致函高仁绂函:"兄等教练有方,管理严格,方克致此,缅怀教泽,嘉慰实深。望继续努力,本百年树人之旨,培民族复兴之基,教练益复加紧,管理益复加严,校誉国光,实利赖之。"[2]

是年 9 月,东大在北平开学。张学良任命原东北军上校团长张丙南为校军训处主任,带十几名东北军军官到东大成立军训处。东大原有五名军训教官,先后离开学校。张丙南等人来校后,组成了东大军训处,在西直门校部办公。据当时的军事教官李士廉回忆:

学生军训分为学、术两科。学科有战术、兵器、交通、筑城几科;术科分制式教练和战斗教练(即野外实战演习)。学校设有军械仓库,有步枪百余支,手榴弹、轻机关枪等,并由专人保管。

军训从十月初正式开始,训练时间为一个月左右。不久,张丙南主任突然率东北军的十余名教官离开了学校。什么原因不清楚,当时没和我招呼。过了几天,南京国民党政府派来几个军校毕业的学员接管军训处工作。我当时很生气,准备离开学校。学校行政处刘主任是东大毕业的学生,他挽留我,让我和戴昊以行政处事务员的身份到军训处工作。我把这件事向张希尧做了汇报(张是中共党员,也是我的入党介绍人。我是 1935 年初加入中国共产党的,那时常与张希尧联系)。我说:"现在国民党派人来接管军训处,我得走。"张希尧说:"这件事得慎重考虑。既然刘主任留你,我看还是在军训处工作一段再说。"这样,我和戴昊都留在军训处了。任务是军训处的行政事务工作,以及给学生做些有关军训的服务性工作。[3]

1934 年底,国民政府教育部和训练总监部,先后给东北大学等学校发布军事训练令:要求东北大学等校继续坚持军事训练,并提出在新的年度里实行如下四

---

[1] 毕万闻主编:《张学良文集》(2)(北京:新华出版社,1992 年),第 709 页。原载《东北大学校刊》总第 104 期。

[2] 同上。

[3] 李士廉:《我在东大工作二三事》,丁义浩、韩斌主编:《情缘东大》(沈阳:东北大学出版社,2013 年),第 50 页。

项规则：（一）高中以上学校军事教育奖惩规则；（二）高中以上学校学生军事训练成绩核算法；（三）高中以上学校军事教官和军事助教任用简章；（四）高中以上学校军事教官、军事助教、主任教官、总教官服务规则。

八、奥运场上的第一个中国人

1932 年 7 月 30 日，第十届奥运会在美国洛杉矶举行，东北大学学生刘长春作为中国唯一的运动员代表中国参加了大会，谱写了中国人第一次参加奥运会的历史篇章。

刘长春 1909 年 10 月 25 日出生于大连小平岛的一个贫苦农家，小时候就特别喜爱体育运动。在大连沙河口中心小学读书时，常因与日本小学生打群架，而被日本教师打耳光，所以在他幼小的心灵中仇恨暗生，他拼命踢足球、练短跑，一心想通过体育运动压倒日本人。14 岁时，在一次中日中学小学田径对抗赛中，他的百米成绩达到 11.8 秒，四百米成绩 59 秒，已经远远超过当时的中学生水准。自大连二中肄业后，他在大连玻璃制品厂当学徒，其间亦埋头训练，百米成绩进一步提高。1927 年，在大连中华青年会主办的春季运动会上，他的百米成绩达到 11 秒。

1928 年 12 月，东北大学足球、篮球队由张学良的胞弟张学铭率领，到大连进行比赛。其间，东大学生自治会体育部部长、足球队成员孙庆博发现了刘长春的短跑潜质，于是被东北大学破格录取，进入文科预科第一班学习。1929 年 1 月，东大体育专修科成立后，张学良以"特事特办"的方式，将他由文预科转为体育专修科。

1929 年 10 月，张学良将军邀请德、日两国一流水准的运动员来沈阳，进行中、日、德三国田径对抗赛。来沈参赛的德国田径队曾获第九届奥运会的亚军，参赛的日本选手也全都是国家队员，实力雄厚，竞争能力很强。中国田径队是以东北大学为基础组建的。对抗赛在东北大学体育场举行。比赛结果：东北大学学生刘长春，比德国短跑名将颜鲁拉特比尔的百米成绩仅一寸之差，成绩为

10.8 秒，位居第二，并将其他德国名将统统甩在了后边。两百米赛跑，刘长春以 21.6 秒的成绩夺得第二名。这一短跑成绩是当时远东地区的最好成绩，中国人第一次登上了远东短跑之王的宝座。为了表彰刘长春的突出成绩，张学良校长向他颁发特别奖，每月发给特别津贴现大洋三十元。张学良还以每月五百银圆的高薪留聘来沈参赛的德国田径名将、第九届奥运会五千米长跑金牌获得者步起（Becher），担任刘长春和东北大学田径队的指导教师，强化对东北大学田径队的培养。正当刘长春的短跑成绩迅速提高之时，九一八事变爆发了，东北大学被迫流亡北平。

1932 年 3 月，作为"伪满洲国"成立。为提高"伪满洲国"的知名度、取得世界舆论的认同、达到分化中国的目的，日本人打起了刘长春的主意。据刘长春回忆录载："1932 年 2、3 月间，日寇又连续两次找上家门。第一次去时，要家人写信给我，企图暗地勾引我回大连，并说：只要回大连，'伪满洲国'给教育部门和体育部门最大的官做。第二次，日寇带于希渭（原为冯庸大学学生，八百米运动员）等三人登门，此次明确提出了代表'伪满洲国'参加奥林匹克运动会之事，尽是荣华富贵之词，十分恭维，家中老人经不起敌人威逼和利诱，一面去信北平，一面又仓皇地将全家搬迁至河口村以避祸降。"[①]（奥林匹克运动会之事系指同年 7 月将在洛杉矶举行的第十届奥运会。）

尽管没有得到刘长春的明确答复，日本人还是在他们控制的《泰东日报》上发布了刘长春等将代表"伪满洲国"出席奥运会的新闻，说什么"世界运动会，新国家派选手参加，刘长春、于希渭赴美"云云。

刘长春个人的态度，明确阐述于《参加世界运动会感言》："不幸东北悲音，频频传来，时而伪国成立，时而日满联和。屠杀焚掠，倭奴惯技，弃土弄权，傀儡当务，是以敝人代表伪国参加世界运动大会之风声，亦愈播愈远。然余之良心未死，脑汁未焦，宁能忘却祖国，而作此丧心病狂，遗臭千古之伪代表哉？故虽经傀儡电招，丑类要挟，余均未与之答复。而国人爱国情深，不暇考察，来信劝

---

① 元文学主编：《中国奥运第一人刘长春》（大连：大连理工大学出版社，2008 年），第 92—93 页。

告者有之，质问者有之，谩骂者有之，甚有当面斥责，或以书信恫吓者亦有之。余因心地清白，行止正大，故虽受种种羞辱，亦不以为意。"①

为了消除国人的误解，刘长春于 6 月 11 日在天津《体育周报》撰文坦露心声：

鄙人自九一八事变后，即行来平，与伪国体育界，向未通闻问，此次伪报所载送鄙人代表伪国加入世界运动大会，实系伪国宣传独立意义，又岂能认为事实哉？且伪国现在地位，本不为世界各国所公认，又何能以国际名义而派遣代表加入大会也？换言之：即或伪国为世界各国所公认，而世界大会定章，凡一新国加入比赛，必须上届报名，下届方准与会。查伪国叛变之期，系于去岁年底，距本年大会，仅三月耳，当无报名之可能。夫以不为世界公认之国家，又不合大会规程之手续，岂能任意即派代表加入比赛乎？且鄙人受祖国深恩，曾一度代表祖国加入远东运动大会，苟余之良心尚在，热血尚流，则又岂可忘却祖国而为傀儡伪国作牛马耶！？贵社爱国情深，爱我厚意，既来函规诫，又允代为辨证，种种厚意，何胜感激，尚祈玉成始终，此致，体育周报社诸同志暑安。②

无疑，这是对"伪满洲国"政权有力的回击，更蕴含着刘长春的爱国情结。

奥运会从开始举办到 1931 年已经开过九届。中国政府自 1924 年起虽然与奥运会就开始联系，1928 年第九届奥运会时也曾派宋如海前去参观，但从来没有正式派运动员参加过。在第十届奥运会即将举行之际，中国许多有识之士提出了中国应派代表前往参加，以揭穿日本之阴谋的动议。南京国民政府以没有经费为理由，不愿意派代表参加，只派体协总干事沈嗣良作为观察员前往美国。

张学良听到这一消息后，气愤地说："政府不支持我支持"，并说："这个钱我出。"于是，张学良把刘长春请到自己的官邸，资助他八千元路费，还鼓励说："今天我们的家乡被日寇侵占，国难当头，更需要有你这样的有志青年，到奥运

---

① 元文学主编：《中国奥运第一人刘长春》（大连：大连理工大学出版社，2008 年），第 94 页。
② 元文学主编：《中国奥运第一人刘长春》（大连：大连理工大学出版社，2008 年），第 95 页。

会去为国争光。""我相信，全国老百姓也希望你能在比赛中取得好成绩，长一长中国人的志气。"1932年7月1日，在东北大学第四届毕业典礼及体育专修科第一届毕业典礼上，张学良校长亲自宣布："……粉碎日、伪阴谋，扬我民族之精神，本司令决定捐赠八千银圆特派应届毕业生刘长春和于希渭为运动员，宋君复教授为教练，代表中国出席第十届奥运会。刘长春同学此次参加世界运动会为中国有史以来第一次，意义无穷。"[①] 后来，于希渭在东北被日寇扣押未能成行。

刘长春在奥运会赛场

这时距奥运会开幕仅有一个月时间，距大会报名截止时间就更短了。为了给刘长春及时报上名，南开大学校长、东北大学校董会董事、全国体育协进会董事张伯苓先生，打紧急电报给奥运会，好不容易才把名报上了。靠大家的齐心协力，迅速做好了一切准备，万事俱备，只等启程了。

1932年7月8日上午10时，刘长春带着祖国人民的重托，从上海乘威尔逊总统号邮船启程去美国参加奥运会。经过二十多天的海上长途航行，于7月29日下午4时抵达洛杉矶。到码头迎接他的有先期到达美国参观本届奥运会的代表、中国全国体育协进会总干事沈嗣良（上海圣约翰大学校长，当时的奥会委员），还有中国留美学生刘雪松，以及先在美国的原东北大学体育教授申国权夫妇与华侨代表数百人。

刘长春到达洛杉矶第二天，7月30日，第十届奥运会正式开幕，在隆重的开幕式上，中国代表队排在第八位入场，代表队是临时拼凑成的。在开幕式上，由刘长春执国旗，沈嗣良总代表继之，紧接其后的一队四人分别是宋君复、刘雪松、申国权和托平（美国籍，任上海西青体育主任）。

7月31日，奥运比赛正式开始，刘长春原拟参加三个短跑专案，因旅途劳

---

① 《中国奥运第一人》，丁义浩等主编：《漫游东大》（沈阳：东北大学出版社，2013年），第63页。

體育

◎昨晨黃浦江頭歡送熱烈

劉長春負國旗赴美

—出席第十屆世界運動會—

▲王正廷在新關先行授旗禮

▲十時登輪離滬送行者甚盛

▲莊嚴熱烈之授旗禮

▲三呼中華民國萬歲

中華第一次出席世界運動會選手劉長春及教練宋君復二君，昨晨十一時，於熱烈歡送之中，搭威遜總統號輪，離滬赴美，新關碼頭，各界人士，經來歡送者甚盛，足見愛國同心，皆抱無限希望於劉君也。

▲王正廷在新關先行授旗禮

王正廷，於新關碼頭之上以旗幟授於劉，劉禮而受之，及國族將押於三角小旗一面授於劉，先行授旗典禮，九時半中華全國協進會董事長王正廷授族旗登小輪之前。

▲莊嚴熱烈之授旗禮

駛往威遜號輪之小輪，於十時離岸，登小輪之前，先行授旗典禮，國族將押於三角小旗一面授於劉，劉肅而受之，此國族一方，及關中華對於運動，歷史已久，劉君為我國名將，劉答謝，此去務使盡力為祖國爭光，不負使命云云，羅斯公司之攝影，亦歸無效云。

▲三呼中華民國萬歲

王正廷偕其夫人及協進會董事趙晉卿，復偕立有攝影片，則又因機損，又歸無效云。

四百人、亦站立送行，小輪於十時正，離碼頭別行，協進會幹事周家騏歡送行者三呼中華民國萬歲，聲激雲霄，瀚昂雄壯，小輪去遠、王等及送行者始去。

劉長春與教練宋君復在輪上國旗下合影（李靜甫攝）

媒体报道刘长春赴美参赛

41

累，放弃了 400 米赛跑，在 100、200 米预赛中，分列第五、六名，遭受淘汰，虽败犹荣。他参加百米预赛后在日记中写道："第一名为星卜森，胜余有 4 码，成绩 10.9 秒，余居第五，当在 11 秒左右。起码时头五六十米在先，约至八十米后，被后来者超过，原因毕业考试一个月，航行劳顿，缺少练习所致。"[①]

比赛结束后，洛杉矶奥组委邀请各国冠军参加聚餐会。刘长春虽然未得奖牌，却被破例邀请参加聚餐。席间，各国冠军向刘长春表示了亲切的欢迎。他为国争光的奥运精神受到全体运动员的无比尊敬。

8 月 21 日，刘长春起程回国，9 月 16 日抵达上海，结束了他本人的、也是中国人的第一次奥运参赛之旅。刘长春作为奥运场上的第一名中国人，永载史册。更重要的是，刘长春挫败了日本侵略者企图把"伪满洲国"塞进奥运会，从而骗取世界各国承认"伪满洲国"的阴谋，在政治上赢得了巨大成功。

刘长春回国后，深感国内体育事业的落后，乃于 1932 年冬季在北平倡议成立了"东北体育协进会"。该会常委五人，有王卓然、刘长春（任总干事）、胡安善（原东大体育系主任，后在北平为日寇所杀）、庞英（原东大学生）、王兰（原冯庸大学体育秘书）。委员有当时一些中学校长等。活动场所在北平彰仪门里东大南校田径场。

1933 年，国民政府在南京主办第五届全国运动会。"东北体育协进会"组织辽、吉、黑、热的很多代表参加了大会。在这次运动会上，刘长春创造了百米 10.7 秒的全国最新纪录，相当于奥运会的第五名。在中国，这个最高纪录保持了二十五年之久。

1934 年 5 月 27 日，"东北体育协进会"在东北大学南校大操场举行第一届运动大会，张学良任名誉会长，王卓然任会长，杨毓桢任总裁判，郭效汾任径赛裁判。东北大学获男子高级团体总分冠军。是年秋，第十八届华北运动会在天津举行。"东北体育协进会"组织了一支庞大的体育代表队参加，由刘长春领队，胡安善和郭效汾为教练，当几百名东北运动员入场时，会场沸腾，看台上

---

① 金蕴芳：《中国参加奥运会的第一人——刘长春》，魏向前等主编：《东大逸事》（沈阳：东北大学出版社，2003 年），第 26 页。

张学良（中）在北平官邸接见宋君复（左一）刘长春（左二）等人

出现了"勿忘'九一八'""还我河山""中国？"（即试问今日之中国竟是谁家
之天下之意）等标语。在这次运动会上，东北体育代表队博得了全场观众的同
情与赞许。

　　同年 10 月 28 日，张学良在汉口市第五届市民与第一届中等学校联合运动大
会上，讲到提倡体育的意义时说："我们深知运动的最大目的在宣导体育，而不是
只在个人或少数人出风头。宣导体育的最大目的是在造成复兴民族的生力，而不
是在奖励体育上畸形地发展。在过去，一般宣导体育的人士，是多半注意到青年
学生的体育训练，而一般青年学生也多半是在学校里对于体育的兴趣特别浓厚，
离开学校之后，每和运动绝缘，忽视了自身的健康。这种现象是必须力加纠正的。
我们应确认国民体育必谋绝对普遍的发展，而在每一个国民的人生过程中，都须
永远注重体育的讲求，那才能造成一个健康而有生气的民族。"[①]

----

　　① 毕万闻主编：《张学良文集》（2）（北京：新华出版社，1992 年），第 825 页。原载《武汉日
报》1934 年 10 月 28 日。

九、张学良旅欧前后

九一八事变之后，不到三个月的时间，东北全部沦陷。张学良在当年 12 月 16 日被解除陆海空军副司令之职后，于翌年 1 月 5 日改任北平绥靖公署主任。1932 年 1 月，兼任北平政务委员会常委。同年 11 月改任代理军事委员会北平分会委员长。

1933 年春，日军攻陷山海关，热河失守，连续攻占冷口、喜峰口、古北口，进逼唐山、通州，威胁平津。当时，天津各界救国会致电国民政府，要求对热河失守之主将，"立即明正典刑，以彰国法，而维公道"①。3 月 7 日，监察委员邵鸿基等向监察院弹劾张学良。同日，张学良致电国民政府，"准免各职，以示惩儆"。

两天后的 3 月 9 日，张学良与蒋介石、宋子文会于保定。王卓然的自传中有记载：

记得是 1933 年 3 月 8 日的晚间，张学良将军匆忙间叫我准备于夜间十二点，同他专车出发去保定，说蒋介石与宋子文将由石家庄到保定与他会面，商抗日大计。这时热河失守，全国舆论攻击南京，蒋北上的目的，表面上似乎在调度军事，故张出发时，还认为老蒋是对他指示机宜，增援补械。到了保定，是次晨六时，蒋竟未到。张向石家庄打电话给宋子文，知道宋将先来传话，蒋将后至待话，大家立时警觉到这里别有文章。随员只有我与端纳两人，端纳虽然是外国人，对张很忠诚，劝告张要准备接受"意外"。大约在十一点时，宋子文的专车到了，一见即知蒋的意思是要张辞职下野。大意说："现在俩人在一个小船上，风浪太大，需要一个人下船休息，以便渡过难关"等语，要张将军事全交何应钦。张很镇静，坦然接受，准备下野出洋。约过两时项，蒋也到保定，张以部署 [属] 资

---

① 张友坤、钱进主编：《张学良年谱》上册（北京：社会科学文献出版社，1996 年），第 641 页。

格，迎接如仪，登车致敬。蒋于数分钟后到张之专车回拜，安慰数语，嘱他即回北平交代，要于两日内飞往上海，休息治病，以便早往欧洲游历等语。两人会见两次，先后不过三十分钟，蒋即开车回石家庄。宋子文留在后面同张研究善后，我与端纳帮他想应当清理与交代事项，吃过晚饭之后，我们才开车归向故都（北京）。张此时百感交集，痛哭失声，我与端纳规劝他一番，他又转悲为喜，大谈许多蠢野笑话，以解苦闷。谈到复土还乡大计，我主张武要保全实力，待机未来；文要发展东北大学及东北中学，培植还乡干部。他立时决定，叫我接办东北大学，他保留这校长名义，要我以秘书长代行校长职权资格，代表他全权负责。[①]

张学良卸职后即飞上海，准备赴欧考察。临行前于 3 月 10 日下午在北平顺城王府召集部下集会，对有关东北大学问题作指示："武要保全东北军实力，文要发展东北大学。""为办东北大学，本人先后捐款近两百万元。实在费了好多心血。当初的目的为培养实用人才，建设新东北，以促成国家现代化，消弭邻邦的野心。谁知变起仓促，尽失所有，师生来平复学。今后训练要在明耻自强上注意，即不徒怨恨日本太凶横，更要怨恨自家太不长进，所谓'人必自侮而后人侮之，国必自伐而后人伐之'。要训练东北青年知耻自强，就是要他们天天流汗，时时准备流血，这样方可达到复土还乡之目的。"[②] 又说："保存东北大学，不是由于封建思想，而是因为东北土地亡了，要用东北大学作联系，它是东北的生命线，在国家可借此以维系东北人心，在东北人民可借此知道国家不忘东北，在国内同胞可借此睹物伤情，痛鉴覆车，更加效忠国家。所以东北大学除了它的本身守护使命外，实具有最深远的国家民族意义，一定会受到政府的维持，人民的援助的。"最后，他又郑重地说："严格讲起来，自己本不配做大学校长，但是，命运上历史地造成了自己的地位与责任，没法逃避。为担负起来这责任起见，需要一般前进青年，

———————

① 王卓然：《自传》，赵杰、王太学主编：《王卓然史料集》（《辽宁文史资料》总第 36 辑）（沈阳：辽宁人民出版社，1992 年），第 41 页。

② 唐德刚记录、王书君著述：《张学良世纪传奇》上卷（济南：山东友谊出版社，2002 年），第579 页。

北平东北大学第二分校

同抱着救国还乡宏愿，一心一德，共同奋斗，办理好这个大学。应按照这个使命的需要，特别注意去发现这样的人，认识他们并训练他们。若是有丝毫造就私党之心，以遂个人争权夺利之欲，必遭天诛地灭，永世不能做人。"①

3月11日，张学良通电辞职。翌日，国民政府明令准张学良辞军事委员会北平分会代理委员长及北平政务委员会常务委员职，派何应钦为军事委员会北平分会代理委员长职（即日就职）。接着，张学良飞抵上海。

3月中旬，王卓然接过东大后即去上海，帮张学良料理出洋问题。

4月10日，张学良偕夫人于凤至和两个孩子及赵四小姐等人，乘意大利邮船康脱罗素伯爵号出国。当时林语堂主编的《论语》杂志上发表了一首讽刺张学良的打油诗："赞助革命丢爸爸，拥护统一失老家。巴黎风光多和丽，将军走马看茶花。"

---

① 王振乾等编著：《东北大学史稿》（长春：东北师范大学出版社，1988年），第37—38页。

　　再看张学良出国之后中国国内形势。日军控制了东北全境后，逐渐将东北军逼至长城脚下。中国方面仍然采取不抵抗政策，步步后退。1933 年 5 月 31 日，在天津郊外塘沽，中日两军签订停战协定（即著名的《塘沽协定》）。根据这个协定，中国方面保住了北平、天津地区，却将长城以北的整个地区划作关东军的势力范围，东北军和许多东北出身的知识分子和学生不得不逃亡关内。

　　在平津危急之际，北平国立各校皆提前放假。东北大学以处境特殊，更不能不另策安全，嗣得军委会何应钦委员长命暂行迁避，遂于 5 月 23 日晨，全体师生乘平汉车南下，取道石家庄，西出太原。时山西建设厅长田维纲，以乡谊关系，竭诚招待，并为其觅校舍于太原城北炮兵营房。《塘沽协定》签订后，平津政局平稳，东大遂于月末迁返北平。

　　张学良旅欧期间，蒋介石在向日军妥协之外，继续推行其"攘外必先安内"政策，几次想调东北军为其"剿共"。1933 年五六月间，新疆发生变乱，蒋介石想利用东北军平定新疆，但东北军将领却不愿受命；同年 11 月，国民党十九路军在福建组织政府，高举反蒋旗帜，蒋介石想调东北军入闽平乱，不料又遭拒绝。当时，蒋介石正发动对中共红军的第四次"围剿"，进攻江西和湖北，但都为红军所粉碎，消耗了巨大的实力。于是，他又想调东北军"剿共"，而要调动东北军非起用张学良不可，因此致电张学良，盼其尽快回国。

　　1933 年 12 月 15 日，张学良一行从意大利威尼斯登船启程，于 1934 年 1 月 8 日抵达上海。为安置张学良，蒋介石于 2 月 7 日任命他为豫鄂皖三省"剿匪"副司令，蒋介石自兼总司令。张学良在武昌就职后，随即将散驻平津附近的东北军全部调到湖北及周边地区①，投入到反共内战。

　　2 月 28 日，正值东北大学春季开学之日，张学良校长致东大全体学生，勉励他们努力学习。电文如下：

东北大学，王代校长（即王卓然）转全体同学鉴：

------

　　①　东北军何柱国率五十七军驻湖北省，王以哲率六十七军驻河南省，于学忠率五十一军、万福麟率五十三军驻武汉周围，刘多荃率一〇三师由张学良直辖。

王代校长在沪晤谈，备悉校中近况，差慰远怀。余由欧观察，所得彼中者，教育印象至深，世界各国，生存竞争，无不以培养人才，阐明学术为根本之计，其教者之善诱，学者之攻苦，孜孜不倦，远非我所能及，我国文化落后，国势阽危，愿求急起直追，非倍力倍速不可。诸生务须认明今日教育为救国方法之出发点，今日学生，为将来国家之主人翁，从此立定志向，振奋精神，努力做人，努力向学，艰苦卓绝，恪守规纪，必须养成完美人格，求得真实学问，方不负养士初衷，才可负救国重任。余对诸生爱之愈深，望之愈切。今当开学之期，不克亲临共话，特电勖勉，务望久志不忘，躬行实践，至要至要！张学良俭（二十八日）印 [1]

张学良的话语字字铿锵，振奋人心，激励着东大学子发愤学习。与此同时，他还致东大代校长王卓然及三院长（理工学院院长杨毓桢、文法学院院长曹国卿、教育学院院长方永蒸）电："归国抵沪，得审校中近况，甚慰所怀。弟游欧观察所得，于彼中教育印象独深，反顾我国，弗如甚远。此无他，彼能知需要，务实际，肯努力而已。方今我国文化落后，危机四伏，非才无以救国，非学无以成才，往者诸兄，和

张学良（右）欧洲归来抵达上海留影

衷共勉，甚慰寸心。此后尤望对于校务，努力整顿，严格管理，设系宜切合需要，不必求多。招生须程度相当，不可滥取。注重实际，增益效能，庶几在校得一真才，在国即得一救亡分子。兹当始业，不获晤谈，特布私忱，惟希努力！" [2] 从电文中可以看出他对东大关怀备至，出于至诚，要求学校领导整顿校务，注重实际，增益效能，为国家培养更多的救国人才。

3月28日，张学良致电在平的东北大学领导，决定停办农科："我校农科弟

---

① 毕万闻主编：《张学良文集》（2）（北京：新华出版社，1992年），第672页。原载《东北大学校刊》总第98期。

② 毕万闻主编：《张学良文集》（2）（北京：新华出版社，1992年），第673页。

以无力设备及其他关系，决定停办。俟将来局势有利，再行恢复。农场着即交还。车马物品，可酌量情形，留用或拍卖。办事学生可予半薪，暂令回校服务，听其自谋出路或外荐。原支经费，决定作补助毕业生留学之用。"① 东大农学院学生，因在北平无法实习，已于 1932 年 5 月初，由柳国明院长率领借读于开封河南大学农学院，月支经费八百元。后来，又购得北平北苑立水桥附近的官地两千余亩为农场。到汴后，学生努力，在三年级时即将课程学毕。鉴于经费捉襟见肘，故暂行停办，并按校长令很快完成了善后处理工作。

1934 年 7 月 1 日，东大第六届毕业典礼在西直门内本校总校举行，张学良校长从汉口寄来对该届毕业生的训词。训词要点是：毕业是应用所学于实际社会生活上的开始，大家要"活到老、学到老"，要从整个民族的生存问题上去着想，要认清个人的责任；我们每个人都要具有牺牲的精神，抱有坚强的意志，甘愿摒弃物质的享受，卧薪尝胆，献身为国。

7 月底，张学良为东北大学制定了整理方案，原文如下：

张学良校长 1934 年为学生题词

一、整理院系

（1）农科停办。

（2）理学院停办。

（3）铁路管理系停办。

---

① 董德风：《关于东北大学农学院》，东北大学北京校友会：《东北大学校友通讯》（1987 年 4 月）第 7 期。

（4）教育学院教育学系本年不招生。

（5）文学院外国文学系本年不招生。添设史地系及女子家政专修科。

（6）法学院政治、经济两系合并为政治经济系；边政系应注意东北方面之研究，法律系本年不招生。

（7）工学院机械、电工两系合并为机电系；纺织系暑假结束停办。该院暂设土木、机电二系。

（8）于必要时得附设补习班，限定名额，招收东北高中毕业生及高年级生，修习一年，俾便应他校或本校之升学考试。

二、限制招生

各院系科招收新生，应注意事实需要、学校容量、学生程度及学生籍贯等项，妥加限制，入学后并应认真教学，切实训导。

三、充实设备

该校工学院实缺设备颇多，应即设法添置；文、法、工各学院图书极为缺乏，亦应择要次第添置。

四、励行教员专任制，该校教授，多系兼任，于学生学业妨碍甚大，应即提高其待遇，同时增加授课时数，并限制在外兼职。

五、限制学生津贴

该校学生一律给予津贴。实非必要，应查酌情形，分别办理。凡东北四省勤苦学生，自可酌予津贴，其家境尚裕及非东北籍学生，应减少或停止津贴，以示限制。

六、集中校舍

该校校舍，分设三处，殊多不便，应将本科集中一处，借便管教。

七、恪遵法规

该校嗣后关于应行呈部事项，须恪遵法规办理。

八、聘任职员等

以杨毓桢为工学院院长，曹国卿为法学院兼交通学院院长，方永蒸为文学院兼教育学院院长。事务主任林耀山改兼秘书主任。军训主任高仁绂辞职，邓玉琢继任。

九、录取新生

25 日放榜，录取新生 283 名。

十、9 月 26 日补习班开学上课。[①]

王卓然在自传中说，张学良欧游归来，由于"他住意大利最久，带来了很浓的法西斯思想，主张中国若想抗日救国，须效法德意，集中力量，拥护领袖"。张学良在抵达上海时，发表了书面谈话（由王卓然代笔），后来他在武昌与世界电讯社记者谈话，也发表了类似观点。王卓然对此评价说，"公开做这样的主张，老蒋喜欢自不待言"。所以才给他一个副司令头衔。

张学良为贯彻他的拥护领袖的主张，于 1934 年 3 月顷，电令他的文人干部有高崇民、阎宝航、王化一、卢广绩及王卓然数人，齐集武汉，面授机宜，要他们去南昌会蒋，代表他表示忠诚拥护，请示今后工作方针。到了南昌，蒋派刘健群、戴笠等招待，组织了一个"四维学会"，意味着大家拥护领袖，就得讲"礼义廉耻"。王卓然回忆说："我们回到了武汉，看出张心情的苦闷与政治立场的彷徨，他警觉到'剿匪'的结果，可能使他大部封建性的军队消灭而失掉政治的资本。但蒋这种政治性的拉拢，实未顾到他与蒋性格的不同，及内在的矛盾。"[②] "我离武汉北归的前夕，张请我吃饭谈话，嘱咐我说：'我们拥蒋是诚意的，是为的团结抗日，心诚意坚地做一段看看，对于学生也要这样训练，告诉他们，拥蒋是为的抗日，不是为个人的私利。'他又嘱咐我，为使蒋信而不疑，对于学生间若有反政府的空气，必须设法取缔。张似因知道我富于妥协性，怕不能贯彻他的主张，因加派刘哲为东北大学董事长。在张作霖秉政时代，刘哲一度做过教育总长，这刘哲以能压迫学生而著名，张的用意似乎要利用他的强硬来补救我的温和。我那时真是睡在梦里，并未感觉蒋是彻头彻尾买办资产阶级的利益，与资本帝国主义相投而不会抗日的，我反倒佩服张这种拥蒋抗日的苦心。所以，回到

---

① 转引自王振乾等编著：《东北大学史稿》（长春：东北师范大学出版社，1988 年），第38—39 页。

② 王卓然：《自传》，赵杰、王太学主编：《王卓然史料集》（《辽宁文史资料》总第 36 辑）（沈阳：辽宁人民出版社，1992 年），第 46 页。

学校，在对学校讲话时总是要求学生谅解老蒋处在内忧外患的困难下，要团结起来拥护他。事实上也就是拥护他的'安内以攘外'的政策。很奇怪的，我这种拥蒋的态度并未获得校内 CC 派国民党学生的支持，相反的，校内有一大部前进学生，因为我平时支持关外义勇军，援助他们往返关内外的路费，素有好感，现在竟逐渐离心了。"[①]

十、宁恩承去职，王卓然主校

1933 年 3 月，正逢张学良准备出国之际，东北大学秘书长宁恩承适拜河北财政特派员之命，恳辞其秘书长职。

宁恩承是 1931 年 3 月张学良特邀出任秘书长、代行校长职务的。当时东北委员会第十五号文批准刘风竹辞去东北大学副校长职务的请求，并决定废除副校长制，设秘书长一人。60 年之后，宁恩承回忆起当年张学良校长请他出任秘书长的情景时，心情仍是十分激动，"当张少帅向我提议，令我承担此重大任务

代理校长王卓然

时，我力陈不合承担此重大任务，应另请高明的理由。经几次商讨，敦促再三，他述及他的困难，及东北大学必须立即换人的情势，我只好从命了。"当时情势紧急，责无旁贷，宁恩承连夜赶去天津向其恩师南开大学张伯苓校长请教如何承办好大学，并说明自己的困难和短处，及不愿承担此重任的原委。张伯苓说："现在的问题，不是你爱惜羽毛的时候，而是张汉卿有了困难，找不着合适的人选，'士为知己者死'。处世之道不是为自己，而是为人承担责任，为人解决问题。人家既然有了困难，咱应该硬着头皮为人解决，不可顾虑自己，而且办事的成功与不成功，一大半由于咱的用心和努力，只要暂存心良善，努力去做，不会有什么

[①] 王卓然:《自传》，赵杰、王太学主编:《王卓然史料集》(《辽宁文史资料》总第 36 辑)(沈阳:辽宁人民出版社，1992 年)，第 47 页。

错误，就是有了错误，人们会原谅咱的。"①经张伯苓的教导，宁恩承才决意接受，不再犹豫了。

宁恩承上任之后，把工作重点放在教学、科研方面。他锐意改革，办的第一件大事是成立东北大学董事会。世界各国的大学都有董事会的组织，聘请名人学者为董事，主持大学审核预算、筹集经费等大事。他指出：有经验、有学识的各界名人"对于大学的发展有正确的见解，有大的计划"，对学校的发展能发挥重要作用。张学良校长赞成宁恩承的主张。因为当时中国各地官办大学都没有董事会的组织，所以董事会成立时称为东北大学委员会。

在东北大学委员会成立后，宁恩承开始着手制定东北大学五年发展计划。其主要内容是：扩大农学院，扩充校办工厂，扩大纺织系，拟设立培养硕士、博士的研究院，招收全国精英，扩充图书馆等等。

宁恩承协助张学良把东北大学推进到了光辉的鼎盛时期，而一夜之间东北大学像遭受强地震似的毁于一旦，他又义无反顾地挑起了救亡迁校的重任。宁恩承为东北大学的建设和发展做出了无法取代的历史性的重大贡献。

宁恩承辞职之后，北平政务委员会委任王卓然为东北大学秘书长，代行校长职权，于3月中旬到职。各院人选是：文学院和教育学院院长方永蒸；法学院由曹国卿代刘伯昭为院长；理工学院院长杨毓祯。此时，虽校舍较分散，但已初具规模，步入正轨。据东大校刊所载，当时东大的教授、讲师、助教等已近百人，职员约五十人。

9月初，东北大学自迁平以来首次招考新生，计招有中国文学、史地、边政、电工、土木等学系共一百四十五人。为了解决东北流亡到北平的失学青年的就学问题，经教育部核准附设大学补习班，本届招收一百八十人。唯史地系学生只有八人，人数过少，不能开班，校令准转入其他学系。

10月，王卓然重组东北大学委员会。东大在沈阳时期原有大学委员会之委员十一人，九一八事变后委员散处各方，不克执行职务，张学良在出国前命恢复大

---

① 宁恩承：《东北大学话沧桑》，相树春等主编：《我们走过的路》（北京：今日中国出版社，1993年），第9—10页。

学委员会，充实力量，于是得教育部王世杰部长之同意，恢复大学委员会。经国民政府教育部教字第 8929 号指令备案的东北大学委员会成员名单是：

委员长：宋子文

副委员长：张学良

执行委员：王克敏（叔鲁）、王树翰（维宙）、刘哲（敬舆）

常务委员：于学忠（孝侯）、王卓然、王树常（庭五）、李煜瀛（石曾）、何应钦、周作民、胡适、张伯苓、黄郛（膺白）、汤尔和（调鼎）、宁恩承、万福麟（寿山）、刘尚清（海泉）、蒋梦麟

委员：于右任、孔祥熙、吴稚晖、吴铁城（了增）、沈鸿烈（成章）、陈公博、陈立夫、张群（岳军）、张静江（人杰）、章士钊、蔡元培、罗文干（钧任）、萧纯锦（叔回）、朱霁青（纪卿）、朱家骅

王卓然在张学良启程赴欧前夕，与他在上海讨论过东北大学的办学方针，结论是东大的"宗旨在训练复土还乡的干部，管训上要超党派，不论学生的思想是左是右，要一视同仁，启发大家的团结力与爱国心；注重学术、注重军训，要学生能拿笔也能拿枪，要在复土还乡目标下作忘我的团结"。[①]王卓然建议将来需要联俄抗日，应当创立俄语学系，以培养联络与通译人才，张学良很赞成。王卓然后来回忆道：

我回到北平后，即计划缩小政法系，改招俄文系，请王之相、刘绍周等知名之士，帮忙俄文系的建设。政法系教授赵翰九等纠合十来个教授，于夜深十二时到我住宅，包围逼我取消招收俄文系之议，仍维持政法系照旧招生。我对他们解说招收俄文系的用心，请他们从远处大处着眼，要谅解、要赞成，他们没能使我屈服，我的道理却使他们软化了。结果于 1933 年秋季开学，招收俄文系第一班。说也真

---

① 王卓然：《自传》，赵杰、王太学主编：《王卓然史料集》（《辽宁文史资料》总第 36 辑）（沈阳：辽宁人民出版社，1992 年），第 44—45 页。

巧，收进四十多名学生，大多数都是"左倾"前进分子。这件事竟引起南京 CC 分子的注意，以齐世英为首的东北 CC 派，说动了陈果夫，说东北大学是培植党团的很好地盘，应当拿过来，免为张学良造党或被共产党利用。陈果夫写了一封信，由齐世英拿到庐山见蒋，推荐齐世英接办东北大学，要蒋电令那时的华北政务委员长黄郛① 照办，蒋电黄郛，齐世英也即到北平。黄郛因为不明情形，问他的财务处长王克敏。那时的官僚与汉奸们中间，存在着很大的利害矛盾，黄郛以能取悦于日本人以自重，以迎合蒋介石外媚强权内除异己的私图。王克敏想见好于残存在北方的东北系势力，以见重于黄郛。那时东北大学的经费，是由王克敏经发，所以他对东北大学的组织尚了然，因告诉黄郛，说东北大学的校长是张学良，若是齐世英接校长职，得由政委会先下令免张学良职，王卓然的职责是秘书长代行校长职权，若是齐世英接秘书长职去代行校长职权，那么就得电海外的张学良，请他加委。黄郛是一个油滑的政客，一想何苦为 CC 派"做豆腐"而得罪张学良。于是回电老蒋，说明情形，建议暂缓。CC 派见明争未胜，乃加强暗斗，鼓动 CC 学生，企图以闹风潮方式由内部逐我出校，当时教育部长王世杰为讨好 CC，对我调整院系，结合实际努力，处处掣肘，意在迫我自动辞职。由这里起，齐世英和王世杰在不同的机会与场合，发展成了我的死敌，他们直接间接代表 CC 派。②

国民党 CC 派欲趁张学良在国外之机收编东大的计谋，在齐世英的回忆中也得到印证：

民国二十二年三月四日，热河失守，张学良辞职出国。当时迁到北平的东北

---

① 黄郛（1880—1936）：字膺白，号昭甫。浙江绍兴人。早年在日本留学从而结识蒋介石、张群等人，国民政府成立后，历任外交部长、教育部长、上海市市长等要职。1933 年秉承蒋介石授意，在华北推行对日军妥协的外交方针，后遭到全国民意所指并被迫辞职。1935 年托病避入莫干山"隐居"。1936 年 9 月，复任国民政府委员，同年底病逝上海。著有《欧战之教训与中国之将来》《战后之世界》等。

② 王卓然：《自传》，赵杰、王太学主编：《王卓然史料集》（《辽宁文史资料》总第 36 辑）（沈阳：辽宁人民出版社，1992 年），第 45 页。

大学有不少教授与学生都是国民党党员，他们建议把东北大学改为国立。我商请果夫、立夫兄弟，他们极表赞同，但须请示蒋先生，蒋表同意，写信要我去见北平政整会委员长黄膺白。黄膺白说："这点人情我不能卖。北平这个地方现在东北残余势力很大，如果把东北大学拿走了，他们恐怕会找麻烦，顶好算了吧! 我也会致电蒋先生，你回去跟他商量商量再说。"我回到庐山见蒋先生，转达黄膺白的意思，并且告诉他黄也会有电报来。蒋先生说："那就暂时缓缓。"[1]

1934 年 3 月 26 日，东北大学公布了《惩戒规则》八章四十五条，第一章惩戒总则，第二章危害学校存在之惩戒，第三章妨害安宁秩序之惩戒，第四章妨害公务执行之惩戒，第五章荒废课业之惩戒，第六章妨害公益之惩戒，第七章怠忽责任之惩戒，第八章附则。该规则对各种违反校规的行为做了处罚的明文规定，处罚分开除、记大过、牌示、申戒、书面警告等九等惩罚。并规定记大过三次者开除学籍，记大过一次者罚伙食两个月，记大过两次者罚伙食一个学期。《东北大学史稿》对此评说："王卓然在主持校政期间，极力推行法西斯教育……王卓然公布了《惩戒规则》……其中甚至规定，在宿舍招待异性宾客者罚，擅自集会者罚，连迟眠晏起也得受罚，几乎无所不罚。全篇可以浓缩成一个字，'罚'。"[2] 又说："王卓然是个复杂的人物，他对张校长的旨意是百般顺从的……王卓然一度把'东大'引上了歧途，主要是为了讨好张学良，同时，也可借此讨好蒋介石。王并不信仰共产主义，但是为了迎合张的心意，他可以护送斯诺到陕北去，并首先出版斯诺的《西北印象记》。今天，公正地说，王还是做过好事的。"[3] 王卓然之子王福时回忆乃父主持东大时的其中一点，"他之所以创议设边政系，设俄文专修科，是出于抗日必须联俄这一设想。为此，要造就俄文人才，并为此聘请了王之

---

① 齐世英口述、林忠胜记录：《九一八事变以后的我》,《齐世英口述自传》(北京：中国大百科全书出版社，2011 年)，第 123 页。

② 王振乾等编著：《东北大学史稿》(长春：东北师范大学出版社，1988 年)，第 44 页。

③ 王振乾等编著：《东北大学史稿》(长春：东北师范大学出版社，1988 年)，第 47 页。

相、曹靖华、刘泽荣等名教授"。[1] 不过曹靖华的学生、1933 年夏秋考入东大外文系俄文组（简称俄文系）的关山复是这样回忆"边政系"的：

1934 年夏秋天，学校当局既不征求同学意见，也不透露消息，突然宣布把我们这个俄文系改为"边政系"（边疆政治系）俄文组。同时也把和我们同年级的外国文学系日文组改为"边政系"日文组，又把这两个系从文学院划归法学院。这是学校当局为取悦南京国民政府而采取的"东施效颦"的手法，因为南京国民党的中央政治学校就设有"边政系"。东北大学为什么要有"边政系"呢？顾名思义，这是要造就对付苏联和日本的外务人员。我们这个班上的同学大多是倾向革命和进步的，想要把我们变成对付苏联的"人才"，这是一种妄想。但是，当时正处在异常反动时期，国民党的中央宪兵第三团还驻在北平。我们还没有党的领导，缺乏良策，不能成事。而且"木已成舟"，也难以抵制了，这可怎么办呢？

这期间，邹素寒（邹鲁风）和我，有时也有其他同学，常常研究对策。我们得出的意见是：事在人为，在其实，不在其名。应该自己争取学到革命的知识。我们商议出两个办法：第一是要聘请一些进步的左翼教授。第二是尽量订购苏联出版的革命报刊和书籍。提到聘请进步教授，我们首先想到的就是曹靖华先生。因为我们早就读了他所译的一些苏联革命文学作品，诸如《铁流》《第四十一》《烟袋》等等。

…………

请曹先生来东北大学任教，是我和邹素寒一同去的。时间是 1934 年秋末冬初某日。当时曹先生住在西板桥大街。这是个小四合院，一进重门，在门的西侧有个"耳房"便是客厅。曹先生就在这里第一次接待我们。我们述说了北平东北大学同学的处境和心情，提出邀请之意。曹先生当即慨然应允。事情如此顺利，简直使我们这两个"穷措大"都喜出望外。回到学校，我们先在班上进步同学中作些酝酿，争取更多的支持者。又通过班长纪鸿信（纪昌），提名给法学院院长曹国卿。因为曹靖华先生早已是北平大学女子文理学院和法商学院的教授；又因为

---

①　王福时：《王卓然生平点滴》，《东北大学建校 65 周年纪念专刊》（自印本，1988 年），第 156 页。

曹先生当时用的名字是"曹联亚"而不是曹靖华，学校当局也不知道他就是素孚盛誉的苏联革命文学作品的翻译家，因而未提出什么异议，就答应发了聘书。当时曹先生年纪还不到四十岁。

在 1934 年冬到 1937 年夏（"七七事变"）的两年半时间里，曹先生为我们这个班（也还有 1934 年秋、1936 年秋学校又招了两期"边政系"俄文班），讲了不少的俄国和苏联文学作品……在讲课中，曹先生很自然地介绍了苏联十月革命后的一些情景。这大有助于同学们追求真理、向往革命。在"一二·九"运动兴起后的 1936 年初，东北大学建立共青团和党的支部，就是从我们这个班上开始的。当时我是北平东北大学党支部书记。我们这个班参加革命的人数最多，仅在抗日战争期间英勇牺牲和因劳瘁病故的，现在数得出来的，至少就有七八个人。[①]

关山复的回忆中还提到了王之相、刘泽荣和季陶达等教授：

北平东北大学俄文班有一批教授和讲师。老成持重的王之相（叔梅）先生，做过我们的系主任，讲授法律课。同他合作译出不少文章联名发表的刘泽荣先生，给我们讲"苏联经济地理"。他的俄语发音最为标准，甚至超过俄国人。他读俄语铿锵有力，颇能体现俄罗斯语言的音韵美。可是在当时，以及其后长时期，人们都不知道刘先生曾经参加过共产国际召开的大会，还受过列宁的召见。这个，我是直到几年以前才从人们怀念他的文章中得知的。还有季陶达先生，讲授苏联拉皮多斯等二人合著的《政治经济学》，可惜我们听不很懂。我们还有几个俄籍教授和讲师，例如卜内特，当时已经五六十岁，曾经做过帝俄驻华使馆的华文副参赞，识汉字并能讲汉语。还有一个瓦西里，思想反动，常说世界上没有个"苏联""他们很快就要垮台了"。有一个雅萨阔夫，据说是随同苏联公使马尔科夫来华的。他讲过苏联的斯达汉诺夫运动等内容的课。

必须一提的是有一位姓李的教授，给我们讲"中俄关系史"和"苏联外交

---

① 关山复：《寿曹靖华诗翁》，《三门峡文史资料》第二十辑（政协河南省三门峡市文史委编印，2010 年），第 178—180 页。

史"，满口都是革命词句。他在一次"小考"（期中考试）中出的题目竟然是"试论托洛茨基不断革命论的错误和列宁、斯大林关于一国建设社会主义的可能性"。好家伙！……原来李某早年留苏学过炮兵，回国后曾经被国民党南京政府外交部给他"消毒"过，成为"合法的马克思主义者"，或者用日本的叫法就是"转向派"。他这全是"左倾"空谈（如果不是怀有什么目的）。可是一到革命高潮（"一二·九"学生运动）来临，各校联合罢课，就触犯了李先生的切身利益，因为不上课他就拿不到"钟点费"。于是李先生就站到了我们的对立面，指责我们罢课。他说："世界上没有任何的大学，像你们这么自由，苏联也没有！"①

1934年10月4日出版的《东北大学校刊》116期，公布北平时期东北大学全校人员，计有教职员总数一百七十一人，其中教员一百三十五人，职员三十六人；全校学生总数一千零七十六人，其中本科生七百七十五人，专修科四十六人，补习班二百五十五人。此外，全校每年经费总数三十三万零四千二百元（内有交通学院每年经费总数三万零四千二百元），全校房屋面积总数七百三十三间、面积218.2亩。②

1935年7月1日，东北大学举行第七届毕业生毕业典礼。本届毕业生共二百八十人，其中东北籍学生二百四十一人，非东北籍学生三十九人，女生四人，男生二百七十六人，年龄最大三十二岁，最小二十二岁，平均二十五岁。毕业生成绩最高八十八分，最低六十四分，平均七十八分。毕业典礼会上，由秘书长、代校长王卓然颁发毕业证书，依法授予学位。

7月底，理学院、教育学院、交通学院停办，文学院英文学系、法学院法律学系、工学院机械学系学生均已毕业，宣布停止招生。

1936年2月，工学院、补习班学生由北平迁往西安；翌年2月，文、法学院师生约五百人到开封河南大学报到。

---

① 关山复：《寿曹靖华诗翁》，《三门峡文史资料》第二十辑（政协河南省三门峡市文史委编印，2010年），第180—181页。

② 杨佩祯等主编：《东北大学八十年》（沈阳：东北大学出版社，2003年），第110页。

十一、站在"一二·九"运动的最前列

在 1935 年的中国，世界流行的一切，中国也同样流行。从经济危机、法西斯主义、日本侵略，到共产主义运动，还多了一个经久不息的内战。

1 月 18 日，日本关东军发表文告称"断然扫荡"察省中国驻军宋哲元部，翌日蒋介石表示日军进攻察东系"地方事件"，应"就地解决"。2 月 2 日，中日代表在热河丰宁县大滩就察东事件正式谈判，达成"大滩口约"。

同年 1 月，中国工农红军长征北上。有鉴于此，2 月 28 日蒋介石撤销了"鄂豫皖剿共司令部"，于 3 月 5 日在武昌成立国民政府军事委员会委员长行营，改任张学良为行营主任。

5 月 2 日、3 日，天津日租界《国权报》社长胡恩溥、《振报》社长白逾桓相继被杀。月底，日军以两个报社社长被杀等，向国民党当局提出对华北统治权的无理要求。南京电令何应钦与日方谈判，"妥善办理"。6 月 9 日，日本华北驻屯军司令官梅津美治郎向何应钦提出备忘录，限三日答复。何应钦经与日方秘密会商后，于 7 月 6 日正式复函梅津美治郎，表示对"所提各事项均承诺之"，接受日方要求，史称《何梅协定》。

《何梅协定》订立之后，华北名存实亡。8 月 1 日，长征途中的中国共产党发表《为抗日救国告全体同胞书》，即著名的"八一宣言"，呼吁"停止内战""抗日救国"。

是年夏秋，黄河水灾泛滥，华北广大农村田庐被淹，农民纷纷逃来北平。但是，国民政府对急需救济的灾民视若无睹，激起了广大青年学生的义愤，东北大学救灾慰问团驰赴受灾严重的鲁西各县慰问。法学院边政系学生綦灵均、张无畏等组织东大水灾赈济会，加入者颇为踊跃，当场捐款的就有 189 名学生。政府不得不承认"东北大学水灾赈济会"为合法组织。之后，北平各学校相继成立了水灾赈济会。东北大学学生以赈灾名义，一方面进行了大量的赈灾工作和抗日救亡宣传活动，另一方面积极联络北平其他学校的水灾赈济会，成立了北平市学生水

灾赈济会。11 月 18 日，在北平学生水灾赈济会的基础上，成立北平市学生救国联合会，简称北平市学联。参加学联的东北大学代表郑洪轩、邹素寒（邹鲁风）当选为总纠察。

北平学联的成立，为中共领导学生抗日救亡运动奠定了组织基础，并领导和发动了著名的"一二·九"运动。

一二·九运动中的东大学生

11 月 6 日，日本要求设立华北自治政府，又发出最后通牒，同时向华北大量调兵。25 日，日本还扶植殷汝耕①在河北通县成立"冀东防共自治政府"，宣布冀东二十二个县"脱离中央自治"。迫于日本的压力，国民政府计划于 12 月在北平成立"冀察政务委员会"，作为适应日本要求"华北自治"的妥协办法。

12 月 2 日晚，面对华北民族存亡危机，北平市学联在燕京大学召开第三次代表大会，出席会议的东北大学代表是郑洪轩和邹鲁风。这次会议针对日本对华北的侵略和国民党的妥协退让政策，讨论通过了发动请愿斗争的纲领、宣言和口号等。12 月 6 日，东北大学级长会联合燕京大学、清华大学、北平大学等十五校学生自治会发出了《北平各校通电》。《通电》在痛陈了自"华北事变"以来，蒋介石国民党政府一连串辱国丧权的事件之后，尖锐地指出了："强敌已入腹心，偷息绝不可得。""今日而欲求生路，唯有动员全国抵抗之一途。"《通电》最后写道，"吾民置身危城，日受熬煎，顾瞻前途，已不能再事容忍，愿对政府作如左之请求，希国人共起督促之：（一）誓死反对'防共自治'。请政府即下令讨伐叛逆殷

---

① 殷汝耕（1883—1947），字亦农，浙江温州平阳人（今属苍南）。中国的财税官僚与近代政治人物。1904 年官费留学日本，1909 年入第七高等工科，后加入同盟会，曾追随黄兴参加辛亥革命。1913 年二次革命失败以后再赴日本留学。1919 年从早稻田大学毕业回国，进入北洋政府财政部担任司长。1935 年日本与中国在华北的冲突增加，在土肥原贤二的邀请下，出任伪冀东防共自治政府的委员长，宣布脱离国民政府，因此被通缉。卢沟桥事变不久，殷汝耕失去了日方的信赖。抗战胜利后，被以汉奸罪处死。

汝耕！（二）请政府宣布对敌外交政策！（三）请政府动员全国对敌抵抗！（四）请政府切实解放人民言论、结社、集会之自由！"①

这时有消息说，国民党政府准备于 12 月 9 日在北平成立冀察政务委员会，以实现所谓"华北特殊化"。消息震惊了每一个爱国者，眼看华北各省又将继东三省之后沦入日寇之手了，华北将亡，国家将亡，岂可坐视不管。中共北平临委毅然决定于 12 月 9 日发动学生请愿，请愿不成，即转为示威，以反对冀察政务委员会的成立。

12 月 8 日，北平市学联在燕京大学召开了第四次代表会，到会的有二十几个单位，会上着重讨论并制定了行动路线与时间。同时，对于参加的人数作最后的估计。当主席向东北大学代表问："东大明天究竟能出多少人？"东大代表真是又惭愧又悲伤："究竟能出多少人？真不敢说！因为大多数同学都还不知道有这次行动。学校当局压迫，同学尚无组织。但明天早上一定召开大会，开得成呢，我相信东大同学是不会退缩的。万一大会开不成，那么只有 30 人了——这 30 人一个都不会少！"主席听了报告，当时决定要东大这确定的 30 人全部编成纠察队，而且担任整个队伍的先锋纠察——这一决定东大代表立刻接受了。东大同学已经做了四年的亡省奴隶啊，为什么不作先锋？同时决定燕大、清华同学由西直门乘大汽车进城，在东大集合。②

参加会议的东大学生代表郑洪轩和邹鲁风返校后，当晚在法学院边政系俄文三班学生宿舍召开会议，向宋黎③、关山复、唐杰生、林铎、王一伦、韩永赞等十余人传达了学联会议决定，为参加游行请愿做准备工作。许多人通宵未眠，做旗

① 《一二·九运动史》（北京出版社，1980 年），第 28 页。原载《一二·九运动》（北京：人民出版社，1954 年），第 146、148 页。

② 王汝娟：《热血汇流着》，《大众生活》1936 年第一卷第 10 期。转引自《一二·九运动资料》第一辑，（北京：人民出版社，1981 年），第 119 页。

③ 宋黎（1911—2002），原名宋介仁，又名宋忱。吉林奉化（今梨树）人。1931 年毕业于东北大学法学预科。1932 年参加反帝大同盟。1934 年加入中国共产党。1935 年参加"一二·九"运动，任游行示威队伍总指挥。曾任中共东北军工委宣传部部长、代理书记。1938 年后任中共中央东北局城工部秘书长、中共辽南省委城工部部长兼沈阳市工委书记。1949 年后，历任辽西省人民政府副主席，辽宁省政协主席等职。

帜，写标语，印传单。"在这不平凡的'一二·八'之夜，女生宿舍气氛热烈，群情激昂，几乎人人都在谈论着这件大事。共同的遭遇，产生了共同的语言，她们痛恨日本鬼子侵占了家乡东北，又向关内日日进逼，而当局仍在一味的退让，致使北平也安放不下一张平静的书桌了。旧恨新仇一齐涌上心头，她们把即将来临的'一二·九'看作是新的'五四'，充满了强烈的雪耻救国责任感。不少女生写了遗言，留下家人的姓名、地址并贵重的东西，一起托付给一个因怀孕不能去游行的同学，做了牺牲的准备。宋玮（张坚）、张有芳（张铁）装好石灰包作为自卫的武器。"[1]

12月9日，古城北平正是严冬季节，千里冰封，寒风凛冽，但是学生们怀着满腔的热血，按预定计划行动起来了。

是日早晨8点钟，上课铃声响了。大部分同学不是走向教室而是走向礼堂。东北大学的学生们，在军警包围了学校的情况下，在礼堂召开了空前的学生大会。会上，王一伦和胡焜（胡开明）等人发表讲话，传达北平市学联关于在当天举行请愿的决定。同学们热泪盈眶，群情激奋，当场推举东北大学学生会主席宋黎为东北大学请愿队伍的总指挥，由韩永赞、肖润和等人组成纠察队。接着，宋黎向同学们作了简短的动员。到会的爱国学生一致表示：完全拥护学联的决定，坚决参加请愿游行。

根据北平市学联原来的决定，东北大学应首先与从西直门进城的清华大学、燕京大学队伍会合，然后直奔新华门。可是，这时传来了清华、燕京两校的队伍被阻于城外的消息。于是，东北大学的队伍便成为西路纵队的唯一主力了，只好孤军出动。学生们高举"东北大学学生请愿团"的大旗，"四人一排，手挽着手。女同学在队伍中间——可敬的女同学们，她们是全体参加！"[2]当有人喊出第一声"打倒日本帝国主义"的口号时，许多同学都忍不住流下了激动的热泪。

---

[1]　刘宁元：《"一二·九"时期东北大学女同学的一些情况》，东北大学北京校友会编：《东北大学校友通讯》（1987年4月）第七期。

[2]　王汝娟：《热血汇流着》，《大众生活》1936年第一卷第10期。转引自《一二·九运动资料》第一辑（北京：人民出版社，1981年），第120页。

东北大学校址在西北城西直门内，队伍由北向南走，沿途避开了军警在新街口一带设置的封锁线，从北沟沿转到西四北大街，当行至西四牌楼时，被二三百名军警堵住了去路。当事人宋黎回忆说："12月9日，在大批军警包围各个学校，其他学校学生未能按时到达的情况下，东大同学推举我为总指挥，率领队伍冲破手持大刀的军警的包围、堵截，孤军出动，直奔新华门，到新华门后队伍已汇集有两千多人。"①

新华门是中南海的大门，国民党军事委员会北平分会代委员长何应钦在里面的居仁堂办公，爱国学生要求何应钦出来接见，但遭到拒绝，他早已躲到小汤山去了。上午10时，学生们临时选出代表十二人，前往居仁堂请愿，并拟定了六项要求，向民众宣读后一致通过，这六项是："（一）反对华北成立防共自治委员会及其类似的组织；（二）反对秘密外交，公布中日交涉经过；（三）保障人民言论、出版、集会、结社的自由；（四）停止内战，一致对外；（五）不得任意逮捕人民；（六）释放被捕学生。"②到了中午，学生越集越多，情绪愈来愈激昂。这时国民党军委会北平分会才派参谋长侯成出来"抚慰"学生："要谅解政府的困难"，"要读书救国"等等，拒绝了学生们的请愿要求。

请愿不成，为了表达人民的抗日救国的愿望，东北大学宋黎、中国大学董毓华等人立即与其他学校代表商量，研究对策，当机立断，决定改请愿为示威游行。由于东北大学参加的人数最多，整个示威游行队伍的总指挥便由东北大学担任。当宋黎招呼整顿好队伍，宣布"示威游行开始"时，民众一致高呼："现在我们要示威！我们要表示中国人民和华北人民的真实心意！"示威游行队伍，大踏步地向前进，来到"五四"运动的发源地——北京大学门外时，北大的爱国学生立即敲起钟来召唤大家。顷刻间，黄敬（俞启威）、刘导生、唐守愚、宋劭文、张震寰等人与许多学生迅速地冲出了教室，集合在红楼前，以战斗的姿态投入了示威行列。接着，中法大学、河北高中等校也都赶来参加。

---

① 宋黎：《荟萃精英 血沃中华：忆东北大学》，《东北大学建校65周年纪念专刊》（自印本，1988年），第62页。

② 翟作君、蒋志彦：《中国学生运动史》（上海：学林出版社，1996年），第213页。

像滚雪球似的，示威游行队伍越滚越大。这支队伍已扩展为四五千（有说六七千）人，浩浩荡荡地经过东华门，直向王府井大街进发。

此前，日本大使馆获得北平学生反日游行的消息后，即通过武官出面，给北平市长秦德纯①打电话，要求派日本宪兵出来维持秩序。秦德纯一方面予以拒绝："这件事我们地方可以负责，如果日本宪兵出来，必定发生惨案，那么一切责任由你们负。"另一方面立即调派警察。保护东单牌楼各日本人商店。学生从上午开始游行后，当局"曾严令警察不准携带武器和警棍，并命令一部分警察换着便衣，跟随游行队伍维持秩序，不准殴打辱骂，如有违反，不但要办警察，并且要办警官。如果警察被学生打了，被打的给予奖励"。②因此游行的秩序一时间颇为良好。可是后来情况发生了变化，据秦德纯回忆：

午后二时，警察局长陈继淹报告说："游行大队现在西单牌楼休息，据说休息后，就要整队冲东交民巷日使馆，请示怎样处置。"

我答复他："绝对不许大队进入东交民巷，因为今年是日本使馆'值年'，在东交民巷口设有机关枪，如果冲过去，势必发生惨案。"

陈说："警察既不带枪，人数又少，无法制止。"

当时我说："给你最后的武器，用水龙。将水龙布在东交民巷外面两侧，倘若大队转向东交民巷，即刻迎头浇水。"③

上海《密勒氏评论报》记者报道当时的情景，说："在二条胡同警察们下了决心无论如何要防止队伍到达只有几百码外的使馆区。消防队也被调来。沿着东安

---

①　秦德纯(1893—1963)，字绍文。山东沂水人。早年入保定军校,后入北京陆军大学。1930年任二十九军总参议。1932年任察哈尔省政府委员兼民政厅厅长。1935年4月晋升中将。同年6月任察哈尔省政府主席，11月任北平政府市长兼第二十九军副军长。1937年抗战爆发后，第二十九军被扩编为第一集团军，任总参议。抗战胜利后，历任军令部次长、国防部次长。1948年12月任山东省政府主席兼青岛市市长。

②　秦德纯：《冀察政委会时期的回忆》，《秦德纯回忆录》（台北：传记文学出版社，1967年），第41—42页。

③　同上。

市场设有水龙。在二条开始用水冲，要将学生冲回去（'好计谋'），在零度的气温下用水喷在孩子们的身上"，甚至"数名外国观察者也遭到喷溅"。"学生领袖们直奔冲突处，而遭到警察用皮带、枪把和拳头的残酷的殴打……他的两位同志跑过来，把他带回去。男孩和女孩同样被打倒和乱踢。但似乎没有人受重伤。虽然现场开来了救护车，但据后来报道说，有数人被送协和医院，去治疗轻伤，其中有一名警察。"[①] 尽管如此，但秦德纯认为："这是不得已的措施，当时同学们或许不谅解，但我自信，用水龙浇自己的学生，总比敌人用机关枪打好得多了。"[②] 遗憾的是，市长的一片苦心，不要说在当时，甚至在今天也未必让人理解。

却说游行运动进行了一天，到了下午四五点钟，大家已是疲惫不堪。为了保存力量，避免不必要的牺牲，宋黎冷静地振臂高呼："到北大三院去集合！"除留少数人做抢救工作外，把一时被冲散的民众队伍，很快地撤到了北京大学三院。宋黎慷慨激昂地说：我们大家回去组织全市学生总罢课！在一阵庄严热烈的掌声中，大家一致通过"从 10 日起实行全市总罢课"。爱国学生们充满自豪地怀着高昂的斗志和信心，分别回各自的学校去了。[③]

东北大学学生游行归来的当天晚间，首先遭到学校当局的威吓："刚才有两个某国人来过了，问我们还能约束学生不能，如果不能，他们来替我们约束！我们当然说能够约束！"接着秘书长王卓然训话："不怕死的小子，有小子骨头，是他爸爸揍的，直接打某国去呀！在学校闹什么？"[④] 由于这谩骂，让少数未参加示威的同学也愤怒了，反来参加救亡运动。这是校方始料未及的吧？

第二天在礼堂召开第二次全体同学大会：一、检讨这次请愿示威行动的优劣点。二、通过执行昨天各校同学大会的一致罢课，继续救亡工作的决议。（当

---

① H.F.S：《北平学生运动》，《一二·九运动资料》第一辑（北京：人民出版社，1981 年），第 106 页。原载上海英文《密勒氏评论报》1935 年 12 月 16 日。

② 秦德纯：《冀察政委会时期的回忆》，《秦德纯回忆录》（台北：传记文学出版社，1967 年），第 43 页。

③ 《一二·九运动史》（北京出版社，1980 年），第 40 页。

④ 王汝娟：《热血汇流着》，《大众生活》1936 年第一卷第 10 期。转引自《一二·九运动资料》第一辑（北京：人民出版社，1981 年），第 122 页。

示威大队在王府井大街被击散后，在北大三院集合，当时决议各校一致罢课及其他。）三、成立东大救国会参加学联。四、营救被捕同学。

大会开始不久，主席作报告的时候，秘书长王卓然带着院长和一群职员，怒气冲天地向会场冲来。守门的纠察队迎前讲话，被他一脚踢开。主席停止了报告，向秘书长说："我们在开会，如果秘书长要讲话，我须征求同学意见。"

"什么你开会，开会！开什么会！"说着一把把主席拉下台来。但主席立刻恢复他主席地位与秘书长并立，声泪俱下地说："秘书长！难道你平常常说的'收复失地'的口号都忘记了吗？东北亡了四年了，现在华北又亡了，我们怎还能苟安！全北平市的同学都起来作救亡运动，我们东大同学都是亡省亡家的东北人，我们不动，我们还有什么面目见人，我们还算人么？我相信，我们的行动是东大的光荣，是东北人的光荣，也是秘书长的光荣。秘书长也是亡省的东北人，这绝不是秘书长的耻辱啊！"主席向全体同学征求："允不允许秘书长说话？"同学们齐声喊："不要听！""打倒汉奸！"

"谁？捉住！捉住！"秘书长向院长命令着。院长立刻走向后面捉人，但纠察队把他劝阻了。同学悲愤到了极点。有的放声痛哭："不要忘了我们是亡国奴啊！"

看同学们情绪激昂，秘书长的风向也转和一点了，主席让同学静下来，允许他讲话。

"你们不再闹，我可以要公安局释放你们被捕的同学；但你们再闹，我就不管了。罢课不行！"秘书长说。

"立刻释放我们的被捕同学！""我们要现在看见我们被捕的同学回来！"

"你们要愿意被捕同学多受罪，你们就闹！"秘书长转身走了；"警告你们，不要为少数人利用！你们不要为少数人利用！"大队的同学，谁都不理睬他。

大会继续进行。示威行动检讨过去了。会议一致决议：一、即日开始罢课。二、成立东大救国会，参加学联——当推定十一位同学组织救国工作委员会。三、组织强有力的纠察队——以前之纠察队员改编于新组织内。四、要求学校保释被捕同学。

　　大会结束后，东大即日起全体罢课。被选举之同学即刻计划组织与工作进行。纠察队于三小时内组成六小队——每一小队十人——按学联规定编制，即执行维持秩序职务。①

　　夜幕来临了。午夜，东大同学们在做着兴奋的美梦之时，学校开进了百余名东北宪兵。宿舍门被把守了，不准同学出入，于是由号房按名单指示床位，各室搜查，结果有六位同学被捕了，其中有五名女生，"她们是孙玉华、梁明彦、刘淑清、侯淑艳、唐静淑"②。

　　《北平晨报》12 月 12 日刊登"特讯"："东北大学昨颁布紧急处理法，训诫学生谨言慎行，通告教员按时授课。"③王汝娟《热血汇流着》则谓 12 日学校宣布紧急戒严令："由秘书长和军训主任任戒严司令。宪兵把守校门，禁止同学外出。学校向同学宣布：同学须一律离开宿舍，不到教室即须到图书馆，在院内散步或停留聚谈者，则以扰乱秩序论，宪兵可随时逮捕。拒捕者则开枪，打死勿论！"当天下午学校又布告：《东北大学紧急处罚法》：13 日不上课者降为自费旁听生，14 日不上课者开除在校名籍。④

　　同一天，张学良致电王卓然转全体同学："顷平市各校对时局之举动及诸生爱国之心，良当表同情，惟我校情形特殊，所历艰困想为诸生所素悉，值此时艰，务望忍辱负重，安静慎勿卷入漩涡，致学校受其影响。盖唯贞固足以干事，救国不忘读书，诸生其勉诸。"⑤

　　13 日，东大留校同学决定：大家齐集秘书长办公室前示威要求：一、立即撤

---

　　①　王汝娟：《热血汇流着》，《大众生活》1936 年第一卷第 10 期。转引自《一二·九运动资料》第一辑（北京：人民出版社，1981 年），第 122—124 页。

　　②　刘宁元："一二·九"时期东北大学女同学的一些情况》，东北大学北京校友会编：《东北大学校友通讯》（1987 年 4 月）第七期。

　　③　《北平晨报》1935 年 12 月 12 日。转引自闻黎明辑：《一二·九运动报刊资料选编》，《近代史资料》总 59 号（北京：中国社会科学出版社，1985 年）。

　　④　王汝娟：《热血汇流着》，《大众生活》1936 年第一卷第 10 期。转引自《一二·九运动资料》第一辑（北京：人民出版社，1981 年），第 125—126 页。

　　⑤　毕万闻主编：《张学良文集》（2）（北京：新华出版社，1992 年），第 934 页。原载《东北大学校刊》总第 151 期。

退驻校宪兵。二、立即释放被捕同学。三、逃出之同学不得再次逮捕。四、以后不得压迫和干涉同学爱国运动。如校方不答应这四点要求，则同学自动驱逐宪兵出校，自动夺回被捕同学。

怒潮似的学生卷到办公室前，坚决地提出四项要求，要王卓然立刻回答。看到同学们的激情，东北宪兵也心软了，感动地说："同学们，我们都是东北人，我们也同情你们的爱国运动，不愿来压迫你们。不过没有法子，是他们命令我们来呀！"在学生们的逼迫下，王卓然终于答应了四点要求。同时，也不得不放弃《紧急戒严令》《紧急处罚法》。

13 日，《世界日报》消息："连日被捕学生，已完全释放。九日北平学生游行，因而被捕的计北平大学三人、东北大学六人。北平大学三人已由徐诵明校长于翌日保出。"东北大学"因有伤害警士嫌疑，先后被捕十二人，现经王卓然代理校长力保"，已经完全释出。[①]

"一二·九"的斗争，仅仅是开始，在中共地下党的谋划下，正在进一步酝酿着一场更大、更深入的斗争。

十二、"一二·一六"大游行

1935 年 12 月 10 日，北平全市学生实行总罢课。北平学联发布了《宣传大纲》，强调贯彻中国共产党的抗日民族统一战线这一方针。指出："中华民族的自由解放，是我们的目标，扩大民族革命战争，是我们的方针。然而这种重大的任务，绝非学生群众所能单独胜任。所以为了我们伟大的前途，我们必须联合全国民众，结成统一革命战线，武装全国民众，来扩大民族解放斗争。"[②]

学生们首先在学校恢复被摧残破坏的学生自治会和抗日救国会组织。10 日北大学生救国会成立，选举了朱穆之、陈忠经等为负责人；东北大学成立了学生救

---

① 闻黎明辑：《一二·九运动报刊资料选编》，《近代史资料》总 59 号（北京：中国社会科学出版社，1985 年）。

② 翟作君、蒋志彦：《中国学生运动史》（上海：学林出版社，1996 年），第 216—217 页。

国工作委员会（简称工委会），宋黎、郑洪轩、邹素寒同学被选为常委，并组织了三四十人的纠察队，负责维持学校秩序，由工委会组织各种救亡活动。

几天时间，学生们办壁报、出特刊、演讲宣传、问题辩论，思想觉悟的提高是平时几年工夫所难达到的，广大学生要求"再来一次"的呼声极为高涨。

为扩大"一二·九"游行示威活动的影响，燕京大学学生自治会接受了斯诺的建议，12月12日在学校临湖轩举行了一次外国记者招待会。除斯诺外，前来参加的有合众社、《芝加哥每日新闻》、天津《华北明星报》、《亚细亚》杂志、上海《密勒氏评论报》和《大学》杂志等驻北平记者六人。

12月14日，北平报载国民政府决定在16日成立冀察政务委员会，宋哲元等人将粉墨登场。"冀察政务委员会"是适应日军"华北政权特殊化"要求的产物，它的成立意味着华北名存实亡。北平学联得讯后立即召开会议，决定在这一天再一次发动大示威，引导学生运动走向新高潮。

清华、燕京吸取了上次被阻在城外的教训，分别在前一天组织了先遣队约一百人进城，宿于东北大学第一宿舍。城内各校共组成三个大队，第一大队由东北大学率领，第二大队由中国大学率领，第三大队由北京大学率领。他们巧妙地化整为零、化零为整、声东击西，至天桥集中。16日清早，清华、燕京等校的城外大队，在西直门受阻，转阜成门又奔西便门，向天桥进发。上午11时左右，四面八方的示威队伍，一路又一路地会师天桥。天桥是市民聚集的地方，北平学联确定在这里集中，就是为了向民众宣传抗日救国的道理。这时天桥周围人越聚越多，约有两三万之众。广场上旗帜翻腾，标语成林，传单遍地。

东北大学的宋黎是游行示威总指挥之一，他和其他同学支撑着站在破电车上的黄敬，由黄敬领着广场上的群众高呼："反对成立冀察政务委员会""停止内战，一致抗日""收复东北失地，争取抗日爱国自由"等口号。接着大会当场通过《不承认冀察政务委员会》《反对华北任何傀儡组织》《收复东北失地》等决议。一致要求：（一）誓死反对日本帝国主义侵略中国；（二）组织民众，工农兵学商共同抗日；（三）民众自动武装起来；（四）反对华北自治，到外交大楼及市政府质问地方当局何以卖国？

市民大会结束后，立即由学生和市民组成了声势浩大的长达两里的游行队伍，开始示威游行。示威队伍共分两列，每列以四人为一排，手挽着手，并肩前进。清华大学为前导，高举"反对成立冀察政务委员会""打倒一切汉奸""打倒日本帝国主义"的旗帜和标语，两旁各校纠察队及自行车交通队随行。沿途又有许多市民陆续加入队伍。市民知道学生们从上午到下午滴水未进、粒米未食，纷纷送来开水、面食，还有窝窝头。

东北大学位于南兵马司的东校（女子家政系）同学，没能参加"一二·九"运动，"一二·一六"这一天，东校几十名女同学参加了游行。赵新莲（赵雪寒）、陈景霞手执用竹竿打起的横幅，走在队伍的前面。刘淑德担任交通，骑着自行车，在队前队后，传达命令和消息。"在沙滩附近，警察冲散了游行队伍，又扑上来抢横幅，赵新莲、陈景霞与之奋力争夺，警察抢去竹竿抽打她们，她俩紧紧地把横幅抱在怀里，这时，男同学胡焜跑过来，才使她们脱离了险境。"[①]

当示威游行队伍到达珠市口时，城外大队的学生也赶到了，双方会师，声势倍增。队伍行进至正阳门时，守城军警阻拦进城，指挥部当即以退为进，将队伍带至前门西车站广场。纠察队用自行车搭成主席台，再次召开市民大会，会后继续举行游行示威，原规定路线是：沿前门大街进前门，经天安门、东长安街转东单到外交部街，然后由北城转到西城解散。但是北平当局关闭了前门，经多次谈判，允许分三批通过。指挥部警觉到这是个"各个击破"的阴谋，因此决定分三队进城，一队从正阳门进，由黄敬率领，二队绕道宣武门入城，三队留守原地，第一、二队在宣武门会合后再回师迎接第三队。第一队从正阳门入城后，在绒线胡同西口被保安队拦住去路，为避免流血，同时太阳西下，同学们滴水未沾地苦战了一整天，也应该从事休整。因此指挥部决定整队往北，分头回校。但当队伍转弯北进时，军警的大刀队向学生冲了过来，为了保存力量，避免重大伤亡，指挥部又决定化整为零，很快地退却。

夜幕降临，清华、燕京等校学生陆续返校。当东北大学队伍行至菜市口时，

---

① 刘宁元：《"一二·九"时期东北大学女同学的一些情况》，东北大学北京校友会编：《东北大学校友通讯》（1987 年 4 月）第七期。

又遭军警伏击，多人受伤。[①] 受伤的同学有的被送到东北大学南校，南校大礼堂成了临时医院。有些受重伤的同学被送往市内医院，但因政府有令不准收留学生，只好送往外国人开办的医院。

八十年后我们回过头来看这段历史，惊讶地发现有这样一个事实，游行当天虽然有数百人受伤，却没有一人身亡[②]；军警为驱散学生队伍调用了大刀队，却没有开一声枪。亲历者回忆，当游行队伍毫无畏惧地向前冲时，大刀队的"大刀像树林般竖起来，在空中晃着，但士兵却像木头人似的一声不响"，没有把大刀劈下。学生们呼喊着"中国人不打中国人！弟兄们枪口对外，一致抗日"为口号，"在那一片明晃不动的大刀之林下面，激动活跃的人流很快跑过去了"。[③] 大刀队在与北平大学农学院等院校学生冲突时，曾经使用过大刀，但其情景却是"大刀队持大刀随骂随用刀划，着帽帽破，触衣衣断"，"故意不伤及学生性命，而仅使之伤不能动。但学生之倔强者，不畏大刀，徒手撑拒，往往因受重伤"。[④] 参加过此次运动的原中共中央宣传部部长邓力群（时为北平私立汇文中学学生、北平学联执行委员）最有发言权，他在回忆中说得十分肯定：

警察没有动手。宪兵大部分是东北人，持中立态度，也没有动手。最坏的是保安队。他们身背步枪，手拿大刀，全副武装。队伍想冲过去，他们不让冲。相持了一段时间后，我们一声呐喊："冲！"保安队就拔出大刀，用刀背砍手无寸铁的爱国学生。警察一看保安队伍动手，也跟着用皮带抽打我们，这样一来就把我们的队伍打散了。保安队是宋哲元的部队，平常在街上看不见他们，有事才出来。

---

① 1935 年 12 月 20 日燕京大学《十二九特刊》第 3 号《十六日平市学生示威游行参加、被捕、受伤、失踪人数统计表》，12 月 16 日东北大学参与示威游行 300 人，重伤 2 人，轻伤 30 人，无人被捕、失踪。

② 据 1935 年 12 月 20 日燕京大学《十二九特刊》第 3 号《十六日平市学生示威游行参加、被捕、受伤、失踪人数统计表》，12 月 16 日共有 29 所大中学校 7775 人参与示威游行，被捕 8 人，重伤 85 人，轻伤 297 人，失踪 25 人。

③ 刘尊棋：《一二·九斯诺夫妇和学生挽臂游行》，《人民日报》1985 年 12 月 19 日。

④ 《北平大学农学院代电通告一二·九及一二·一六两日流血事实》，刘昊选编：《有关一二·九运动的档案史料》，《北京档案史料》1986 年第 1 期创刊号。

他们没开枪。可能他们内部有命令，只用刀背砍。那时是冬天，我们穿着棉衣，但刀背砍也很痛。有的同学受了些轻伤。那天没有抓我们的人。①

此外，当局还采用了劝导的方式对待学生。如让东北名流刘哲和东北军五十三军军长万福麟出面，到东北大学，按照平津卫戍司令宋哲元的命令安抚学生不要"闹事"。

实事求是地说，即使在双方对立最尖锐的时刻，也未发生军警向学生开枪伤人的事件。在场的《密勒氏评论报》记者 H·F·S 报道说，虽然"每一个小伙子（指警察）都有一支枪，看上去都在利用它，但是他们中间看上去没有一个人要积极地把它装上弹药来利用"。② 因此，有学者公允地指出："宋哲元与爱国学生运动的尖锐对立和对学生运动的压迫，有别于南京政府对群众爱国运动的镇压，不能把它不加分析地与南京政府镇压学生运动等同看待。更不能因'一二·九'运动初期阶段宋哲元与爱国学生的尖锐对立，就笼统地得出宋哲元镇压'一二·九'学生运动的结论。"③

爱国学生的大规模示威游行，闹得满城风雨，家喻户晓。当局慑于民众的压力，被迫宣布"冀察政务委员会"延期成立。

12 月 19 日，教育部长王世杰发表谈话，禁止学生一切罢课、游行、请愿举动，并令各地机关执行。北平市长秦德纯再度召集各大学校长，交换制止学生集会游行意见。宋哲元再发告校长书，望各校制止学生运动，随后迫令平津所有学校，提前放假。

22 日，学联收集了受伤同学的血衣五百多件，在中国大学逸仙堂举行血衣展览大会。这天参加大会的有各校学生代表两千多人和部分学生家长。会场上标着

---

① 邓力群：《走出书斋，投身救国——回忆"一二·九"运动的火热年代》，政协北京市文史委编：《文史资料选编》第 21 辑（北京出版社，1984 年），第 5 页。

② H·F·S：《北平学生运动的进一步发展》，《一二·九运动资料》第一辑（北京：人民出版社，1981 年），第 171 页。原载上海《密勒氏评论报》1935 年 12 月 28 日航空版。

③ 李全中：《一二·九运动与宋哲元》，陈世松主编：《宋哲元研究》（成都：四川省社会科学院出版社，1987 年），第 103 页。

"血淋淋铁的事实"七个大字。很多受害学生和他们的家长，愤怒地控诉了国民政府的暴行。台上台下，声泪俱下，义愤填膺。当场决议对全国发布文告，向北平当局提出严重抗议，并决议组织北平各界同胞，前赴协和医院、北平大学医学院等处慰问受伤学生。

北平教育界人士蒋梦麟、胡适、傅斯年在"一二·九"当天，都登台发言，热情支持学生的爱国行动。但随着形势的发展，情况发生了一些变化。以蒋梦麟、胡适为代表的北大当局认为："一二·九"已经够了，"一二·一六"就惹祸了，继续罢课就更不应该了，所以他们坚决反对继续罢课。胡适在 12 月 29 日在《独立评论》上发表《告北平各大学同学书》：

> ……十六日北平各校学生大举游行的事，参加者数千人，受伤者总数约近百人。此等群众行动易发而难收，有抗议的功用而不是实际救国的方法。诸位同学都在求学时期，有了两次的抗议，尽够唤起民众，昭告天下了。实际报国之事，决非赤手空拳喊口号发传单所能收效。青年学生认清了报国目标，均宜努力训练自己成为有知识有能力的人才，以供国家的需要。若长此荒废学业，今日生一枝节，明日造一惨案，岂但于报国救国毫无裨益，简直是青年人自放弃其本身责任，自破坏国家将来之干城！
>
> 所以我们很诚恳地第二次提出劝告，希望诸位同学即日复课，勿再虚掷光阴。报国之事，任重而道远，青年人切不可为一时冲动所误而忽略了将来的准备。[1]

轰轰烈烈的"一二·九"运动，引起了在陕西"剿匪"的东北大学校长张学良的关注。12 月末，他从西安给东大当局来电说："北平学潮未息，请邀主动分子来陕一谈。"东大秘书长、代行校长职权的王卓然将此电报交给东北大学学生救亡工作委员会（以下简称"救亡委"），要他们选派学生代表去西安。学生们开会讨论，认为身任西北"剿匪"代总司令的张学良不称"学运"而称"学潮"。

---

[1] 中国社科院近史所编：《胡适来往书信选》中册（北京：中华书局，1979 年），第 78 页。

不称"领导"直呼"主动分子"显系敌视学运，因此拒绝派学生代表。王卓然背着"救亡委"，组织了一个学生代表前去西安。"救亡委"得知后立即电告张学良："他们是伪代表，不能代表东大学生。"张学良接电后，第二次给王卓然来电："请邀主动分子，促其来陕一谈，弟实善意。""救亡委"研究后，认为张学良仍然敌视学运，拒绝派学生代表。王卓然又偷偷地派第二批学生代表去西安。"救亡委"知道后，再次电告张学良，加以否认，不派代表去西安。处在这种情况下的张学良，遂派他的军法处长、原东大法律教授赵鸿翥（翰九），代表张学良携款千元于12月31日来到北平，慰问参加"一二·九"运动的东大学生。当学生们弄清他的来意后，"救亡委"召开了学生欢迎大会。赵鸿翥代表张学良向学生讲话："校长派我来，有两种使命，一慰问同学；二希望同学。慰问同学的意思是：校长远在西安，阅报得知同学为爱国心重，请愿时被警察打伤，校长不明真相，特派我来慰问诸同学，藉明真相。希望同学有三点：（一）希望同学要团结，然后才有力抵御外侮；（二）希望同学要沉着，救国不忘读书；（三）希望勿久荒学业。"①

不久，张学良第三次来电称："请学生派民主代表赴西安。"这时"救亡委"认为，形式有变化，张学良似诚意相邀，便正式派学生代表宋黎和韩永赞、马绍周去西安，向张学良校长汇报东北大学学生运动情况。

十三、反西迁运动

1935年日本侵略华北的形势日益危急，北平的各大学纷纷准备外迁。东北大学亦有迁往陕西的计划。王卓然秘书长在11月9日对学生的训话中提到："本校以前二年即有迁移校舍计划，因为感觉北平环境不佳，对于学生课业上，精神上，均不十分美满，今年春季已采好地址在陕西省华阴县，但该处地址尚未借妥，所

---

① 杨佩祯等主编：《东北大学八十年》（沈阳：东北大学出版社，2003年），第119—120页。

以迁移校舍暂时势难做到。"① 随后,正当"一二·九"学生运动蓬勃发展时,东北大学当局再次提出学校迁陕。然而绝大多数同学反对迁校,学生之间还为此发生过武斗。宋黎等激进学生认为这是分裂学生运动的阴谋,便委托关山复同学于1936年1月28日起草了《东北大学学生救国工作委员会为反对学校西迁告全国同学同胞书》:

"一二·九""一二·一六"北平学生的两次游行示威,已经给予了全国同胞多么大的影响啊! 现在全国的学生已经起来了;全国各界同胞都已经起来了;各地方的不断游行示威和救亡运动的呼号,便很有力地说明着:我们的唯一活路——民族解放斗争已经展开了;全国总动员,总武装,对日作战是目前就要发动的了。

但是,亲爱的战斗的朋友们,在我们的民族将要得到解放的前夜,我们的敌人是并不会自动地放弃他的战线的,相反地,他们更拼死命来做一个挣扎,更残酷地来反攻我们! 所以日本帝国主义和他的奴才——卖国贼,汉奸们才更无耻地破坏和镇压我们的救亡运动!

朋友们,亲爱的为真理而战的朋友们,站在努力中华民族解放的立场上,我们对于北平学生所首先发动的救亡运动,应该怎样地珍贵啊! 可是,退一步来说,在北平学生救亡运动的现阶段上,特别是在每一个单独的战斗单位上,我们不能看轻自己的力量。"一二·九东大四牌楼之役",在整个北平学生运动的历史上,无疑的应该有它的光荣地位! 这也就是说:在整个的救亡运动上,东大同学,已和其他各地的同学们一样,尽了他的最大的力量! 但是,亲爱的战斗的朋友们,正因为我们已经给予敌人一种致命的打击,所以他对我们的仇恨也就更深,对我们的反攻和镇压也更残酷。朋友们,大家都已经知道了吧,东大当局曾经唆使宪兵警察公然地大批逮捕参加过救亡运动的同学,并且在东大这个学校内曾经颁布过《东大紧急戒严法》《东大学生紧急治罪法》,看吧,无耻的学校当局,为着讨他们主子的欢心,已经对于我们怎样地施行过高压了! 虽然,这些高压,在东大

---

① 杨佩祯等主编:《东北大学校志》第一卷(上)(沈阳:东北大学出版社,2008年),第131页。

同学英勇的战斗下，都已经被粉碎了，他们对学校当局的斗争，在每一个战术上都是胜利的！

　　现在，无耻的学校当局，对于我们的进攻却采取了一个更厉害的手段：这就是东大当局甘愿冒着大不韪，来做一个首先主动迁校的屠夫。朋友们，无耻的当局已经感觉到对我们的直接镇压是不会成功的了，所以他们翻新了花样，从侧面来进攻：把你的学校搬出北平去，分散你们的联合战线，好再向你们个个进攻！亲爱的努力救亡运动的朋友们！东大当局这个处置我们是感到万分的可耻的：我们东北青年，自从家乡被敌人的铁骑占领后，流亡在关内，这悠长的四年，给予我们多大的创痛，我们深切地感觉到，退让，投降，绝不是我们的活路，哪里是我们的安乐窝？哪里是我们的"堪察加"？人家都可以逃，我们往哪里跑？

　　据学校当局传出的消息，我们知道他们要把我们迁到西安，不，先迁到洛阳军校，需要个严格的军事训练，因为学校当局认为我们大学生的头脑太"复杂"了，"好轻举妄动"，所以要用军训把你的头脑"化简"了。朋友们，这简直是"愚民政策"，是违背人类社会进化的原则的，我们不甘麻木，供人家驱使，我们要誓死反对，来争取人权上的自由！亲爱的战斗的朋友们，你们也许听见过"东大环境特殊"这一句话了吧？这完全是无耻的学校当局的说教！东北大学，因为这些流亡青年需要受人"救济"，需要学校供给四元五角（其实是四元四，因为还要打一角钱的捐——"明耻助学金"）伙食钱，所以我们的一切自由是都被剥夺了：学生不得在任何组织，并且同学"犯过"时是要被罚"停伙"处分的。可是我们被搬到洛阳，学校当局一定要有更巧妙的把戏！比"停伙"更进一步，要用军法来处置我们！朋友们，我们要被驱得离家更远了，并且，谁知道他们立什么心？军训完成后，在"绝对服从"名义下，把你开到西北去"剿匪"去！朋友们，我们的大学生活是已经被宣布死刑了！

　　同学们，同胞们，我们深切地感觉到东北青年应该站在抗日救亡的第一线上，不应该逃避，退让，供某个军阀的利用，来参加内战和党争！所以我们一定拿出死力来和无耻的学校当局拼斗！反对任何汉奸走狗主持迁校，反对对学生救亡运动的分裂和破坏！

　　全国的同学们，同情我们的记者们，以及一切为民族解放而战斗的朋友们！我们自己的力量是薄弱的，也许不能和敌人作更猛烈的决斗，但是，我们愿意要求你们的援助！有力的拔助！因为只有你们才能真正地爱护我们！朋友们！为着整个的民族解放运动，特别是为了巩固我们自己的联合战线，请你们英勇地援助我们吧！[①]

　　东大学生这个《反对西迁宣言》在 1 月 31 日《学联日报》刊载后，迅即得到北平市学联的公开回应：

　　在日本帝国主义者对中国作更积极更进一步侵略的时候，——华北已到了沦亡的最后一刹那，平津英勇的学生们发动了伟大的救亡运动，迅速地开展到全国各地大众中去！这时候东北大学当局忽然下令学校迁到陕西去，这阴狠毒辣的政策，立刻激起了东大同学全体一致坚决的反对！本会认为这不仅仅是东大一校问题，它关联着整个的救亡阵线！我们必须揭穿这积极破坏民族解放运动的内幕，我们完全赞同东大同

赵鸿画像

学反对西迁所提出的理由及其坚决的行动，并且我们绝对尽所有的力量，给予各种实际的援助。

　　我们认为：东大当局的下令学校西迁，乃是想把英勇的东北青年战士们，从速地由救亡前线上撤下来，给他们以积极的奴隶训练，使成为投降的不抵抗将军个人的走狗，好参加自己打自己的大屠杀，远远地离开了抗日救亡的阵线。但是，我们知道东大同学是负有特殊的历史使命的，是民族解放运动中最坚强最前卫的分子；在几次的行动当中，已经有了确实的证明。他们为担负起历史的重任，为了遵守本会议决案，他们绝不肯偷偷逃避，作为民族解放的罪人！如今东大同学

---

　　① 《一二·九运动资料》第一辑（北京：人民出版社，1981 年），第 382—385 页。

英勇的反抗行动便是给蓄意破坏整个运动的人一个最严重的警告！

最后，我们不惮重复地说，为了巩固并开展救亡阵线，为了打击一切企图破坏民族解放运动的人，我们绝对尽所有的力量，援助英勇的东大同学，反对学校西迁！并且希望全国各地热心救亡运动的同胞们，深切地了解这事体的真相，更与予实际上的有力的声援！[1]

东北大学西迁问题，经该校师生之坚决反对，及平津各界之攻击，校当局已正式向学生宣告东大不再西迁。2月7日上午10时，东大在礼堂召集第六次全体大会，到本校分校及补习班学生两百余人，校长张学良的代表赵翰九在大会席上正式宣告学校西迁已作罢！[2]事实上不久之后东大还是将少部分院系迁到了西安。据宋黎回忆："1936年1月我们到西安后，由于形势变化，要把学生运动和武装运动结合起来，争取东北军从'剿共'转为抗日，我们由反对迁校变为积极主张迁校。东大有些同学不甚理解，觉得反对迁校是你们，主张迁校又是你们，究竟是怎么回事？特派程光烈、伶剑琴等同学为代表到西安了解情况。我们向他们说清了道理，并请西北有影响的杜斌丞、东北军军长王以哲等上层人士和他们座谈，打通了他们的思想。他们回去说明了情况，大家弄清真相后，就先把东北大学工学院迁到了西安。"[3]

十四、大逮捕始末

学生运动"如江河决口，如火山爆发，触风沙，冒霜寒，水龙大刀毛瑟枪……任何武器，在所不惧。这种情景，可以震天地而泣鬼神，比世界上任何勇

---

① 《一二·九运动资料》第一辑（北京：人民出版社，1981年），第386—387页。原载北平《学联日报》1936年2月5日。

② 《一二·九运动资料》第一辑（北京：人民出版社，1981年），第388页。原载北平《学联日报》1936年2月8日。

③ 宋黎：《回忆一二·九运动》，东北大学校友总会网。

敢民族，都当之而无愧"，[①] 因此北平当局十分惊恐，妄图采取高压政策把运动镇压下去。这时，宋哲元发表了《告同学书》：

近来各大学学生四出请愿，其意义如为单纯的爱国运动，自为社会所同情，更为哲元所敬佩；但据确实报告，学生团体中，颇不少共党分子，大多数纯洁学生，皆受共党分子所欺骗煽动，供其利用驱使，荒废学业，至可痛惜。哲元之彻底的反共态度，久为共党所仇视，乘机活动乃属意中之事；不过大多数学生，应认清共党的阴谋与救国的正当途径，而加以理智地辨别，避免浅薄的盲从。冀察政务委员会与西南之政务委员会并无二致，既系中央之命，当然有其应设之必要。哲元本一军人，对政治固非所长，然为国为民不甘落后，一切措施，悉以整个国家利益为基准，决不能因为少数共党分子宣传而受影响。最后盼望凡属明大体识大义之学生，应立即觉悟，安心求学，勿再为无益之奔走。其少数共党分子，如仍有轨外行动，哲元为维持秩序，安定人心计，决予以适当之制止。[②]

东北大学学生在"一二·九"和"一二·一六"运动中的先锋、骨干作用，更是被当局视为眼中钉。1936 年 2 月初的一天，宋哲元向刘哲提出："学生上街闹事，东北大学学生闹得最凶，我实在怕出乱子，弄出重大的外交问题，你是东北大学的董事长，你与王代校长谈谈，你们能自己管束学生不再出来闹事最好。倘若你们自己管不了，我就不客气了！我用我的军警来镇压了，我把他们都抓起来。长城抗战，我当其冲是全国知道的，怎么他们今天把我当汉奸喊打倒，太可耻了！"[③] 说完并嘱刘哲，必须马上作出决定答复他。随后的情形，时任东大代校长的王卓然在其回忆中有披露：

---

① 杜重远：《青年的爱国义愤》，杜毅、杜颖编注：《杜重远文集》（上海：文汇出版社，1990年），第 219 页。原载《大众生活》周刊第 1 卷第 8 期。

② 转引自王振乾等编著：《东北大学史稿》（长春：东北师范大学出版社，1988 年），第 250 页。

③ 王卓然：《东北大学学生被捕前后》，赵杰、王太学主编：《王卓然史料集》（《辽宁文史资料》总第 36 辑）（沈阳：辽宁人民出版社，1992 年），第 169 页。

　　此时北平风声鹤唳，传说学生示威大队要闯东交民巷，日本兵已准备机关枪应付，又说宋哲元即要逮捕学生，先由东北大学"开刀"。我大概是受资产阶级下意识的支配，慌急了，一念已往在段祺瑞时代有过天安门惨案，学生死者十数人，现在如再演惨案东北大学学生当然首受其殃。我往请示董事长刘哲，他说："你来的真好，明轩（宋哲元的号）刚才打电话给我，说东北大学学生闹得最利害，他看张学良的面子，但是再也不能放纵了。如果我们自己不想办法，他要派兵捉人。"他问我能否管制学生不再闹下去，我答说："热度太高，无能为力。"他想了一会儿说："有了！与其让宋哲元派兵捉人，弄得乱七八糟，不如我们自己捉，就是叫东北宪兵司令邵文凯去捉几个压压气。邵是东北自己人，对家乡子弟，能特别照顾些，免再演天安门惨案。这样做，虽然得罪了学生，但是对得住他们的家长，学生日久知道我们无恶意，也会谅解的，张副司令也不会不同意的。"我的资产阶级思想意识使我动摇了，我迟疑了许久。刘说："小孩子怕吓唬，我当教育总长时，学生闹事，说劝都不听，举两个代表见我请愿，我说好吧！你们等着吧！我递给每人一张纸条，叫他们写遗嘱，命令我的庶务去买两口棺材，准备盛殓他们。又打电话给宪兵司令部来车接他们上天桥，他们还不是跪下求饶，立誓不再闹了。邵文凯是自己人，他听我们的话，捉了几个关上三五天，压压他们的气，再放他们出去，有利无害。"我听了他的话，似也有相当的道理，张副司令不是要我们拥蒋并取缔反政府的空气吗！反正用心是爱护学生，好吧！捉几个试试吧！我表示同意了。刘哲立刻打电话唤来邵文凯。邵进来说："我正想找你们老二位，东北大学内激烈分子太多了，若是出乱子，大家都对不住副司令。"[①]

　　1936年2月22日晚上9点钟左右，东大学生、中共地下党员宋伟（张坚）接到一个奇怪的电话："今晚有大批'客人'要到你们那里，你们要准备好好'接待'。"话音急促而陌生，不容宋伟问及姓名，就挂断了电话。显然，这是知情者

　　① 王卓然：《自传》，赵杰、王太学主编：《王卓然史料集》（《辽宁文史资料》总第36辑）（沈阳：辽宁人民出版社，1992年），第48页。

的报警。放下电话，她找到东大学生救亡工作委员会的胡焜同学，讲明了情况，然后匆匆离校。①

当局果然动手了。22 日雪夜，邵文凯出动数百名便衣队和武装宪兵，把东北大学北校区包围起来。校内反共分子刘德邻带人将汽车库窗口上的铁条锯断，让宪兵爬了进来。

刘士范（柳文）参加护校值班后回到宿舍，已是深夜 12 点左右。连日的劳累，使她很快进入梦乡。凌晨时分，她突然被惊醒，窗外人影憧憧，刺刀闪亮。出事了！女生宿舍各房门已被人把守。一伙宪兵气势汹汹地闯进来，强迫同学站在自己床头，不许走动。然后按着黑名单和每个人的学生证一一对证。

一个人指着刘士范叫道："她就是刘士范。"学生们认出此人正是几天前曾被学生纠察队扣押盘诘过的那个斋夫。宪兵抄去了刘士范的日记和一本左联刊物《文艺之家》，作为罪证。黑名单上还有王速振（王中原）的名字。有人急中生智，想出一个办法：刘皎今晚不在宿舍，何不让王速振冒充刘皎，我们大家作证。可是，在狡猾的宪兵一再追查下，王速振沉不住气了，她气愤地说："别问了，我就是王速振。"

抓捕胡焜时，他跳墙逃跑，军警宪兵紧追不放。他急中生智，闪进一位老奶奶家。疯狂的军警宪兵寻着雪后足迹破门而入，不容分说，从被窝里把胡焜抓住，五花大绑押走了。从凌晨四时开始，一直到天亮，共逮捕胡焜、刘士范、王速振等四十六名学生（包括在此住宿的三名外校学生），其中有两名女生。

与此同时，清华、北大、北师大等几十所学校也都接连不断地遭到同样的命运。2 月 24 日，中国大学被捕去五十多名同学。2 月 29 日，北平当局派出大批军警包围了清华园，同学们怒火胸中烧，与军警拼死搏斗，把清华地下党支部负责人蒋南翔等同学夺了回来。军警从清华捕去了二十几名同学，但没有抓到一名学运骨干。

被捕学生被带到宪兵司令部后，被视为要犯，戴上手铐和脚镣，不准接见，

① 胡开明：《一场激烈的斗争和一个真实的故事》，《一二·九运动回忆录》第一集（北京：人民出版社，1982 年），第 252 页。

不准高声谈话。经过初审，释放学生二十二名，将余下的二十四名同学转到绥靖公署看守所监禁。看守们将学生身上的手表、钢笔、腰带以至女生头上的发卡等物全部搜去。然后，男女同学分别关押，不得见面。被捕的同学不仅经常被提审，还被带去"参观"刑讯室。那里的件件刑具血迹斑斑，时常传出悲惨的呼号，令人毛骨悚然。他们想以此来动摇爱国学生的意志。

为使被捕的学生早日出狱，脱险的学生开展了各种形式的援救斗争。他们一方面送去食品、衣物等表示慰问，另一方面动员社会舆论进行谴责。此外，还立即派出代表去西安，向张学良校长呼吁救援。被捕的东北大学学生唱歌曲、讲故事，始终保持着乐观的情绪。救亡歌曲不仅鼓舞了难友，也吸引了不少看守，对看守们起着教育作用。

3 月 14 日，《世界日报》第七版以《东大女生请求保释被传同学》的标题报道："该校全体女生三十余人，于昨日上午 10 时向该校代理校长王卓然及文学院长方永蒸、法学院长曹国卿请愿，要求速为保释该校被传女生刘士范、王速振。"3 月 22 日，《世界日报》向外界披露了学生狱中情况："在内生活情形甚苦，食囚粮，饮食及大小便均有定时，不准接见，亦不准高声谈话，更不准洗脸刷牙，行动极不自由……"①

2 月末的一天，张学良接到了东大文学院院长方永蒸打来的电报，得知北平当局对学生大逮捕，东北大学被捕四十三人，准备杀害八人的消息后，立即给宋哲元等发去电报，但宋哲元并未回电。于是，张学良将宋黎等接到他的公馆，研究对策。宋黎后来回忆说：

张学良派人把我们接到他的公馆办公室。他手拿一张电报，反剪双臂正在室内踱步，见到我们，扬扬手说："方永蒸院长来电：北平当局对学生大逮捕，东大被捕去四十多人。"

"那得赶快营救啊！"我们焦急地异口同声说。张学良默然不语，继续在房

---

① 刘宁元：《"一二·九"时期东北大学女同学的一些情况》，东北大学北京校友会编：《东北大学校友通讯》（1987 年 4 月）第七期。

间里踱来踱去。过了一会儿他果断地说："你们暂时不要回到北平，回去有危险。宋黎，有你的通缉令，你不能回去！现在北平情况不明，待弄清情况后我再通知你们。"

我们回到西北饭店住处，韩永赞同学收到了他爱人（东大学生）的信。从这封隐语信中，我们悟出北平发生了对学生的大逮捕。我们三人立即研究对策，都认为不宜等待，决定先回去一人摸清情况，速去速归。当天，派韩永赞返回北平。

几天后，张学良再次把我和马绍周接到他的公馆办公室。他仍旧在办公室里踱来踱去，忧心忡忡地说："现在局势紧张，我给宋哲元、刘哲发了电报，均未回电。据说宋哲元准备杀八个学生，其中有东大的，不知确否？事不宜迟，你们从我总部里选一适当的人去北平看看。"我和马绍周认真考虑后对张学良说："总部东大学生离校已久，很难找到适当人选，尤其是跟学生接近的更难找。学生的事还是学生办为妥，我们自己回去看看。"张学良许久没有作声，突然他停步转身问我："你认不认识邵文凯？"我答："不认识，也没见过。"仿佛棘手的问题迎刃而解，他的眉结松散了，脸上泛出一丝微笑："可以考虑你回北平去！我给你写封信，你拿信去见邵。"说完，张学良提起毛笔给北平宪兵司令邵文凯写了一封短笺。①

张学良决定派宋黎回北平，以他的秘书身份营救被捕学生。为安全起见，让宋黎化名为宋梦南，并写了要求邵文凯放人的亲笔信："东北沦陷，我有责任，收复失地，责无旁贷。青年思想过激情有可原，家乡子弟，应予爱护。特派秘书宋梦南全权代表处理学生问题。"信背面又写"不见本人不交信"。张学良还叮嘱宋黎："如果学生没问题，就地释放；假若有问题——已判刑，在北平释放有困难，带回西安释放。"并说："你在北平若遇到了什么麻烦，立即电告！"宋黎肩负张学良校长的重托连夜乘车返回北平。

宋哲元、邵文凯与张学良都有过较深的交往。蒋冯阎中原大战，阎冯失败后，

① 宋黎、辛冶：《回北平营救"一二·九"运动中东大被捕同学的经过》，魏向前等主编：《东大逸事》（沈阳：东北大学出版社，2003 年），第 53—54 页。

蒋介石令张学良改编阎冯的队伍。张学良委派宋哲元为二十九军军长，宋哲元甚感旧恩，始终与张保持良好的关系。邵文凯原是东北军驻北平的宪兵司令，是张学良的部下。东北军撤离北平时，宪兵司令部留驻北平。"冀察政务委员会"组成后，即转为它所辖的宪兵司令部。邵文凯念于张学良的旧情，也慑于张学良的势力，当他看完由宋黎交给他的张学良的亲笔信后，故作虔诚地说："我对不起张副司令，让他老人家操心了！"他以为宋黎是张学良的"心腹"，对他的荣辱升迁关系重大。因此竭力与宋黎拉关系、套近乎，顾影自怜地说，"逮捕学生非我所愿"，"务请回去后在张副司令面前代兄美言几句"。

这时，全国舆论也抨击北平当局逮捕四百多名学生的罪恶行径，有影响的爱国民主人士也来电声援被捕的爱国学生。同时，中共中央军委副主席兼军委联络部长的周恩来也指示其军委华北联络局书记王世英，在平津积极开展营救被捕爱国青年的工作。王世英找到宋哲元的牌友，也就是前北洋政府工商次长、陕西省长的刘治渊，刘见宋说："明轩，你切不可干未杀人反落两手血的傻事。蒋介石要杀人，你把几百爱国学生送开封，将落万世骂名。"[①] 宋哲元、邵文凯等为了摆脱其尴尬处境，决定送个人情给张学良。

3月26日下午，北平当局释放了在押的所有东大学生。在校"学生闻讯后，欣喜若狂"，派代表数人赶往监狱迎接。"被释学生走出绥靖公署后，欢迎代表即趋前握手拥抱，备极亲热。全体被释学生精神极为兴奋，欢迎学生均感伤落泪"。[②] 二十四名难友在监狱门口合影留念，然后登车返校。一路上，车上学生不断高呼"'一二·九'运动胜利万岁！""东大同学奋斗精神不死！"等口号，高唱《毕业歌》《大路歌》《开路先锋》等，歌声慷慨激昂，引起路人注视。学校门前的街上挤满了翘首等待的同学，鞭炮齐鸣，高举巾帽，高呼口号，巨大布幕上书："欢迎被捕学生返校。"车至校门即停，纷纷下车，释放学生与在校学生群相握手，互

---

① 姜克夫：《〈王卓然史料集〉序》，赵杰、王太学主编：《王卓然史料集》（《辽宁文史资料》总第36辑）（沈阳：辽宁人民出版社，1992年），第7页。

② 刘宁元：《"一二·九"时期东北大学女同学的一些情况》，东北大学北京校友会编：《东北大学校友通讯》（1987年4月）第7期。

致慰问之词。

28 日午间，东北大学北校礼堂召开盛大慰问会。门口悬挂着"东北大学慰问被捕同学大会"的布幔，主席台上方悬挂着孙中山画像和东北地图。赵新莲等数名女生在会场门口为出狱同学插花。大会由王一伦主持，在校同学的代表李公衡致慰问词，王振干、王明新等代表出狱同学致答词，报告狱中情况。出席大会者达五百余人，为东大罕见之集会。至此，营救蒙冤入狱同学的活动圆满结束。

却说宋黎完成任务后回到了西安，向张学良校长详细汇报了营救东大被捕学生的经过，张学良表示很满意。在这次汇报中，宋黎和马绍周还提到了王卓然镇压东大学生之事，要求撤王卓然的职。王卓然后来在自传中写到他"保释"被捕学生出来，"他们的气表面似压下去了，但是烧起了他们内心更高的火焰，他们愤怒，从此对我不谅解，我于是脱离了群众。南京政府被全国学生的爱国烈焰所压迫，定期 1936 年 1 月中旬，在南京召集全国学生代表会，企图缓和空气。东北大学学生拒举代表，但是举了代表赴西安，向张校长请愿，控诉我压迫他们的爱国运动。无意的我那时是给统治阶级服务，间接的是替日本帝国主义做了帮凶，不论我自己的内心和动机是如何，不论逮捕学生是刘哲的主张或我的服从，而打击革命精神的发展，结果都是一样的。"[1]

王卓然保释被捕学生之事，在姜克夫的回忆里也有提及：

1961 年为推动掌握有价值史料的人士撰稿，在政协俱乐部我和东北几位老前辈阎宝航、王卓然、王家桢、王化一等聚餐，谈到 1936 年东北大学逮捕爱国学生事，阎宝航说："回波！这是你干的好事，把那么多家乡子弟送入监狱。"王卓然辩解说："我是明送暗保呀！"我问了一句："怎么叫作明送暗保呢？"王说：

晚年王卓然

---

① 王卓然：《自传》，赵杰、王太学主编：《王卓然史料集》（《辽宁文史资料》总第 36 辑）（沈阳：辽宁人民出版社，1992 年），第 48—49 页。

"一二·九学生救亡运动，东大同学闹得太凶了，宋哲元要抓一批人，传说还要杀几个为首的。"又说："捕人前，我和大学委员会常务董事刘哲和东北宪兵司令部邵文凯商量，都说冀察当局的命令我们得执行，但该捕的东北籍学生，得由我们东北军宪兵来捕，好捕也好放。"我又追问了一句："为什么都是爱国青年，出狱还登反共启示呢？"王答："送监狱容易，出监狱就困难了。我们把汉公将东大学生被捕案解西安处理的信给宋哲元看后，宋说：'何应钦来电叫我把逮捕的有共产党嫌疑的犯人解开封审理，如我们冀察释放，必须登反共启事，以敷衍南京政府。'"王又说："这可把我们难住了，学生不是共产党，出狱还得登反共启事。"接着王就讲如何叫庶务主任刘德邻起草了个反共启事，由刘哲亲信、东北籍爱国人士、冀察政权机关报《北平晨报》社长田雨时修改成为"学生等本不是共产党，因同情爱国运动被当局传讯，回校后安心读书，反对共产党，拥护政府"等启事，登载在《北平晨报》和《东方快报》上。然后由王卓然出具保条，派刘德邻用大汽车将关押在冀察绥靖公署军法处的几十名共产党嫌疑重大的同学接回学校。①

即使保释有功，但是王卓然还是受到广大同学的反对，纷纷向校长张学良告状，张为安抚学生，赠王一部分款后请其辞职，改委他人为秘书长，这是后话。

十五、办抗日的大学

"一二·九"运动后，东北大学广大师生对王卓然阻止学生运动的行为强烈不满，甚至向张学良校长提出要求，撤销对该事件负有责任的校方人员的行政职务。张学良对学生们的要求十分重视，提出接替王卓然秘书长人选的要求："第一要进步，有名望，跟学生合得来；第二得有真才实学；第三要有钱，假如南京政府不

---

①　姜克夫：《〈王卓然史料集〉序》，赵杰、王太学主编：《王卓然史料集》（《辽宁文史资料》总第36辑）（沈阳：辽宁人民出版社，1992年），第6—7页。

发经费,他也能继续办学。"① 据《卢广绩传》载,
张学良曾准备请卢广绩接任校长,并指示他在
西安察看过校址,但后来不了了之。② 思索良久,
1936 年春节,张学良给东北保安副司令张作相
写信祝贺春节,同时请他劝周鲸文③ 来东北大学
接替王卓然工作。

张学良与周鲸文

　　周鲸文,乃张作相的外甥,曾留学日本早稻田大学、美国密歇根州立大学、
英国伦敦大学,专攻政治,获博士学位。九一八事变后,在伦敦推动组成了留英
东北同学会及留英中国学生会,积极开展抗日的国际宣传。当年 10 月回国后,
在哈尔滨主办《晨光晚报》,宣传鼓励军民爱国热情。1933 年日军进攻热河时,
他又联合大批东北青年参军,在长城线上古北口一带与日寇作殊死斗争。5 月,
《塘沽协定》签订,长城抗战失败,遂到北平组织"东北民众自救会",出版《自
救》周刊。这时的周鲸文虽然只有二十六岁,但已经是流亡到关内的东北民众中
有影响的人物。

　　1936 年 2 月,张学良致信周鲸文,向他发出了到东北大学主持校政的邀请。
为了表明诚意,邀请信是通过张作相转交的。张作相是他的舅父,关系十分亲密。
张作相曾极力辅佐张学良将军掌握了东北的军政大权,关系非同一般。可见,由
张作相出面相助办理此事,其成功率是不言而喻的了。

　　8 月上旬,张学良打电报邀周鲸文到西安金家花园巷将军的府邸,就邀请周
鲸文任秘书主任、代校长一事进一步商谈。张学良首先说:"我想请你办理东北大

---

　　① 宋黎、辛冶:《回北平营救"一二·九"运动中东大被捕同学的经过》,魏向前等主编:《东
大逸事》(沈阳:东北大学出版社,2003 年),第 57 页。
　　② 王连捷:《卢广绩传》,王连捷编著:《东北救亡七杰》(沈阳:白山出版社,1992 年),第
303 页。
　　③ 周鲸文(1908—1985),号维鲁。辽宁省锦县人。早年就读于北京汇文中学,后赴日美欧三
地留学。1936 年任流亡东北大学秘书长、法学院院长、代理校长。1938 年赴香港,创办《时代
批评》半月刊。1941 年参与发起成立中国民主政团同盟,1944 年改为中国民主同盟,当选中央
常委,后任副秘书长。1949 年之后,先后任第一届、第二届全国政协委员、常委、中央政法委
委员。1956 年底去香港主编刊物。1957 年 12 月被撤销政协委员资格。

学。我知道青年学生对你很钦佩，你的声望很高。东北大学需要整理，我已决定整理，学校的行政人事都要更动。"并强调说："你是代我主持全校行政，各学院院长，我在物色。"

"我没有办学经验，不知能否胜任？"周鲸文谦虚地回答说。

"现在一切都有正轨，你只在应除应革的方面注意就行了。"张学良讲完了这句话之后，着重说明了自己对东北大学今后发展的计划："现在，我已在（西安）西门外建设了东北新村，供给东北军民的家属住所。在这个村子附近，我已建立了东北大学校址，我想东北大学搬到这里来，工学院已经于几个月前搬到这里，法学院、文学院、家政系，等你（在北平）到任后，几个月内房子修建好，都要搬到这里来。"

周鲸文边听着张学良的讲话，边琢磨着自己的打算：让我干可以，但不能像前任秘书长那样，事无大小，都去请示，或说小事由我办，大事和你商量，我只做传达的工具，这是不能接受的。想到这里便借机插话向张学良问道："如我到东北大学，这个学校是你主持，还是由我主持？""当然由你主持！"问得直率，答得也爽朗，周鲸文感到十分高兴。心想："我就是要你的这句话，有了这句话一切事都好办了！"

接着，张学良又补充说："你这次到东北大学，一般的教学课程，都是'率由旧章'。最重要的是我们学校的特殊性，也可以说我们要办抗日大学！"这句话是校长张学良为即将上任的秘书长规定了在新的历史条件下，东北大学的办学目标和办学方向。①

8月底，周鲸文被正式委任东北大学秘书主任、代校长，兼任法学院院长。东北大学换了新的主持人，这是绝大多数学生和教职员所盼望的，学校内部立时有了新希望和新气氛。

9月初，新学期开学后，为落实张学良提出的办抗日大学的方针，周鲸文先后请许德珩、杨秀峰、张友渔、徐冰、齐燕铭等知名人士，到东北大学授课。

---

① 丁晓春、魏向前主编：《张学良与东北大学》（沈阳：东北大学出版社，2003 年），第100 页。

9 月中，东北大学南校文学院学生、总校法学院学生等聚集在校本部礼堂举行新学年开学典礼。在场的两千多名学生，以新奇的心情听着这位新来的年轻的校务主持人的讲话。这是周代校长第一次与全校师生见面，也是第一次在两千多名青年学生面前讲话：

我们为什么在这里办东北大学，我们的家乡被日本鬼子强占了，我们流亡到这个地方，过的是难民的生活……幸而因校长的关系，得到这个校舍，但与我们的北陵校舍来比是天壤之别。我们被迫离开了家乡……侥幸逃到这里来，虽然受罪，尚可过着人的生活。我们亲友留在关外，过的是恐怖生活，过的是亡国奴的生活。

此时，会场鸦雀无声。显然，新的代校长充满激情的讲话，得到了强烈的共鸣。从而，也增强了周鲸文把话继续讲下去的信心。

校长委任我担任校务行政，以我的年龄和经验，是勉为其难。这个学校是大学，希望在校的同学好好地完成大学教育，以备将来服务于社会。但我们这个大学有特殊性，我们是东北人流亡的学校，我们不能作单纯的课堂课本学习，我们要担负起"抗日""回家"的任务。简单说，我来主持校务，是来办抗日大学，是为国家培养抗日骨干！ ①

周鲸文的讲话，说出了东北大学学生们的心里话，不仅赢得了学生们的热烈掌声，也为今后的工作开展奠定了良好的基础。

东北大学与在北平的其他大学相比，学生们的各种公开抗日活动是比较方便的。虽然学生中分各种派别，但是在抗日问题上大家都能融合在一起，形成万众一心共同抗日的局面。而且，周鲸文经常出席学生们的抗日聚会，与学生们共唱

---

① 丁晓春、魏向前主编：《张学良与东北大学》（沈阳：东北大学出版社，2003 年），第 101—102 页。

《义勇军进行曲》："起来，不愿做奴隶的人们……"

东北大学的军训课，是由周鲸文通过关系聘请的军事教官董秋水来授课的（以前的王教官既老又滑），大家通力合作，开办得有声有色。在周鲸文看来："我们的抗日教育，不只在学生私人谈话中、在公众讲话中，也不只在军训的教场上，我还要他们体验一下真正抗日战争时的生活。"[①] 所以在 10 月中旬，周鲸文率领全校学生，以秋季郊游为题目，到北平西郊进行实地打游击的演习。

演习地点是北平西部八大处之一的旃檀寺。全校学生分成两大队，每队的指挥官分别由两位军训教官担任，周鲸文担任总指挥。出发时坐一段平绥路火车，先到门头沟，由门头沟登山步行约二十里就是旃檀寺。在门头沟下车登上山路的半途中，遇有一个山坡，四周广场相当宽阔，教官们把两队学生集结好，周鲸文就在山坡上对全体学生作了演习的动员讲话，讲话首先批评了政府当局对日本侵略采取的退让政策，并强调说明只有奋起抗战才能取得民族独立。"我们这群人就可充当抗日的火种"。

同学们都清楚地知道，周代校长的这些话，在学校的教室里、礼堂里是不能公开讲的，在这里什么顾虑也没有了，有了走上抗日战场的真正感觉了。

旃檀寺是演习的大本营，大部分学生住在这里，小部分学生借住在附近村子的民房。周鲸文住在村头的一间破庙里，下榻处不是炕，而是以谷草铺着的地。

在两位教官指挥下，夜里九十点钟左右，两个队各自出发，准备在午夜作偷袭演习，两个队先预定各以哪个村庄为驻扎地，对方就可进行设伏、突袭等作战工作。

演习在午夜达到高潮，人海涌来涌去，而枪炮的声音以爆竹代替，叭叭的声音、隆隆的声音不绝于耳，四边闪亮着火花，俨然这是战场了。

演习完了，两队集合在一片平坦的河套边，大家围着这个广场点燃火堆，抗战的歌声四起，熊熊的火光照耀每个青年男女红润的脸。解散回营前还高呼"抗日胜利万岁！""打回老家去！"呼声中带着慷慨激昂与悲愤的情绪。不用说青

---

① 杨佩祯等主编：《东北大学校志》第一卷下册（沈阳：东北大学出版社，2008 年），第 1018 页。

年学生有了为国忘我的心情，每个人都沉醉在爱国的洪流里！

第二天白天，大家分组开了座谈会，讨论当时的局势和如何抗日。后来周鲸文回忆说："在回程前，我又向学生讲了一次话，总结这次旅行的收获，实际不用我讲，他们每个人都有了收获。这一收获一直贯穿在八年抗日战争中。事后，我们检查在抗日战争中有几个参加这次旅行演习的男生在战场上为国牺牲了，同学们后来多数都走上抗日战场。这群青年没有一个失节。"①

东北大学在周鲸文主持下的四个多月的时间里，教学秩序恢复正常，学生们的抗日情绪与日俱增，北平学联、中华民族解放先锋队总队部、东北旅平各界救国联合会等许多救亡团体均在东北大学办公，东北大学成了一所名副其实的抗日大学。

十六、"一二·一二"大示威

1936 年 11 月中旬，蒙古德王在日本关东军唆使下，对绥远东部发动突然袭击，绥远守军傅作义部奋起抵抗，全国人民热烈援绥，但南京政府却依然没有发动全面抗战的决心。当绥远守军取得了百灵庙大捷、伪蒙军面临全面溃败之际，蒋介石才敷衍塞责地派汤恩伯率领八个团兵力向绥远增援。同时，纠集胡宗南等部二百六十个团的兵力继续围攻红军，大有非荡平抗日苏区不可之势。南京政府的倒行逆施激起了广大民众的愤慨。

在中日关系紧张之时，上海工人于 11 月初，发动了自"九一八"以来中国工人反抗日本帝国主义的一次较大规模的罢工斗争。紧接着，青岛九个日本纱厂工人也起来罢工回应上海工人的罢工。12 月 3 日，日本海军陆战队在青岛登陆，捣毁国民党青岛市党部。国民政府迫于压力，秘密签订了丧权辱国的协定，同意开除大批工人，保证日厂"正常秩序"等等。

在对日妥协投降的同时，南京政府更加紧镇压抗日救国运动。1936 年 11 月

---

① 杨佩祯等主编：《东北大学校志》第一卷（下）（沈阳：东北大学出版社，2008 年），第1019 页。

22 日深夜，国民党当局以所谓"危害民国罪"，在上海逮捕了全国救国会领袖沈钧儒、章乃器、邹韬奋、李公朴、沙千里、王造时、史良等七人，这就是有名的"七君子"事件。

爱国领袖被捕震动了国内外。全国各方面人士纷纷向国民党当局提出抗议，开展了声势浩大的营救运动，把抗日救国运动推向新的高峰。

对"七君子"事件，北平学联做出了强烈的反应，宣称："对于这多方面的进攻，我们只有用一个总的行动来回答！"北平学联决定，11 月 25 日全市学生举行两天总同盟罢课，并派代表南下请愿，要求政府释放救国会七领袖，并全力援绥。25 日，东北大学与燕京、师大、清华等二十二校学生宣布罢课，表示抗议。

12 月 9 日，北平学联举行了纪念"一二·九"运动一周年的大会，参加的有三四千人，会上通过了一个议案：为支援绥远抗战和反对政府迫害上海爱国领袖，有必要发动一次大的行动，以表示北平学生不做亡国奴的决心，并促进抗日救国工作向更高阶段发展。北平学联接受了广大民众的意见，决定在 12 月 12 日举行抗日大示威。

1936 年 12 月 12 日，北平学生举行了第五次抗日救国的大示威，由市委黄敬、学委高承志和民先队李昌组成总指挥部，李昌任现场总指挥。在游行之前，学联做好了充分的准备，安排好了全城的通讯网，在游行指挥部下面，还设立了三个分站，有交通员传递消息。还派人守着电话，保证联络畅通。城外的清华、燕京两校恐怕被阻于城外不能入城参加示威游行，所以在头一天晚上就派了五六十名先遣队员进城，住在东北大学第一宿舍，以便接应大队。据清华先遣队员冯夷记述：

昨天晚上匆匆地搭了最后一班汽车从清华跑到这宣武门外的东北大学来，我们一共是四五十个人，叫作"先遣队"，（历次关闭城门的教训使我们不得不先遣下一点儿"埋伏"了）预备参加明天的大示威游行。我们睡在楼上的一个教室里。

楼板全是木头的，还有着曲折的回廊，半夜里一有人走动就响得非常厉害。三个人卷在一条被窝里，狗似的蜷曲着身子，倒也觉不到太冷。

············

大概将近七点钟光景，我们在东大的食堂里喝了些稀饭之后，就跟他们东大的同学集合起来，预备出发，他们在墙上贴着五个大字"打回老家去"，这使我感动得战栗起来，这时候他们说前门已经被军警封锁，不能出去，于是我们就跑到后面操场去，那里有网球评判员的架子，搭了可以跳出墙去，可是也不行，我们一到操场就发现军警们都站在邻近的房顶上、墙头上瞭望着我们……到后来，我们终于发现了一个小门，于是队伍化整为零，悄悄地出到街上了。[①]

12 日这一天，北平的早晨和平日大不相同。天还没亮，大街小巷都布满了军警，四处巡逻，各校门口都有大批武装警察把守包围。然而学生们并不因此而表现出半点畏缩，也不和他们作无谓的冲突，大家采用跳墙从旁门出校的办法，跑出了戒备森严的学校。也有的学校为了避免一出校门就和军警打"遭遇战"，所以早就规定了分散出校再到预定的地点集合整队。总体来说，"避免冲突减少损失"的原则被大家很好地执行了。

游行队伍共分三路，在师范大学、东北大学、北京大学分别带领下，开始游行示威。游行队伍浩浩荡荡，许多分散在各处的学生不断地向大队汇集，人愈来愈多。人们挽紧了手臂，在这人的巨流里，走着、跑着、喊着，看不见队伍的首尾。尽管队伍被军警冲散，但很快又集合起来了。他们的脚步在《救亡进行曲》节拍之下，走得那么整齐，那么有劲。

这次游行示威的基本口号有：一、要求政府立即对日绝交；二、反对青岛屈辱协定；三、要求政府讨伐冀东；四、要求政府收复察北；五、保障爱国自由，释放救亡领袖；六、援助沪、青抗日大罢工；七、要求华北将领团结抗敌；八、拥护二十九军保卫冀察；九、拥护绥远将士进攻日寇；十、促成各党派联合抗日；

---

① 冯夷：《我们又示威了》，《一二·九运动资料》第二辑（北京：人民出版社，1982 年），第169—170 页。原载《清华副刊》第 45 卷 10 期，1936 年 12 月 28 日。

十一、打倒日本帝国主义；十二、中华民族解放万岁。这些口号集中了全国各地正在进行着的抗日救国斗争的新内容，显示着在抗日大前提下人民大众的民主要求。

在示威中，学生们随时向市民们进行宣传，张贴标语。许多市民从家中出来，先是站在一旁

东大学生参加一二·一二游行

观看，接着也陆续参加游行的队伍，他们和学生一起高喊"收复失地"等口号。

在人群中，常常出现一辆缓缓地驶过来的漂亮的小汽车，清华的杨述和女一中的魏宜咸二人坐在这辆租来的汽车里，从印刷所取来了好几捆传单，负责在游行队伍旁边忽前忽后地散发传单。军警以为汽车里坐的一定是什么达官贵人，没想到从汽车里送出许多红红绿绿的传单，由联络员很快分送到各个队伍中去，转眼间，汽车又不见了。军警一时瞠目结舌。

在西单的亚北咖啡馆里坐着两个"客人"，人们不停地找他们谈话，有的甚至连茶也没喝，说几句，又匆匆地走了。过了很久，密探才发现原来这里是游行示威的指挥所。当他们打电话叫人来捕捉时，两个"客人"已经不见了，指挥所又转移到新的地点了。

队伍在东华门前遇到宋哲元的汽车，学生群众围着汽车，要求宋哲元接见学生，并答复学生所提出的抗日要求。宋哲元迟疑不答，学生高呼"拥护二十九军保卫冀察"等口号，不放汽车通行。宋哲元不得不答应下午在景山和学生见面。

下午1时，各路示威队伍在北大一院集合，共有三十个大中学校，五六千人。当时的亲历者写道：

主席用着一页硬纸，卷作号筒，尽力放大嗓子喊着，第一是报告今天游行示威的意义，继则又决议了通电条文，最后口号一齐喊出来了，像决口的江河，像爆发的火山，疯狂了似的叫着。

最后主席又宣布宋委员长在景山等着向大家演讲，话没有落音，大家便嚷"欢迎"。

于是前队作后队，后队作前队，四人一排，相互挽着手，带队的还喊着"一二一，一二一，一二三四"，步伐也非常整齐。

出北大图书馆的前门，两境有警察、宪兵、保安队把着，不准车马和行人通过，只准我们的大队前进，这真成了学生的世界。唱着救亡进行曲，音调非

秦德纯（前）与宋哲元

常和谐，嘹亮，秩序一点也不紊乱，前边已到了景山的门前，后尾尚未出马神庙的拐弯。

景山的门大开着，一排一排地走进，费了一刻钟，才进完了，最后自行车也是四人一排、四人一排地排着进去。立在望绮楼前，仍然是有条不紊。

期望，等待，希冀宋委员长的到来，大家都是精神百倍，等了一会儿，不见来。

………………

夜幕渐渐地放下来了，时间恐怕已五点了，大家又待得不耐烦了。吆喝着："一齐冲出去。"坐着的都站了起来，焦躁、愤怒之火燃烧在每一个人的胸膛中，不能等待，绝不能再等待了。[①]

正在这时候，秦德纯市长来了，一阵紊乱，主席下令：大家立正，并呼："拥护二十九军抗日！""拥护二十九军收复察北！""拥护二十九军收复冀东！""争取爱国自由！""拥护秦市长领导救亡运动！"当口号声、鼓掌声全部停下来，安静了，秦德纯才开始演讲。

"诸位同学！大家辛苦了！""不辛苦，我们为了国家和民族！"排山倒海地一齐回答。

---

① 亥昌：《记"一二·一二"》，《一二·九运动资料》第二辑（北京：人民出版社，1982年），第185—187页。原载《汇文半月刊》，1937年新年露面号。

秦德纯笑了，他大概也是感觉到学生精神的伟大了。接着又说下去："东北三省失去了，继之热河也丢了，为什么丢失了？"大家一齐喊着："由于政府的不抵抗！"不约而同，心有千万个，可是意志是一致的。

秦德纯

演讲在短促的时间中结束，大家倒还满意，不谋而合地又高呼着："打倒日本帝国主义！""立即对日宣战！""中华民族解放万岁！"最后主席团又把大家的情感抑制住了，才开始向秦德纯要求大家议决的几个条件，秦一一地答应了，但希望不要见报。

这时，天已黑了，大家又整队走出景山，再进行游行，看见街上有二十九军士兵，学生就高呼"拥护二十九军保卫华北"的口号，士兵们马上立正致意。军警只是在两边站着，没有和学生发生冲突，游行队伍唱着歌，意气昂扬地返回各自的学校。

这样自由的游行示威是"一二·九"以来所从未有过的，"一二·一二"大示威是成功的。在这一年里，东北大学学生和其他各校的爱国学生在中华民族解放斗争的激流中，得到了很大的锻炼，斗争经验也不断地丰富起来了。

十七、同学会与学生会的冲突事件

正当北平爱国学生举行"一二·一二"大示威之时，在西安的东北军首领张学良将军和西北军首领杨虎城将军，于同一天发动了震惊中外的西安事变（又称"双十二事变"）。

西安事变之后，北平各校学生明显分为两派，因政见主张不同，时有互殴事件发生。东北大学学生，也分两派，明争暗斗。少数右倾学生借故另行组织所谓"文法学院同学会""正义团"，到处张贴反共标语，并发出所谓紧急通告，说"将实行武力解决及发起电请教育部将该校收归国有之签名运动"。^①东北大学学生自治会就立即召开全体学生大会,通过决议予以否认。

1937年1月2日早上9时许,同学会张贴壁报,攻击学生会,并涉及与女同学之私人行为问题,导致冲突,边政系日文组四年级学生王长玺鼻部轻伤,政治系三年级学生张国维头部及腿部受伤,政治系二年级学生吕谟兴肋部受伤,立即送中央医院医治。同学会方面学生当即电话内四区署、保安第四队、宪兵第十四中队派员来校,当即由同学会学生引导保安队兵士执枪至各宿舍搜捕肇事学生,将双方学生王士选、王长玺、王心波、张涛、戴洪图、佟质中、杨蕴青、廷荣懋等八人带到公安局问话,经校方派秘书徐仲航前往交涉,始于3日陆续全部释放。中文系右倾学生王大任当时有日记记载此事:

> 元月二日 黎明到校,刘××同学前来报告,谓北校因张贴壁报,有杀猪〔朱〕拔毛漫画,刺激对方,引起冲突,我方寡不敌众,损失颇大,当场将张国维、王长玺、吕×× 三人殴伤,业已送至中央医院急救等语。此时南校纠察队均以集中待命,思与民先队一拼。予与刘君立即赴北校与周代校长鲸文交涉,北校同志与予检查自治会,搜出反动文件若干份,内有毛泽东《告中国青年书》,最为重要。继到中央医院探视受伤同志,又到警察区署追案,我方由张涛、王士选等充原告,对方杨蕴青、廷荣懋等为被告,主凶王玉璋在逃。我方须找保出署,乃会同王心波同学奔走各处,嗣以心波足部受伤,由予独任其事,到永大饭店访关大成学长,(渠已毕业一年),研究办法,为力行团传达老方去电话,继又以为不妥,于是伫立街头,觇其行止,时已午夜后三点钟矣。^②

冲突发生后,东大秘书主任、代校长周鲸文主动和在场警察宪兵一起检查,并未发现反动资料。但同学会方面则谓在学生会内搜得自苏联来函一件,及中华

① 《一二·九运动史要》(北京:中共中央党校出版社,1986年),第209页。原载《世界日报》1937年1月3日。
② 《东北大学六十周年纪念特刊》(台北自印本,1983年),第273页。

苏维埃人民政府主席毛泽东之指令一件，该校学生自治会为使全体同学及社会人士明了真相起见，特要求校方公布检查经过，东大当局即于4日正式公布如下：

查本校于本月二日上午九时，一部分学生发生冲突事件，至属不幸。推原其故，不外少数人之意见不合，致起纠纷。以有人谓学生自治会不无关系，甚至对该校工作，有所怀疑，为使公众明了本校学生自治会之内部情形起见，由秘书主任自动到该会检查，并请由当时在场之宪警共同作证，以示公开。检查结果，不惟与此次冲突事件毫无关系，即该会所有档，亦无不当，仅有该会收到学联会历次所发救国宣言，传单及世界知识、大众知识、生活星期刊、读书生活、黎明等刊物，经由宪警携去。在宪警方面，当时亦谓并未发现任何不当文件，真相既明，流言自息，乃闻有妄加揣测，信口造谣者，须知值兹国势阽危，忧患纷乘，凡我同学，流难至此，准备救国还乡，目的即皆相同，自应精诚团结，共同努力，绝不应有任何分裂事件发生。此次受伤学生，既属轻微，并已送往医院治疗，日内即可痊愈。其经公安局传唤学生，经派员前往接洽，亦已归校，除俟查明肇事者，依照校章处理外，目前问题均已了结，各级学生，应各安心读书，勿得轻信浮言，意气用事，致荒学业，否则如有恣行越轨者，校有纪犯，国有典刑，一经触犯，亦属爱莫能助，合行布告全体学生，一体知照，切切此布。[①]

是日上午11时，周鲸文在校纪念周报告中谓：

现在东北大学内所值得注意的事，一个是西安政变，一个是二日校内发生冲突事。关于西安政变，现已和平解决。实由于全国人民及军政领袖，不愿用任何国力从事中国人打中国之工作所致。在上月三十日我曾到南京去一次，停留一日即返平。在京所得消息，蒋张现已完全合作，共同努力救亡图存工作。中央日报曾有篇社论，攻击张校长（学良），为蒋所知，深表不满。该社社长程沧波当即

---

①　肖：《东大肇事学生将受严重处分》，《一二·九运动资料》第二辑（北京：人民出版社，1982年），第264页。原载《北平晨报》1937年1月5日。

99

提出辞职。由此事联想到本校同学的冲突，真是一件万分痛心的事，我们都是被敌人驱逐出来的流浪儿，在我们之间还容许有任何分裂吗？固然，各人有各人的主张，有的拥护蒋委员长，有的拥护张校长，在西安政变未解决前尚可有此不同主张，但西安事件和平解决，蒋张现已完全合作，共同努力救亡图存工作之时，我们万不应该不察事实，随波逐浪去自家分裂，去破坏蒋张合作，今后希望诸位同学，要冷静些，要在"回家"这一个目标下，精诚团结，同舟共济。①

当天下午3时，校学生自治会派代表刘曙光、杜伯乔二人，携水果、饼干等慰问品，赴中央医院慰问受伤学生。张国维伤势较重，但无生命危险，说话较吃力，须静养一月方可出院，至于轻伤的吕谟兴、王长玺二人即可痊愈。不过王长玺准备聘请律师，依法提起自诉控告学生会负责人预谋伤害。

晚6时，学生自治会在东大西直门校区召开代表大会，议决：

（一）学生自治会被检查，宜如何表示案，议决，公布事件真相，及表示本会实为一纯正学生组织。

（二）有人造谣检查本会时发现反动档，应如何表示案，议决，现在校方已将事件真相公布，即根据布告发表告同学书及各界人士书。

（三）本校少数同学组织同学会及正义团，并未呈请校方备案，实有破坏之嫌，本会应如何处理案，议决，呈请校方解散未经呈请校方备案之非法组织，并停止其活动。

（四）近日以来盛传有人欲捣毁本校，应如何保障同学安全案，议决，除请校方转请地方当局保护外，本会并组织纠察队通信网，加以注意。

（五）日前有同学会发起致电教部请改组本校签名运动，谓已有一百一十二人，惟其中多系捏造签名者，请校方转令同学会公布名单，以明信实案，议决，通过。

（六）报载日前冲突受伤同学将控本会负责人预谋伤害，应如何应付案，议

① 肖：《东大肇事学生将受严重处分》，《一二·九运动资料》第二辑（北京：人民出版社，1982年），第265页。原载《北平晨报》1937年1月5日。

决，校方今日布告谓冲突与本会无关，可以置之不理。

（七）及昨日晚报载本校校长业经国府明令特赦，本会应如何表示案，议决，致电张校长，除致贺意及慰问外，并请领导东北青年致力回家工作。[①]

十八、反"接收"运动

西安事变从大的方面说，改变了中国的命运，从小的方面说，改变了东北大学的命运。教育部认为："西安双十二事变，实在是中国的大不幸""西安事变发生，东北大学有责任，是发动西安事变的火种是策源地，所以……必要把东北大学接收过来，消灭火种，消灭这个思想策源地""是从共产党手中把东大抢过来"。[②]陈布雷在声讨张学良的电文中谓：张学良"大扣军饷，私自移用于东北大学等。招收不良分子，制造反中央力量"。[③]

早在张学良旅欧期间，国民党 CC 派欲改组东北大学以黄郛主张暂缓而未果，当张学良因西安事变被蒋介石扣押之后，机会又来了。很多人倡议停办东大，唯陈果夫不以为然，且问时任无锡行政署督察专员的臧启芳有何意见。臧说："果夫先生不赞成停办东大太对了，东北既已沦陷数载，若再停办东大，不知者必说政府不要东北了，正好给共产党作宣传口实，中央何以自完其说？"陈果夫说："你的话不错，但派谁去办呢？"臧启芳当时推举周天放，且他正在北平可以就近办理，陈果夫亦同意，所以教育部先派周天放接收。但他接到部令坚决辞谢，后来陈果夫请示蒋介石，乃由蒋介石电令教部派臧启芳接收。[④]

臧启芳在十年前的 1926 年就在东北大学任教授，1928 年出任法学院院长。

① 肖：《东大肇事学生将受严重处分》，《一二·九运动资料》第二辑（北京：人民出版社，1982年），第 266 页。原载《北平晨报》1937 年 1 月 5 日。
② 杨佩祯等主编：《东北大学校志》第一卷（上）（沈阳：东北大学出版社，2008 年），第 115 页。
③ 朱文原编：《西安事变史料》（五）（台北：1993 年），第 270 页。
④ 臧启芳：《东大十年》，《国立东北大学六十周年纪念特刊》（台北自印本，1983 年），第 56 页。

陈彦之回忆，1929 年上半年，法学院院长臧启芳和文学院院长周天放，"为了准备进一步染指校政，以副校长刘凤竹贪吞校款为由，联名向校长张学良提出控告。那时张学良正在北戴河休假，刘凤竹乃多方奔走，托人说情，得到了张学良的谅解；因而周天放和臧启芳不但未把刘凤竹告倒，反被张学良以校长的名义，在文、法学院用挂牌的形式，把他二人宣告撤职了"。自此以后，臧启芳、周天放等人，"已不能再在张学良的直属部门中找到官当，这就造成了后来他们在政治恩怨上坚决反对张学良的思想根源"。① 实际上，臧启芳是被张学良暂时调到东北政务委员会担任秘书，后被调任天津市社会局局长兼代理市长、哈尔滨地亩局局长，算得上是"重用"。

1937 年 1 月 7 日，当局连发几份指令，令臧启芳会同北平社会局雷嗣尚局长接收东大，并令接收后由臧启芳代理校长职务。

第一份"令平社会局"（密字第 2075 号）："兹派臧启芳会同雷局长嗣尚，接收东北大学，并派臧启芳于接收后代理东北大学校长职务，为一切必要之整理与改进，除分令外，合亟令行该大学知照，此令。"

第二份"令臧启芳"（密字第 2076 号）："派臧启芳代理东北大学校长职务。此令。"②

所谓接收，"实际上，醉翁之意不在酒，而是以接收为名，行摧毁北方学运堡垒之实（北平学联即定点在东大办公）"。③ 此事首先被时在北平念一中学读书的"左倾"学生高而公（民先队员）得知，辗转将情况告知了东大秘书主任、代理校长周鲸文。④ 消息迅速传开，群情激愤。在东大中共地下党支部的领导下，以学生会为中心，以"民先队"为骨干，团结进步教职员工，组成了"东大护校委员会"，一场轰轰烈烈的反对国民政府接管东北大学的护校运动开始了。全体

---

① 陈彦之：《"九·一八"事变前后的东北大学》，《沈阳文史资料》第四辑，第 37 页。

② 杨佩祯等主编：《东北大学校志》第一卷（上）（沈阳：东北大学出版社，2008 年），第 119 页。

③ 丘琴：《我的心香祝祷》，赵杰、王太学主编：《王卓然史料集》（《辽宁文史资料》总第 36 辑）（沈阳：辽宁人民出版社，1992 年），第 99 页。

④ 参见陈彦之：《记东北大学进步学生抵制国民党接管的斗争》，《辽宁文史资料》总第 10 辑。

学生以砖头石块为武器坚守校本部，中共地下党又动员了北平学联所属的"左倾"学生和东北旅平各界救国联合会所属救亡团体的成员，帮助东大"左倾"学生的护校斗争。由东大和各校学生及各团体成员组成的手持棍棒的纠察队，从西直门本校排至西四牌楼，以阻止臧氏前来接收，不准他踏进校门一步。

对于此事，北平《东方快报》态度明朗，公开报道护校斗争。1月13日该报《大观园》副刊即刊有《"接收"东大》的短文一篇：

报载教部派臧启芳接收东北大学，考东大虽为省立，而一切设施，均听命于教部，教部如认为办理不善，自可令其改善，必要时且可通知校长，另派负责人，何必来这一种"接收"的多余举动？臧启芳昨日发表谈话，谓"能接收便接收，如不能接收，当不能强行接收"，云云，此公未免失检。[1]

1月14日，《大公报》对东北大学"接收"一事进行报道：东大接收消息，昨日仍甚沉寂。臧启芳曾经一度与该校秘书主任周鲸文会谈，未得结果。迄未作二次会晤。该校当局与学生，连日颇以未奉到部令及该校行政系统系大学委员会主持为词。部令一事，臧于昨日午后特将令文托社会局转致该校，昨晚谅已达到，行政系统一节，教部前晚间有电令到平，解释教部有更换校长权力，该大学委员会对此事无权过问。电文略云：东北大学组织大纲，经部核准，案内载明，校长应由政府任命，大学委员会无权过问，已分电宋委员长秦市长详加说明云。兹该校学生，因反对接收，昨日午后2时特在学生自治会招待记者。

1月17日，《时代文化》刊发《东北大学接收问题》一文，认为接收是乘人之危：

东北大学是东北人的大学，是东北四省的最高学府。创立以来，十有余年，教导训练，也算有相当成效。沈阳变起，四省沦亡，此东北之唯一学府，遂亦沦

---

[1]　丘琴：《我的心香祝祷》，赵杰、王太学主编：《王卓然史料集》（《辽宁文史资料》总第36辑）（沈阳：辽宁人民出版社，1992年），第99页。

于异族之手。从此莘莘学子，流亡关内，便都成了失巢之鸟。幸经该校师生无数艰辛的努力奋斗，获得各界人士之无数热烈的同情与赞助，才使它在万般困苦之中，恢复生存，至于今日。对着这亡省以后的东北同胞的硕果仅存的纪念物，我们常不禁发生无限的感慨，无限的矜痛。年来华北救亡运动勃起，东大学生，因曾身遭巨创，痛念乡邦，所以表现得尤为勇敢积极。照此看来，东大之存废，实系东北光复继续之机。我们正希望它能蒸蒸日上，充分发展，为亡省同胞留一线生机，为救国事业增一分力量。谁知教部却在这全国政治大计尚未全定之际，该校校长滞留京门之时，贸然派人前往接收，弄得该校上下惴惴不安，甚至地方治安亦不免受其影响，我们虽不便说教部有趁火打劫之嫌，总觉此种措施，有点操之过急……

总之，我们的意见以为，东大既为东北三千万同胞心灵所寄，两千流亡子弟救亡战士学业所系，则当此全国同胞异口同声地要求集中国力切实合作之秋，不应用任何名义破坏其存在与发展。[①]

1月24日，《东方快报》又发表了《东北大学学生紧急启事》（并附全部签名）：

径启者，自臧启芳来平后，外间即盛传彼将以武力接收东大，迄今始已证实，学生等以事关吾校前途，愿作如下之申述：（一）本校原设沈阳，"九一八"后，被迫迁平，客居异地，志切复土还乡。东大之存在，乃我东北三千万同胞精神所系，亦即东北沦陷后唯一遗物，外人不宜变更其旧观；（二）本校在辽宁时，名义虽为省立，但实际完全系张汉卿先生所手创，曾出私资一百八十万元建设一切。"九一八"事变后，师生流离来平，经费校舍均无着落，当时无人闻问，经张校长努力支撑，始得复校，近年方请准财部月予补助，不足之数，仍由张校长独立筹措，是以本校在性质上，实系私立。（三）按国民政府颁布之大学组织法第九

①《一二·九运动资料》第二辑（北京：人民出版社，1982年），第274—275页。原载《时代文化》第1卷第5号，1937年1月5日。

条，对于省立私立大学并无部派校长之规定，且亦向无此例，而本校校长系由大学委员会推选，教部向亦认可。（四）张校长汉卿先生虽与陕西事件有关，然本校系教育机关，不应受政局之影响，且张校长滞留南京，迄今并未声言辞职，臧氏何得乘机攫取。根据以上四项理由，学生等一致主张拥护现状，誓死反对臧氏接收，特连署声明，以示坚决。尚祈政府地方当局及社会人士垂察焉！①

1月27日，《大公报》报道了教育部高教司长黄建中26日对该报记者谈话，指责周鲸文："东北大学接收事，四五日内当有新开展，教育部为整顿该校，始改国立，本爱护学生学业为主旨，对于原有教师，苟能教导有方者，决不稍加更动，迄今仍本此意，和平进行。唯该校秘书主任周鲸文，平素教学不力，而此次竟又违抗部令，故意刁难，为教部威信计，为将来师表与学生学业计，决拟予以严厉之纠正。"②

1月29日，《大公报》报道了教育部决定停发东北大学经费和否认其非法行政的消息：

教育部以东北大学反动分子把持学校，拒绝接收，除电臧回京外，并电平市长秦德纯云："北平市政府秦市长勋鉴，东北大学为反动分子操纵把持，本部本爱护东北青年之旨，经派臧雷两君整理，乃周鲸文等拒绝接洽，并主持反动分子，殴逐良善学生至百余人。违法暴行，殊堪愤惋，本部极端忍耐，原冀彼等深自觉悟，俾获和平处理，借免多生枝节。现在接收既有困难，对于该校恶劣情状，自不能不予以必要之裁制。兹由部决定停发该校经费，否认其非法行政。而对于该校纯正教员之教学与善良学生之学业，另行妥筹救济……教育部俭（二十八

① 王振乾等编著：《东北大学史稿》（长春：东北师范大学出版社，1988年），第250—251页。
② 杨佩祯等主编：《东北大学校志》第一卷（上）（沈阳：东北大学出版社，2008年），第121页。

日）。"①

其实，教育部在 1936 年冬即以迟发每月补助经费（两万五千元）来控制东大。当派臧氏接管东大本校计划破产后，即宣布东大为非法，停发了经费，使东大陷入了空前的困境之中。秘书主任周鲸文被迫去职，这样，东大的行政权便完全归由学生会掌握了。

2 月 10 日，东北大学学生会为反对臧启芳任东大代理校长，假校本部举行记者招待会，主持人向到会各报记者介绍了东北大学的历史和现状，并着重指出：一、东北大学是私立大学；二、私立大学的校长是大学委员会推选的；三、张学良校长并未声明辞职。主持人的讲话有理有据，与会者频频颔首。后来东大的国民党学生与学生会唱对台戏，也举办了一次记者招待会。但是到会的只有寥寥十余人，不得不"旋即散会"。

臧启芳本是请假到北平上任的，却在北平进退维谷，处境尴尬。2 月 16 日，国民政府教育部把他召回南京。两天之后就传出消息，教育部长王世杰电告东北元老，否认东大改为国立。这当然是平息舆论的一种缓兵之计。

---

① 杨佩祯等主编：《东北大学校志》第一卷（上）（沈阳：东北大学出版社，2008 年），第 121 页。

第二章　转徙长安（1936.2—1938.3）

沈阳设校，经始维艰。至九一八，惨遭摧残。
流离燕市，转徙长安。勖尔多士，复我河山！

　　　　　　　　　　　　　　　　　　——张学良

一、西安分校

　　1935 年底，"一二·九"运动在北平爆发，东北大学学生成为运动的先锋。当时在东大任教的曹靖华说："东北大学，是当年北平学生运动中反蒋、抗日、救亡的堡垒。北平之大，党所领导的旧学联，在任何学校都不能立足，可是它却公开设在东北大学。国民党反动派，处心积虑，妄图拔除这个革命据点，却屡被学生击退。"[①]

　　1936 年 2 月初，身为"西北剿匪总司令部"副总司令的张学良深感形势日益严峻，"华北之大，已安放不得一张平静的书桌了"，更重要的是想在西北掀起学生爱国运动，便拟将东北大学工学院、补习班先行从北平迁移来陕，至于文法两院俟妥为计划后再说。

　　张学良根据考试院长于右任的提议，拟选择于的家乡三原县宏道书院为校址，

---

　　① 曹靖华：《"电工"鲁迅》，《上海文艺》1977 年 1 期，第 71 页。

便指示卢广绩[1]前往察看。卢广绩去后发现，此处虽有三百多间房屋，但因年久失修，破旧不堪，而且场地面积也有限，不适宜做大学校址。卢广绩把情况向张学良如实作了汇报。为了表示对于右任的尊重，张学良亲自驾车实地察看，杨虎城也一同前往。察看结果，张学良也嫌该处条件不适办学，最后选定西安郊区的一所农校作为校舍。[2]

所谓农校，据《续修陕西通志稿》卷三十六载，在光绪三十年（1904），此地已是陕西中等农林学堂的所在地，同时复为陕西农业学堂所在地。1912年并入西北大学，成为该校农科所在地（包括今西安习武园、儿童公园北部和西关外）。同时，三秦公学亦借西门外农业学堂一部建校（后又将附属农事试验场划入，从城西北角到西南角几乎均有其舍），1914年大部分并入西北大学。1915年西北大学停办后，于1916年改为陕西甲种农业学校，后复于1923年成为西北大学农艺科、畜牧科的一部分。1934年改为陕西省立西安初级农业职业学校（后改为陕西省农林职业学校），包括两百亩农场、运动场、礼堂等。[3]

东北大学校方决定迁移之时正值假期，学生返里半数未归，遂决定分批来陕：工学院及补习班所合组之西北旅行团第一批，于1936年2月12日傍晚，由广安门车站启程，经保定，转郑州，于17日顺利抵达西安。第二批于3月6日启程，11日到陕。随即住进陕西农校校址，称东北大学西安分校。"建筑虽不华丽，倒也简朴可爱。位置是在城西南里许的近郊，南屏终南，西枕渭水，阿房镐京遥隔共后，大小雁塔，耸立目前。空气新鲜，风景优美，课余之暇，浏览山川，凭吊

---

[1] 卢广绩（1894—1993），号乃庚（乃赓）。辽宁海城人。1918年毕业于沈阳高等师范学校。1929年担任奉天商会副会长。1931年参加东北民众抗日救国会，任救国会常委。"西安事变"时担任"西北剿总"第四处（行政处）处长，直接参与了这次事变，是逼蒋抗日的《八项主张》起草人之一。之后到北平，与高崇民、刘澜波等人发起成立"东北救亡总会"。1949年后，历任沈阳市副市长，辽宁省政协副主席等职。

[2] 王连捷：《卢广绩传》，王连捷编著：《东北救亡七杰》（沈阳：白山出版社，1992年），第303页。

[3] 《抗战时期东北大学寄居西北大学旧址的两年岁月》，姚远等撰：《图说西北大学110年历史》（西安：西北大学出版社，2012年），第102—103页。

古迹，颇觉津津有味！"① 校外是农场，栽满了各种树木、蔬菜和花卉，加上一片麦田，风景亦殊清秀。

西安分校校门

西安分校有教授十四人，讲师十人，助教三人，职员十四人。工学院仍保持北平时期的两个系——土木系和电机系，有五班计一百零七人，补习班三班计一百五十六人。分校主任由原秘书主任林耀山担任，王际强任工学院院长。原院长杨毓桢离职，就任咸阳酒精厂厂长。1938 年，资源委员会接管了咸阳酒精厂，并迁往四川资中。杨毓桢留在陕西，联合东北大学毕业学生，先后在陕西省几个地方创办了酒精厂，接纳东大学生张德孚、岳长俭、胡玉琪和班兴谨等若干人。东大工学院迁到西安，成为当时当地的唯一一所高等学校。它给古城添加了文化光辉。

北平师生初到时，农校先让出一半房舍，计学生宿舍五十余间，教授宿舍数间，教室八间，办公室三间，饭厅一所，还有一座大礼堂是两校共用的。三百余名师生就挤在这一百五十间房子里：学生五人一间，教授二三人一间。室内大半为床位所占，几乎容不下一张书桌，尚未安装电灯，以油灯和蜡烛照明。教室是临时间隔起来的，有的三间，有的两间，有的一间半。补习班的同学多，只得利用大礼堂上课。实验室和图书室简陋不堪，由平运来的机械、仪器、什物等则堆放在院内的墙角。西安的米、菜、煤价格较北平昂贵，所以，学生的伙食津贴虽由原每人每月 4.5 元改为 7.5 元，仍不如在北平时的水准。西安分校的学生就是在这种艰苦的条件下学习的，他们于 3 月 2 日（原先预定是 2 月 24 日）正式上课。3 月 28 日上午，张学良首次到东北大学西安分校训话，他说：

我很想和你们常常见面，因为职务繁忙关系，未能如愿。今天和你们相见之下，有无限的感慨。东北的青年，今日到西北，将来到什么地方，尚不可逆料，

---

① 杨佩祯等主编：《东北大学校志》第一卷（上）（沈阳：东北大学出版社，2008 年），第 132 页。

西安分校大礼堂（张在军摄）

这不但是东北人，即中国全国人民也是如此。回想在北陵时代，有堂皇富丽的校舍，若和现在校舍两相对照，不但诸位觉得苦，更使我有无限伤感。

不过古今圣贤，英雄豪杰，先不受苦，先不失败而凭空成功者，不可多见。"多难兴邦""无敌国外患者国恒亡"这两句话，并非随便无稽之谈。诸位想想，复兴民族之责任，固是在全国人民之身上，但东北青年所负之责任，比较重大，若不自己勉励自己，去苦干，去创造，将来指望什么？所以我盼望诸位由感慨变作兴奋，国家光荣，在我们身上，国家失败，是我们未做好，如果大家能抱定这种心理做去，我想我们的失地，总有一天是能够收复的。

西北历史遗迹最多，那正是表明我们先祖先宗，当年并非如此无能，决非如今日之受人凌辱侵略。一到此地便可知道，中国由秦、汉、唐以来，建设之伟大，历史之远久，以西北为最。由此可见：一国之强弱，在乎其国民之能振作与不能振作，如果自己肯埋头沉心下苦功夫去做，什么难事都可以成功的。

一般青年都犯一种苦闷病症，由忧国忧民以至于自暴自弃。要知道，国家之弱，非一朝一夕而来，所以也不是我们一朝一夕所可解脱，好像得病容易除病难，是一样的道理。因此，我要勉励同学下列数事：

（一）要有沉痛心理。我们每个人都有他自己的特殊环境，总觉精神上不能满意，除非你是冷血动物，可以不回念以往。所以，我盼望你们无论做什么事情，不必先看效果，不先见效果就未必不是效果。好似吃药一样，吃下药未必即时好病，吃下药病就即时可好未必就是好药。所以凡是一桩事情，正面看是坏的，侧面看，倒有很多收获。正如"九一八"事变一样，中国失掉的固多，同时国人也知道了团结，知道必须猛醒，除去陈腐之气等等，收获方面也得了不少。失掉的不必即时找回，要在悲愤中找兴奋，找进步，无失败何能成功，不退化焉见进步。我在想，我们的苦痛还不止如此，日后恐怕还有比今日更多的。

（二）须自己要强。当年袁项城①应许《二十一条》时，我是学生，一腔热血，反对。及至二十年后我执政，还不如人家，个人才浅力薄，固所自知，然而社会问题也太复杂。换言之二十年来，国人依然不知自强，东北青年今后须彻底地觉悟，你们所负的复兴民族责任重大，所以要受苦，我先去；要牺牲，我先去；要流血，我先去。没有这种精神，谈不到救国自强。

现在一部分人也希望外国人先和外国人战争起来，我们从中取利，这是幸灾乐祸的心理，于实际无补。人家不强，同时你自己也未强，等于无用，自己不振作，自己便吃亏，因此，我们只可责己恕人，不必去骂那四角钱一天的便衣队②，也不必骂人家不帮我们的忙。③

张学良的讲话，既充满激情，又富有哲理。他还以戊戌六君子中谭嗣同的壮举，来抒发爱国之情和亡家之恨，他说道：

---

① 袁项城，即袁世凯。袁氏为河南项城人，旧时对人称郡望是表示尊重。

② 九一八事变后，日本出钱雇佣我国流氓、土匪、兵痞组织便衣队，以天津日租界为依托，发动暴乱，企图转移国际社会对九一八事变的视线，并乘机夺取天津。在张学良的支持下，由河北省主席王树常、天津市代市长张学铭等组织保安队、警察制止了他们的暴乱。

③ 毕万闻主编：《张学良文集》（2）（北京：新华出版社，1992年），第951—953页。

谭嗣同传上记载了这样一段情节，就是戊戌政变在六君子尚未遭难以前，有人劝谭逃走，他不走，曰"不流血，不足以促政变"。请问我们东北事变，谁流了血？谁有这种精神？

任何可以牺牲，国家利益不能牺牲，最低也得不由我手里断送。有人说中国人自私，其实中国人并非彻底明白自私。有些人动不动就骂人家不牺牲，先要看一看你是否肯去牺牲，你要牺牲不必问合算不合算。中国以前有些官吏，自己要看自己的"德政"，这是不对的。要种树，不必要我自己吃果子。

关于本校一切，我要向你们说明的，就是现在本校不是东北时代的学校，中国也不是以前的中国，所以我们不想前不想后，要顺应环境，吃米吃糠都可以。环境愈苦愈能成功，东北人现在吃苦，就是当年享受太多的反照！我们东北大学学生，有他的特殊使命——回故乡。所以我们造就学生出来，非但要有专门学识，还要训练他有比专门学识更深的基本工作。将来复兴民族的使命，要使举国都企望在东北大学学生身上，学生要是没有这种勇气，不必在东北大学。

西北是我国先祖发展之地，中国地方很大，各地风气不同，入乡问俗，西北人能吃苦，这是我们知道的，希望你们能常到农村去，知道他们的思想如何，心理如何。作将来可以和民众打成一片的准备。

学校前途方面，我简单一句话，凭我自己的良心说，我对东大比任何人都关心，我尽力设法维持，将来校址基础有一定，必尽力量设法将全校集合在一起。

这以后我更忙了，三二月内不能常到校，但同学个人有何难处，我必尽力帮忙。[1]

据当年学生回忆："东北大学工学院迁到西安后，一次因不满意伙食和其他条件，发起驱逐总务主任林耀山，甚至罢课。张学良得知赶到学校，很严肃地命令学生首先复课。他把学生代表七八个人带走，大家很为担心。谁知他把学生带到金家巷一号自己的家里，让他们在他的书房里看书看报。公退之暇，他和这些学

---

[1]　毕万闻主编：《张学良文集》(2)（北京：新华出版社，1992 年)，第 953—954 页。

西安分校校舍（张在军摄）

生一起谈论世界形势，国家大事，抗日问题，不拘形迹，畅所欲言。他有时和他们一起吃饭，一起打网球，问他们个人和家乡的情况，问长问短，亲若家人。过了十来天，他向他们说：'今天我送你们回校，咱们国破家亡，求学机会不易。你们吃得不好，要向我反映、写信，我替你们解决。这事责任不在总务主任，不要再闹了。我告诉守卫，今后你们任何人，持有学生证，都可以来见我，你们回去吧。'他以至诚感人，很容易就解决了一场风潮。"①

1936年5月11日出版的《东北大学校刊》第九卷第九期，以《本校西安分校近况》为题，对西安分校师生的生活情况作了报道：

学生住的是中古式的瓦房，和农校同学隔屋而居，吟唔相应，谈笑相投，融融一院，俨若兄弟。他们共占用宿舍三列，每列十四间，每间住同学五人或四人。室中除去床位，几乎一张书桌都放不下，土壁砖地，虽陋而洁。电灯还未安妥，

---

① 郭维城、赵希鼎：《张学良先生与东北大学》，《绵阳市文史资料选刊》第三辑。

现仍以煤油灯和蜡烛照读，咿唔一室之内，颇有古儒之风，亦可乐也！

行路只有步量，因门无车马之喧。同学欲进城者，或绕西门或绕南门，均需步行二里许，始得雇车，而车资之贵，更不堪言。故同学多行云。

沐浴更是困难，城外压根没有浴所，城里虽有不少，但都设备欠佳，入其门臭气冲天，令人欲呕，而浴资之贵侍候之疏，更不可形容！若是到临潼华清池（系天然浴池，即杨贵妃沐浴之地，今由中国旅行社经营。设备颇佳，水亦清澈，温度颇适宜），路途又遥，时间路费，都不经济。最近学生多盼望学校能设法在校内自建浴池，闻当局亦有意云。[①]

张学良给东北大学在西安校园的建设以极大的支持，1936 年 5 月，他把旧东三省官银号结余款十五万元现洋给东北大学，作为兴建在西安新校舍之用，并于校内组织建筑委员会，加速进行绘图、买地、烧砖、购料等事宜。这项工程是由东大工学院毕业同学郭毓麟等义务设计并监督施工的。新的建筑物陆续交付使用，不到一年全部竣工。计有：教学工字型楼 1.3 万平方米，实验室 4000 平方米，办公楼 1500 平方米，图书馆 2000 平方米，宿舍 6 排 24 栋 2400 平方米，以及其他建筑 1600 平方米，总计约 2 万平方米，占地约 12~14 公顷，包括足球场在内，全部建筑都是砖木结构。[②]

至是年 8 月，将旧校舍完全修理就绪。9 月初，新建校舍开工，按文、法、工三院齐头并进，以期速成。兴建大礼堂时在墙基内还砌了一块纪念碑，碑上刻有张学良的题词：

沈阳设校，经始维艰。至九一八，惨遭摧残。

流离燕市，转徙长安。勖尔多士，复我河山！

---

① 杨佩祯等主编：《东北大学校志》第一卷（上）（沈阳：东北大学出版社，2008 年），第 132—133 页。

② 何萍：《东北大学西安分校点滴》，东北大学北京校友会：《东北大学校友通讯》（1987 年 4 月）第七期。

　　然而，这块有纪念意义的石碑后来竟遭厄运。抗战时期，东大西安分校被胡宗南占据，在此成立"战时干部训练团第四团"训练干部，这块纪念碑被挖出来当饭桌用。后来，胡宗南听说还有人背诵这个动人的题词，一怒之下，将其砸碎。殊不知这个题词早已深深根植在东大学生的心里，是永远无法挖掉的。这是后话。

二、艳晚事件

　　1936 年 8 月 29 日晚，西安国民党便衣特务根据蒋介石密电，要在西安逮捕栗又文、刘澜波、孙达生、马绍周等四名共产党员，并押送南京。但栗又文已经外出，根本不在西安；尚在西安的刘澜波、孙达生有防备，他们住在东北军师长刘多荃家里不出来，此宅门卫甚严，无法下手。只有马绍周住在西北饭店，那里流动人员多，平日疏于防范，所以省党部的便衣特务便先将他逮捕了。适逢东北军参秘室工作人员关时润（即吴俊如）来饭店找马绍周和当时也住在这里的宋黎，因为他身穿便衣，也将他抓了起来，一并送省党部关押。宋黎是东北大学的学生代表，他是应张学良的邀请，从北平来西安汇报东北大学流亡学生情况和进行抗日宣传工作的。特务抓人的事，以及他也可能会遇到危险，已有人告诉他了，只是他未料到事情会发生得这么快。特务开始抓马绍周时，他不在饭店，但饭店已被严密监视起来，这他一点也不知道，所以当宋黎与东北中学的曹富琨同学回到西北饭店住处时，就被守候的特务逮捕了。宋黎在押往陕西省党部途中，被十七路军巡逻队阻截。杨虎城立即通知张学良，张学良派人将宋黎接回，并包围了国民党陕西省党部进行查抄，打击便衣特务的气焰。因 29 日这一天的电报代码韵目为艳，事件发生在这一天晚上，故称"艳晚事件"。

　　关于此事的来龙去脉要首先从"《活路》事件"说起。1936 年春，张学良的东北军和杨虎城的十七路军中的一些共产党员和进步人士经常聚会，商讨如何在西北进行抗日救亡的问题，并决定将这些谈话的内容整理成为文章，出版一种不定期的内部秘密刊物，广泛地宣传抗日。这个刊物定名为《活路》。据杨虎城的机要秘书米暂沉回忆:"在第一期中,有栗又文写的如何解决抗日经费的文章,有高崇民的《抗日问答》,及孙达生执笔的关于西北大联合的文章等。这几篇文章,曾由高崇民拿给张学良看过,张对此表示默许。高崇民又与杨虎城的机要秘书王菊人联系,以解决印刷问题。因为当时省党部有命令,凡印抗日文字的都按共产党论处,谁承印谁就违反了《危害民国紧急治罪法》。有来交印的,应把稿子扣下,立即报告省党部,隐匿不报或暗为印刷的加重治罪。因此,西安几家常有来往也比较可靠的印书馆都不敢承印。经杨虎城同意,决定在十七路军总部军需处的印刷所印刷。在印刷装订过程中,采取严格的保密措施,由军需处长王维之和科长高自振亲自监督,按实印张数配给纸张,夜间突击工作。连续几夜印出了几千本,大部交高崇民在东北军中散发,少量在十七路军的部队散发。"[1] 另据《张学良将军生活纪事》载:张学良认真地阅读过《活路》,并对其中的《抗日对话》一文做了圈点。该文的作者指出:"张学良将军国根家仇集于一身,他最适合领导东北军抗日。""东北军只有联共抗日才有活路,如果继续打红军就是死路一条。张学良将军只有抗日,才能对得起国家民族,他个人也才有出路……"张学良将军读后,对自己的秘书说:"这本小册子写得很好,言辞虽然有些过头,但能鼓舞东北军的士气。"[2]

这本小册子发到前线,特务必然会知道,是无密可保的。但是如果特务发现这个小册子是十七路军为东北军印的,就会暴露出张、杨密切合作的痕迹,使蒋介石有所警觉。果然不出几天,特务头子晏道刚找杨虎城,提醒他注意身边的人。杨感到晏的这番话必有所指,经过密查,果然是《活路》的印刷泄密。有两个曾在警察局做过事的工人,在续印过程中,事先带入同样的纸张,将印好的书页替下夹带出去,交给了军统特务头子江雄风,并领取了六十元的赏钱。杨虎城发现后,立即逮捕了这两个被特务收买的工人。[3]

这一重大泄密事件危害很大,很可能使特务们了解到张、杨的政治倾向和主

---

① 米暂沉:《杨虎城将军传》(北京:中国文史出版社,1986年),第106—107页。
② 刘恩铭等编著:《张学良将军生活纪事》(沈阳:辽宁大学出版社,1990年),第106页。
③ 米暂沉:《杨虎城将军传》(北京:中国文史出版社,1986年),第107页。

张，特别是东北军与十七路军间的密切合作关系。制造矛盾，互相制约，是蒋介石统治杂牌军的重要手段之一，如蒋发现这一着失灵，很可能会采取对张、杨极为不利的措施。幸而，特务们的注意力并没有放到张、杨二人的身上，而认为是十七路军的人以东北军的口气写的，于是密捕了他们认为嫌疑最大的、实际却与此事毫不相干的十七路军总部参议郭增恺，迅速解往南京。

本书作者考察西安张学良公馆

张学良得知泄密事件之后，担心高崇民在东北军中藏不住，迫于当时的形势，他既不能把这件事闹大，又不能让蒋介石抓住任何把柄，觉得应该妥善处理才是。一天夜里，他把高崇民请来，向他讲述了关于平息《活路》事件的意见："崇民兄，我今天把你请来，是准备送你离开西安，到天津租界地先躲一躲风头，过一阵子，我再接你回来。我和杨主任已商量过，觉得送你走最合适。江雄风（国民党宪兵团总部侦缉处长）一定会向我要人的。为了不影响这里刚刚开创出来的好局面，避免蒋介石发现我们和共产党的来往，只好推说小册子是你一个人编的，我根本不知道此事。你不是我手下的人，他们抓不到你，事情也就很快平静下来，不知崇民兄尊意如何？"[①]高崇民欣然同意了张学良的安排。他先在杨虎城三原县东里堡的家中躲过一段时间，再秘密地到达天津。后来直到西安事变爆发，才回到西安。

国民党特务们了解到《活路》是高崇民等人干的之后，多方搜捕也没有找到他的影子。抓不到高崇民，蒋介石就电令国民党陕党部逮捕在东北军中工作的共产党员。这一方面是企图给张学良一个警告，另一方面，也想从中获取口供，了解张学良的抗日活动情况。

8月初，东北大学学生宋黎等已获悉遭到国民党特务机关通缉的消息，宋黎

---

① 刘恩铭等编著：《张学良将军生活纪事》（沈阳：辽宁大学出版社，1990年），第109页。

曾直接报告给张学良，并提出要回北平暂避风险。张学良果断地说："你们哪里也不用去，就住在西北饭店，反正我还带兵，可以保证你们安全。"

8月29日晚，经过精心策划的国民党陕西省党部的特务们，冲进西北饭店抓捕了在张学良身边工作的宋黎以及其他工作人员。两个特务架起宋黎的两只胳膊往外拽，刚出房门，特务头目对他们的喽啰宣布："抓到了共产党要犯！"接着，三四个特务把宋黎抬起来往国民党陕西省党部走。走没多远，遇到十七路军宪兵营的巡逻队迎面而来，宋黎机警地高喊："土匪绑票了！土匪绑票了！救人啊！"巡逻队闻声上前干涉。特务们盛气凌人地说："我们是奉委员长的命令来抓共产党的，你们不要乱管闲事！"巡逻队中有人认识被抓的人是东北大学学生——总部职员宋黎，上前愤怒地逼问特务们有没有逮捕证。特务们蛮横地说："我们从来不用什么逮捕证抓人！你们可以到省党部查问。"特务们坚持要把宋黎送交到国民党陕西省党部。为救下宋黎，一位巡逻队员说："他讲你们是土匪，你们说他是共产党要犯。我们管不了这些，我们巡逻队查街遇到此事，都应上交杨主任处理。若不然，杨主任向我们要人，我们怎么办？张副司令知道后向我们要人，我们哪儿去找？"巡逻队长听后，点头同意，便高声说："带走，都上交。"宋黎被带到宪兵营部，宪兵营副营长谢晋生以特务捕人既无公文又无逮捕证，事先又没和宪兵营联系共同办理为由，严词拒绝交人。特务们迫于无奈，提出让他们回省党部取公文来提人。

事也凑巧，就在特务抓捕宋黎之际，东北籍进步人士车向忱 [1] 受张学良的委托去找宋黎，与特务挟持宋黎在饭店门前相遇。他见势不好，急忙化妆去见张学良，告知宋黎已被逮捕，并说："这表明国民党省党部根本看不起张副司令。" [2] 张

---

[1] 车向忱（1898—1971），原名车庆和，辽宁省法库县人。曾在北京大学高等补习班学习。九一八事变后的第二天，车向忱联络了东北大学的张希尧、宋黎、苗可秀等四十多名学生，怀着报仇雪耻、收复东北的急切愿望，相继奔赴北平。在张学良支持下，他们组织了由一百多名东北流亡青年参加的学生军。1935年在西安创办东北竞存小学校，1937年创办东北竞存中学。1949年后，历任东北教育委员会主任委员兼哈尔滨大学校长、沈阳师范学院院长、辽宁省副省长等职。

[2] 车树实、盛雪芬：《人民教育家车向忱》（沈阳：辽宁人民出版社，1989年），第103页。

学良听了勃然大怒，拍着桌子高声说道："省党部这些混蛋，真是狗胆包天，竟欺负到我的头上来了！"张学良在为国民党特务如此胆大妄为而震怒的同时，又为被捕的人的安全而担心。为此，他断然决定采取军事行动，遂令孙铭九带人去抄查国民党陕西省党部。接着，他对副官说："给邵力子（国民党陕西省主席）打电话，让他来见我！"①

车向忱

在西北"剿总"办公室里，张学良面对邵力子厉声说道："省党部逮捕我的学生、秘书和职员，为什么不通过我？我是代表总司令、代表委员长的！我是中央委员，是代表中央的！"又说："你们瞧不起我张学良，就是瞧不起委员长，就是瞧不起中央！省党部这些人算什么东西，竟敢如此藐视我？他们为什么要抓我的人？为什么抓共产党不让我知道？他们怎敢这样胆大妄为，他们居心何在？"②

"请张将军息怒，他们抓人我还不清楚，待查明后，再来向您报告。"邵力子说完离去。

午夜 12 点之后，邵力子回来向张学良报告说："副司令，我已查明，省党部是奉委员长的命令，搜捕刘澜波、栗又文、马绍周、孙达生四名共产党员。他们事先未请示副总司令，是他们的错误，现在他们让我向您请示。"张学良立即反驳道："什么共产党，什么委员长的命令，还不是他们捏造的假报告，诬陷好人。"③

卫队营按张学良的命令很快包围了国民党陕西省党部，打开大门入内搜查，解救了被捕人员，并逮捕了一个姓李的特务头子，查抄了特务档案，缴获了一批国民党特务密报西北各界亲共抗日活动的文件和电报底稿，以及准备逮捕的东北军参加抗日活动的三百多人的名单。

---

① 刘恩铭等编著：《张学良将军生活纪事》（沈阳：辽宁大学出版社，1990 年），第 163 页。
② 唐德刚记录、王书君著述：《张学良世纪传奇》（下）（济南：山东友谊出版社，2002 年），第 627 页。
③ 刘恩铭等编著：《张学良将军生活纪事》（沈阳：辽宁大学出版社，1990 年），第 164 页。

"艳晚事件"的第二天，张学良致电蒋介石，向他说明国民党陕西省党部不通知西北"剿总"就擅自抓总司令部的工作人员，是他们不信任学良，不信任总部，迫使他不得不直接向省党部索人。电文同时还提到：事先未能呈报委座，不无急躁之失，请求处分。

西安事变前张学良（左）与杨虎城（右）合影

对张学良的行动，蒋介石当然是愤怒之极。然而，这时他正忙于"两广事变"①，无暇顾及西北，只得暂忍不发，复电说："对此事处理虽有莽撞之嫌，但所请予处分一节，应毋庸议。"一场轩然大波就这样平息了。仅仅过了一个多月的时间，1936 年 10 月中旬，蒋介石在解决了"两广事变"之后，匆忙赶到西安逼张"剿共"，乃至张学良不得不逼蒋抗日。"艳晚事件"是"西安事变"的一个前奏曲。

三、抗日救亡运动

东北大学学生来陕后，由于在北平经受过锻炼，加上西安分校工学院院长金锡如心向革命，对学运给予大力支持，所以，又成为西北学运中的一支骨干力量。那时，西安高中和西安师范内的进步力量也都占优势。在此期间，东大西安分校的同学们积极地参加系列纪念活动。

1936 年 9 月 18 日，是东北沦亡五周年纪念日。西北特支（即中共西北特别支部）以"西救"（即西北各界救国联合会）的名义，组织流亡在西安的东北同胞及西安各界民众一万余人，召开了东北沦陷五周年纪念大会，大会气氛悲壮激烈。②

---

① 两广事变：指 1936 年 6 月至 9 月，国民政府和国民党内部的地方实力系——广西的新桂系和广东的陈济棠粤系，利用抗日运动之名义，反抗不积极抗日却一直处心积虑要消灭两广的国民政府中央首领蒋介石的政治事件。该政治事件几乎触发了一场内战，但是最终以双方达成政治妥协而和平结束。

② 贾秋玲：《西安事变前的"西北特支"》，《西安晚报》2013 年 6 月 2 日。

东北大学西安分校和其他学校的学生也参加了这个大会。金锡如院长主持大会并讲了话。会上发言的人一致呼吁张学良将军率领东北军团结御侮，抗日打回老家去。张学良第一次应邀在群众大会上讲话，他激动地说："东北军没有忘记东北的父老兄弟姐妹和白山黑水，一定打回东北老家去"，民众报以经久不息的掌声。

"九一八"五周年纪念大会的召开及群众的示威，一扫西安沉闷的政治空气，成了西北群众运动一浪高一浪的新起点。

紧接着，9月28日，在西北特支的帮助下，车向忱与东大工学院院长金锡如、东大西京校友会负责人洪钫、东大学生救亡工作委员会的胡焜、宋黎等十多位发起人，在西安大南门里湘子庙东望小学召开了第一次筹备会议，研究成立东北民众救亡会（简称"东救"）。会议决定，起草《东北民众救亡组织大纲》。10月3日，再次于东望小学召开筹备会议，并决定翌日在东关外索罗巷竞存小学① 礼堂，正式召开东北民众救亡会成立大会。

10月4日下午2时，东北流亡同胞一百五十多人前来参加大会，推定车向忱为大会主席，报告东北民众救亡会成立之意义。接着，金锡如报告了筹备经过。最后，以口头提名，用举手选举的方式推定车向忱、金锡如等十五人为执委，车向忱为主任委员。金锡如曾经回忆说："张学良支持'东救'，是通过'抗日同志会'进行的，并且，还从经济上给予帮助。"② "东救"的执委中，许多都是抗日同志会的成员，有的还是中共地下党员。宋黎是"东救"的执委，兼中共"东救"支部书记。

"东救"成立后，与"西救"密切配合，掀起了声势浩大的民众抗日救亡运动。10月10日，"东救"与"西救"联合召开了辛亥革命25周年纪念大会。10

---

① 1935年夏天，东北籍进步人士车向忱在西安看见东北流亡儿童沦落街头，非常痛心。为了培养抗日复土新生力量，他把身边仅有的两元钱作为办学经费，于东关索罗巷借得已停业的火柴厂为校址，开始招收了三十多名流亡儿童，办起了私立东北竞存小学。小学办起之后，立即得到中共陕西地下党、东北军、西北军和社会知名人士的关注与支持。张学良、杨虎城、王以哲、杜重远等，均积极捐资助学。学生很快便发展为260多名，并先后在西安、凤县等地开设分校。

② 车树实、盛雪芬：《人民教育家车向忱》（沈阳：辽宁人民出版社，1989年），第107页。

月 19 日，新文化运动的领导人鲁迅先生在上海病逝。噩耗传来，西北特支立刻指示"民先队"（中华民族解放先锋队的简称）西安队部做好追悼大会的筹备工作。11 月 7 日，西北特支通过"西救"和"东救"发动东大等院校学生和各界爱国人士七八千人，在西安革命公园的南广场隆重举行了鲁迅先生追悼大会。[1] 为避免国民党特务阻挠破坏，主办方请求杨虎城予以支持，杨立即送去一个花圈，张学良也表示支持。但是军统系的西安警察局长马志超带了一批警察和宪兵也去参加大会，企图从中破坏。马志超还抢着在会上讲话，一开口便"鲁先生"，引起在场的群众发出嗤嗤之声，马志超尴尬不已，胡乱说了几句便结束了。在东大等院校学生高呼"停止内战""一致抗日""打倒日本帝国主义"等口号声中，马红着脸溜出会场。大会开始后，上海文化界知名人士杜重远激动地说："西安学生开这样大的会来追悼鲁迅先生，使我万分感动。"接着他讲述了鲁迅先生的生平事迹。[2] 这次大会教育和鼓舞了民众，有力地促进了西安抗日救亡运动。

11 月 23 日，上海发生"七君子事件"，这给了张学良一大刺激。他到洛阳单独见蒋，一见面就请蒋介石释放被捕的"七君子"，同时痛陈国情，请求将东北军开赴绥远抗日，不参与内战。蒋介石不仅没有答应释放"七君子"，而且还在洛阳国民党中央军校分校的纪念周上破口大骂联共抗日的主张是叛逆行为。

11 月 28 日是杨虎城率领部队坚守西安[3]胜利十周年纪念日。筹委会在考虑参加大会的单位时，以为这个会的性质，应以陕西地方为限，因此只召集了西安各机关、各团体、各群众组织、各学校师生、十七路军各部队参加。对于"东救"和东北军主办的竞存小学，认为不便召集，当然也没有通知东北军部队参加。开会前夕，张学良闻悉此事，立即派人通知大会筹备处：他已告诉"东救"及竞存小学和东北军部队届时参加，并说明他自己也要出席。这样一来，大会的规模比原计划扩大了许多。东北军部队和十七路军部队肩并肩站在一起，竞存小学的学

---

[1] 贾秋玲：《西安事变前的"西北特支"》，《西安晚报》2013 年 6 月 2 日。

[2] 李连璧：《古城怒火——忆西安事变前后西安的学生运动》，《青年运动回忆录》第一集（北京：中国青年出版社，1978 年），第 128 页。

[3] 1926 年，杨虎城为了抗击北洋军阀刘镇华的进攻，率领先头部队于 4 月 16 日进驻西安，克服重重苦难，坚持了八个月，终于击退刘镇华镇嵩军的围攻。

生和东大西安分校等各校学生站在一起。大会开幕前，竞存小学学生领头高唱救亡歌曲，全场也跟着一起唱起来，气势极为雄壮。当杨虎城陪着张学良在大会主席台出现时，全场欢呼，掌声不息。大会首先请张学良训话。张对杨坚守西安，策应北伐倍加赞扬，并予以高度评价，他说："西安围城事件所昭示于我们的宝贵的教训，也有三点：第一，只要有最大的决心，定可以战胜任何困难……第二，围城之役所以能战胜敌军，实赖于军民合作……第三，从死里才可以求生。……目前，整个中国被敌人围攻着，尤其是日本帝国主义，它有同当年围攻西安的敌人想消灭所有被围的人们一样的决心，所以，我们也一定要抱定最大的决心——死的决心，不顾一切地来同我们最大的敌人——日本帝国主义一拼！"[①] 张学良的讲话引起各校学生和双方部队雷鸣般的掌声。

　　杨虎城的讲话，首先感谢张学良莅会训示，表示十七路军愿在张副司令领导之下共同抗战。他还讲道："现在危害我们幸福的帝国主义又来了！这比军阀十百千万倍的可怕，这是亡国，这是灭种！同胞们：这不是虚声恫吓，'九一八'以后，我们的东四省怎么样了？是不是土地被他们侵占了，房屋被他们住居了，同胞被他们赶走了？冀察又怎么样了？是不是主权被他们侵蚀了，经济被他们掠夺了……我们倘再不起来争这一个最后的生存，将来地图上要永远没有我们的中华民国……帝国主义的崩溃是必然的，最后的胜利终将是我们的！十年前守西安就是我们最确实的印证，只要我们不怕死、能团结、肯牺牲，守一城与守一国没有什么分别的。"[②] 大会气氛之热烈，在西安以往是罕见的。会后东大等学生分路游行，高呼抗战救亡口号。

　　11 月中，以东大西安分校为首，西安各校学生便组织起来，成立了西安学联。西安学联立即开展工作，派出了陕西援绥战地服务团（东大参加服务团的是胡景和同学），去慰问傅作义部队。

　　为了深入发动群众，逼蒋抗日，"一二·九"运动一周年前夕，东大代表组织了各校学生，进行街头宣传，还在西安文化馆与"东救"和"西救"联合召开了

---

① 毕万闻主编：《张学良文集》（2）（北京：新华出版社，1992 年），第 1052 页。

② 米暂沉：《杨虎城将军传》（北京：中国文史出版社，1986 年），第 112—113 页。

西安各界各单位代表会议。出席会议的有百余人，会上讨论了起草的向蒋介石请愿的万言书。内容主要是：要求立即停止内战，团结抗日。为了配合这一行动，决定以纪念"一二·九"学生运动一周年为名，举行由各校学生和市民群众参加的请愿示威游行。

这次游行是经过周密准备的。"民先"负责人彭志芳[①]和何纯渤等人领队，[②]东大西安分校排在队伍的最前面，西安高中、西安师范和西安二中等校插在队伍的中部和排在尾部，以防军警的冲截，两千多名纠察队员分散在队伍两边，还有由一百辆自行车组成的交通队，担任通信联络。东大西安分校是由西门进城参加游行的，沿途都有东北军和十七路军部队持枪保护。各校学生也顺利到达预定的集合地点——南辕门的广场。上午10时，示威群众已达两万人。广场上彩旗飞舞，口号声响成一片："枪口对外，打倒日本帝国主义！"，"停止内战，打回老家去！"……请愿队伍原定在此晋见张学良将军，恰好他不在。于是，便转向国民党陕西省政府，向邵力子去请愿。邵慑于群众的威力，硬着头皮出场，敷衍搪塞，这就更加激怒了群众。同学们一拥而上，要包围他进行说理，宪兵们吓得急忙守住省政府大门，掩护邵力子溜走。游行队伍又转到新城的"西北绥靖公署"向杨虎城将军请愿，又未见到。在情绪十分激昂之时，突然有人高喊一声："我们到临潼去请愿！"群众立即响应。这时，已是下午3点多钟，全城戒严，国民党军警乃开枪镇压，当场打伤了竞存小学的两名小学生。学生们怒火冲天，决心要到临潼去。据时任"西北剿总卫队"第一营营长的王玉瓒回忆：

———————————

① 彭志芳（1912—1940），原名彭德来，又名彭子芳。辽宁开原县人。1931年考入天津南开中学，在校时加入了中国共产党。1933年秋，考入北平东北大学工学院电工系。东大工学院迁往西安后，他是中共地下组织和"民先"的负责人，领导学生抗日救亡活动。卢沟桥事变之后，随同平津流亡学生奔赴山东。1939年初，调任中共泰安特委青年部长。1940年10月彭志芳被捕遇害。

② 孟英等：《彭志芳生平》，东北大学北京校友会：《东北大学校友通讯》（1987年4月）第七期。另据同期刊物何萍《东北大学西安分校点滴》载，"一二·九"运动一周年游行时，"总领队是东大的大刘、李恩清、刘金声、中学代表李连璧（幕后领导者是彭志芳、尹鸿福）；纠察队长是大刘，副队长是何纯渤。"按，大刘即刘鹏。

西安学生和各界爱国人士一万多人，去临潼向蒋介石请愿。蒋闻此讯，大发雷霆，立刻让侍从室主任钱大钧给张学良打电话，命令他制止学生闹事，如学生不听，开枪打死勿论！同时一个侍从也向我传达了蒋介石的命令，说："委员长命令你阻止住请愿学生，不准来到行辕，如不听从，开枪打死勿论！"我见势不妙，急忙乘摩托车向学生来的方向迎去，到灞桥和十里铺中间，正遇他们浩浩荡荡的游行队伍开来。我一眼看到北平学联代表宋黎同志，正走在游行队伍的前头，我当即迎上前去，把蒋介石的命令告诉了他。宋黎同志问我："你怎么办？"我对宋表示：对请愿的爱国学生，我绝不许士兵开枪。但请愿队伍开到华清池时，蒋的侍卫必定阻拦，开枪伤人。这一点请你们慎重考虑。话未说完，张副司令由城里乘车赶来，下车后，站在路旁土坡上，即对学生们讲话。我一边维持秩序，一边听他劝说，只经过二十多分钟的讲话，张副司令就把请愿的学生们劝说回城了。我也乘摩托回到华清池。①

这次游行的总指挥是东大学生胡焜。他在回忆当时的情况时说：张学良下了车，挺身站立在一个土坡上，显得特别激动，力劝大家："各位同学，你们的爱国热忱我是佩服的。但是，今天时已不早，到临潼去路途尚远，请大家回去吧！你们的请愿书交给我，由我向蒋委员长陈述。……同学们的爱国行动我不反对，但政府不准学生干预国事，你们执意要去，必然触怒最高当局，那就会发生流血事件！"站在最前列的东大学生带头高呼："我们愿为救国而死，前进！"张学良被感动得挥泪发誓："我张学良也不愿当亡国奴，也要抗日！我是跟你们站在一条战线上的，你们的要求也是我的要求。不过，你们再往前走，就要遭到机枪扫射，我不忍心看到你们伤亡，你们回去吧。请大家相信我，在一个星期内，三天之内，我用事实答复你们的要求，并惩办打伤学生的肇事者！"游行群众深受感动，高呼："拥护东北军北上抗日！""支持东北军打回老家去！"于是整队返回城中。

据东大校友应德田回忆，12月10日晚，张学良曾对他说："委员长太差了，

---

① 　王玉瓒：《扣蒋回忆》，吴福章编：《西安事变亲历记》（北京：中国文史出版社，1996），第227—228页。

竟要对爱国学生开枪！昨晚我把学生请愿的内容向他报告，他不但不接受，反而说我不站在他的立场上说话，不代表政府而代表学生，失掉了国家大员的身份。我尽到了最大的努力，他坚持错误到底了，看来非强制不能扭转。"[①] 果然，过了三天，震惊中外的西安事变就爆发了。

四、西安事变

    1936 年 12 月 12 日清晨，东北大学西安分校的同学们在睡梦中被机枪声惊醒，大家预感到将有事情发生。上午 10 时左右，金锡如院长接到南辕门"总部"应德田校友的电话："联合成功。"这是联合捉蒋成功的暗语。学生们得悉后，兴奋万分，相互拥抱，有的甚至喜极而泣。

    与此同时，西安各报出了号外，扣蒋消息传遍了全市。大街上挤满了人，一边走一边欢呼，东大西安分校等大中学校青年学生兴高采烈，成群结队地走到街上，不自觉地形成一股一股的游行队伍。一个人喊出口号，大家跟着喊："打倒日

西安事变时的张学良

本帝国主义。"人们对南京政府统治下的不满和久受压抑的抗日热情，如同开闸后的水流，一下子进发出来。这种热情激荡的场面一直持续到天黑……

    熟悉现代史的人都知道，1936 年秋冬之际，乃是蒋介石统治登峰造极的时候。在国际上，他取得了英、美等国的巨额经济援助及苏联的支持。在国内，他以惯用的分化收买手段，很快解决了"两广事变"。同时迫使他的政敌汪精卫出国。特别是在中央红军被迫进行长征之后，蒋介石感到红军和各地方反蒋势力已不能对其统治形成直接的严重威胁，用他自己的话来说就是，"共党与军阀之势

---

    ①   应德田：《张学良与西安事变》（北京：中华书局，1980 年），第 90 页。

力，已不足为中国之患"。尽管如此，他丝毫也未放慢内战的步伐，将大军北调，竭尽全力地策划和准备进行新的"剿共"战争。

蒋介石从各地调来西安的高级军政人员有，钱大钧、陈诚、陈调元、蒋鼎文、卫立煌、万耀煌、陈继承、蒋方震、张冲、朱绍良、蒋作宾、邵元冲，加上在西安的晏道刚、曾扩情，调集了他的嫡系与精锐部队二百六十个团约计三十余万人。蒋介石已内定蒋鼎文为前敌总司令，卫立煌为晋陕绥宁边区总指挥，陈诚以军政部次长职驻前方指挥"督剿"，樊崧甫、万耀煌为总预备队司令、副司令，满以为两个星期最多一个月时间，便可以消灭全部红军凯旋了。在整个军事部署中，张学良的东北军和杨虎城的十七路军之共同任务是"就地前进"。计划已定，蒋介石于 12 月 4 日杀气腾腾地飞到西安，连日分批召见张、杨以及张、杨的军长、师长等高级将领，进行严厉的训斥。

在此之前，张学良于 11 月 27 日上书蒋介石，请缨援绥抗日，但却遭到拒绝。蒋至西安后，张杨两人多次对蒋介石作过婉转的劝告，希望蒋能够停止内战，发动全民族抗日。但是，蒋介石对此置若罔闻，并对张杨大加训斥，甚至提出如东北军、十七路军难，则将东北军调闽、十七路军调皖，来对张杨进行威胁。

12 月 10 日，张学良决定最后一次对蒋进行劝告。蒋一见张，就表示不愉快，特别对他在十里铺对学生的讲话表示极端不满，认为对那些无知学生，只有开枪打，他们才会明白。张回来后把情况告诉杨，让杨再去一次，看看情况。结果依然是无功而返。张杨交换了意见，认为劝告乃至苦谏、哭谏等软办法都已无济于事，最后决定实行兵谏，扣留蒋介石，逼迫南京政府改变"攘外必先安内"的政策，发动全民族的抗战。

据时任十七路军总部军法处长的米暂沉回忆："虽然张、杨二人最后一次劝蒋是在 12 月 10 日，但他们初定发动兵谏当在 8 日左右。因 9 日晨笔者有事向杨虎城报告，谈起 9 日中共西北特别支部、'西救''东救'等要举行隆重的纪念'一二·九'运动一周年的活动。杨说：'还有这个必要吗？'当时，地下党组织估计这一行动会遭到蒋系势力（中央宪兵、警察）的破坏，而要求担任西安警备任务的十七路军支援。张、杨曾劝说这些组织不要搞游行请愿，意在避免打草惊蛇，但被误解，才决定派部队紧跟游行队伍加以保护。9 日，张学良阻止游行队伍去临潼时也曾说过，'一星期之内我一定用事实答复你们'。"[①]

扣蒋成功的当天，张学良、杨虎城领衔向全国发出了对时局的宣言，提出了抗日救国的八项主张。通电全文如下：

东北沦亡，时逾五载。国权凌夷，疆土日蹙。淞沪协定屈辱于前，塘沽、何梅协定继之于后，凡属国人，无不痛心。近来国际形势豹变，相互勾结，以我国家民族为牺牲。绥东战起，群情鼎沸，士气激昂。于此时机，我中枢领袖应如何激励军民，发动全国之整个抗战！乃前方之守土将士浴血杀敌，后方之外交当局仍力谋妥协。自上海爱国冤狱爆发，世界震惊，举国痛心，爱国获罪，令人发指。蒋委员长介公受群小包围，弃绝民众，误国咎深。学良等涕泣进谏，屡遭重斥。昨日西安学生举行救国运动，竟唆使警察枪杀爱国幼童，稍具人心，孰忍出此！学良等多年袍泽，不忍坐视，因对介公为最后之诤谏，保其安全，促其反省。西北军民一致主张如下：一、改组南京政府，容纳各党各派共同负责救国。二、停止一切内战。三、立即释放上海被捕之爱国领袖。四、释放全国一切政治犯。五、开放民众爱国运动。六、保障人民集会结社一切政治自由。七、确实遵行总理遗嘱。八、立即召开救国会议。以上八项为我等及西北军民一致之救国主张，望诸公俯顺舆情，开诚采纳，为国家开将来一线之生机，涤已往误国之愆尤。大义当前，不容反顾，只求于救亡主张贯彻，有济于国家，为功为罪，一听国人之处置。临电不胜迫切待命之至！[②]

以上这八项主张，就成为西安事变的政治纲领。当时称为张、杨的八大主张。

14 日，以东北大学学生为主体的西安学生救国联合会，会同西北各界救国联合会、东北民众救亡会、西京文化界协会、西安中等学校教职员联合会、长安商会、西京律师公会、中华实业促进社、西安窑业公会、全国红十字会西安分会、

① 米暂沉：《杨虎城将军传》（北京：中国文史出版社，1986 年），第 118 页。
② 同上，第 126—127 页。

西京报业公会、西京医师公会、西京汽车业公会、西安电气业公会、陕西援绥战地服务团、全欧华侨抗日救国会代表团以及全国各界救国联合会代表团和全国学生救国联合会代表团等十八个救亡团体联合发表了通电，号召全国同胞万众一心，精诚团结，一致对外，共赴国难，以挽救危亡。

本书作者考察西安事变旧址

旅平东北各救国团体联合会 14 日发表宣言，逐条分析和考证了张、杨的八项主张，表示了坚决支持的态度，最后主张："（一）反对假借任何名义实行内战！（二）要求政府接受张杨救国主张！（三）速召救国大会实行抗日！（四）中华民族解放万岁！"

北平学生救国联合会做出六点决议，强烈要求：（一）立即对日宣战；（二）改组政府；（三）反对以任何借口进行的任何形式的内战；（四）蒋介石与张、杨合作抗日；（五）南京政府接受张、杨的全部抗日要求；（六）召开各党派、军队参加的抗日救国大会。并于 14 日致电张、杨说："克日誓师北上，收复已失山河，敝会等誓为后盾。"

同日，北平各大学校长蒋梦麟、梅贻琦、徐诵明、陆志韦、李麟玉等，致张学良电则谓："陕中事变，举国震惊，介公负国家之重，若遭危害，国家事业至少要倒退二十年。足下应念国难家仇，悬崖勒马，卫护介公出险，束身待罪，或可自赎于国人。若执迷不悟，名为抗敌，实则自坏长城，正为敌人所深快，足下将永为国家民族之罪人矣。"[1]

也就在同一天，张学良观阅缴获的蒋介石日记，明白蒋并非不抗日，而是在积聚实力。事实上，在当时中国弱而日本强之情况下，越能延迟抗日战争全面爆发的时间，对中国越有利，这是蒋介石一直无法说出的苦衷。张学良向蒋坦承自己的错误。蒋介石却做好最坏的打算，托人转交遗嘱给宋美龄："余决为国牺牲，

---

[1]　米暂沉：《杨虎城将军传》（北京：中国文史出版社，1986 年），第 146 页。

望勿为余有所顾虑。余既为革命而生，自当为革命而死。必以清白之体，还我天地父母。……切勿冒险来西安。"①

同日，日本陆军省《西安事变对策纲要》要点云："一、对于这次事变，没有改变以前方针的必要，必须依照既定的外交方针和对华实

西安事变期间张学良会见蒋介石顾问端纳

施政策继续推进，视其情况的演变。最近，内外各机关必须留意在言论、行动上采取公正态度。二、此时，帝国的防共态度，必须更加鲜明；并且，阐明南京政权以前的对内对外政策，在于增进一般民众幸福的理由，力求不遗余力地予以指导。……五、照张学良的起兵声明看来，往往会造成对日空气的恶化，恐怕会侵害帝国的侨民和权益。在这种形势下，应作好准备，可以不失时机地采取自主的手段。六、各国列强难保没有这样的企图：乘机通过恩赐的行动，赢得南京政权和其他各地方政权的欢心，阻碍东方和平。为此，必须严加警惕；在这种情况下，应发出必要的警告。"②

15 日，上海救国会发表《紧急宣言》，认为张学良兵谏之举"不合常轨"，"不能为全国民众所赞同"，"要求张杨诸将军立刻恢复蒋先生的自由"。

16 日，东北大学西安分校学生参加西安市民众在革命公园举行的抗日集会。在会上，张学良激动地说："这次事件完全为了实现救国主张，置生死毁誉于度外。"杨虎城激愤地说："安内攘外这个口号，几乎把我国命运断送了。我们要拼命，要到日本帝国主义的炮火下去牺牲，才能保全我们的中华民族。"

18 日，国民革命军空军在西安市区上空投放《大公报》数十万份，头版为张学良最敬重文人张季鸾撰写之《给西安军界的公开信》，劝告东北军将士迷途知返，勿误国误民，该文章张学良至晚年尚能一字不差地背诵。

---

① 蒋纬国：《抗日战争指导》（台北：远流出版，1989 年），第 236—237 页。
② 《日本帝国主义对外侵略史料选编》（上海人民出版社，1975 年），第 207—208 页。

19 日，中华苏维埃政府及中共中央对西安事变向南京、西安及全国发出通电，重申中共和平解决西安事变的决心。指出："以目前大势，非抗日无以图存、非团结无以救国，坚持内战，无非自速其亡"，望南京政府"立即决定国策，以免值此国家混乱中日寇竟乘虚而入"。①

25 日，张学良轻信蒋介石"停止内战，共同抗日"的诺言，擅作主张将其释放，并亲自护送回南京。事后，周恩来满眶热泪，仰天长叹："张副司令，张副司令啊！"杨虎城颓丧地说："走了一个不算，还跟了一个去。"十七路军总参议杜斌丞也气愤之极："这简直把革命当儿戏，孺子不可教也。"② 一时，沮丧的气氛笼罩了整个西安城。

张学良匆忙扣蒋和轻率放蒋，是任何人，甚至连他本人也无法理解的。同时，他的这一无比纯真或者说无比愚直的行为，不仅浪费了他一生的光阴，也连累了杨虎城。失去首领的东北军和西北军，在抗战爆发后，事实上被瓦解得七零八落。

五、接收与改组

前面说过，西安事变之后，1937 年 1 月国民政府教育部派臧启芳到北平接收东北大学，遭遇抵制，处境尴尬。因此，教育部就把他召回南京。

旋即，教育部又决定东北大学南迁。1 月 31 日的《大公报》报道说："教育部发表东北大学救济办法后，该校准备南下学生，昨已达二百五十余人，业有七十余人分两批先后南下，预计所有拟行南下学生，约一周内可全体离平，先赴教育部指定之某地某校收容集合，再候部令决定行止。""同学等离校后，曾呈教部请求救济，教部今日有电到平，先予救济，并已向铁道部接洽车辆，五日内即可到平，接全体同学往指定地点开班上课。另据关系方面消息，所谓指定地点，或

---

① 《西安事变档案史料选编》（北京：档案出版社，1986 年），第 48 页。
② 米暂沉：《杨虎城将军传》（北京：中国文史出版社，1986 年），第 170 页。

东大借用的河大教室（刘建民摄）

为开封之河南大学。"①又据《河南大学校史》载："国民政府决定东北大学继续南迁，但一时苦无校址，教育部长王世杰及陈果夫分别来电，协商由河南大学暂为接待。经河南大学会商并请示省政府同意，复电欢迎。……河南大学校长刘季洪及全体师生热烈欢迎并多方协助，积极筹备。"②

就在东大从北平搬到开封之际，陈果夫问齐世英："臧启芳的校长是否继续做下去，还是让他回无锡来？"齐世英认为校长不容易找，还是让他做下去。后来齐世英回忆说："那时河南大学也在开封，校长刘季洪是我的好友，我托他特别照顾，但仍然困难重重。"③

2 月 2 日，《大公报》再作报道："关于东北大学善后办法，教部决在开封河

① 杨佩祯等主编：《东北大学校志》第一卷（上）（沈阳：东北大学出版社，2008 年），第 121 页。

② 张振江主编：《河南大学校史》（开封：河南大学出版社，2002 年），第 82 页。

③ 齐世英口述、林忠胜记录：《齐世英口述自传》（北京：中国大百科全书出版社，2011 年），第 159 页。

东大河大两校师生上课的地方（刘建民摄）

南大学暂设东大临时校舍，仍由臧启芳任代理校长。臧到京请示后，一日携部令赴汴，筹办一切，俟布置妥当，即请铁道部拨车，将在平善良师生运汴上课，免误学生课业，除已由教部酌拨临时校舍筹办费一部外，嗣后经费决由教部按月汇交臧氏领取支配。"①

2月5日，《大公报》又有消息二则："中央社南京四日电：东北大学善后办法，经代理校长臧启芳在汴与河南教育厅鲁厅长、河南大学刘校长商洽，已成立东北大学办事处。呈经教育部核准，即将原有经费办理一切救济事宜。关于教学事项，借用河大设备，东大原有纯正教员，继续选聘，学生待遇仍旧，来汴旅费由办事处酌量补助。连日教员到汴者已有十余人，学生到汴者已有二百余人。一两日内仍有百余人可续到，超过半数以上。北平原校非法行政，业经教部断绝公文批复。""北平通信：东北赞成改组学生昨晨7时约二十人乘平汉车继续离平南下，同行有该校职员一人，专任教授三人，一同前往开封河南大学。闻今明日将

———————
① 杨佩祯等主编：《东北大学校志》第一卷（上）（沈阳：东北大学出版社，2008年），第121页。

续有学生与教授前往。该校原有专任教授十六人，讲师四五十人。十六名专任教授中，除四人业已赴汴外，闻另尚有四五人准备南下。该校新校址问题，据关系方面切实表示，仅知已决定不在开封设立，目前开封方面仅属暂时收容性质。"①

东北大学在河南大学挂牌后，臧启芳自兼文学院院长，下设中文系、历史系和先修班；白世昌任法学院院长，下设政治系、经济系和家政系；曹树钧为事务长。聘王文华教授为工学院院长，去接办在西安的东北大学工学院。

2月20日，东北大学文法两院开学，21日至24日注册，25日上课。因部分教授未能前来，则由河大教授代为授课，或与河大学生合班上课。当年的教师樊哲民回忆："4月26日在河南大学内简单地举行了东大第十四届校庆仪式，并在河大校门前摄影留念。参加者有臧校长、霍玉厚、吴希庸、赵明高、杨春田、郑资约、黎东方及我。"②后来，臧启芳向教育部报告开封办学情况，并略陈集中办理理应提前筹划的呈文：

所有教室，均系趁河南大学下课空隙，本校再行上课。男生宿舍，则系借用河南大学礼堂。女生宿舍，则系借用河南大学一部瓦房。人数拥挤，什物杂陈，起居自习，均感不便。学生食堂，亦于河南大学用余空隙时间，本校再行开饭。每日两餐，时间分配，颇不适宜。学生盥漱地点，则河南大学盥漱室，不敷应用，因之男生，须在室外露天盥漱，每逢风雨，至感不便。女生亦因无相当处所，均在宿舍内行之，尤较有碍秩序。办公室则暂借河南大学礼堂之一部充之，各处课均在一室办公，出入杂沓，不甚肃静。兼之教员休息室及预备室，无房可借，只可权在办公室内，特辟一席，以便就全。因亦而感不便。教职员宿舍，则以河南大学，委无闲房可资借用，乃不得不另在校外赁用民房。但距校颇远，往返需时，至不方便。图书馆则本校尚无设备，现在只能在河南大学借阅，阅书时间及数量，

① 杨佩祯等主编：《东北大学校志》第一卷（上）（沈阳：东北大学出版社，2008年），第121—122页。
② 樊哲民：《在东北大学工作的年代里》，《东北大学建校65周年纪念专刊》（自印本，1988年），第179页。

河大大礼堂，时为东大借读的教室（刘建民摄）

均有限制。运动场所，亦须俟河南大学不用时，本校学生，再行出场运动。

综计以上种种，无一不系委曲就全。兼之河南大学学生，与本校学生，过去习惯，诸多不同，相处不易。遂使本校学生心情多有不安，以致训导管理，均感费力多而收效少。是则瞻顾全局，本校目前势须从速勘定新校舍，以敷应用，而利校务。[①]

《河南大学校史》记载则多溢美之词："东北大学的学生晚上睡在大礼堂，白天和河大学生一起学习，亲密无间，水乳交融。河大校长刘季洪不仅让东北大学学生吃住舒适，还安排最好的老师协助东北同学学习。为加强东北大学学生的体能锻炼和增进两校学生的情谊，特意举办两校联合运动会，在运动会开幕式上，河大校长刘季洪和东北大学校长臧启芳先后致辞。刘校长勉励两校学生争取荣誉，臧校长致辞非常幽默：'两校联合运动会成果一定很丰硕，东大同学至少可以得到

---

① 杨佩祯等主编：《东北大学校志》第一卷（上）（沈阳：东北大学出版社，2008年），第133—134页。

第二名．'全场哄然大笑。由于河南大学的精心照顾和两校师生的共同努力，使得东北大学学生忘记了流亡之苦，学业正常进行，毫无停滞。"①

"岂曰无衣，与子同袍！"这是河南大学一位教授对东大、河大两校关系的经典评价。

将文法两院在开封的事务处理妥当之后，臧启芳准备 2 月底去西安接收东大工学院。为慎重起见，去之前他飞南京亲向蒋介石请示，当命"从严办理，不必顾虑，且谓即电西安行营蒋主任协助"。②3 月 4 日《大公报》寥寥几笔报道接收情况如下：

> 东北大学校长臧启芳二日晚抵陕，三日晨偕新任工学院长王文华接收工学院。臧嘱各安心供职，并对学生训话谓，今后校务，当遵守校务会议决议，教学取严格主义，财政绝对公开，款不虚糜云。该院四日起注册，六日上课，臧一周后返汴。又据探悉该院不良分子二十余人，受人唆使，二日夜擅将学校仪器携取二十一件，分装二十一箱，乘陇海车东去。经该院电话陇海路驻军在潼关将仪器扣留，学生则任其东去。③

实际情况远不是这么简单。得知臧启芳要来接收西安分校，"左倾"激进学生群起反对。经学生会研究后，决定开展护校斗争。臧氏闻讯后派部队包围了学校，试图凭武力强行接收。值此关头，学生会公推李正风等六名学生代表与臧交涉。谈判十分激烈，臧启芳坚持奉命行事，一定接收，最后，李正风警告说："你若强行接收，只能接收一个空架子！"④学生代表返校后与同学们协商对策，一

———————

① 张振江主编：《河南大学校史》（开封：河南大学出版社，2002 年），第 82 页。

② 臧启芳：《东大十年》，东北大学旅台校友会编：《国立东北大学六十周年纪念特刊》（1983 年）。

③ 杨佩祯等主编：《东北大学校志》第一卷（上）（沈阳：东北大学出版社，2008 年），第 122 页。

④ 陈毓述：《关于反对国民党反动政府接管东北大学的斗争》，《绥化师专学报》（社会科学版），1991 年第 4 期。

致认为护校斗争难于坚持，决定以
迁校的办法来抵制臧氏的接收。接
着学生将贵重仪器装箱待运。臧启
芳见此情景，试图通过西安铁路局
不售给东大学生团体票的办法来阻
止迁校。但是，学生却得到了张学
良秘书长吴家象的数千元资助，他
们分三批返平。[①] 当第一批返平学生

臧启芳1937年于西安机场

的列车行至潼关时，恭候多时的国民党宪兵上车搜查，将学生携带的"所有仪器
都截留下来，一件不少"[②]，学生则放其过去。另据何萍回忆："由彭志芳、何纯渤
带头，四百零二名同学列队出发，乘坐东北军协助交涉到的一列火车，回到了北
平，又与东大总校汇合在一起了。"[③]

结果，西安分校仅剩下十八名国民党学生，臧启芳恼羞成怒，挂牌将六名学
生代表开除学籍。[④]后来他又与教育部配合，下令停发返回北平的学生生活费，
迫使他们重回西安。

3月3日，臧启芳正式接管了西安分校。之后，于3月22日呈文教育部作接
收情况的报告："案查启芳此次奉命前往西安接收工学院，于本月3日接收竣事，
所有接收情形业经另文呈报有案。当以学生课业，不宜荒废，即饬由四日起，开
始办理注册手续，6日正式上课，各系教授及讲师，由上课日起，均已到院授课，
唯学生因故赴平者甚多，除已限令本月20日以前，一律遣返注册外，理合将开
学暨上课情形，备文报请鉴核备查！"[⑤]

① 同上。
② 臧启芳：《东大十年》，东北大学旅台校友会编：《国立东北大学六十周年纪念特刊》
（1983年）。
③ 何萍：《东北大学西安分校点滴》，东北大学北京校友会：《东北大学校友通讯》（1987年4
月）第七期。
④ 李正风：《东北大学在西安》，政协辽宁省沈阳文史委编：《沈阳文史资料》第13辑。
⑤ 杨佩祯等主编：《东北大学校志》第一卷（上）（沈阳：东北大学出版社，2008年），第
133页。

自从东大在开封设办事处，及在西安的工学院被接收后，《大公报》不断地报道在平的东北大学的情况。4 月 16 日，报道的题目是《东北大学问题·谁支平校残局·刘哲现仍长虑却顾·平校势将土崩瓦解》，其具体内容是："东大自汴校设立，西安工学院被接收后，平汴两校仍成对立之势。旅平东北人士及此间地方当局颇思竭力从中调解，企求合并统一。""徒以东大内部关系相当复杂，致一切主张办法均未能顺利实现。""该校教授学生因鉴于周之维持学校颇感困难，而周亦自知无能为力，遂宣布脱离，故欢迎刘哲到校负责。在刘未到校前，校务暂由各教授组织维持会负责维持。刘对东大校务，因乡谊关系，原颇竭力相助，但忽于周鲸文宣布离校之日，自行离平赴青岛，并否认对东大校务负责。连日虽经东大教授学生代表分别前往敦促，而刘并未允命驾北返。""刘如决定不来，则平校学生将感于前途之无希望，纷纷离校赴汴，足令平校生命瓦解结束，究竟刘能来否，此刻殊难预断。"[①] 周鲸文在回忆录中则说："由四月中旬到七月七日卢沟桥事变，刘、莫二老也没有给学校寻求新办法，自然也就无人接我的职位。而我在家里指挥学校，一切担子还在我的肩上。"[②]（莫，即东北元老莫德惠。）

5 月 5 日，《大公报》报道了行政院于 4 日召开的第 311 次例会的各项内容，在通过的各项议案中有将东大改为国立的议案："教王呈拟将东北大学确定为国立大学，并拟自本年暑期起将该校各学院集中西安办理，请鉴核备案。"这次例会批准了臧启芳辞去原任苏省第二区行政专员兼区保安司令的请求。[③]

5 月 15 日，《大公报》以题为《平东北大学校务难维持·维持会十七日解散》进行报道："平东北大学校务维持委员会于昨日下午三时，在北校会议室召开全体委员会，出席委员二十余人，至晚七时许始行散会，议决要案如下：（1）认为迎刘（哲）工作已告一段落，即日起停止该项工作；（2）本会已无能力再行继续维持校务，由下星期一（17 日）起本会正式宣布解散；（3）但对同学之伙食费，仍

① 同上，第 122 页。

② 周鲸文：《蒋政府劫夺东北大学失败》，转引自杨佩祯等主编：《东北大学校志》第一卷（上）（沈阳：东北大学出版社，2008 年），第 129—130 页。

③ 杨佩祯等主编：《东北大学校志》第一卷（上）（沈阳：东北大学出版社，2008 年），第 122 页。

以私人资格负责尽力为之筹划。"①

　　5 月 17 日，东北大学接到了教育部发来的确定东北大学为"国立大学"的训令。之前，本年 3 月 3 日，东大代理校长臧启芳，就东北大学由"省立"改为"国立"一事呈文教育部，曰："为呈请事：窃查本校创于民国十二年秋，校址原设沈阳，所有经费，概由辽黑两省比例负担，按其性质，应为省立大学，乃因政治关系，从未报部备案，校名之上，因亦未照章冠以省立字样。九一八事变发生，沈阳失守，东省随亦沦陷，教职员及学生逃至北平，租赁校舍，继续上课，一切开支，初由地方当局由税款中筹拨，嗣则改由财政部按月发给，其性质，已与国立大学无殊。此次启芳奉令代理校长，负责接收，从事整顿，经费并已改由钧部直接发给，似应改为国立，以符名实。唯本校性质，究属何似？未奉明令以前，不无疑义。理合具文呈请鉴核，赐予解释，指令只遵！"教育部就同意东北大学改为"国立"之事，于 4 月 29 日向行政院呈文："兹为彻底整顿该校，以贯彻政府培植东北人才之旨起见，拟自本年暑期起，将该校各学院集中西安办理，并即确定为国立大学，用资进展。"5 月 5 日，行政院院长蒋中正签发"行政院指令"，同意东北大学"确定为国立"。②

　　6 月 14 日，教育部为东北大学颁发了铜质校章，文曰："国立东北大学关防"，即日启用。从此开始，东北大学进入了"国立"时期，其校长等学校的高级职员、经费调拨等，均由国民政府的教育部任免与管理，直至 1949 年 2 月在北平解体。有校友欣慰地说，东大"播迁豫陕两省之际，无固定校舍，竟能改为国立，增加声誉，并奠定永久不拔之基，只要国家存在，就有东北大学"。③

　　省立改国立，这是东大命运继九一八事变之后的第二次大转折。

　　再说 5 月 17 日这一天，留在北平的东大学生会在北校礼堂召开了全体学生

---

　　① 杨佩祯等主编：《东北大学校志》第一卷（上）（沈阳：东北大学出版社，2008 年），第 122—123 页。

　　② 同上，第 44 页。

　　③ 曹树钧：《回忆并怀念母校创办人及历任校长》，《国立东北大学六十周年纪念特刊》（台北自印本，1983 年），第 38 页。

大会，决定全体学生赴京请愿。会上，学生自治会主席王一伦报告了学校近况，说明了此次请愿的目的。尔后，领队王英才跪在讲台上，向大家磕了几个响头，请大家服从指挥，同心同德，达到请愿目的，同学表示坚决服从指挥。请愿团启程前，以东大全体学生的名义向南京国民政府及各法团发出快邮代电及《东北大学护校赴京请愿团告各界人士书》，陈述了保存东大的意义，历数了国民政府接管东大、停发补助经费的行径。最后，郑重提出请愿要求："(1) 张汉卿先生为实际校长。(2) 财部发给如前之补助费。(3) 维护东大完整，校址在平。"①

请愿学生高举"东北大学护校赴京请愿团"旗帜，从西直门内崇元观东大北校出发，径往前门东火车站，途经新街口、西四、西单等处，沿途观者如林，此举可谓一次规模宏大的示威游行。当时请愿团指挥部下设：组织部，负责安排各种活动；宣传部，负责内外宣传，对内由礼长林同学负责编辑油印简报，对外由丘铁生（丘琴）负责给《北平新报》写通讯；文书部，负责函电起草、缮写、油印等；总务部；纠察部，防止外人进入车厢，维护秩序、负责安全。②

"东联""东妇""东北四省同乡会"等东北抗日救亡团体、东北军誉属、东北各界人士的代表，以及北平各校学生代表、市民代表齐集车站为之送行。宋哲元急派军警前来拦阻，广大学生采取抢占车厢、卧轨等手段坚持斗争二十六个小时之久，当局在众怒难犯、铁路瘫痪的情势下，只好放行。③

在天津，请愿团受到了爱国市民、青年学生的慰问和声援。在济南山东省政府，同韩复榘交涉的结果出乎意料，韩不但派他的秘书长张绍堂接见了学生代表，还希望请愿团去南京，并"代表韩复榘送给东北学生两千元钱，假惺惺地表示了慰问"。④ 当时在济南省立高中读书的赵修德后来回忆说："我们从省政府回到车

① 《东北大学护校运动》，《东北知识》（1937年6月）第1卷第4期，第26页。
② 陈毓述：《关于反对国民党反动政府接管东北大学的斗争》，《绥化师专学报》（社会科学版），1991年第4期。
③ 刘宁元：《不畏强暴，雪耻救国——记"一二·九"时期东北大学女生》，《文史资料选辑》第26辑（北京出版社，1985年）。
④ 赵修德：《难以磨灭的记忆——"一二·九"到"七七"学生救亡运动琐忆》，《泉城风云：济南革命斗争回忆录（二）》（山东省出版总社济南分社，1986年），第63—64页。

站，车站上一片沸腾，济南的学生与东北流亡学生一道高唱救亡歌曲，演出救亡小剧。唱到动情处，东北学生泣不成声：'莫提起一九三一年九一八，那会使铁人泪下！我们三千二百万同胞，变成了牛马。我们被禁止说自己的话，我们被赶出了自己的家；……'东北学生悲愤的诉说催人泪下，就连韩复榘派去监视我们的警察，也感动得偷偷擦拭泪水。"[①]

　　韩复榘之举，打乱了请愿团原拟借机宣布停止前进、返回北平的计划。共党支部紧急研究决定：派邹素寒和路鸿志先去蚌埠打前站，取得在那里东北军中工作的东大同学王振乾等的支援。5月22日，当请愿团的列车进入江苏境后，在徐州柳泉车站，列车即被放进一条岔道，前面堆起了煤堆，进退不能，四周被荷枪的警宪包围。不久，教育部派科长郭莲峰及江苏行政督察专员邵汉元来到柳泉和请愿团谈判，强调政府命令停止赴京请愿，东大问题必须在柳泉解决。请愿团表示绝不屈服，坚持所提要求：（1）要求国民党南京政府抗日，支持学生运动；（2）要求立即释放张学良，派他率东北军北上抗日；（3）要求拨发补助经费（每月 2.5 万元），反对停办东北大学。在柳泉被困，吃喝已成问题，代表们坚持斗争了三天三夜。后来在于学忠的代表前来斡旋的情况下，迫使两位专员接受请愿团的要求，并将其转达南京政府。最后确定了三条原则：（1）在张校长离校期间另聘代理校长；（2）照发补助费；（3）改组东大为国立，但在平学生仍不离平。[②] 在达成协议后，于本月 25 日返回北平，并发表《东北大学护校赴京请愿团南下归来告社会人士书》，宣告南下请愿的结束。

　　6月下旬，东北大学西安分校增建校舍次第竣工。遵教育部集中办学令，文、法两学院教职员、学生由开封迁入西安分校。原挂在校门上的分校校牌，换上了"国立东北大学"校牌。部分东北大学学生不愿意随校迁移，河南大学都收为转学生，使他们顺利地学成毕业。有学子回忆："当时西安校舍已颇具规模，不但占地广阔，同时教室宽敞，更有广大之体育场，所以同学们都很满意和兴奋，颇有

---

① 同上，第 63—64 页。
② 汪之力：《我们永久为真理而奋斗》，《东北知识》（1937 年 6 月）第 1 卷第 4 期，第 6 页。

回归自家校园的感觉。"① 齐世英回忆："到西安以后，学校的分子日趋复杂，幸亏当地驻军司令宋希濂是我的挚友，我电请他帮忙，他莅临学校演讲，实即镇压，致未酿事端。"又说："经过这两次的迁移，学校元气大伤。"②

7月初，在西安的国立东北大学发布要求在北平的东大学生来西安学习的布告："凡有学籍大学部留平学生，如能于本年9月1日以前赶来本校者，仍准注册；其已开除之大学部各生，如能在9月1日前呈递悔过书，请求恢复学籍，经查确有后悔实据者于填具保证书后，暂准入学试读，以观后效，并经呈奉教育部核准在案。"两个月之后，校方再次布告："本校开学迄今已两月，推内南北之抗战方殷，交通时生梗阻，散在各地同学未能到者仍不乏人，校方特将注册期限展至11月15日，以亦宽大云。"③

7月7日，震惊中外的卢沟桥事变爆发，东北大学在北平的所有的印卷、款物、图书、仪器，率与平津同归沦陷。不久，留在北平的东大女生柳文、赵雪寒、王蕴华、王速振等人到卢沟桥前线慰问抗战将士。

7月17日，蒋介石正式宣布对日作战。至此，中国全民抗战开始，东大学生奋斗多年的抗战愿望终于实现了。为了直接打击日寇，许多学生纷纷离校，投笔从戎，奔赴各个抗日战场：一些学生参加了北平第一个学生武装——西山游击队；柳文、佟云等人到延安参加抗大学习；陈健行、董学礼等人到太行山区参加游击战争；詹金泉、周敬举、刘国培、戴洪图、李荒、杜长城、李进等一批同学到晋察冀解放区；邹素寒、冯敬安、朱大光、刘梦波、郭巩等一大批同学参加了东北军抗日；高扬、杜者衡等三十余名同学到河南参加李宗仁的第五战区。后来这些学生中大部分参加了八路军；刘启新、程光烈等一批同学到山西参加了牺牲救国

① 《住在东大》，丁义浩等主编：《漫游东大》（沈阳：东北大学出版社，2013年），第197页。
② 齐世英口述、林忠胜记录：《从汉口到重庆》，《齐世英口述自传》（北京：中国大百科全书出版社，2011年），第159页。
③ 杨佩祯等主编：《东北大学校志》第一卷（上）（沈阳：东北大学出版社，2008年），第134页。

同盟会,也有一批人到西安东大继续学习并从事抗日活动。①《东北大学史稿》载:北平东大学生流亡到济南时,"平津流亡同学会"成立,参加同学会的东大代表是景全丰同学。平津流亡同学会研究了流亡学生的去向问题,当时提出的原则是:在自愿的情况下,同时也考虑工作需要,学生们可以去山西、西安、南京和留在山东当地与日本侵略者进行斗争。东大学生到山西去的最多,其次是西安,少数去了延安,还有部分学生留在山东工作。②

8月中旬,东北大学在京、陕等地招考新生。聘李光忠为经济系主任教授,兼任文学院院长。东北大学改组国立大学后,将事务长裁缺,改设秘书长,聘政治学系教授娄学熙兼任。

9月5日,东北大学在西安开学。一部分从北平流亡来的学生,包括孔宪春、林苣卿、王振铎、刘健鹏、张昭、刘文英等也都在此时入学了。

本来,留在北平的学生早已被校方在开封开除。抗战爆发后,大敌当前,校方不得不表示团结一致,捐弃前嫌,实际上不时给他们"穿小鞋"。学生也不示弱,和校方据理力争。例如关于学杂费的斗争。学校规定,原西安分校工学院学生和从开封来的学生,一律免缴学杂费,而对从北平来的同学则按减半缴纳。这种明显带偏见的做法,引起学生们的公愤,于是组织起来,推派代表,和校方进行说理斗争,最后,学校只得取消这项规定。又如,关于御寒棉大衣的斗争。入冬后,学校当局弄来了一批黑布棉大衣。学校规定,原西安东大工学院的学生和从开封来的学生,按总人数八成发放,而从北平来的学生则按总人数一半发放。学生们十分不满,推派代表和校方交涉,结果改为一律按八成发放。

10月,教育部决定将原有国立北平大学、师范大学、国立北洋工学院合组国立西安临时大学(西北联大前身),假东北大学一部校舍筹备开学。当年东大学生王成福回忆说:"不久又有从华北一带来的流亡师生挤进我们学校,有北平师范

① 宋黎:《荟萃精英 血沃中华——忆东北大学》,《东北大学建校65周年纪念专刊》(自印本,1988年),第67页。
② 王振乾等编著:《东北大学史稿》(长春:东北师范大学出版社,1988年),第115页。

大学、北平大学、北洋工学院、焦作工学院[①]等十来所院校。那时，把他们编成一个学校叫西北临时大学，其后不久又改名为西北联合大学。大家都挤进东北大学校舍，由于人多，一个教室上下午两班轮流上课，后来又加上晚上一个班，就变成了一个教室由三个班学生轮换上课学习。伙食和在中山中学差不多，住宿条件就更差一些，同学们都互相帮助。大家都是背井离乡，断绝了生活来源，只得靠吃救济金、贷金来维持学习。"[②]

---

① 作者回忆有误。焦作工学院并未迁到西安，而是在 1938 年 8 月迁至陕南城固，与国立西北联大工学院、国立东北大学工学院合并改组为国立西北工学院。

② 王成福：《敢问路在何方》，齐红深编著：《流亡：抗战时期东北流亡学生口述》（郑州：大象出版社，2008 年），第 99 页。

第三章 南渡潼川（1938.4—1946.9）

烽火连天处处愁，蜀山遥接楚江流。
林胡未灭家何有，破敌辞封万户侯。

——臧启芳

一、蒋鼎文密劝南迁

1937 年 11 月太原会战结束后，日军兵临潼关，西安岌岌可危。11 月 13 日，日军两架轻型轰炸机窜入西安上空，匆忙投掷炸弹数枚后逃逸。1938 年 3 月 11 日，日机三十架分四批空袭西安，各校无法上课。西安行营主任蒋鼎文 [1] 密劝东北大学南迁，校长臧启芳特向教育部请示迁移地点，"奉到指令，命东大向青海迁移"，他"甚感奇怪，那样可以说等于不准迁移，因为往青海是绝对做不到的事情" [2]。臧启芳回忆说：

我见事已危急，即先请法学院院长李光忠赴四川寻觅校址，一面向教育部请迁移费亦未奉准。待接李院长信谓已在川北三台觅妥校舍后，多亏蒋主任慨允暂

---

[1] 蒋鼎文(1895—1974)，字铭三。浙江诸暨人。早年毕业于浙江陆军讲武学堂。曾参加讨伐陈炯明、北伐战争、蒋桂战争、蒋冯阎战争，第三、第五次对中共"围剿"。抗战期间，历任第四集团军总司令、西安行营主任和第十、第一战区司令长官。1944 年，带领的部队在豫中会战中被日军轻易击败，引咎辞职。1949 年 3 月去台湾。
[2] 臧启芳:《回忆》(节录)，《东北大学建校 65 周年纪念专刊》(自印本，1988 年)，第 109 页。

145

甘肃省　陕西省　四川省

宝鸡　咸阳　1　西安

大湾铺　观音堂　东河桥　草凉驿　留凤关　凤县

秦岭　秦岭

柴木兰　简坝　褒城

汉中　3　宁羌

广元　剑阁　绵阳　三台　成都

1.从西安至宝鸡为乘火车之路线
2.从宝鸡至汉中为步行之路线
3.从汉中至三台为乘汽车之路线

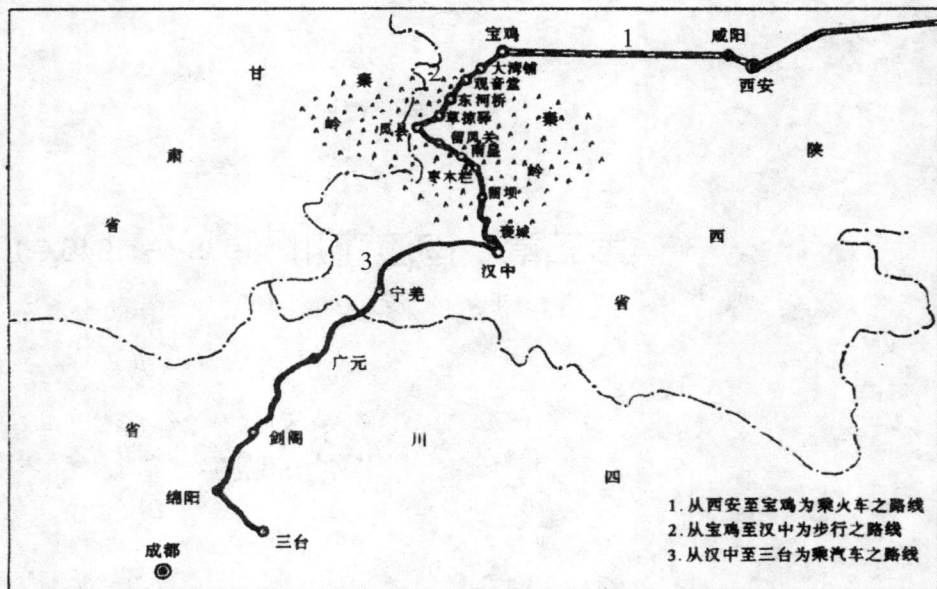

东北大学自西安迁往三台路线示意图

借迁移费两万元，并指拨大卡车十余辆作交通工具，载运教职员眷属及图书仪器，学生则由工学院院长王文华率领一律步行，始得于廿七年三月中旬从西安出发，四月初到达三台。我于员生在西安出发后，因政府已迁汉口，即先飞汉向教部报告，适陈立夫部长与张道藩、顾毓琇两次长均在座，当我才说到东大已在川北三台觅妥校址，员生迁移正在途中的时候，陈部长问我："部中并未令东大迁川，你为何要迁往三台？"我说："不错，我向部请示，尚未奉指令。但眼见西安危急，行营蒋鼎文主任又屡催速迁，若照部令往青海迁移因交通不便根本不能成行，所以不得不权宜办理，先迁四川以期一劳暂逸，迁费还是由西安行营借的。为东大计，我并未做错，只要东大可以保全，我自己任凭部里如何处分皆无关系。"这时张顾两位次长一齐说，这样也好，可以一劳暂逸，陈部长便笑着说："既然迁川就迁川吧！"在汉口我为参加中国国民党临时全国代表大会住了几天，然后飞往成都，转赴三台，约在四月十日左右，员生已先我到了好几天了。①

　　东大迁川除军事上日寇轰炸西安外，还有政治原因。众所周知，东北大学的创建与发展，是和张学良密不可分的。东大师生流亡关内后，张学良愤然出国考察，尔后回国，接受国共合作抗日救国之主张，与杨虎城发动西安事变。东大师生对张氏当时顺乎民心的言行，不仅寄予厚望，而且积极回应和拥戴。用实际行动游行示威，奔走呼号抗日救国。因此，张学良为蒋介石及其党羽所嫉恨，东大师生也受到敌视和歧视，而被限制和防范。西安行营主任蒋鼎文"密劝"臧启芳将东大南迁，则是采用"安内"政策之一法，而且运用分化瓦解的手段，将东北大学肢解，一部分并入西北工学院，并将东大在西安刚建成的校址，"借与"临时大学；一部分文、理、法、商学院师生，多被视为危险的"洪水分子"，将其迁往地处川陕道旁侧翼的三台县。"既不让其进入成、渝，又便于纳入视线，控制掌握，使其行不得也，动不得也。加之严密部署反动党、团、军、警、特务组织负责监视、镇压，还由重庆、成都的特务机关直接派遣特务分子打入该校进行活动。"② 而臧启芳希望控制东大学生运动，巴不得那些不愿迁到三台的"左倾"学生留下，因此，他同意留下的学生成立"东北大学学生留陕工作团"。所以应当说东大内迁到三台也算是有其政治原因的。

　　关于反迁川斗争情况，东北大学官方校史中是这样记述的：1938年3月，臧启芳决定把东大迁往三台县，共党支部反对他的这一决定，拟借机从校内（包括东大和西北联大）拉出几百名同学去前线抗日。为此，孔宪春同学请示了中共西安市委学委。学委的决定是：少数"民先队"员不愿去三台的留下，多数同学还是应当去，要在国民党办的学校里壮大我们的力量。根据学委的意见，不少同学去了三台，只有二十余名同学留下来到农村去进行宣传工作。留下的同学多数是

　　① 臧启芳：《回忆》（节录），《东北大学建校65周年纪念专刊》（自印本，1988年），第109—110页。
　　② 李尧东：《东北大学内迁三台》，政协四川省三台县文史委编：《三台文史资料选辑》第一辑，第63页。

想去延安的"左倾"激进分子。经过请示,上级党组织认为,直接去延安不如拐个弯下乡工作几个月再去。于是,留下的同学乃和校方交涉,臧启芳乐于做个顺水人情,便一口答应,同意每月发给伙食费,并表示,毕业时回校可以发给毕业文凭。

1938 年 3 月 24 日,臧启芳向教育部长陈立夫呈文,胪陈东大迁川的原因和经过等事项,其文曰:

自太原失陷,三秦震撼,本校为防万一计,曾因文学院李院长光忠赴川之便,托其物色校址,经川省地方当局协助,费时月余,勘察多处,卒在三台县觅定。原房系某旅旅部所用,甘愿迁让,屋宇虽不甚宽敞,修缮改造,尚不大难。此事出权宜,在三台县预订校址之经过也。职前赴汉口而陈要公时,曾将此事签请有案。嗣承钧座面谕:如能于西北寻得相当校址,仍以在西北为宜,迨返校后,即本此意,托人在甘青各处,多方物色,卒以环境关系,不易觅得堪用房屋,若欲另行建筑,又为经费所不许。西安临时大学,派人前往巡察,亦无结果。此本校不便迁往甘青一带之事实也。比者临汾不守,潼关告急,西安临近战区,空袭频繁,正常教学,已难维持,行营示意早迁,临大实行移动,本校斟酌情势,权量利害,不得不即行迁移,爰向钧部电请准予移往三台县,以应非常之变。

迨本月 20 日,奉到钧部皓电,除收到汇款一万元外,始知以前并有令本校迁移甘青一带之电;唯本校员生,为事实所迫,业于前夕首途,此电迄今,尚未到达。此本校不及复请核示,已行迁往三台之实情也。总之,本校能在西安上课一日,决不轻于迁移;未寻得确可迁移之地,更不敢言迁移;前以情势日急,因之预作准备;今以时机迫切,不容再事犹豫;凡此种种,想均在钧部洞鉴之中。兹谨将人员迁移、物品运输及校产保管诸问题缕陈于后:

(一)人员迁移

1. 学生及职员 全校学生,除四年级少数学生自动请求留陕参加后方抗敌工作或在机关实习外,余均编入,由工学院王院长文华全体军训教官及职员领导,于本月 19 日,由西安乘行营所拨火车到宝鸡,由宝鸡起,携带帐篷及行军锅炉,徒步入川，预计 4 月 10 日可到三台。

2. 教授及教职员眷属　所有教授及教职员眷属，均准其自由赴川，已于本月 19 日前后，分别自行雇乘汽车离陕。

3. 教职员及学生到达限期　全校教职员及学生，凡不随队出发者，均限于 5 月 10 日以前，到达三台县，逾期不到，即以退职或休学论。

（二）物品运输

1. 图书、仪器、档案及其他办公用品　先由西安用火车运到宝鸡，到宝鸡后雇载重汽车运汉中转三台，各地均派有专人负责，已于本月 19 日起运，20 日到达宝鸡。

2. 铁床、铁椅　本校铁床有四百，铁椅有六百，拟仿照前项办法运川，现铁椅已运到宝鸡，铁床正计划运输中。

3. 学生及随行职员之行李　每人以二十五公斤为限，由学校负责用火车运宝鸡，由宝鸡雇骡子运汉中转三台，现已全部运到宝鸡。

（三）校产保管

1. 移交行营代管　全校内动产及不动产，均呈请行营暂为保管，俟将来本校重回西安时，再行交还。

2. 派员留守　除职员及秘书长法学院白院长等高级职员尚在西安，暂行继续办公外，将来所有本校在西安未了事项，拟派训育主任王震南偕同学生十人，留陕负责处理。

除迁移详细情形，俟到三台后再行呈报，暨所有本校此次迁移用费概算，另文呈报外，所有迁校计划及已迁各情形，理合具文呈请鉴核备案！

在未电陈本校高级职员离陕以前，所有部令，仍请寄西安本校，合并陈明。[①]

关于迁校费用，臧启芳回忆中说"向教育部请迁移费亦未奉准"，最后还是由西安行营借的。然而，《抗战中的东北大学》一文说得更清楚："迁移费用当时

---

① 杨佩祯等主编：《东北大学校志》第一卷（上）（沈阳：东北大学出版社，2008 年），第 141—142 页。

格于部令未得批准，遂就西安中央银行商借 15000 元，抵三台后由川康盐务管理局捐助 10000 元，复尽量紧缩开支，刻苦搏节。得积一部结余，呈部动支，乃克清偿。"[①]

二、蜀道难

1938 年 3 月 19 日的午夜，在春雨濛濛中，国立东北大学的流亡师生，从西安火车站坐上了陇海路的西去列车。当时的学生阳骥如此记述此次迁移："我们所乘的这列火车，真可以说是一列逃难的文化列车。因为除了东北大学的学生以外，还载着准备到皋兰上课的甘肃某学院的学生；准备到天水上课的焦作工学院的学生；准备到汉中上课的山西铭贤女中的学生。"[②] 离休教师关井贵回忆还说，"校外的东北和其他省的流亡老乡也跟同前往"，他本人就是其中之一。[③]

20 日清晨，天气转晴。火车穿行麦田中央，空气清新，芳草如茵；道轨左右，沟渠纵横。当日上午，到达了陇海路终点的宝鸡。因为这次迁移，是按照行军的办法进行的，所以当夜就在宝鸡车站外的空地上，支起了几十座帐篷来宿营。"柝声灯火，席地酣眠，倒也别有一番风味"。

原本计划第二天就动身南下，不巧下了一整天连绵不断的春雨，所以只好耽搁下来。其实这一天，大家各自准备路途中的事物，"有的选带重要行李书物多的，即雇鸡公车（独轮车）。因该校只有一两部汽车专为打前站找住宿处、人员与伙食团运输使用，还有少数病号乘坐"。[④]

3 月 22 日正午，流亡大军离开宝鸡，开始步行，向四川进发。行军的行列是

---

① 冬大：《抗战中的东北大学》，王觉源编：《战时全国各大学鸟瞰》（重庆：独立出版社，1941 年），第 25 页。

② 阳骥：《东北大学入川记》，魏向前等主编：《东大逸事》（沈阳：东北大学出版社，2003 年），第 69 页。

③ 关井贵：《东北大学由西安市迁去四川》，东北大学沈阳校友会：《东北大学校友通讯》，《东北大学建校 65 周年专刊》，1988 年 8 月编印，第 53 页。

④ 同上。

这样编制的：最前面，由五十名（一说七十名）荷枪实弹的学生警备队前导[①]；其次是把五百余师生编成三个中队，按照次序随着警备队的同学前进。大家都穿着青棉大衣和青制服，行列有一二里长，走起来军容整肃，倒很像正式军队似的。所以常常有人问："你们是哪一部分的？"

走了七公里的平原之后，便踏入了两面环山的栈道（即北栈）[②]了。第一天宿在距离宝鸡七公里的大湾铺。因为行李尚在宝鸡，未能随队运来，所以大家只好在飕飕冷风之中苦坐了一夜。

翌日午间，大家的行李已全部运来。所以 24 日早晨出发时，在原来的行列之后，又缀上了一百多骡子和数十挑夫的行列。"人声、马声、铃声，前后应和，颇不寂寞。走了一个小时，乃经大散关；正午抵观音堂休息。下午一时开始爬秦岭，攀藤附葛，匍匐前行，愈登愈高，竟行云上。云雾弥漫，山巅远瞩，但见数峰矗立云海而已。西汉公路盘山而上，工程浩大。每行里许，必见筑路民工埋头苦作，不禁发生愧怍与敬佩之感。"[③]晚宿东河桥。

3 月 25 日自东河桥出发，4 月 3 日始抵褒城，而北栈乃告终。在此十日中，每日或行五十，或行一百，朝发暮宿，备极劳顿。宿营地点有：草凉驿、凤县、留凤关、南星、枣木栏、留坝、褒城。除秦岭外，渡凤岭与柴关岭，均属峭拔险峻、凸凹难行之山路，而留凤关宿营之夜，匪警讹传，彻夜惊恐，大有草木皆兵之概。关井贵回忆："记得第一天步行到达望而生畏的秦岭脚下住宿，第二天一早向着盘旋十几道弯的高陡大岭前进，青壮年人，还能一直闯上，老弱妇孺只得随弯就弯攀登，越过岭即住宿。每天前进约 30 里上下。赶不到城镇，就在小村落甚至露宿牛棚猪圈，能以遮风避雨就算好地方。途径凤县，外地人不敢吃当地鸡

---

① 　阳骧：《东北大学入川记》云，学生警备队是五十名，另据关井贵《东北大学由西安市迁去四川》载："约七十名荷枪学生军在大队的前中后随部队保护安全的前进。"

② 　蜀道沿途多作栈阁，分南北两段，以陕西宁强（古宁羌）七盘岭为南北地理上的分界，因此宝鸡县至褒城县的北段称北栈，又名秦栈；剑门古栈道在蜀道之南，蜀北境内，所以称南栈，又名蜀栈，三国蜀汉时称"剑阁道"（剑门，古称剑阁），是秦汉以来自关中入蜀的官驿大道。

③ 　阳骧：《东北大学入川记》，魏向前等主编：《东大逸事》（沈阳：东北大学出版社，2003 年），第 70 页。

蛋，怕中麻风病。经庙台子是苍松古
柏，幽静清雅，张良隐退的地方。"[1] 王
成福则说："我们在行程中看到秦岭剑
门关的雄伟壮丽，嘉陵江白龙江的百
舸争流，又见到'张良庙台子''曹操
的滚雪''张飞古柏'。当我走在秦岭
之巅，下望山坡一片片金黄色菜花和
绿色的山野时，更深刻地体会到了'锦

三台城门（张在军摄）

绣山河'的美妙意境。这是我们中华民族的土地，怎能容忍外敌的侵略！"[2]

总之，在这二百余公里的旅程中，无日不在山沟中逶行。队伍到达襄城的第
二日，即赴汉中休整。后因步行太慢，而驮运所费又非常浩大，便改乘学校预雇
之载重汽车。计分两批出发：第一第二两中队 4 月 10 日出发，13 日到达三台；
第三中队及警备队 20 日出发，23 日到达三台。

与集体结伴入川相比，学生单个旅行多了几分风险。东大地理系于学谦有
1944 年春从陕西坐车进川的回忆：

记得那是四月的一个晴朗的日子，我与获释的东北同乡王统志一块儿去找当
时在西安逗留的臧启芳先生。我们毛遂自荐要求去东北大学上学。没想到这位校
长大人，慷慨地允诺，给我们写了一张名片，让我们到四川三台东北大学入补习
班。这样，我俩从西安搭车到宝鸡，又经那里的青年会救济搭上"黄鱼"[3] 车，爬
上秦岭了。

汽车从宝鸡南的大散关出发，嗡嗡的马达声叫个不停，车子吃力地缓缓向山

---

① 关井贵：《东北大学由西安市迁去四川》，东北大学沈阳校友会：《东北大学校友通讯》，《东
北大学建校 65 周年专刊》，1988 年 8 月编印，第 53 页。

② 王成福：《敢问路在何方》，齐红深编著：《流亡：抗战时期东北流亡学生口述》（郑州：大象
出版社，2008 年），第 101 页。

③ 作者自注："黄鱼车是川陕公路上运货的大卡车，我们青年学生没有钱了，白坐车，叫搭
黄鱼。"

上爬去。川陕公路就从这里开始翻越第一座高山——秦岭。海拔三千米的秦岭，形成了一个天然的屏障。在抗日战争的年代，这条通向四川大后方的公路，不知运载了多少流亡青年。车子在曲曲弯弯的山间公路上回绕，路是那样地狭窄，两辆对开的车子都要很小心地慢慢驶过。我们坐在高高的满载货物的车顶上，望着车旁的涧谷，像车子就在涧中行走，真是十分惊险。我们紧紧地靠排在一起，手抓住捆货物的绳子，不时地向山涧望下去，随处都可以看见掉在深涧中的车子残骸，令人不寒而栗。路是那样的艰难危险，可人们还是在走，在冒着风险地往前进。同车的有沈阳的、长春的和哈尔滨等城市的男女青年，大家在这里汇合了。记得在车子"抛锚"的日日夜夜里，大家彼此交谈着各自流亡的生活遭遇。一群从长春流亡关内的同学，从河南的老河口渡过黄河，到了祖国的土地上，就在这第一天为祝贺不当亡国奴而狂欢的夜晚，一群武装"土匪"，袭击了他们，将所有携带的首饰财物一劫而空……还有的在旅途中坐在"花杆"[①]上，行李衣物都紧紧地拴在花杆的后边。当两个抬花杆的脚夫抬到山涧边时，便将人翻到山谷里，把行李衣物抢走了。可怜的东北青年就这样葬送了生命。同伴们各自讲了许许多多令人毛骨悚然的事例。我才知道，我们这些东北青年，为了爱国，为了不当亡国奴，真是不知遭到了多少不幸呵！

车子飞驰过平缓的陕南汉中平原，又开始翻越崇山峻岭了。险要的剑门关，陡峭的崖壁，真是一夫当关，万夫莫开。在这里，我亲身经历了这蜀道难天险，但是路毕竟是人走出来的。如今，我们也要闯过这难于上青天的险道。我向往的东北大学，就在前边，它激励着我克服重重困难，使我第一次进入了天府之国的四川。

从广元到绵阳的路上，车子不知又"抛锚"了多少次，宿泊在小旅店里，盼望着早日到达我们的理想目的地——四川三台。

四月的涪江，碧绿清澈，川北大地已是郁郁葱葱，一片生机。车子经过了无数的颠簸，终于奔驰在平坦的川北盆地上。记得长途跋涉的最后一天中午，我们

---

① 花杆：应为"滑竿"，四川山区常见的竹制轿子，由两个脚夫抬着。

从川北重镇绵阳出发，车子开得飞快，一路顺风，傍晚安抵我们的目的地——三台西门外。[①]

三台的西门外历来是往返川陕公路上的一个停车站，这里店铺很多，人来人往。许多流亡的东北青年都是从这儿下车后，被同学们接到学校的。不知道这西门外曾接待过多少从东北逃出日寇封锁线而寻求抗日救国的青年。这些青年都在这里汇合了，在这里，他们在探索中成长，在战斗中锻炼，并且度过了他们最有意义的大学时代。

三、杜甫寄寓处

三台县位于四川盆地中偏西北部，东与盐亭县交界，南与射洪县相邻，西与中江县接壤，北与绵阳县相连，距成都市一百五十多公里。光绪二十三年（1897）《新修潼川府志》卷一载："（三台县）汉置郪县，属广汉郡。后汉至晋因之。刘宋又分置北伍城县，为新城郡治，郪县仍属广汉郡。齐废北伍城后，郪县亦省。西魏置新城县，改曰昌城，为昌城郡治。隋大业初，复改曰郪县，为新城郡治。唐为梓州治。宋为潼川府治。元因之。明初省县入州。国朝雍正十二年（1734），升州为府，置三台县，为潼川府治。"[②] 唐代时三台曾与成都齐名，为蜀地第二大城市，是川西北政治、经济、文化中心，故享有"川北重镇、剑南名都"之美誉。诗圣杜甫于唐玄宗宝应元年（762）七月流寓三台，历一年零八个月，写下《闻官军收河南河北》等百余首不朽诗篇。三台有涪江和凯江交萦城下，来往船只川流不息，这里有川北最大的码头。在这些码头上，大诗人杜甫多次送往迎来，吟诗作赋。且看："无数涪江筏，鸣桡总发时。"（《奉送崔都水翁下峡》）反映了交通枢纽梓州段涪江的繁忙；而梓州城美丽的夜色从"夜深露气轻，江月满江城"

---

① 于学谦：《我的东大之路》，《东北大学建校 65 周年纪念专刊》（自印本，1988 年），第 185—187 页。

② 何向东等校注：《新修潼川府志校注》（上）（成都：巴蜀书社，2007 年），第 2 页。

（《玩月呈汉中王》）中可见一斑；梓州城的布局"路出双林外，亭窥万井中"（《望牛头山亭子》）何等的规范。作为当时省一级行政机构——剑南东川节度使治所，梓州城的规模很大，城墙很高，城楼更高大，在杜甫留下的诗中还有很多登梓州城楼的诗篇，如《九日登梓州城》《春日梓州登楼二首》等等，除了抒发自己苦闷的心情外，更多的是对梓州山河的无尽赞美。

三台虽仅为县治，"但街道整洁，市肆繁密，殊不让开封洛阳之二等都市也"。[①] 抗战初期的三台在东大学生笔下是这样的："虽然西南东北多山，交通还算方便，往西有公路通过一段丘陵地带经丰谷井直通川北重镇绵阳。如走中江金堂趋成都，路途更近。因山路较多，须赖滑竿为交通工具，城东不足半里，有滚滚涪江，经射洪、遂宁等地流向重庆。天气晴日较多，与川中其他各地迥异。城内自东门至西门，仅二华里许，街道清洁整齐，屋宇井然，宅前多植树，无车马喧扰，极为恬静。步出东门数百步，渡过清澈湍急的涪江，便是东山琴泉寺、山巅古塔，数里外即可望见，每当外出归来，遥遥望见古塔，就觉得回到家中。西门外是公园，小山上有茶室，俯瞰城内，一片葱翠树木，与黑瓦粉墙。城内居民虽然不多，各种商店却应有尽有。如'谭天'茶室，兼营旅馆、饭店。特别是饭店，完全是川菜正宗，颇具特色。抗战后沿海商人来此经营的'松鹤楼'，则具有江浙一带风味。由于远离战火，不失为一可供安心就读的理想佳所。"[②]

1938 年 4 月 25 日[③]，三台县各界欢迎东北大学迁潼大会举行。这次大会可以说是三台县的空前盛举。参加的人员除了地方政府和各级学校的学生外，驻在三台的中央机关省府机关，以及各行业团体都派代表参加，而各区区长及联保主任亦全体出席。到会人员不下三千余人，这恐怕是三台建县以来第一次召开如此隆重的欢迎大会。全城各个商店，也都悬旗致贺："欢迎东北大学到三台！"

---

① 阳骥：《东北大学入川记》，魏向前等主编：《东大逸事》（沈阳：东北大学出版社，2003 年），第 70 页。

② 吴标元：《回忆三台时期的东大生活》，相树春等主编：《我们走过的路》（北京：今日中国出版社，1993 年），第 155 页。

③ 此日期源于阳骥《东北大学入川记》一文。另，《东北大学八十年》（杨佩祯等主编）载，欢迎大会的日期为 4 月 13 日，恐误。

东北大学各校区在三台县城分布示意图

在这种盛情难却的欢迎之下，受宠若惊的五百余名东大师生，乃于上午 9 点准时到场。由各界领袖纷纷致欢迎辞，并殷殷以"提高抗战情绪，推进后方文化"为嘱。东大方面除由臧启芳校长致辞答谢外，并由教授及学生代表，反复陈述"甚愿追随地方各界一致努力抗战工作"之至意。散会摄影后并承各界以茶点招待。[①]

三台欢迎东大是诚心诚意的。当时的三台县长郑献徵[②] 的传记中这样写道：

东大法学院院长李光忠到了四川，四处接洽，碰了不少软钉子，不仅因为抗战爆发后，迁往内地的学校太多，而且接纳东大还有政治风险，谁也不愿惹麻烦。

---

① 阳骥：《东北大学入川记》，魏向前等主编：《东大逸事》（沈阳：东北大学出版社，2003 年），第 71 页。

② 郑献徵（1900—1969），四川荣昌（今属重庆）人。出身举人之家，两岁丧父。1918 年到北京上大学，1933 年任重庆大学秘书长至代校长，1935 年任四川省建设厅主任秘书长；1937 年10 月至 1940 年 5 月任四川省三台县长，1940 年任四川财政处长，1941 年任自贡市长，1947 年至 1949 年任四川省水利局长。

东大前途茫茫，接二连三被婉拒，李光忠很失望。

消息传到三台。

郑县长热情接待了李光忠院长，没有丝毫犹豫，当即决定迎接东大到三台落户发展。这是 1938 年元月份的事。三台刚遭受旱灾，本身财力不足，困难重重。但他认为知识是民族的希望，战后国家建设需要大量的人才，必须尽全力保护这股力量。三台人可以暂时勒紧腰带，也要与东大共荣辱、同生存。他根本没想过什么政治风险。

任四川三台县长时的郑献徵

教育救国是他的主张，无论是在重庆联中、北碚兼善、重庆大学，他都在致力于实现自己的理想。到三台后深感教学问题严重：学校设备不足，师资力量薄弱，全县竟无一所完备之小学和完全中学。必须改造学校，增强师资力量，推行战时教育政策，建立一所川北最高学府。国家越危难，教育越重要。

东北大学能到三台，是三台之幸，绝不是负担，不仅会提升三台的文化素质，带来勃勃生机，周边县市的青年也必将大受裨益。他说服了大家。

彭旅长和潼川高中校长，非常支持郑县长的决定，认为这是利国利民的好事，对三台教育更有积极影响，立即做出腾房、扩房计划。彭旅长有人、有房、有地；潼川高中校长有教学管理经验，知道该如何安排。政府部门出面去征用民房，解决教职员宿舍……各人发挥自己的优势，四月前完成。时间紧，来的人数多，只能因陋就简，逐步完善。

李光忠院长得到郑献徵县长充满热情的肯定答复后，非常高兴，立即电告臧启芳，谓已在川北三台县觅妥校址，县长极其诚恳相邀。

臧启芳一直悬着的一颗心总算落地。[①]

臧启芳深深地知道，东北大学在西安，面临被解散或流放青海的命运，前途

---

① ［法］郑碧贤：《郑泽堰：民国县长郑献徵传奇》（北京：三联书店，2012 年），第 145 页。

茫茫。他肩上承担的历史责任太大。幸亏三台县郑献徵县长深明大义，愿意接纳和支持，让他有绝处逢生之感。他到达三台后，从与郑县长、彭旅长的交谈中，深深感受到他们是以真诚相待，而且有不惧当局指责的胆量。郑县长从事教育多年，曾任重庆大学校长，对教育救国、文化利乡有独到的眼光。臧启芳目睹为了迎接东大，当地驻军、中学生都动员起来了。真是他乡遇知己，困难见真情。臧启芳为感谢郑献徵的知遇之恩，曾在折扇上作诗相赠：

> 寄迹潼川巧遇君，亦狂亦涓亦温文。
>
> 照人胆似秦时月，对我情如岭上云。
>
> 万念悲天寰海困，片心忧国一身勤。
>
> 寇公奉召林胡灭，应共高歌尽日醺。[1]

这是他的情、他的义，是他坚决抗战，光复我中华的决心。

国立东北大学初来乍到，借得旧潼川府贡院（后为川军田颂尧[2]29 军军部）以及毗连的草堂寺，和潼属联中[3]的一部分作为校舍，因陋就简，于 5 月 10 日勉强复课。当年经济系学生郑佩高（1938 年考入东大，1942 年毕业）回忆三台时期"简陋校舍弦歌不辍"，其中对初到三台的东大校园（校本部）建筑布局作过描述：

东北大学初迁至时仅利用旧潼川府府学为校舍，该府学坐落于城内东大街，

---

① ［法］郑碧贤：《郑泽堰：民国县长郑献徵传奇》（北京：三联书店，2012 年），第 145 页。
② 田颂尧（1888—1975），又名见龙、光祥，四川简阳县龙泉驿（今属成都）人。国民党陆军上将。1926 年 5 月，吴佩孚委任其为四川军务帮办兼川西北屯垦使，当年底蒋介石委任其为第 29 军军长（军设三台城关，成都设行营）。1933 年，任川陕边区"剿匪"督办，率部进攻红军被击溃，后被撤职查办，寓居成都。田颂尧比较热心捐资办学，先后担任成都树德中学名誉董事长、龙泉驿中学董事长。1949 年冬，田颂尧放弃去台机会，留在大陆随邓锡侯等人起义。1950 年之后，任西南军政委员会参事等职。
③ 潼属联中，即潼属联立三台高级中学。1940 年改为四川省立三台高级中学。

國立東北大學三台校址平面圖 32年1月庶務組繪

东北大学三台校址平面图

北倚城垣，东邻草堂寺——系以因杜工部草堂旧址而建。西邻民居。房屋不过数十间，且多系木造，年久失修，均已破弊不堪，学校以经费艰绌，仅能稍作补苴，寒伧之相，以视沈阳之广阔堂皇面貌，诚不知相去几千百倍矣。兹不避词费，作简略之描绘。

校门形制，向内作半圆形，两侧砖筑白色方门柱，木制门扉，了无庄严气象。入门东西两侧各有泥竹厢房两间，作部分学生宿舍，再前为一砖筑过厅，中通内院甬道，东西各有房一间，左充传达室，右充印刷室，甬道如砖铺平堤，直达正堂。甬道之两侧各有木平房一列——殆为昔年学子应试之所，各予隔为六间，以为教室。因甬道高出地面约一公尺余，致所谓教室者不免有卑下阴暗之感。正堂规模颇轩敞，是为府学之主建筑物。正堂两腋各有屋两间相连属。东腋为教学组、注册组，西腋则为总务、会计、文书等组。右腋西侧，别有一小院，则女生宿舍也。正堂之后，为教授休息室，出正堂，东西各筑有别具巧思六角形房而如亭，并以平房连属于正堂之背，类如两臂握拳而向后伸出者。其左内间为校长室，外间为会议兼会客室。其右则分为教务长及训导长办公室。再后则有一小园一区，更无建筑物。男生宿舍在大门东侧南北向，共三列，皆竹木和泥建成。最南一列之后壁即大街矣。男生宿舍之北有一广场。只能作同学散步活动之用，其东有半砖半竹木房一排，一半为学生盥洗室，一半充饭厅。广场之北有一较大厅堂，则为集会之所——而学生常誉之为大礼堂。此堂初时兼充阅览室及图书馆。另于东北角，借奉杜工部塑像之二层六角形建筑物，以为医护室。综如上述，其简陋之状，读者当可约略推知，唯师生弦歌其间，从无怨嗟之声，盖漫天烽火，敌人之凶焰方张，国家民族之命脉，危于累卵，有此一席安宁地，以资生聚教训，已云幸矣，更何敢奢望如在沈阳时情景耶！

工学院于学校迁三台后数月，即奉令并归西北工学院。所余全校学生，不过数百人而已。唯时未逾三年，学生人数乃大增，盖因三台甚少敌机窜扰轰炸，学风淳朴，又多名师之故。校舍乃益不敷用，勉强征得当地政府及绅者之同意，将草堂寺全部并入校区，寺内佛像移供别所，不意于搬移佛像时，引起附近居民之激烈反对，幸学校处置有方，未酿大祸。于是乃将大雄宝殿加以整修，作为阅览

东北大学旧址三台中学校园一角（张在军摄）

室，于其左前另建书库一幢。后复在小东街租得大宅院一区，以为一年级新生上课食宿之所。稍后又将城墙凿通一门以达城外，即在城根租得农地。约合今日一甲余，由同学及少数工人共同劳动，铲平沟洫，以为运动场，在其东侧则构木屋一幢，作为理化学实验实习室及运动器材室。三年余惨淡经营，始稍见舒展，劳苦矣学校任事诸公！

　　至于教授及职员宿舍，有眷者则由个人散租民居；单身者则由校租得陈家巷二楼民宅一幢，细隔若干小间，勉强栖身而已。①

　　尤其值得一提的是，草堂寺杜甫所居之处，"已变为佛堂，杜甫塑像高仅及尺，屈立庙堂的一角，喧宾夺主尽已多时"，1939 年春，"东大利用草堂寺改建图

---

　　①　郑佩高：《东大在三台·作者入学即师长简介》，东北大学旅台校友会编：《国立东北大学六十周年纪念特刊》（1983 年）。

书馆，并将旧有钟楼改修新杜甫草堂，悬杜甫画像于其上"。[1] 有同学触景生情：唐代诗人杜甫愤世爱国，颠沛流离，与我们今天抗战流亡读书的情景多相似啊！真是历史的相似，人间的巧合。还有的太高兴而喜形于色写封信回家：我们住在杜甫家，哈哈！

在三台的岁月里，东北大学一直在陆续增添基础设施。比如：1940 年 7 月，于县城北郊建化学实验室；8 月中旬，于城西之马家桥筑东北史地经济研究室（后期迁回城内龙王庙）；9 月初，租得陈家巷工字楼为教授宿舍。1941 年 7 月，租得蚕丝改进所旧舍为新生院院址，增筑院舍，并在西门外牛头山开凿防空洞。1942 年 7 月又以 10 万元购得新生院院舍一处。至此，教学设施基本完备，师生有了一个较安定的教学和学习环境。

四、办学经费与衣食住行

由于战争的影响，东北大学虽为国立了，但办学经费极度短缺，不要说远不如"九一八"之前，甚至也不如"双十二"之前。自 1937 年 9 月起，国民政府以抗战为由，紧缩文教经费，将业已核定的各国立院校经费改按七成拨发。1938年 4 月以后，再改按七成中的四成交付西南联合大学，所余三成经费，教育部以所谓"统筹救济战区专科以上学校学生及办理高等教育事业之财源"为由，规定全部上缴。[2] 这样一来，其他内迁院校所分得的办学经费几乎是杯水车薪，且时常拖延。东北大学 1937 年全年经费三十万元，但自该年 9 月起即按七成支发，月薪一万七千五百元。1938 年秋，又改为月薪一万六千一百元。1939 年度经费，连同补拨工学院迁移费，每月实领一万六千六百元。1940 年度月支一万九千五百多元。[3] 由于经费大为减少，兼因抗战以来物价上涨，东北大学"办公、学生补

① 臧启芳：《东大十年》，东北大学旅台校友会编：《国立东北大学六十周年纪念特刊》（1983 年）。
② 侯德础：《抗日战争时期中国高校内迁史略》（成都：四川教育出版社，2001 年），第 83 页。
③ 《抗战以来的东北大学》，《教育杂志》第 31 卷第 1 号，第 23 页。

助、学术研究等费，极感支绌"。《抗战中的东北大学》一文载："七七抗战军兴，中央令各校经费七折，教职员薪俸八折实支，并应先除五十元生活费，不予折扣，在他校因平素预算较宽，自无问题，本校苦无办法，嗣以全校教职员体念时艰，决定照薪额七折发放，并不先除五十元生活费，惟薪给在百元以下之职员，先除去三十元生活费，不打折扣，此举每月所省近两千元。二十八年（1939）秋以物价日涨，始实行每人先除五十元生活费不打折扣之规定，至于七折办法毫未变更。本校职员待遇极低，以各组主任而论，原薪之最高者，不过百六十元，最低者仅百二十元，不仅不及国立各校院之职员待遇，即较国立各中学之职员待遇亦有逊色。"[①]

1940 年 9 月，教育部公布《大学及独立学院救员资格审查暂行规程》，规定了高校教师应分教授、副教授、讲师、助教四等及其任职资格。教师的薪金：教授分为九级，最高一级月薪六百元，最低九级三百二十元，副教授、讲师和助教均为七级。副教授最高一级月薪三百六十元，最低七级二百四十元；讲师最高一级月薪二百六十元，最低七级一百四十元；一级助教月薪一百六十元，七级八十元。和公教人员工资相比较，教授在当时算是高薪阶层。抗战开始后，物价无时不涨，日用品奇缺，生活困难，教育部又制定非常时期改善教职员生活办法：自 1941 年 10 月 1 日起，发给平价食粮代金；凡教育部办的学校教职员，每人每月可报领二市斗一市升的代金；家属符合有关规定的，享受教职员的同等待遇。1942 年 10 月 1 日起，又施行国立学校教职员生活补助办法，除准领米代金外，还根据物价及生活状况，每人每月发给生活补助费。此外，1941 年，教育部还推行"久任教员奖金""甲乙两种奖助金""特别补助费""兼课钟点费"制度，以补助抗战时期教师生活的困难。在三台的东北大学的教职员待遇基本上符合以上规定。

流亡学生的经济来源，主要靠吃"公费"，分一、二、三等评议，评一等的除了扣除伙食费而外，还有一点盈余添补零用开支，但也微乎其微。有的高年级

---

① 冬大：《抗战中的东北大学》，王觉源编：《战时全国各大学鸟瞰》（重庆：独立出版社，1941 年），第 26 页。

学生在县上或附近乡镇（如射洪县太和镇）的中学里去兼课（有的教授迫于养家糊口也去中学兼课），他们得点薪金补助，还会照顾另外一些同学的生活，分享微薄的收入。1940 年经济系毕业的沈公尚说："当时，除四川的同学生活靠家庭供给外，大多数东北流亡同学和沦陷区的学生，生活靠所谓'战区学生贷金'维持，每月法币 7.5 元，在初期除扣伙食费外，尚有一元多零用钱，但到 1940 年我毕业时，全部作伙食还不能维持最低生活了。"[①]1939 年考入东大工商系的湖南人左承统提到当年领贷金遭遇歧视的风波：

　　虽住进宿舍，不能办入学手续，当时政府有对战区学生助学贷金的规定，凡是战区学生，除学杂费一律免交外，还可有伙食贷金每月六元，书籍鞋帽牙刷牙膏等零用贷金每月三元。蒋介石在 1939 年春天才迁进四川，难民入川不太多，迁到川北的更少，物价不太贵，这些贷金，是可以勉强对付的。可是东北大学总务长陈某说我虽是战区学生，家乡没有沦陷，不肯给我贷金，有几个四川籍的同学为我愤愤不平。他们对我说："这个大学东北地域观念特别严重，因为你是湖南人才不给你贷款，如果你是东北人，就是他的父兄在四川做官，做大买卖，也会给他们贷款的。"他们给我出主意，叫我到军训处找那个军训主任，他是湖南老乡，看他能帮助我一下么？我立即找到军训主任办公室，他是湖南永绥人……我向他申述我参加统考被分配到东北大学的经过，申诉我现在的困难，请他支援，他看到我是湖南老乡，是当时在东北大学仅有几个湖南人之一，又看到我也是湘西澧县人，更怜我千里孤身陷于困境，无人援救，给我写了一封便笺，证明我的家在沦陷区，这样，我才得以正式办入国立东北大学的手续。[②]

　　生活的基本需要无非衣食住行。孙中山《民生主义》第三讲："大家都能各尽各的义务，大家自然可以得衣食住行的四种需要。"

---

　　① 沈公尚：《忆四川三台东北大学》，相树春等主编：《我们走过的路》（北京：今日中国出版社，1993 年），第 143 页。

　　② 左承统：《左承统回忆录》（长沙：湖南人民出版社，2010 年），第 56—57 页。

先说住，这应该是生活的第一大问题。东大学生当年住房条件可说是中等偏下，比上不足（如成都华西坝），比下有余（如某些大专院校搭临时性的草棚作课室、宿舍）。学生宿舍皆为平房，每间房少则住六人，多则十人以上，上下铺，粗木制成。室中安放有空格的红色大木桌，人各一座可供自习，空格处存放书籍杂物，多的行李衣物就放置各自的床头。当时全城无电，校方发给每个人一具洋铁皮敲成的小油灯作照明用，每到黄昏时分持往庶务组去上煤油，能供晚上三个小时自习照明（曾经有个时期改用桐油供应，在那时"一滴汽油一滴血"的口号声中，煤油也很金贵）。入夜，坐满了一屋人，四壁悄然雅静，复习这一天的课程，或者看书、写作、写信，直到油干灯芯尽，全室自然入睡了。不少思想坚定追求进步积极活动的同学，还往往利用这盏小灯，把它支在床头小柱上，躺着读"禁书"，已成了公开的秘密。[1] 因油灯烟多，翌日各同学鼻孔均为之熏黑。

最怕过冬天。四川不比东北，冬天没有取暖设施。于学谦回忆：宿舍室内和室外的温度差不多，学生公社[2] 救济的一条薄被子怎么也御不了寒。晚上，用竹篾子编的床板，上面只有一个床单，冻得睡不着觉，没有办法坐在床前刻蜡板，有时也无聊地和同宿舍的同学凑在一起打扑克，想熬过那难受的夜晚。"那是一个礼拜天。我冻得实在难受，便约几位东北同学出东门到涪江畔的一片芦苇丛中去掠芦花。芦花雪白雪白的，着实可爱；花絮轻轻的，不时随风飘舞；掠下来的芦絮软绵绵的。我们抱回了宿舍，厚厚地铺在竹篾子编的床板上，再盖上床单，真像一条大棉褥子铺在床上。那第一天夜晚，一上床就感到格外的温暖，很快进入了梦乡，像回到了东北，妈妈做的高粱米饭烧煳了，火炕热得很，还是爸爸起来把门板卸下给我垫在炕上才躺下来睡觉。一觉醒来，被窝里还是热乎乎的。躺在床上许久许久不愿起床，还在回味那甜美的梦。几天后，芦花压得又硬又薄，寒气又从床下慢慢袭上来，我才懂得芦花比棉絮的价值之悬殊。"[3]

---

①　李尧东：《抗战时期流亡三台的东北大学学生生活素描》，政协四川省绵阳市文史委编：《绵阳市文史资料选辑》（1995 年）第十三辑，第 106 页。

②　学生公社：基督教青年会在大学里设置的一个群众团体。

③　于学谦：《我的东大之路》，《东北大学建校 65 周年纪念专刊》（自印本，1988 年），第 190 页。

至于当时东大教职工的住房也很简陋，租用附近老百姓的旧屋，如东大校门陈家巷内有多家，土屋"牛肋巴"木窗，冬天糊纸，夏日蚊蝇侵扰，稍好一点的有白木地板防潮。没有一户高楼大厦，名教授通住土屋安之若素，他们坐在窗前研读撰写；或则有二三学生在侧聆听教益；或则室内一派谈笑风生，那正是某些教授在相聚为学论政。他们从未计较过这十分清苦的生活，其品德感染了学生，也潜移默化了他们的亲属子女。

民以食为天。东北大学有学生饭厅三处，其墙上悬有朱子家训中之"当思来处不易，恒念物力维艰"两句，引人注目。女生集中在第一饭厅，五六桌，秩序良好，第二、三饭厅均系男生，情况略显粗鲁，进餐时狼吞虎咽，如临战场，气氛紧张。1938级中文系周烈回忆："学生伙食由同学自办，尤其在陶佩潜同学任伙食团长时成绩最优，盖同学伙食费分全公费、半公费、全自费、半自费，名目繁多，管理不易，渠谓：'办伙食虽未臻理想，惟借此而结识全体同学并辨别其图章，实为最大收获，至感欣幸。'"学生膳食，早餐为咸菜稀饭，中晚餐为四菜一汤。米饭称"八宝饭"，即饭内包括沙、稗、虫、石灰、稻壳、杂草木屑在内，一月加菜二次，称为"牙祭"，除肥肉外，多为鸡鸭鱼蛋之属，同学进餐之际，如风卷残云，一刹那顿成"四大皆空"，其尤不可解者，常感米饭不敷所需，怨声载道。"渠乃拟标本兼治之策，首由伙食团同仁管制米仓，严防偷窃，另由伙食团长于夜间赴厨房实施突击检查，终于发现伙夫将食米藏于装淘米水及剩饭剩菜之水桶内挑出城去，被陶团长当场逮住，立将伙夫开革，偷窃之风因而遏止。复查米饭不敷所需，多由于心理因素作祟，陶团长乃择定某日命伙夫加倍煮饭，并请伙食团同仁宣称：'饭多，不必抢！'接连试验数日，每日均有剩饭，人心大安，此外并试办自行养猪，以供'牙祭'之需，效果亦佳。"[①]李尧东提到，也有不少教职工来和学生搭伙吃大锅饭，图个方便节省。经常宽裕一些的学生（主要是家庭在内地或本省籍的），也有在附近小馆子里吃"包饭"的，价钱比大伙食稍高一些，一般是一菜一汤、半荤半素，吃饭限量。沈公尚还说："在校门外的小

---

① 周烈：《母校东北大学在三台》，魏向前等主编：《东大逸事》（沈阳：东北大学出版社，2003年），第74页。

街虽有一二间水饺店,后来还开一间江苏馆,但这些只能使我们无限垂涎而已。"①

李尧东回忆说:"东大学生普遍属于营养不良（教授也不例外）,问题在于经济基础、生活环境。三台本是文化古城,民风俭朴,也还有一定的物质基础,即以饮食来说,虽然还没有什么豪华餐厅、高级酒吧、舞厅咖啡馆之类,但也有一定的消费对象,这里有些比较富有的大单位人员,如川北盐务局、廿九军留守、驻军以及广东、下江一带常驻单位人员,他们过的生活属中等以上。记得东街上原有两家包席的大馆子'松鹤楼'、'东来馆',东大师生除了毕业凑分子聚餐、结婚招待包两桌酒席,平时很少有人去光顾。学校附近的饮食摊也不多见,几家小门面的包饭馆、豆花面饭铺,如此而已。突出一家卖北方饺子的'山东馆',有一对山东夫妻开个小店自做自卖堪称经济实惠的猪肝面,师生都乐于去享受一碗,交口称赞,至今念念不忘。此外,夜晚大街上也还有点看'亮油壶子'卖卤味烧腊的,发放公费后,馋了的同学买一包卤味,坐在卖小杯烧酒的摊子前尝宵夜。"②

再说"衣"。如果说东大学生"衣不蔽体"有点夸张的话,"筚路蓝缕"则当之无愧。一般都是节衣缩食,多年不添置衣服。那时,大城市里的大学生中也有一些军政要人的少爷小姐、殷富人家的子女,西装革履,短裾长裙,风度翩翩,而在东大学生中确实难见。当然也还有从东北入关北方流浪带出来的窄肩小裤西服、兽皮袄子,甚至贱卖换了主人,虽破旧但也不多了。如果哪位同学有一双整齐皮鞋,即为人艳羡,实际上穿布鞋草鞋者居多。给李尧东留下很深印象的穿着是:"北方的同学都穿一件黑布棉衣,年复一年,几经风霜,黑布开花绽出白絮,白絮再变成灰黄的棉团;春夏季节又多是一件洗得灰白的长衫,布鞋破靴,穿着实在不能再简朴了。但是,连一些著名教授、专家学者,无不是这样的,蔚然成风。三台出产有名的土布,还有从外地生产的'再生布',实在无法穿着了,就

①　沈公尚:《忆四川三台东北大学》,相树春等主编:《我们走过的路》（北京:今日中国出版社,1993年）,第143—144页。
②　李尧东:《抗战时期流亡三台的东北大学学生生活素描》,政协四川省绵阳市文史委编:《绵阳市文史资料选辑》（1995年）第十三辑,第108—109页。

买点这些布作添补衣裤，人们已习惯于穿着上的不讲求，不贪图，没有也不感到羞涩，更不会去向别人借贷购置，好像都忘了生活中的给养。"[1] 中文系的高柏苍直到复员沈阳的 1946 年 10 月份，还是穿着一件 1943 年 6 月逃出伪满时在锦州用配给的更生布做的"协和服"，"经冬历夏，连连穿用，这时前大襟已经破碎得一条一条的，领子飞边了，两个袖口儿也是一条一条的了；裤子的两个膝盖和臀部补丁摞补丁了。"[2]

还说说"行"。三台虽是川东北交通过往要道，但战时公路交通并不方便，偶有商家经营的运载客车往来。即使在寒暑假中流动的同学也并不多，一般是赶货车，搭"黄鱼"，车费也不便宜。战时的客货车都烧木炭，开一段路又停下来加水、添木炭，乘客还得去帮助摇车柄。城内连着四郊全靠人挑马驮，安步当车，没有人力车，也少见公有私有的自行车。假日结伴去东山寺郊游，更无现在屹立的涪江大桥，只靠木筏小船过渡。三台县的两端本是大的"水陆码头"，川北重镇绵阳和遂宁、射洪太和镇，都设有严密的关卡、巡防军警，除了收税，为的是防止人们经川北道上前往陕北延安，特务机关也派人秘密探查防守，即使刚从北方流亡来到的青年学生。再想北行，就要受到控制关押了。

三台那时没有咖啡馆、冷饮店之类消闲场所，大十字路口的五云阁茶馆，生意人多，成了经济活动中心；南街的谈天茶园文化人居多。东大师生也有坐茶馆的，去处多是陈家巷口一家尊称为大学茶馆的。白木桌子、竹把靠椅，每天总有一些学生前来，抱着几本书刊，泡上一碗清茶，坐上半天，饿了在门前买个锅魁充饥。或则相约三五同学在此茶叙一番，谈点知心话，以消乡愁。师生们有时一些文化活动，也常在这里举行。

抗战时期东北大学的师生生活，从中可以概见大后方流亡大学生的生活形态。有其共性，也有它的特殊性。简单说来就是，国难家仇当头，颠沛流离失所，物

---

[1] 李尧东：《抗战时期流亡三台的东北大学学生生活素描》，政协四川省绵阳市文史委编：《绵阳市文史资料选辑》（1995 年）第十三辑，第 109—110 页。

[2] 高柏苍：《随东北大学复员回沈阳》，齐红深编著：《流亡：抗战时期东北流亡学生口述》（郑州：大象出版社，2008 年），第 295 页。

质极度匮乏，含辛茹苦读书。精神方面是奋发开拓的，思想同仇敌忾，遏制个人悲愤，以坚强的意志抗日御侮，人尽其力，创造出丰富多彩的精神财富，至今熠熠生辉。

五、组织变化与人事更迭

一所大学的发展过程，就是组织结构和院系科目不断调整的过程。不在调整中灭亡，就在调整中发展。

1938 年 5 月，东北大学在三台复课后，根据教育部命令，于暑假将工学院并入西北工学院，文学院改为文理学院，增设化学系。

7 月中旬，教育部复令将在陕西城固的西北联合大学原有之北洋工学院、北平大学工学院与东北大学工学院、私立焦作工学院合组设立西北工学院。东北大学工学院师生员工共一百四十二人并入。并入的东大人员主要有：院长王文华，土木系主任教授金宝桢，教授田鸿宾；机电系主任教授王际强，教授徐庆春、黄昌林；体育部主任刘化坤等。

8 月中旬，奉部令将文学院改为文理学院，增设化学系，加上原有的中国文学系和史地系，共三个系；法学院则仍为政治系和经济系。秘书长娄学熙和法学院长白世昌辞去兼职后，改聘李光忠兼法学院长，政治系主任赵明高兼秘书长，黄方刚教授兼任文理学院院长。

1939 年 5 月中旬，教育部令修改大学组织大纲，校务会议下设教务、训导、总务三处（教务处下设注册组、图书馆、出版组，训导处下设生活指导组、军事管理组、体育卫生组，总务处下设庶务组、文书组、会计出纳室、毕业生服务咨询部）及考试、体育、卫生、公费审查、图书、仪器等委员会。

6 月下旬，教育部令：东大法学院于暑假后增设工商管理学系。当年入读工商系的左承统回忆："我进学读的工商管理学系，除一位教货币学和银行学原属经济学系的教授转为我们的系主任外，还没有聘来一个专职教授，专门工商管理的图书也没有多少种。所幸第一年的课程，基本与经济的课程相同，尚可以勉强进行学习。""当时工商管理系第一年的课是政治学、经济学、法学通论（法理学）、会计学、英文、日语、军训、体育等。"①

7月初，废除秘书处，设总务处，陈克孚为总务长。8月中旬，聘李光忠为教务长兼法学院院长，萧一山为文理学院院长。11月，聘白世昌为训导长。李光忠教务长辞法学院院长兼职，聘赵鸿翥为法学院院长。

1940年6月，这时全校有两院六系（即中文、史地、化学、政治、经济、工商管理）十八个班。

8月中旬，教育部令东大设东北史地经济研究室，聘金毓黻为研究室主任。史地学系亦奉令分为历史学系及地理学系。

1941年7月初教育部批准东大法学院恢复法律学系。8月中旬，法学院院长赵鸿翥教授在东大任教十四年，特奉部令休假一年，聘娄学熙为法学院院长。

12月初教育部令，改法学院为法商学院。

1942年3月6日，教育部令：暑假后改东北史地经济研究室为文科研究所，暂设史地学部，研究生毕业者授予硕士学位。

5月上旬，臧启芳校长请准由军事委员会月拨款万元，在东大组设东北建设设计委员会，聘校内教职员十五人为委员。委员会内分设调查、研究、设计三组，以规划东北之收复建设事宜。

8月末，教育部令，改文理学院为文学院与理学院，聘萧一山为文学院院长（不久，由姜亮夫接任，姜辞职后由金毓黻接任），张维正（德居）为理学院院长。文科研究所史地学部正式成立，聘金毓黻为文科研究所主任，蓝文征兼任史地学部主任，萧一山兼任主任导师，并招收研究生。

1943年2月25日，教育部令，准于下半年文学院增设外国文学系、理学院增设数理学系。

4月26日，校方提出了增设社会教育推行委员会，其职责是：学术讲座，职业补习教育，民众识字教育，合作指导，民众法律顾问，地方自治指导，防空防

---

① 左承统：《左承统回忆录》（长沙：湖南人民出版社，2010年），第58—59页。

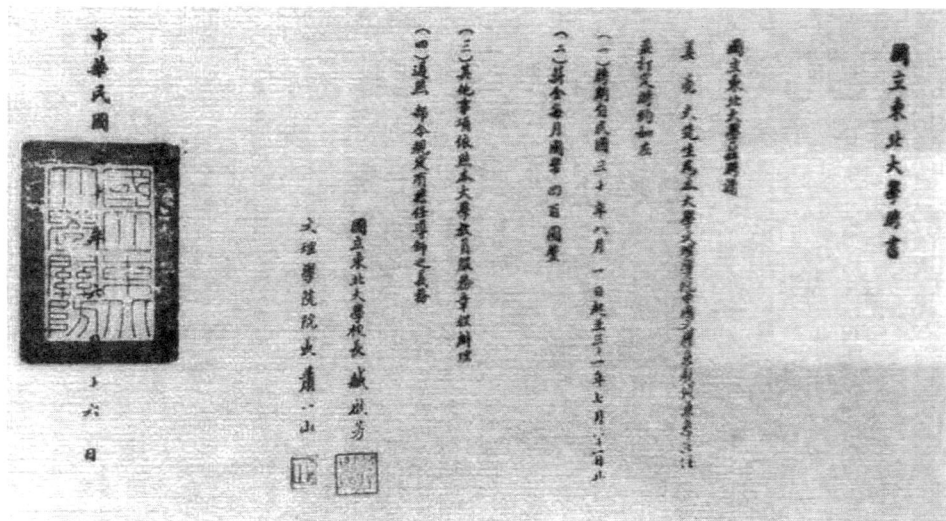

姜亮夫教授聘书

毒知识传习，公共卫生指导及各种展览会等。

8月下旬，文学院教授丁山、孔德、高亨、陈述等人创建"草堂书院"，11月奉教育部令改为"三台草堂国学专科学校"，李宏锟为校董会董事长，杨向奎为代理校长，教务长赵纪彬，训导长杨荣国。

1944年7月底统计，学校现有文、理、法商三院。文学院有：中国文学系、外国语文系、历史学系；理学院有：数理学系、化学系、地理学系；法商学院有：法律学系、政治学系、经济学系、工商学系等。凡十个学系廿七个班。此外，文科研究所现设史地学部，分为历史、地理、经济史地等组。历史组由丁山、金毓黻两教授指导；地理组由杨曾威教授指导；经济史地组由吴希庸教授指导，侧重于东北史地之研究。

8月1日，训导长吴希庸教授辞去训导长兼职，其职先由生活指导组主任庞英代理，后由校方敦聘政治系主任杨丙炎教授担任。而政治系主任一职，则聘请孙文明教授担任。

8月10日，学校因奉部令土木招收双班。土木工程系暂附于理学院，为未来恢复工学院之先声。

10 月 1 日，教育部令调整训导机构：于训导处下改设生活管理组、课外活动组及卫生组。学生日常之管理，由训导处训导人员统筹实施，军训教官专负军事学术教学与训练之责。依法聘定杨丙炎教授兼训导长；崔伯阜教授兼生活管理组主任，训导员张艾丁先生兼副主任；刘化坤教授兼课外活动组主任，训导员李德威先生兼副主任；李树萱校医代理卫生组主任原有之军事管理、生活指导、体育卫生三组，均已取消。

1944 年，学校的行政组织分教务、训导、总务三处，下设七组三室及一馆一部。其中教务处下设注册组、出版组和图书馆。

学校人事更迭，一方面是组织结构与院系的变化，二是派系斗争的结果。东北大学在三台时期，校政是掌握在国民党 CC 派手里的。校长臧启芳，国民党 CC 派陈立夫、陈果夫手下仅次于齐世英的主要骨干，当时任国民政府的立法委员；法商学院院长左仍彦（臧启芳的妹夫）、政治系主任杨炳炎，都是国民党 CC 派段锡朋的党羽；总务长陈克孚、生活指导组主任白世昌（兼任训导长）、历史系主任蓝文征（孟博），均与齐世英有较深的关系；文理学院院长萧一山，蒋介石的高级幕僚。三台处于国民党统治的腹部，加上学校当局的控制，校内的政治空气沉闷。在这种情况下，进步势力的斗争异常艰苦。陆侃如、冯沅君、董每戡、姜亮夫、丁山、陆懋德等，不仅是海内学术界名流，而且思想进步，富有正义感，在学生中有一定影响。其他一些教授则处于中间状态，但都希望抗战早日胜利，好回到家乡去。

皖南事变后，国民党在大后方实行白色恐怖政策。1941 年 3 月，东北大学发生了暗杀聂有人事件，最后牵扯出了文学院长萧一山（军统特务）与校长臧启芳的矛盾，萧一山要求惩办"左倾"学生高而公，而高而公的父亲是东北上层的知名人士高惜冰，臧启芳也不便或不肯处分高而公，萧一山便以辞职相要挟，并唆使他自己的亲信们挽留。而臧启芳在国民党内部与萧一山不是一个派系，也希望趁机赶走萧一山，把东北大学变成他的清一色天下。在此情况下，全校学生利用他们之间的矛盾，发起了"欢送萧院长荣迁"的民众运动。然而，事情并未就此了结——萧一山辞去文学院院长时，推荐历史系主任蓝文征为代理院长，而东北大学校方却看好

臧启芳校长和东大师生合影

高亨。蓝、高二人为清华国学研究院同学，且又是东北老乡。在这种情况下，二人都颇为难堪。看到学校这种情况，蒋天枢决定离开东北大学去重庆的复旦大学。然而，高亨坚决不受文学院院长之职，也离开了东北大学，到成都齐鲁大学去了；蓝文征也愤然辞去东北大学教授之职，去了国立编译馆担任编纂。

1944 年下半年，东北大学学生的籍贯已经逐渐发生了变化，即东北籍学生只占少数，大多数学生是南方人。由于东北流亡学生享受优待，南方学生很不满意，以致形成派别对立。站在南方学生一边的是教授左仍彦，站在东北学生方面的是所谓的"三老四少"，"三老"指的是金毓黻、张维正、赵鸿翥，"四少"指的是陈克孚、白世昌、吴希庸、苍宝忠。两派斗争很尖锐，互不相容。学校领导层中的这种矛盾，演变到最后，是臧启芳把教务长白世昌等人解职，调来许逢熙任教务长。抗战胜利前夕，外文系主任殷葆瑸又换成了张尧年教授。

尽管外部有动荡，内部有斗争，但是东北大学在挑选教师上，仍坚持学有专长和在学术上有声望的人，以保证教学的正常进行，这确是东大的好传统。

六、名师汇聚，盛极一时

要办好一所大学，师资力量是关键。清华大学校长梅贻琦说过一句很有名的话，"所谓大学者，非谓有大楼之谓也，有大师之谓也。"[①] 他反复强调："师资为大

---

① 梅贻琦：《教授的责任》，梅贻琦：《中国的大学》（北京理工大学出版社，2012 年），第17 页。

学第一要素，吾人知之甚切，固图之也至极"，①"吾人应努力奔赴之第一事，盖为师资之充实，大学之良窳，几乎全系于师资与设备充实与否，而师资尤为重要。"②

前面第一章曾经说过，九一八事变之前的东北大学，政局比较安定，经费十分充足，所以关内很多名人学者联袂出关，汇聚北陵。到了抗战时期，流亡大西南的内迁院校，多数都面临着师资紧缺与品质问题。尽管如此，"东北大学当时的师资（尤其是国文系）是极好的，这是当时时势造成的，因为那时全国不安定，日机到处轰炸，所以在重庆、成都的人都向四方疏散，有些有地位的学人均逃到三台来。国文系就有蒙文通、王淑英、高亨、丁山、贺昌群、金毓黻等七八位名教授，大体是北方的，不是北大，就是清华的，校方在招生时，把这些教授的名单列出，很多人确是慕名而来，所以三台东北大学曾经有个极盛时期"。③1938 年考入中文系的周烈则认为："各系教授阵容坚强，尤以历史系为最。如沈刚伯、萧一山、丁山、蒙文通、贺昌群、朱延丰、蓝文征、金静安、陶元珍均为史学权威，政治系教授有左潞生、娄学熙、江之咏、宋玉生、杨丙炎、邓季雨，中文系教授有姜亮夫、潘重规、路金坡、高亨、蒋天枢、陆侃如、冯沅君、王琼英、霍玉璞，此外并有刘全忠、郑资约、杨威伯、徐子明、殷仲珊、周考成、孙道升教授等人。"④冯汉镛也说："我在三台东北大学读书，当时历史系里，聘请了不少硕学鸿儒，如萧一山、金毓黻、丁山、蓝文征等，内中尤以蒙（按，指蒙文通）先生为引人注目，无论气质、风范、学问、知名度等，都有异于常。"⑤

还是跟随当年学子的文字，走近这些教授吧——

陆侃如和冯沅君是文学院最有名的夫妻教授，他们思想进步，教学有方，又都是诗史专家。姜丁铭（1944 级外文系）回忆陆侃如教授："他的语调平和，亲

---

① 黄延复：《梅贻琦教育思想研究》（沈阳：辽宁教育出版社，1994 年），第 90 页。

② 同上，第 173 页。

③ 姜亮夫：《三台岁月：国难中的东北大学杂记》，《姜亮夫全集》第 24 册（昆明：云南人民出版社，2002 年），第 210 页。

④ 周烈：《母校东北大学在三台》，魏向前等主编：《东大逸事》（沈阳：东北大学出版社，2003 年），第 73 页。

⑤ 冯汉镛：《蒙文通先生对我的启发与教导》，《蒙文通教授诞辰百周年学术座谈会纪念册》（成都：四川联合大学内部编印，1994 年），第 27 页。

切近人，他向学文的同学们建议，及早为自己选择两条发展的道路，一是走创作的道路，应大量阅读名家作品为在写作中做语言准备；二是走批评的路，要系统钻研文艺理论，发展思维逻辑。"① 至于冯沅君教授，胡史陆（1945级历史系）说："这位曾在'五四'运动时期名噪文坛的著名女作家在东大担任中文、历史等系语文课。只见她梳着一头花白的短发，穿着朴素大方的衣服，迈着一双解放小脚，神态安详睿智地按时到教室为我们讲授《诗经》《楚辞》等名篇。冯沅君教授的中国古文学功底深厚渊博，她的讲述引经据典，翔实简练，板书娟秀流畅，使同学们受益匪浅。"② 而姜丁铭回忆说："至今记得清楚的一课是冯先生讲的《孔雀东南飞》。她除了指出文章的思想性在于真实描写妇女被压迫的地位外，对每一个字词语句，多种释义，均详加讲解和分析。对搞外文的学生，由这样一个名家进行汉语语文的教育和训练，真可说实效显著，机会难得。"③

　　讲哲学的赵纪彬（笔名向林冰、纪玄冰）教授，给各院系的学子都留下难忘的印象。外文系姜丁铭说："有一门颇受学生欢迎的哲学概论课，由赵纪彬教授讲授。赵先生以辩证唯物主义观点阐明哲学基本知识，用精神来源于物质却具有改造社会的巨大作用等观点武装学生。本课实际上与艾思奇的大众哲学有异曲同工之妙，不同之处是该课文具有学术上的深度。唯物主义观点在大学阵地上公开而系统地传播，自会影响青年们的世界观。赵先生讲课生动，深入浅出具有知识性、趣味性和科学性。他有密切联系群众的作风，同学们找赵先生谈话的人很多，他都一一接待。赵先生告诉我，有的不怀好意，故意问国共两党问题让他表态，好找他麻烦。他则引用国民党第一次代表大会宣言，以确凿的事实讲明两党合作的依据。"④ 中文系高柏苍则谓赵纪彬先生，"他常用简单的日常事例说明抽象的哲学

──────────

　　① 姜丁铭：《抗日、团结、进步的旗帜：忆四川三台东北大学》，《东北大学建校65周年纪念专刊》（自印本，1988年），第200页。

　　② 胡史路：《东大忆旧》，魏向前等主编：《东大逸事》（沈阳：东北大学出版社，2003年），第92页。

　　③ 姜丁铭：《抗日、团结、进步的旗帜：忆四川三台东北大学》，《东北大学建校65周年纪念专刊》（自印本，1988年），第203页。

　　④ 姜丁铭：《抗日、团结、进步的旗帜：忆四川三台东北大学》，《东北大学建校65周年纪念专刊》（自印本，1988年），第204页。

概念。记得有一次社团活动在茶馆，他看到房檐有片瓦活动了，问：你们说这块瓦能不能掉？掉下能否砸着人？大家议论后结论是活动的瓦早晚得掉（必然性），何时掉、砸不砸人、砸谁，是偶然性，我至今犹未忘。"① 胡史路回忆："还有赵纪彬教授……他为我们历史系一年级同学讲授哲学概论，其讲义坚持唯物史观，阐述先秦诸子百家的各派哲学思想，广征博引，尤其对唯物与唯心论争观点鲜明，论据有力，条理清晰，令人信服，其讲课深受同学们欢迎。"②

其他一些名家，如高亨（晋生）教授，"他有条不紊并有说服力地向学历史的同学说明，必须在有计划地通读廿五史的基础上，去研究其他专题，首先要有基础的渊博知识，把中国已有的历史典籍学到手，他还替同学计算着一学期该读多少，四年才可读完。"③ 高亨讲授《诗经》，"认为《国风》句多重迭，容易理解。虽逐篇讲，但进度极快。先生认为重点是《周颂》，他从文字学角度切入《诗经》，一次为讲解茶壶的'壶'就是'葫芦'的'葫'，旁征博引，钩玄探微，用了一课时而状似意犹未尽。讲课语言，多用浅近文言，语速较慢。"④ 金景芳讲《庄子》，"不讲庄子的哲学思想和文章的美学审视，只讲《逍遥游》《齐物论》等篇的文本，我非常喜欢这种讲法。因为我自认为连《庄子》的原文章句都不明白，又何谈哲学与文学呢？因而我对古典文学知识如饥似渴，课课都听，全神贯注，句句都记。有的段落或篇章强制自己背诵，如痴如狂。"⑤ 余雪曼讲授《楚辞》，"他从不迟到，也从不压堂。到点即来，下课就走。按《楚辞》文本顺序，逐篇逐字讲解，声音洪亮。从不看学生一眼，也从不在黑板上写一个字。"⑥

① 高柏苍：《我渴望展开书卷》，齐红深编著：《流亡：抗战时期东北流亡学生口述》（郑州：大象出版社，2008 年），第 171 页。

② 胡史路：《东大忆旧》，魏向前等主编：《东大逸事》（沈阳：东北大学出版社，2003 年），第 91—92 页。

③ 姜丁铭：《抗日、团结、进步的旗帜：忆四川三台东北大学》，《东北大学建校 65 周年纪念专刊》（自印本，1988 年），第 201 页。

④ 高柏苍：《我渴望展开书卷》，齐红深编著：《流亡：抗战时期东北流亡学生口述》（郑州：大象出版社，2008 年），第 171 页。

⑤ 同上，第 170—171 页。

⑥ 高柏苍：《我渴望展开书卷》，齐红深编著：《流亡：抗战时期东北流亡学生口述》（郑州：大象出版社，2008 年），第 171 页。

也有些并不怎么知名的教授，课程讲的好，学生照样记得。如外文系主任是殷宝璋教授，开"英诗选读"，"殷先生从英诗韵律，语言形象，用字搭配，运用联想等方面，对我们进行了严格的训练，他用的诗选也叫《金色宝库》，就像我国的《唐诗三百首》那样。殷先生的英文造诣极深。诗的语言在任何国家都是最艰深、最精练、最形象的语言。大一时殷先生就把这种难度很高的英文介绍给我们，可以说是取法乎上，敢于引导同学去攀登英文的高峰。"[1] 王照先生讲授《李杜诗》，"声音很小，学生听不清楚，有意见。王照先生干脆不来教室授课了。他声明愿意选修《李杜诗》的，就来本人宿舍听课，若是无人来宿舍听课，则辞职走人。王照先生体弱，他好像认为学生坐着听而先生站着讲，这已经不合尊师重道之礼了，还嫌声音小！我和翟瑞林、赵悦、王宾等七八个同学还是选修了《李杜诗》。我们到先生宿舍听课首先得把墨研好，把先生的书本打开放好，把椅子摆正，然后鞠躬行礼，请先生入座讲授。王照先生讲李白杜甫的诗也是一首一首，按照全集的顺序，一首不漏地讲解。先生认为敢这样讲授是需要相当的功底的。王照先生讲授难字难句和全诗意境或佳句时，不用黑板和粉笔而用毛笔，在毛边纸上疾书。先生工诗且工书法，先生讲课写的墨迹，讲课完了即被我们抢收一空。"[2] 闻一多的好友薛诚之教授，"开'英文散文及作文'和'文法及修辞'，讲课好，有独到见解，思想进步，毫不掩饰他拥护中国共产党的观点，抨击国民党腐朽透顶，不可救药的实质……薛诚之教授治学严谨，兼及语言文学，又擅长中文，给当时东大外文系同学带来稳定情绪和信心。"[3] 王般若先生讲授"小说"课，"王先生每日埋头读书，没有结婚，在他宿舍里，一张四方桌子上方的墙上画着两个大眼睛以提醒他自己注意加以保护。虽然如此，他仍然夜以继日地攻读。"[4]

[1] 姜丁铭：《抗日、团结、进步的旗帜：忆四川三台东北大学》，《东北大学建校65周年纪念专刊》（自印本，1988年），第201页。

[2] 高柏苍：《我渴望展开书卷》，齐红深编著：《流亡：抗战时期东北流亡学生口述》（郑州：大象出版社，2008年），第171页。

[3] 姜丁铭：《抗日、团结、进步的旗帜：忆四川三台东北大学》，《东北大学建校65周年纪念专刊》（自印本，1988年），第213页。

[4] 姜丁铭：《抗日、团结、进步的旗帜：忆四川三台东北大学》，《东北大学建校65周年纪念专刊》（自印本，1988年），第202页。

鲜为人知的是，东大外文系还有两名兼课的外籍教师，他们是到三台传教的牧师。一个是丹麦籍麦迪森（Madisen）女士，她教语音音标，其特点是一个音素有一个音标，科学性强，又好记，又准确，各国语言的音，它都能注出。这种国际音标给外文系学生的学习带来益处。另一个外籍教师是名叫梯蓓蒂（Tibbett）的英国老太太，她教"文法及习作"等课程，讲课慢条斯理，不慌不忙，她的课使外文系学生在用英文写作上打下一定基础。[①]

据统计，1938 年东大各院系有教师约四十五人，其中教授二十四人、副教授七人。1944 年 7 月 27 日统计，文、理、法商三院各系之教授情况如下：文学院院长金毓黻兼文科研究所主任，中国文学系主任为陆侃如，教授有孔德、冯沅君、董每戡、霍玉厚、佘雪曼、赵纪彬、金景芳；外文系主任为殷宝璆，教授有陈克孚、樊哲民、王般若、于希武、张国奎；历史系主任为谢澄平，教授有丁山、金毓黻、杨向奎、余文豪、陈述。理学院院长张维正，化学系主任为李家光，教授有陈时伟、左宗杞、兰蔚丰；地理系主任为杨曾威，教授有么枕生、楼桐茂、丁锡祉；数理系尚未设主任，教授有张维正、刘志杰、杨春田。法商学院院长为左仍彦，法律系主任为赵鸿鸶，教授有白世昌、苍宝忠、戴成；经济系主任正在敦请中，教授有吴希庸、刘溥仁、孙述先、钱德富；工商管理系主任为刘全忠，教授有安永瑞、张骏五、刘志宏、任福履。总计全校共有教授、讲师、助教八十余人。[②]

东北大学历来尊重知识、尊重人才，除力图礼聘名家，延请各界学术权威外，不拘一格，敢于高聘，如赵纪彬、杨荣国和姚雪垠教授等，并无高学历，但均系自学、苦学成才，有著作问世，东大就敢聘为教授，因此师资力量得以扩充。臧启芳就曾表示："聘请教授一向无畛域之见。我所求的是学问品格，不问他是哪校出身、哪省人士、哪国留学，这可以从先后在东大任教的教授名册中看出来。"[③]信然。

---

① 同上，第 203 页。
② 杨佩祯等主编：《东北大学八十年》（沈阳：东北大学出版社，2003 年），第 146 页。
③ 杨佩祯等主编：《东北大学校志》第一卷（上）（沈阳：东北大学出版社，2008 年），第 39 页。

七、"精明人物"臧启芳

1939 年 7 月初，代理国立东北大学校长一年半的臧启芳，终于"转正"——被国民政府教育部任命为校长。他不仅是东北大学改国立后的第一任校长，也是主政东北大学时间最长（1937.1—1947.12）的校长，甚至超过了张学良的任职时间（1928.8—1936.12）。这恐怕是"对臧启芳很不器重，几乎要把他枪决"[①]的张学良始料不及的吧。

晚年臧启芳（臧英年提供）

殊为难得的是，臧启芳带领东北大学或短或长地经历过北平、开封、西安、三台、沈阳五地办学，堪称名副其实的"流亡校长"。其中，在三台时间最长，长达八年之久。

前面说过，西安事变之后，张学良被蒋介石羁押，张氏的东北大学成了"孤儿"，东大去向成为关注的焦点。这个节骨眼儿上，教育部让臧启芳接管东大，似乎有点居心不良。东大何去何从，对臧氏也是一个莫大的考验。郑碧贤女士对此有精彩的分析：

为什么要让臧启芳来收这个烂摊子？也许是因为他是学者；也许是因为他对东大熟悉；也许是因为他曾任的官职；或者是谁都不愿意干，才让他来背这个黑锅，当刽子手。处理得好坏与否都是他的责任。

调任首先是政治需要。

他是东北人，东大是东北唯一的高等学府。

[①]　唐德刚：《张学良口述历史》（北京：中国档案出版社，2007 年），第 91 页。

他知道，让他来当代理校长意味着什么。他有些左右为难。在"双十二事变"之后的政治敏感时期，任何人的一举一动都在众目睽睽之下。

听从上级指示，有违良心；教育与政治是两回事，学校是为国家培养人才的。

不听，后果严重。而他有那么大的力量左右局势吗？难道就因政治问题而毁灭一所大学？他不忍心。而且"炸碉堡"的历史责任，将由他臧启芳来负。他不能。如果仅仅是为了不愿承担后果，他可以辞职逃避。其中，更重要的是，他对东大有份难以割舍的感情。他必须尽最大的努力阻止、挽救。

他对同情东大的陈果夫先生说：若停办东北大学，就表明政府放弃东北，这不可为也。他的话让陈果夫也很难反驳。[①]

在《东大十年》一文中，臧启芳这样回忆："至于我自己本是从共产党手中把东大抢出来，当然更遭他们的嫉恨，记得当我把东大迁到开封后，一位东北准共产党杜重远对我说：'你何必接收东大。惹得许多东北同乡对你不谅解。'我一笑置之。还有一位东大第一期政治系毕业生应德田寄给我一封长信，劝我那时不要做东大校长，如果我愿意做的话，将来也有机会。他当然是共产党，好像代共产党劝我的口吻。"[②] 好个一笑置之！臧启芳是在苦笑。

然而接收东北大学才半年，臧启芳屁股还没坐热，又接到教育部命东大向青海迁移的旨令。这到底是谁出的主意，我们不知道，但我们知道，西迁等同于流放！

幸亏蒋鼎文将军深明大义，建议南迁，幸亏臧启芳听从了，又幸亏他说服了教育部，也幸亏陈立夫同意了。否则，东北大学命运堪虞。可以毫不夸张地说，臧启芳敢冒受处分的风险违令迁川，是在历史的关键时刻挽救了东北大学。

回首往事，郑碧贤也感慨万分："如果没有臧启芳的苦心、蒋鼎文的协助、郑

---

① ［法］郑碧贤：《郑泽堰：民国县长郑献徵传奇》（北京：三联书店，2012年），第138页。
② 杨佩祯等主编：《东北大学校志》第一卷（上）（沈阳：东北大学出版社，2008年），第125页。原载《国立东北大学六十周年纪念特刊》。

献徵的接纳，东北大学早在 1937 年就从历史上消失了。"①

东北大学从西安迁到三台的时候，"只有两座破庙，宽大倒是有余，破烂得实在不可想象"。国文系教授姜亮夫从 1938 年 6 月到 9 月期间，曾经请婚假离开了三个月，当他带着新婚夫人再回三台一看，简直不相信自己的眼睛：

"因为只有三个月，破庙整理得大变样！原来一座大庙两廊有十二个房间，就改为十二间教室，中间还有一个中堂，作为大的过道，也作为礼堂。再进去是教职员休息室、总务处、校长办公室等。后殿的旁边还有一个小庙，房屋低矮一点，大概不到半年时间，小庙又变成图书馆和各系系主任办公室。小庙的另一边是学生宿舍，在短短不到一年时间里，三台的东北大学已初具规模了。这件事情在我几十年的大学教育生涯中，好坏大学都见过，而如此破烂的旧庙居然在短短的时间修整成既不是讲究，也不是华丽，而是很实用的大学，真不可思议！该要的房子都有了，图书馆的四壁居然有玻璃窗，屋里放着十几张大桌子，每桌可挤十多人。教职员还有出入休息的地方，中年教师有七八位，是非常稳重的老成人，他们都是战乱中从敌人的后方逃出来的，因此在患难中大家的精神比较焕发，也比较团结，所以一切事情比较好做，校长是一位精明人物。在短短的时间里，居然有四五百名学生，到下半年一招生，达八百名学生了，在后方的大学里，这样的情况比较少。学校当局有重要的事情也同教职员商量，所以教职员会议室居然也整修得很好，校长臧哲先，有一位得力的助手李广中，他们两人本是老朋友，两人全力投入学校的规划和建设中，中年教师以下大体是他们的学生，老年教师是他们原在东北大学的旧友，所以大家同心同德，正因为有这样的气氛，所以不论做什么事，只要一开会做出了决定，立刻会变成行动而且迅速完成。"②

短时间内让破庙换新颜，毫无疑问得归功于臧启芳校长的"精明"。也许有这些实实在在的看得见的成绩，所以臧启芳到三台一年多之后就把"代理校长"前面的"代理"二字去掉了。在他任职校长期间，东北大学处于流亡时期，条件

---

①　李菁：《找寻父亲：一条古堰与父女两代的情缘》，《三联生活周刊》2012 年 9 月第 37 期。

②　姜亮夫：《三台岁月：国难中的东北大学杂记》，《姜亮夫全集》第 24 卷（昆明：云南人民出版社，2002 年），第 208—209 页。

艰苦，但仍努力创造让师生能够比较自由地从事学习和研究的环境。学校1938年5月在三台复课时，只有二院四系（即文学院、法学院；中文系、史地系、经济系、政治系），到1944年7月底达到三院十系（即文学院、理学院、法商学院；中文系、外文系、史学系、数学系、化学系、地理系、法律系、政治系、经济系、工商系），学生也从二百八十三人增加到五百五十二人，并从1941年开始招收硕士研究生。东北大学几经磨难，再次进入了国内一流学府之列。1942年初，教育部长陈立夫到校视察，住了两天，对于校中所有设备，教学精神，以及学生体育军训，皆颇嘉许，认为在迁到后方的各大学中以东大为最佳，报告蒋介石批准，奖以七万元给学生作制服。

臧启芳的成绩却让某些激进学生视若无睹，在他被正式任命校长后三个月闹出"驱臧风波"。对此来龙去脉，金毓黻1939年10月份日记里记载得十分清楚：

二十三日 星期一：凌晨，余将起，有学生刘继良、景熙干二人敲门入室。余询之，始知昨夜集会，为反对臧校长，请其自动辞职，不必到校，并向中央拍电，闻之大骇。诘以何不早言，且谆谆劝之，不肯听。午前，集会于臧寓，各教授均到场。决议先宽后严，以极尽爱护青年之能事。午后，由全体教授名义，召集全体学生谈话。吾辈已出席矣，学生仅到代表十三四人，余皆不到场。盖代表等欲把持操纵，不愿他人参加，且恐劝告之后，群情为之摇动也。今日向学生发言者，始以赵翰九，继以余，再以白、郑、丁三君。学生代表为刘继良、景熙干、关逸生、刘铁军诸人，皆起而强辩，以非去臧不可。最后余提出两办法：一、恢复昨日以前状况，请校长回校办事；二、学生请求各项，在合理可能范围内，予以考量，命其明日午间答复。学生代表请求明日午前上课，同人等亦允之，遂散会。

二十四日 星期二：午前照常上课。余于史地系学生加以恳切之劝告，已大为感动，余知有转机矣。午间，景、刘二生来言，昨晚所提办法，无听从之意。午后二时，全体教授再开会于校内，决议今日下午为第一次之劝告，一面通告学生，一面出席于礼堂，学生代表皆不至，仅有史地系学生四人到门外，皆声言不参与此次风波者。开会既不成，同人退回集议，自明日起，暂停授课，以促其从速觉悟。未几，仍有代表来言，请求明日上课，余等拒之。又言容明日上午十一时为第二次答复，余等允之。

　　二十五日　星期三：昨夜，臧校长与同人商讨，姑俟一日，期其觉悟，并相机为之开导。余于午前招史地系学生，询其近况，并露欲去之意。据云史地系仅景生出头，且未征得全系之同意，如因此影响及余，且不得上课，必出而坚决反对之。此刻惟静观时机耳。午前十一时，景、关二生来言，有悬崖勒马之意，惟以风纪一节为虑，余与翰九应付此事。午后一时，关、刘二生又来，余与翰九吐露爱护青年之意。收拾办法：一、须由学生代表向校长表示悔过，请其回校；二、须由全体学生具书请各教授复课。至于风纪问题，由校务会议解决之，但以不开除学籍为原则。景、刘、关三生均愿遵从，并云今日午后四时，全体学生集于礼堂，请余及翰九训话，余等允之。午后四时，学生百余人集于礼堂，余与翰九出席，先由翰九详述此次风波之经过，及电文措辞之不当。次由余说明四点：一、维持学校，即应维持臧校长；二、爱护学校，即是爱护青年；三、爱护青年，即应拯救青年；四、拯救青年，尤盼青年之能自救。遂提出午间与代表所谈之两项办法，劝其全部接受。余察学生代表，似有延宕不决之意，遂以两项办法先后付表决。除十数代表外，全部起立，用此测验，而学生之真意见矣。代表犹哓哓言：出席学生非全体，或非多数者。余等则以弃权释之，况出席者实属多数，又何辨为，因此又知和平解决，非代表之真意矣。夜间，余同翰九招学生代表多人，命其履行决定之第一办法，乃代表等坚欲推翻议决案，不肯履行。余及翰九皆大怒，余斥其屡用手段玩弄师长前辈，翰九则斥其无信，不可以为人，遂拂袖离席。余立时移出校外，以示决去之意。将移出时，有史地系女生六七人，恐余返渝，齐来挽劝，余以言慰之而出。夜宿于翰九寓。

　　二十六日　星期四：晨起，臧校长在寓召集全体教授会议，决定今日校长到校执行校务，并开除为首学生刘继良、景熙干、关逸生、刘可光、刘铁军五名。此为未达和平目的后〔果〕，改用严厉处置之步骤，然其他附和学生则一概不问，仍示宽大之意。午前十一时，臧校长偕同全体教授到校，立时举行校务会议，宣布开除学生之学籍，同时扯去学生所贴之标语，全校风纪为之一振。午后，被开除学生多表示悔悟之意，然已噬脐无及。夜间，校内多数学生请求收回成命，亦未之许。校

臧启芳夫妇（臧英年提供）

令，促被开除学生，即日离校。此一段风波，遂告结束。

二十七日 星期五：开除学生之景、关、二刘等四人，将去三台，浼余介绍转学或资以路费，余一一应付，各予以国币拾元。

……哲先校长以国民党忠实之同志，出其全力以办大学，精神之淬励，几乎无以复加。惟于细节未甚注意，致引起学生之不谅。不知其一人之去留，实与东北大学之存废有关，与东北流亡同乡之地位有关。青年学生不之深思，冒昧出此，深可惜也！综而论之，哲先态度镇静，处置宽严得当，实为消弭风波之主因。而教授同人始终一致，爱护学校、爱护青年，不予此次越轨行动以同情，亦为首事学生始料所不及。[1]

历史不会忘记臧启芳。2011 年 2 月 26 日和 27 日，在他逝世五十周年忌日之际，近百位专家学者聚集在美国三藩市，举行"辛亥百年风云人物学术研讨会暨先贤臧启芳追思会"。追思会上播放了一套记述臧启芳生平的影片，其中讲述臧启芳担任东北大学校长十年间，开明宽容，宣导学术和言论自由。他终生毫不留情地批判共产主义，但却保护了学校中的许多共产党员学生和救助了一批共产党

---

[1]　金毓黻：《静晤室日记》第六册（沈阳：辽沈书社，1993 年），第 4384—4388 页。

士不可以不弘毅任
重而道远仁以为
己任不亦重乎死而
后己不亦远乎

臧启芳　期共勉之
卅一年七月

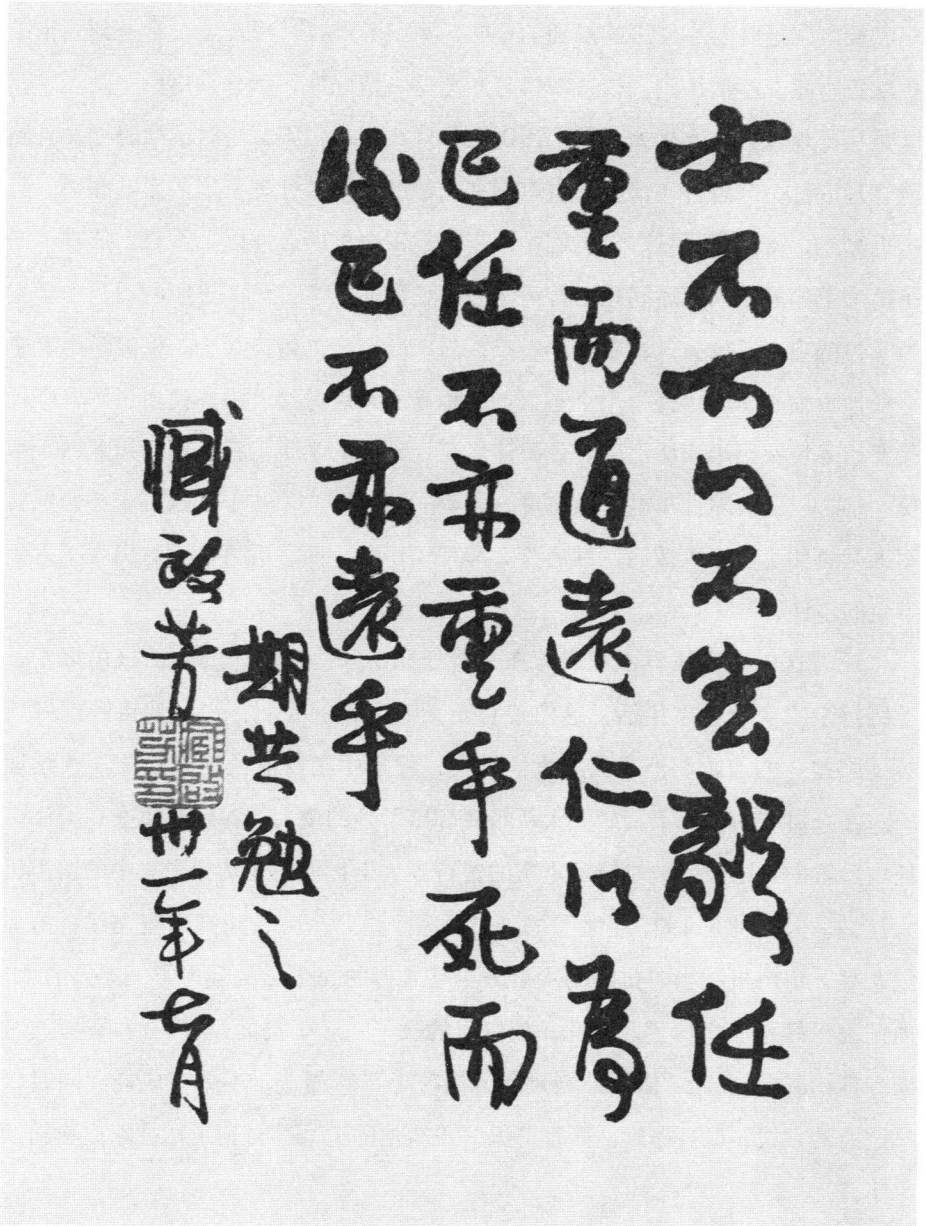

臧启芳为学生题词

员学者。影片还讲述了一件当今的中国大学校长没有人会做的事情：三台时期，东大校区附近驻有一个旅的刘湘的军队，军纪不严。学校女生时常遭到兵士的骚扰欺负，晚上不敢出门。校长臧启芳知道这一情况后，十分头疼。一则，东北大学是从外地迁入，人生地不熟，而川军是地头蛇；二则，当时抗战时期，各路军队管理混乱，与各种政治势力也有很多交错的关系，处理不当，影响深远。经过苦思冥想，臧启芳择日广发英雄帖，宴请驻军全旅所有连以上军官。那日，浩浩荡荡来了四五十人。席间臧启芳声情并茂地讲述了学校流离失所的艰苦、学生奋力学习的艰辛、国家救亡求才的艰难，恳求驻军严格管束兵士，保障学生有个安全的地方安心学习，说得个个军官点头称是。臧启芳接着举杯说道：好，今天就是要请各位在国难当头之际，更要体惜流亡到此的学生。我要用四川老白干敬每位一杯，以示我对此事的郑重态度。于是一路敬下去，连干了四五十杯，把在场军人全镇住了。军人散后，臧启芳大醉三天不醒，而之后再也没有出现军人骚扰学生的事件了。

还有这样一则故事：臧启芳在三台任职期间，一家人的生活很是艰苦，为了维持全家人的基本生活，这位曾官至天津市长等要职、当过地亩管理局局长等"肥差"的前政要、现国立大学校长，将家中稍许值钱的衣物陆陆续续地卖掉。在臧启芳的提议下，臧太太从箱底翻出了她的皮大衣，还有丈夫在天津市长任内购置的燕尾服，转卖给了重庆的银行界人士；他们还卖掉了家中的留声机和大挂钟，大挂钟是 1925 年购买的，对臧家来讲乃是劳苦功高而应当保存的一件纪念品，留声机在当时抗战的大后方更是难得的娱乐品。但为了一家人的生计，他们也只好忍痛卖掉了。因此，臧启芳的次子、居于美国西雅图的臧英年教授，谈到他的先父时说："他的原则是在各岗位上革新创造，不墨守成规，同时以绝对清廉的方式，以身作则，而且待人公正。他的清廉甚至到了牺牲家庭幸福的地步了。"

居住在美国德克萨斯州的臧启芳三子臧凯年，在追思会上吟唱他的先父所作的一首词，以此自勉并勉励臧氏所有后世子孙："垂老豪情未减，行歌犹自轩昂；世人休笑我癫狂，今朝需尽醉，一曲一倾肠。多少前朝遗事，空余笔底炎凉；蜀山依旧伴斜阳，古今同一例，冷眼看兴亡。"[①]

八、国史研究部与文科研究所

翻遍东北大学官方编撰的各类校史资料，都未找到关于国史研究部的片言只语。《东北大学校志》写得很明确："本校培养研究生工作，是从东北史地经济研究所成立时开始的。"那么，国史研究部的工作可能就属于"民间"性质。

目力所及，见到的唯一关于国史研究部的记载，出自张震泽[②]的自述：

1939年4月，我携妇将雏到了四川三台。令人惊喜的是，这儿有东北大学，丁山先生[③]正在东大任教。他已由教师服务团资助，成立了一个"国史研究部"，并自任导师。研究人员已有四人，大都是我的旧同学，魏兴南也在这里，他们劝我也来参加。师友重见，无比快慰，于是我毅然辞去中学教职，开始了研究工作。

所订的研究计划，首先是编写《中国图书志》，目的为了抗战胜利后搜集佚书提供资料。其中，又分五个专题：天文、地理、氏族、职官、器服，每人分担一题，目的是整理旧史。

这个计划原是丁先生自己的治学内容，一人难以完成，故就机依靠集体。因

---

① 《学者与家族后人追思民国先贤臧启芳》，网易新闻网站。
② 张震泽（1911—1992），字溥东，又字一泓。山东长清县人。1935年毕业于青岛国立山东大学中国文学系，曾先后在国立西北大学、重庆女子师范学院、西南师范学院、沈阳师范学院、辽宁大学等高等院校任教。大学时从丁山、闻宥，受文字器物之学，后着意于秦汉简帛、流沙草隶等。著有《孙膑兵法校理》《诗经新诠》《杨雄集校注》《张衡诗文集校注》《许慎年谱》等。
③ 丁山（1901—1952），安徽和县人。史学家，古文字学家。1924年考取北大研究所国学门研究生，1926年任厦门大学助教，次年任中山大学教授。1929年至1932年任中央研究院史语所研究员，随后历任中央大学、山东大学、四川大学教授。1939年2月至1940年8月任国立东北大学教授。之后，又任西北大学、暨南大学教授。著有《新殷本纪》《商周史料考证》《中国古代宗教与神话考》等。

为我从前研究"周官",故分了职官。其余,魏兴南任天文,舒连景任氏族,冉照德任器服,赵殿诰任地理。《中国图书志》搜集古今书目,每书一个卡片,考证其卷数、著者、版本分合及主要内容;分题则是从头阅读十三经、诸子百家、二十五史,抄录有关材料。

在这里工作将近二年,做成图书卡片数万张,笔记几大本,收获很大。

第一,广泛地阅读了大量古书,有重点地掌握了一些材料,对中国古文化有了大致的了解。

第二,学习了研究方法,就是要在掌握材料的基础上,排比对证,得出结论。

第三,接触到很多专家,如经学家蒙文通、楚辞家姜亮夫、东北史家金静庵,受到很多教益。

在这过程中,听了不少专题讲述:丁山先生讲了如何运用甲骨卜辞研究古代神话和商史,又讲了他拟作《金文集成》的计划,介绍了近世对甲骨金文的研究情况。蒙文通先生讲了他的老师廖季平的治学态度,又介绍了当时西南联大历史学者研究中国历史发展的问题,还请专家讲述了巴蜀文化和西南少数民族状况,大开了我们的眼界。

我在丁先生指导下补充改写了《许慎年谱》,还写了几篇文章。同学们各有写作。我们自编自印出版了一种期刊《史董》。

不幸的是,自从武汉失守以后,蒋介石企图变抗战为内战,露骨反共。1939年1月,决定政策重点从对外转向对内,弄得众怨沸腾,民不聊生,物价飞涨。到1940年春,研究部已不能维持,然同学们犹忍饥为之。暑期后,丁先生改任国立西北大学教授,前往陕西城固(西北大学所在),群龙无首,遂乃星散。《中国图书志》全部卡片为丁先生带走,后来丁先生病逝青岛,卡片竟全部遗失。①

(丁山于1939年2月到东大任教,1940年暑期离开(1943、1944年间重回

---

① 高增德、丁东编:《世纪学人自述》第四卷(北京:十月文艺出版社,2000年),第167—169页。

东大），可见其主持的"国史研究部"存在了一年左右的时间。）

几乎就在"民办"国史研究部解散的同时，一个官办的研究机构成立。《东北大学八十年》载：（1940 年 8 月中旬）国民政府教育部令，国立东北大学设东北史地经济研究室，聘金毓黻为研究室主任。遴选本届史地、经济两系毕业生五人为研究生。[①]

关于设置研究室的目的，大体有二："一则为集中本大学之教师、学生研究东北问题之各方面以其结果贡献于国家；一则为本大学毕业生及其他大学生毕业

金毓黻

有志研究东北问题之学生，设深造之研究机关，以造就畅晓东北问题之专门人才。"[②] 至于研究生的培养方式，与一般大学有所不同，"盖其他大学之研究所，专为提尚研究生之学识、技能而设，于其上置导师，从而指导之，无论研究之成绩如何深邃，而实以研究生为研究之本位。本室不然，虽亦沿用一般研究所之制度，有研究生之名称，而于其上设研究员以代导师，即研究员实居研究之本位，而以研究生助理之。其旨趣颇与中央研究院各研究所相似，同时亦极端指导研究生，以养成其独立研究之能力。但由本室指定共同研究之问题，必须照拟定纲要办理，无自由选择之余地。是以为本室研究生者，须先认清此旨，方不致盲无目的。"[③]

东北史地经济研究室 1940 年成立之初，教育部曾拨经费一万元、图书设备等费一万五千元作为当年下半年的所有开支。于是，校方"于三台县城西门外马家桥地方租得地皮一处，遂即鸠工庀材建筑草房十五间，共分前后两进各七间，附储藏室一间。以后进房七间为研究室之课堂及图书室；以前进房七间为

---

① 杨佩祯等主编：《东北大学八十年》（沈阳：东北大学出版社，2003 年），第 139 页。

② 《国立东北大学史地经济研究室概况》，《东北集刊》（1941 年 6 月）第一期。

③ 同上。

宿舍、印刷所、炊爨室"。① 当年 10 月份竣工后，于 11 月中旬投入使用。有学子描绘这里的学习环境："宽敞整洁，中有花圃，莳以各种花卉，四川为亚热带气候，四季常青，繁英不辍，兼以乡村空气新鲜，蓝天白云，竹篱茅舍，野趣盛然。因乡居无车马之喧嚣，无世俗之纷扰，潜心研读，把卷吟哦于溪径丘壑之间，不啻为神仙中人。"②

王家琦是研究室招收的第一届研究生，据其回忆："由于日本侵略军飞机深入内地轰炸城市，当时研究室设在县城西马家桥北去绵阳的公路旁（后期迁回城内龙王庙）。地处农村中，四周有丘陵，有水田。前后两排草顶房、工作室、课堂、图书馆、宿舍、厨房、饭厅等均在一起。过公路上坡东去，便是北关外'岗岩延袤而平广'的长平山，所以先生写了'长平草堂'四字横挂在室中。这样的生活环境虽是艰苦，但它有一种好处，就是师生研读食宿均在一起，彼此了解，比那种堂上一见、堂下两便有更多的机会。先生（指金毓黻先生）当时讲过，做老师的，应该不仅当'经师'，还要当'人师'。意思是说，除了教知识技能以外，对学生的品行也要负责。那时，四川各地物价上涨，先生为了研究生能安心工作，特和学校当局商量使我们兼了助教衔，这才解决了生活问题。"③

研究室的掌门人是金毓黻先生，"先生在北洋军阀和国民党统治时期的各种机关曾经任过一些职务，另方面又有很多的著作，但先生接待职位低的同事和学生却没有那种'官气'，也不摆权威学者派头，而是有蔼然长考之风。在谈学术问题时，也不贬低同行以抬高自己。""先生主持研究室时，已是年过半百之人，每天早起就工作，晚间还挑灯（当时都用油灯）写作。由于他的工作室和我们的大工作室（研究生是坐班制）有门相通，所以我们也受影响，每夜上晚自习。"谈到金毓黻先生教学时，王家琦说：

① 杨佩祯等主编：《东北大学校志》第一卷（上）（沈阳：东北大学出版社，2008 年），第 146 页。

② 杨锡福：《四十年前母校研究所生活杂忆》，东北大学旅台校友会编：《国立东北大学六十周年纪念特刊》（1983 年）。

③ 王家琦：《金毓黻先生治学办研究所二三事》，《东北大学建校 65 周年纪念专刊》（自印本，1988 年），第 152—153 页。

先生对学生可说是"循循善诱"，有问必答。一次，我曾问渤海国的货币问题。他不是说你看我编的《渤海国志长编》去吧，而是在百忙中写了书面答复。当时，书刊缺乏，我们工作起来便感资料不足。先生针对这种情况，虽然经费少还是派学生轮流外出去重庆、成都、李庄等地搜集抄录资料。并叫我们对日本军国主义为侵略我国而搞的一些图书刊物也注意搜集研究，还请有关教授为我们补习日文。这说明先生是关心现实问题的。先生有时利用假日和研究生一起游览县城以外各地，见到古迹便做些考察。例如，一次和我们游东山寺（在东门外涪江左岸，当时是古寺残迹改建的公园），先生看出了江边高峻的山崖上有古代石雕大佛的残迹。以前，我们学生过江闲玩时，没人注意这"残迹"。先生曾作一首诗，用纸写了给我。这种活动，对我们只抠书本的人学习考古调查起了很大作用。[①]

1942年4月，教育部长陈立夫莅临东北大学视察，对研究室成绩"甚感满意"，"且以在东北未收复之前，研究筹划工作实为将来定复建设之指针"，研究室使命既然如此重大，组织当应扩大，乃依大学研究所组织法，于当年8月改室为所。东北大学文科研究所就此成立了，内设史地学部，分历史、地理、经济史地三组。又于同年10月迁入城内龙王庙。[②]

翌年秋天到研究所攻读硕士学位的杨锡福，有过如下回忆："研究所创设之初设在三台北郊马家桥。距城仅数公里，步行约一小时……越二年因马家桥与校本部，分居城乡两处，往来不便，遂迁入城内之龙王庙。庙距校本部步行仅三分钟，庙北甚宽，八字大门，进门为广场，中为大殿，改建为东北大学员工子弟小学：左院改建为教授宿舍，右院即改为研究所所地。广场中近研究部分有深井一

———————————

① 王家琦：《金毓黻先生治学办研究所二三事》，《东北大学建校65周年纪念专刊》（自印本，1988年），第153页。

② 杨佩祯等主编：《东北大学校志》第一卷（上）（沈阳：东北大学出版社，2008年），第657页。

口，井旁有巨榕一株，枝干遮日，荫广数十方丈。金师有早起习惯，每当晨光曦微，东方初白，金师在榕荫下仗木剑起舞，寒暑风雨弗避，盖以锻炼身体，以舞剑为运动也。笔者为研究所第三届研究生，在龙王庙入学，研究生宿舍即在龙王庙广场之右尽头，一排草屋，计六间，每一研究生独居一间，宿舍之左即为研究室及金师所住之主任办公室。"①

关于研究生的学习与生活问题，杨锡福是这样描述的：

也许是当年我国初办研究所的关系，对于研究生的管理，似乎过于严格，要求也过高一些。

研究生上课时数不多，平均每周四至六小时，但在研究室时间却跟公务员一样。金所长看得很严，他自己以身作则，每天除了授课，也是时时在他的所长室读书写作品。所谓以身教者从，研究生们当然上行而下效了。

研究生通常晨间6时半至7时起身，梳洗毕，到校本部餐厅吃稀饭，八时前返所，8时整必到研究室。每人一张长而大的书桌，堆满了书籍，于是埋首在书堆里，看呀、抄呀、拟要呀、做笔录呀、编目次呀，这都属搜集和整理资料方面。经过吸收、消化，书上的资料成为胸中的学问，于是选写一个题目，开始写作，这就是专题研究报告的阶段。

每周上课时数虽不多，可是它不像大学时代上课轻松，在上课前要预先看指定的参考书，下课后要整理笔记，交老师评阅。所以上两小时的课，至少要花上五六小时准备和善后，这些工作都放在晚自习去做，白天不去分神的。一天约有十二小时在书和笔间消磨度过。读久了，走出研究室，在大榕树下踱踱方步，暂时让头脑休息一下。

星期天及例假，为调剂身心，休闲活动大概是：近郊短程旅游、坐茶馆谈天说地、参加大学本部同学团体活动等其他消遣方式。

四川气候，冬季不冷而夏季很长，所以各大学均是寒假较短而暑假较长。

① 杨锡福：《金师静安与东北大学文科研究所》，东北大学旅台校友会编：《国立东北大学六十周年纪念特刊》（1983年），第189—190页。

寒暑假期内，研究生上午仍须到研究室研究，下午及晚间可以自由了。但是假期内要写学期专题指告，还是重头戏，漫漫长夏，仍然和书笔为伍，汗湿稿纸是常见的事。[①]

到 1944 年年中，文科研究所设史地学部，分为历史、地理、经济史地等组。历史组由丁山、金毓黻两教授指导；地理组由杨曾威教授指导；经济史地组由吴希庸教授指导，侧重于东北史地之研究。综观整个抗战时期，文科研究所在三台共招收五届研究生，合计十七人。

九、从草堂书院到草堂国专

1942 年以来，东北大学文学院诸教授，为蜀中学子未能升入大学者继续就读之便，乃倡办"草堂书院"，得到三台、盐亭、中江、射洪各县地方人士赞同，随即进行筹划。

1943 年 8 月下旬，以东北大学教授丁山、高亨、孔德为创建人，并得到四川大学教授蒙文通的襄助，分别于成都、三台两地设置考区，公开招收高中毕业，或具有同等学历之学生入学。据首届录取生、三台人袁诲余回忆：

我本人就是在成都城守东大街四川省立图书馆内考场参加入学考试的。主考人为川大兼华西大学教授、四川省立图书馆馆长蒙文通。考试内容不外一般文、史、哲知识。有的简要提问；有的要求填充或解释；有的则要求简述作品内容或评论作家。像经学提问："'风雅'二字何解？"史学提问："何为编年体，纪年体？"文学提问："唐宋八大家都是谁？"《逍遥篇》《水经注》系何人所著？"综合性的问题：如问"《诗经》《离骚》《史记》《三国志》各是什么样的书？"以及"何谓诸子、有无百家？"等等。还有一道作文题，大意为试论"文以载道"，

---

① 杨锡福：《四十年前母校研究所生活杂忆》，东北大学旅台校友会编：《国立东北大学六十周年纪念特刊》（1983 年）。

本书作者在三台杜甫草堂

其他还有什么就记不清了，在成都考区报考者不下二百人，原订正式录取学生五十名。我当时刚十八岁，正在成都贞门三巷子——纯化街成都市南大镇中心小学教书，自己一心向往升学，应试答题，书写十分认真，交卷后也不觉得有什么遗憾，但总怕考不上，失去能回家乡读书的大好机会。……后来，我去看榜，见已名列第十三名，真是说不出的感谢和高兴！[①]

草堂书院校址，设在三台县城北门外袁家花园内一处有着水榭楼阁的小四合院中。校园内绿树成荫，十分幽静，山泉居高临下，潺潺流入池内，教室正在水榭的阁楼上，景色宜人。当年 10 月份，新生陆续到校后，本应及时开学，孰料创建人之一的孔德教授，不知何故突然鼓动除三台籍外的近半数学生，跑到了重庆北碚另办一个"学校"去了。就在此时，国民政府教育部对草堂书院申请备案

---

① 袁海余：《三台草堂国专与成都尊经国专》，政协四川省绵阳市文史委编：《绵阳市文史资料选刊》第五辑（内部印刷，1990 年），第 10—11 页。

之批示指出：现时办"书院"
无此体制，准照原"无锡国
专"之例，可办三台草堂国学
专科学校。11 月，草堂书院便
改为三台草堂国学专科学校。
《说文月刊》1944 年第一二期
合刊曾刊文介绍草堂国专的相
关细节："本社社友丁山、高
亨、孔德等讲学于三台东北大

三台中学校园一角（张在军摄）

学，病时学之谬悠，慨后生之彷徨，因就地魁宿，筹议用以纪念诗圣杜公，创设
草堂国学专科学校，培植国学专门人材，敦请说文社理监事吴稚晖、于右任、戴
传贤、张继、吴忠信、卫聚贤诸先生为校董，业经向教育部备案，已在三台开始
招生，俟董事会正式成立后筹募基金办理立案手续，以奠定本校基础云。"① 不久，
草堂国专组成了以三台人李宏锟（抗战期间曾任陪都重庆市市长）为董事长的校
董会。原有教授负责制，因孔德教授出走，已成过去，由新的校董会议决，以杨
向奎教授代理校长主持校务，礼聘赵纪彬教授任教务长，杨荣国教授为训导长。

　　草堂国专原拟依照书院旧制，匆匆创建。因系民间私立，缺乏经费。教学虽
有极好之师资，但无明确之分科，不仅没有部颁教科书，更谈不上教学大纲。故
各门学科，均由任课人自订标准，自编教材，乃至临堂随意讲演，如此形形色色，
得失互见。代理校长杨向奎教授亲自讲授课时较多的"中国通史"，讲述时滔滔
不绝。"他讲两汉史，常着力于论证中国封建社会形成于此时……杨先生学而不
厌，诲人不倦，热心校务，不计报酬。"丁山先生讲《左传》，"每天他上课时，
教室内外挤满了人。不少东大的师生都赶来听课。……丁先生擅于板书，凡有要
点均列示。先生不在期中、期末进行考试，但常在课间普遍提问，学生回答无论
详略，均给评语以示成绩，且多作鼓励，故学生极愿先生提问，借以检查自己之

---

① 《说文社主办三台草堂国学专科学校缘起》，重庆《说文月刊》1944 年 11 月第五卷一二期
合刊。

学力。"陈述教授是精研契丹文字的辽史专家，"但讲课的口才不怎么好，教态又过于严肃，学生敬而畏之。他教的断代史是必修课，可上课人数不甚踊跃，以致陈先生采用课前点名的办法来督查，同学中戏称之为'名教授'。"[1]霍纯璞教授选讲历代古文，纯学术的讲解，使人觉得有点"匠"气。但他勤于攻读，好学不倦之精神，艰苦朴素之生活作风，给学生印象甚好。李子雄先生是草堂国专初创时唯一的三台人，诗作、书法均为人称道。他讲《唐诗》省却初唐四杰不提，开篇就讲射洪县唐代大诗人陈子昂，尤以《登幽州台》"念天地之悠悠，独怆然而涕下……"为精彩。随后续讲李白、杜甫、元稹、白居易诸大家。他又常给学生讲杜甫在梓州居留所作若干首诗。此外，赵纪彬教务长讲授"哲学概论"《论语》《孟子》"逻辑学"等课，杨荣国训导长讲授的"世界史"。高亨教授讲授《尚书》，他称要学好古文，必得从《尚书》始，因《尚书》是最古的古文。有了如此多的好教师上课，学生们都感到满意。

开学上课快三个月之际，校董会因内部纠纷，决定派由李子雄老师，会同赞助人又是国专学生钟子杰两人，专程赴成都邀请著名史学家、国专校董蒙文通教授前往协调，并推其兼任校长一职。但因蒙文通教授不能长住三台，故由杨向奎代理校长职，堂弟蒙季甫任教务，主持日常工作。据当年的学生袁海余回忆：

> 1945年初春，蒙先生欣然临校。我们草堂国专师生大部分人（少部分已回家过节）在校园内列队欢迎。欢迎蒙先生任校长时，曾摄影纪念。这张幸存照片，我在近期曾翻制放大，寄赠三台新建之杜甫梓州草堂纪念馆，从照片上可以清楚看到，欢迎蒙文通校长的国专师生，约有百人，当时学生中，有入学前即执行律师业务的卿瑞麟，有县经收处负责财务、又热心赞助教务的钟子杰，有三台县社会科科长瞿子英。他们均已年过三十。这些同学年龄大，又有工作，能到国专来求学，其精神是难能可贵的。[2]

---

[1] 袁海余：《三台草堂国专与成都尊经国专》，政协四川省绵阳市文史委编：《绵阳市文史资料选刊》第五辑（内部印刷，1990年），第16—17页。

[2] 同上，第12—13页。

杨向奎代理校长在《我们的蒙老师》一文中写道：

1944 年左右，迁在四川三台东北大学文科教授丁山父等先生成立尊经国学专科学校"①，几经周折，后来请蒙文通老师任校长，蒙先生当时是四川大学教授，不能长期留住三台。当他离开时遂由我来代校长，而先生的堂弟季甫先生负责具体事务。国专分文、史、哲三科，教授多由东北大学教授兼任，我代校长后，遂请叶丁易教授为文科主任，杨荣国教授为史科主任，赵纪彬教授为哲学主任。他们三位都是进步的红色教授。红色进入学校，使传统的经学加上历史唯物主义的色彩，这是初建校时未曾想到的。

季甫先生亦多才，当时我们每天见面，无话不谈。此后四十年来虽然联系不断，但未曾见面。国专的学生成绩亦可观，现在北京的袁诲余是其中佼佼者。蒙先生曾为国专之生存发展出过大力，学生有才，当亦忻然！②

抗战胜利之后，东北大学于 1946 年春夏之际开始复员。国专同学高兴欢送陆续回沈阳的东北大学的兼课老师，又担心今后无人上课怎么办？好在大多数教师，他们一直坚持给国专学生上课，直到离开三台才停授。蒙文通教授主持校务，于 1945 年还招收了新生，因原校舍不够用，遂迁至城内下南街禹王宫上课。此处为湖广会馆，馆内房舍多且坚固，各班均有专用教室，还有较大屋子，供教授休息、会议使用。第二届入学新生，年龄比较整齐，均在二十岁以下，分大、小班分别上课，学生人数

蒙文通先生

---

①　作者表述有误。三台时期应为草堂国学专科学校，后搬迁至成都后才改名尊经国学专科学校。

②　蒙默编：《蒙文通学记》增补本（北京：三联书店，2006 年），第 68 页。

增加一倍还多。1945 年秋以来，增聘东大中文系主任陆侃如教授讲中国文学史、董每戡教授讲词曲、叶丁易教授讲目录学和《说文解字》、孙道升教授讲当代哲学史、姚雪垠副教授讲中国现代文学史、时蒙季甫先生亦自成都来国专讲"三礼"。到此可以说，国专所设文、史、哲三类课程，已臻齐备，且师资力量不下于大学本科，当时的学生除学习主课外，还可随意选修自己喜欢的课程。此一时期，师生之间格外融洽，互相尊重与爱护、形成良好的风气。袁海余回忆：陆侃如先生讲课时，"不翻阅教科书，也不看讲稿，爱来回在教室里走动着讲述，声细而清晰，娓娓动听。按文学史列为序，有条不紊。……陆先生知识丰富，讲课亦得法，每到下课时，正好结束一个课时的内容，或讲完一位文学家代表人物。其记忆力特强，对任何一个重要历史时期，一些重要文学家之生年卒月，讲得一字不差"。董每戡先生，"讲词以宋代苏轼、辛弃疾、岳飞、陆游为主。兴致高时，便拿自己填的词为例，向我们讲述词的特殊格式，音韵及思想性。有次讲岳武穆的《满江红》，他能用几种不同谱调吟唱，当师生一齐合唱的时候，整个教室响起慷慨激昂的还我河山的爱国强音"。叶丁易先生，"写得一手大、小篆字，上课时，细致地将字头工整书于大黑板上，极其生动形象！他不管多忙，也要同学生接近，与赵纪彬先生一道，做学生思想工作。他上课也常论世道人心，勉励学生做学问、做人"。姚雪垠副教授，"当时只是照本宣科，如讲'五四'白话文兴起时，便例念胡适的'八不主义'，一条一条地叨说，学生多不感兴趣；到是当他即兴讲述自己的创作实践时，却大受欢迎。很有点像老艺人'说评书'的味儿"。[①]

1946 年秋冬，东北大学的绝大多数师生，陆续离开三台走了。草堂国专的师资终于成了突出的问题，在三台县一时请不到那么多优质老师。于是，蒙文通校长征得校董会同意，特请四川著名学者谢无量先生担任校董会董事长。在谢先生、蒙校长的努力下，决定将草堂国专迁至成都西门外金牛坝，并改校名为成都尊经国学专科学校。更改校名之缘由，意在继承振兴蜀学的尊经书院遗风。此后国专的教师即转变为以四川籍为主了。

① 袁海余：《三台草堂国专与成都尊经国专》,政协四川省绵阳市文史委编：《绵阳市文史资料选刊》第五辑（内部印刷，1990 年），第 18—20 页。

1947 年秋，第一届入校生毕业，实际上都学习四年，与本科相同。

1949 年成都解放后，尊经国专停办，参与新中国院系调整，大部分师生转入现在的南充师范学院、四川师范大学。

十、学术刊物与学术团体

高校的学术刊物，主要是刊载本校师生学术论文的载体。东北大学建校之初并无学术刊物，直到 1926 年 10 月创办《东北大学周刊》之后，开辟"学术"版面以满足学术论文的发表。后来，随着学术论文的增多，周刊已满足不了发表的需要，遂于 1927 年 5 月正式创办了第一个学术刊物——《东北大学季刊》，集中刊载学术论文。九一八事变之后，学校开始流亡迁徙，由于经费困难，《东北大学季刊》停办。

到了四川三台，由于办学环境较为稳定，科学研究工作十分活跃，科研成果大量涌现。为适应这一形势发展的需要，先后创办了学术刊物《志林》和《东北集刊》。抗战胜利之后，东大复员沈阳，这两个刊物全部停办。

《东北大学季刊》第一期封面

1.《志林》

1940 年 1 月，由国立东北大学主办的《志林》创刊。虽为不定期刊物，但一年之内不得少于两期。金毓黻教授代臧启芳校长为第一期刊物所写《弁言》如下：

大学为最高学府，应以研学为第一义，无间中外，此理攸同。本校成立，二十几载。往在沈阳，师生研学之作，咸藉《周刊》表襮之；寇患骤发，全校播迁，兵戈扰攘，竟尔中辍。二十六年（1937）之春，某奉命长校，始改国立，乃由平而汴、而西安、而三台，两载之中，凡三迁其址。中间一度恢复《周刊》，不久又告停顿，盖因转徙靡定，经费拮据，遂未遑事此也。年来某殚心建设，如校址为廓充，图书馆之具建筑，研究室之开辟，学术研究费之增加，皆粗具规模。海内贤达，翩然来集，在校诸子亦知及时孟晋。用是，教者底授业解惑之绩，学者获进德修业之益，弦诵不绝于城郭，讲说旁及于乡间。于斯时也，在校诸师，咸能本其所学，尽量发挥，积稿在笥，引而未发；从游之士，承其指授，亦时有所造作。夫学术为天下公器，应与天下人共见之。立说而当，蒙其庥者何限；立说而不当，亦欲藉版业以就正于有道，此本校所以继《周刊》之后而有《志林》之刊行也。或谓寇焰方张，抗战未毕，权其轻重，应以救国为先，其说允矣。然救国之术，原非一端，将士以勇于战阵为救国，官吏以忠于服务为救国，学校以瘁于研学为救国，虽操术不同，其趋则一而已。本校于党团工作、社会服务，足以加强抗战力量者，既以黾勉从事，又以研学所得，表襮当世，应用最新之方法，发扬固有文化，而中华不亡之征，亦于是乎在。是则《志林》之刊，又乌容已！愿持此旨，以与并世鸿博共见之。[1]

《志林》以刊载东大本校教职员所撰研究论文为主，学生作品经导师审阅认定，也可刊登。刊物分文史号、政经号两种，间隔出刊，文史号登载关于文学院国文、史地两学系的论文，政经号登载关于法学院政治、经济、工商管理三学系的论文。至于理学院化学系的论文不便登入文史、政经两号，可另行作为专刊结集成册出版。

东大校志谓《志林》编委会主任委员是萧一山，委员有姜亮夫、金毓黻、赵曾儒、杨曾威、吴希庸、左仍彦、李光忠、赵鸿翥、娄学熙、丁山、白世昌、蒙文通、蓝文征、高亨。但是翻阅潘重规《三台日记》，疑潘教授也为编委之一。因其日记有多处记载校对文稿、督促印刷诸事宜。

1946 年 3 月，东大准备迁回沈阳，《志林》停办。共出版发行九期。

① 金毓黻：《静晤室日记》第六册（沈阳：辽沈书社，1993 年），第 4451—4452 页。此为金氏1940 年 1 月 7 日日记所载。其 1 月 5 日日记载："代臧君撰《志林》弁言已成，又撰略例，大约月终可出版矣。"另外，对照《东北大学校志》第一卷所载署名臧启芳的弁言，文字有异同。

2.《东北集刊》

《东北集刊》是东北史地经济研究室成立的第二年创办，创办时间为1941年6月。

研究室同仁，在《东北集刊》第一期发表《引言》，就发行刊物的宗旨、内容等问题做了说明。全文如下：

国立东北大学懔于使命之重大，而有东北史地经济研究室之建立，已一年于兹矣。仅依所定工作标准，分组研究撰成论文、计有两类：一为专书成一种；一为专题集合若干专题分期刊行。谓之东北集刊，即本刊所由作之。以严格论之，大凡研一专题，非至十分成熟固不敢轻易发表，然研究机关与专家著述不同，若过于谨慎不肯公之于世，为得为失皆不能自知，将何以补苴罅漏，而日起有功乎。是则以未十分成熟之作品公之于世，匹为就正有道之地，亦辨章学术必经之程也。本刊所发表者多为研究生之作品，不得谓之成熟。间有导师、研究员一二篇参列其中，亦属报告性质。愿以所见质之当代大雅，不敢藏拙以自隔，所自视为歉。然者研究趋向多属过去问题，而稍略于现代，以致属于历史之研究，倍于地理与经济，且所命各题侧重边疆兼及辽金元史，亦似溢乎东北研究之外与其役者，亦明知之祇以军兴路梗，现代资料缺乏，因时制宜，不得不然。然自二期以下搜集东北资料渐多，各组所撰专题将力求符于条中意志。分组研究之本旨微尚所存，不敢谓当幸读者以督教之顷，以专书之东北通史，行将刊成集刊，亦同时问世，例有引言，以发其端。若乃研究旨趣及专案，已具附载之研究室概况中，故不复云。

《东北集刊》由东北史地经济研究室负责编辑，出刊三期。1942年8月，研究室改为文科研究所，因此该刊由研究所编辑，出刊五期。出版之后，交由重庆中华书局、成都中华书局、世界书局等书店代售，定价国币100元。1946年初，刊物停办。

3.《经济季刊》

《经济季刊》是东北大学经济学会编辑出版的刊物（编委员主任委员王敬宗），创刊于 1945 年 10 月。该刊《发刊词》将办刊宗旨介绍如下：

本系全体同学，于今春组织经济学会，借以共同研究经济学术与商讨实际问题。成立以来，业已举办辩论会、演讲会与座谈会多次，结果不恶，旋复决议发行期刊物，名曰《经济季刊》，为本会经常主要业务之一，翼以此表现其研究之所得，就正于海内贤达而期有所贡献于斯学，用意致善，谋不敏，以职关系，忝为导师之一，当视力之所能，从旁奖掖，幸观厥成，今当发刊之时，有司嘱予为词以缀其端，焉能已于言哉。以本会发行此刊之旨趣，其荦荦大者不外下列四端：

①倡导共同研究精神——同学均深深感觉教室生活过于呆板，研究兴趣过于沉寂，闻钟声而聚散，直貌合而神离，并股肱其一堂，却寡闻而孤陋，各不相谋，获益殊鲜。今借此学会共同之研究，良师益友济济一堂，要收切磋琢磨之效，开以此刊而表现与研究之结果，公诸同好，不独本校师生得自觇其钻研之趋向与进度，同时可以是刊为谋将进而与国内外经济学界人士作学术上之联络于商讨。虽印此新生之小册不足以语大雅，或能因此而引起国内大学经济系诸同学竞刊同性质之巨帙，是不失为"抛砖引玉"之义矣。

②阐明中外经济学说——经济学之成为专门独立之科学，挽近事耳。其研究之对象与范围，迄无明白之确定，语其主义，尤为门户森严，互相攻讦，本刊一本爱好真理，实事求是之精神，决不溺于一家之言，一派之说。凡关于阐讨古今中外经济学说之文稿，无不竭诚欢迎，俾斯学日臻完善，以期与先进之科学并驾齐驱。

③解决社会经济问题——任何科学之最终目的为增进人类幸福，绝非止于神神游戏，经济学术不能例外。本刊特别着重于社会经济现象之观察与分析，务期明了其真相而谋合理之解释，并进而寻求对策以改善人类经济生活。凡遇重大经济问题，有关整个国计民生者，将拟发行专号，详加讨论，借供政府之采纳。

④搜集实际经济资料——无论学理之探讨或问题之解决，均须质之于事实，然后才有科学价值，本刊每期辟有调查统计专栏，准备动员全体会员，深入民间，实际调查，拟暂从三台附近着手，渐及于川北一带，至于工作对象，以棉丝盐三大宗为主，俟战事结束，本校迁回关外后，自当以东北经济为调查对象。"九一八"而后倭寇对东北经济之破坏与措施，历时十有五年，变动甚巨。如实地加以调查，将必有许多宝贵资料以饷国人。此不独暴露敌人过去之经济阴谋，同时有助于吾人战后之经济建设。胜利在即，本栏内容不久必将焕然一新也。吾人今之为此，不过作调查技术之试练与准备而已。

基于以上诸端，本会认为发行是刊，确有必要，唯兹事体大，本会能力菲薄，任重道远，向祈贤达不吝指教，是所至祷。

关于东大的学术团体，据《东北大学八十年》载："（1944 年 7 月 28 日）据统计，为便于学生课余时间从事讨论与研究而组织的学术团体有：政治学会、史地学会、写作协会、读书会、菩提社、经济园地等五十余个。组织的艺术团体有：青年歌咏队、抗敌国剧社、话剧社、川剧社等。纯由女生组织的团体有励进会与夜光壁报社两团体。"①《东北大学校志》载：1945 年学术团体统计有十一个：东北问题研究社、壁报联合会、法律学会、经济学会、政治学会、化学学会、工商管理学会、土木工程学会、历史学会、地理学会、学习社。这些学术团体的宗旨均为"联络感情，砥砺学行"。

这些学会中，颇有规模和影响者为 1944 年 3 月成立的经济学会。其宗旨是研究经济学术与商讨实际问题。该学会曾在会刊《经济季刊》上载文，对经济学会概况作了介绍：

荀子曾经说过"学不可已矣"，又说"君于性非异也，善假于物也。"荀于所谓"学"，当然也就是我们现在的所谓学，不过他所谓"学"，系着重于个人闭门

_____
①　杨佩祯等主编：《东北大学八十年》（沈阳：东北大学出版社，2003 年），第 146 页。

读书的单独的研究，换句话说，这种"学"，完全是一种"求诸己"的学。因此他所谓"假物"，也不过是"搜遗迹于往帙，讨故事于残篇"的个人狭义的"假物"。但是我们现在的所谓"学"，除了个人的"求诸己"的卑独的研究外，尚须利用一种组织，来互相切磋琢磨。换句话说，就是除了"求诸己"的"学"外，还要有集思广益的"求诸人"的"学"。当然我们所"假"之物，要比荀子所谓"假物"要"广"要"善"。上述的组织，就是吾人今日之所谓"学会"，也可以说是在"学术"研究方面，是一种"善假于物"的组织。

本校经济系虽然创办有年，但是经济学会并不创立于本校经济系成立的季节，而是诞生于去年之春节。论其年龄，不过是一个不满一岁的婴孩，但论其生气，确又像一个活活泼泼富于无限生机的孩童，他有一百多个保姆——会员——来"保抱"他，"携持"他。也许在四五年后，就能够为他的同伴所重视。他的前途是无量的，他的寿算是可假颐的。那么，"后生可畏"这句话，我们一百多个保姆所"保抱携持"的婴孩，实足以当之。

经济学会组织机构十分健全，包括总务股（下设文书组、事务组、会计组、联络组、康乐组）、学术股（下设资料组、调查组、研究组）、编辑委员会（下设出版组、发行组）、基金管理委员会等。第一届主席李弘壁，副主席傅强。

该学会还聘请臧启芳校长、李光忠院长、梅远谋教授、钱德富教授、杨荣国教授、曹为祺教授、卢伯鸥教授等诸多先生作为学会导师。

训导长庞英在《训导处的工作概况》一文中"关于学生团体之指导"部分指出：

大学本为研究学术机关，故本校于正常课程范围内之研究尽力督率外，并宣导学生组织各种学术团体，以便学生于课余时间，从事讨论与研究。

本处亦准许学生组织各种正常之艺术团体，俾于课余之暇，偶得陶娱身心之资。此经成立者，计有青年歌咏队、新生歌咏队、抗敌国剧社、话剧社、川剧社五团体，每遇适当机会，经训导处准后即可公开表演。

凡学生团体经发起后，均须向训导处呈请核准始得正式成立，从事活动。但须时受训导处之监督指导，以不违反学生团体规则为原则，因以本校学生团体向无补法组织与轨外行动之发生。

学生团体所出之壁报，不仅注重与学术文艺之研究，尤其于主义之宣传，及东北恢复与建设问题之研究。

对于各学术团体，每学期中，由训导处拟定专题，略备奖金，举行写作比赛一次，以资鼓励。

十一、疾病与校医

战时的流亡生活是艰苦的，病魔又往往喜欢缠着清贫的师生。他们的健康长期受到威胁，有的转成慢性病痛，有病无钱治，备受熬煎。从湖南沦陷区好不容易到三台读大学的左承统，学习刚一学期就咯血了，校医检查其身体告诉学校当局，左承统的肺病已开始进入第三期，建议学校动员他回家治疗。肺病在当时无特效药，特别是在四川，常年雾多，雾中带瘴毒，十个肺痨十个死。左承统好像是已注定即将入土的人了，但他坚决不肯回家。因为当时宜昌、沙市已沦陷，要绕道贵州到湖南，相隔数千里，交通极不便，一趟需时一个多月，路费也没有。是否病困而死于中途，也不可知。学校同情左承统的艰困处境，让他单独住一间小平房，居校医治，仍随班听讲学习。后来通过练习武术，病情慢慢痊愈。①

朱浩熙《蒋天枢传》第八章"泣血三台"，给人印象最深刻的就是蒋教授子女及本人遭受病魔折磨的凄惨故事。

1940年春的一天，蒋天枢教授的两个小孩——三岁的钟琦、一岁多的钟霖被学生们抱着外出躲警报。小钟霖误食了不洁之物，腹泻不止，一连服药几天，病情仍不见好转，原来胖乎乎的小胳膊小腿儿瘦成了皮包骨头。蒋天枢夫妇眼见孩

①　左承统：《左承统回忆录》（长沙：湖南人民出版社，2010年），第59—60页。

子的病一天天沉重，但又无计可施。教会医院的一位英国老太太原本是接生婆，并不懂得小儿科疾病的治疗，但夫妇俩末了还是得把孩子抱进教会医院里。孩子每天拉水、拉脓血……无情的疾病折磨着孩子。到了农历四月下旬，小钟霖这株幼苗便枯萎了……

在小钟霖还躺在病床上时，那边小钟琦也病倒了。失去霖儿后，蒋天枢夫妇更加精心地护理着小钟琦。度日如年地好不容易挨到旧历五月一日，小钟霖走后不到一个星期，无情的疾病又吞噬了小钟琦的生命。

遽失两儿之痛，在不停地折磨着蒋天枢。他终日以泪洗面，不吃也不喝，闭上眼睛就是一场噩梦，往往流着泪水睡去，醒来就捶床大恸……①

天道不公，命运之神常常来欺凌弱者。1942 年 10 月，蒋天枢突然高烧烫人，脉搏迟缓，腹中胀气，皮肤上出现星星点点的玫瑰红斑点。医生诊断为伤寒。为防传染，蒋天枢遵照医生所嘱，住进了教会医院，与家人隔离开来。

伤寒病人特别需要饮食与护理。夫人刘青莲因小女儿尚在襁褓，不敢把孩子带进医院，只好把外甥朱子方（东大文科所研究生）找来做帮手。医院里，白天由刘青莲服侍病人吃饭、服药，晚上便由朱子方过来陪夜。

伤寒病患者舌苔厚腻，食而不知其味。蒋天枢不知这就是伤寒的症状，总嫌饭菜不香，嘴里没味。一天，他心血来潮，不遵医生嘱咐，不听夫人劝告，"咯嘣咯嘣"地大嚼起五香铁蚕豆。铁蚕豆这么硬，胃怎能吃得消！

口福过后，病魔的报复也来得特别快！当夜，蒋天枢的体温骤然升高，便血不止，随后便是神志不清。尚未痊愈的伤病加重了。医生说，伤寒病人肠道相当脆弱，对不易消化的食物拒绝接受，稍有不慎，就会出现肠出血甚至肠穿孔，危及生命。一见此状，担任夜间护理的朱子方大惊失色，立即去找大夫，又忙着通知舅母，随之是紧张的抢救输血。②

蒋天枢从昏迷中醒来，说不出的愧疚和悔恨。住院疗效不大，又花钱太

---

① 朱浩熙：《蒋天枢传》（北京：作家出版社，2002 年），第 74—76 页。
② 同上，第 80—82 页。

多。这使家庭雪上加霜。蒋天枢便于 1943 年春天出院回家，"改服中药，经夏痊愈"。①

蒋天枢教授的故事只是一个缩影。东大校友李尧东回忆当年的生活时说："抗战艰苦时期缺医少药，校医处只能做简易的病情处理治疗。同学们一般生病也少求治，随身常带一个'虎标永安堂万金油'小盒，不管什么伤痛，都抹上一些求得缓解。虽然也有医院和慈善机构办的简陋医药事业，医药费总是付不起的，对于生病的同学也有互助解囊相助，只能暂时解决一下，无法长期治疗使人困扰、愤懑。我曾经为此画过一幅漫画，投在成都《新新新闻》谢趣生编的每周漫画版上刊出，标题就是'十字门儿大打开，有病无钱莫进来'，呼吁医院给贫困者打开方便之门，不过也只是空话呐喊而已。"②

东北大学成立初期，在其南校、北校分别设有校医室。1929 年 9 月，南北两校合在一处后，成立了东北大学医院（医院主任兼校医齐清心，获美国杰弗逊医科大学博士学位）。东大医院设手术室，备置多种器具以供施行简单手术并换药之用；设内科诊察室以诊察内科各症；设化验室以供做简单之医化学分析及其他试验之用；设药房一处备置各种精良药品以便校内人员购取。九一八事变后，流亡到关内的东北大学实行校医室制，在东大任校医的先后有刚时、王文铎、李树萱（荫堂）、宋鹭冰等。

校方对校医部所负责的具体事项明确为八点：关于检查新生体格事宜、关于诊疗学生病症事宜、关于检查学生食品饮料事宜、关于检查学生寝室之清洁及温度事宜、关于施种牛痘事宜、关于实行消毒及预防传染病事宜、关于施行健康诊断事宜、关于会商庶务部办理卫生事宜。为加强医务工作管理，学校还制定过《校医院章程》《医院药房章程》《校卫生委员会组织章程》《东北大学工厂医务室规则》等规章。1939 年，东北大学"以药物日见增长其价值多有超出平时十倍至

---

① 蒋天枢：《丁丑丙戌间论学杂著序言》，《论学杂著》（郑州：中州古籍出版社，1985 年），第 3 页。

② 李尧东：《抗战时期流亡三台的东北大学学生生活素描》，政协四川省绵阳市文史委编：《绵阳市文史资料选辑》（1995 年）第十三辑，第 110 页。

二十倍以上者"，故特制定《校医室药物费收取办法》，"凡本校教职员、学生及工友遇有疾病经校医诊视后认为必须治疗均得免除一切药费；本校教职员每月薪金在百元以上者其眷属来校诊病所需药物，均照药物之购买价格收取药物费；本校教职员每月薪金收入不足百元者其眷属所需药物减半收费"云云。①

这里说说东大聘请的一位中医顾问宋鹭冰（1905—1985）医师。

宋医师原名瑾瑜，字鹭冰。三台县潼川镇人，世居城关镇东南角之三角井。少时进过私塾，攻读过旧学，对经、史、文、哲均有根底。年稍长考入潼川府属高级中学，从而接受新的科学知识，成绩优异。后来到成都考上四川省立外国语专门学校就读并毕业。他自小就对中药材、中医学进行勤奋的自学、钻研。县人相传，他原没有中医业师，为了能给人看病，于1931年5月参加全县中医师行医资格考试，名列"甲三"（即甲等第三名）。

宋鹭冰1933年起在三台挂牌行医，几年后又去重庆开业诊病，一时名声大震，轰动山城。后因日寇频繁轰炸重庆，于是回到家乡。不久与友人集资，在三台县城关上南街开设了一个名为"韩康市"的中药铺。他自己就在此坐堂听诊，1940年受聘担任国立东北大学的校医。在东大先修班就读过的三台人袁海余回忆：

> 宋鹭冰任东大校医期间，常与东北大学特别是与文学院的知名学者，诸如金毓黻、陆侃如、冯沅君、杨向奎、陈述、丁山、高亨、孙道升来往，尤其同赵纪彬、杨荣国（中共地下党人）、董每戡、叶丁易（民盟成员）教授甚为亲近。
>
> 1942年以后，东大文学院诸教授由于酝酿如何纪念唐代大诗人，又为蜀中学子就读之便，乃有倡办草堂书院之建议，除当即得到邻近八九个县的地方人士赞同，而宋鹭冰正是参与创建该校中最热心的一位赞助人。
>
> …………
>
> 宋鹭冰为使初创的草堂国专发展，特地亲自礼请曾任重庆市长的李宏锟出任校董，后被任为第一任董事长。其后邀请蒙文通担任国专校长，也是出自宋教授

---

① 杨佩祯等主编：《东北大学校志》第一卷（下）（沈阳：东北大学出版社，2008年），第1035页。

的积极建议。[①]

1956 年，宋鹭冰调成都中医进修学校，后转入成都中医学院任教。1978 年聘为教授，并担任中医内科学硕士研究生导师。他主讲"中医温病学"课程，并曾讲授"中医各家学说"课程。由其门人弟子记录整理的《宋鹭冰温病论述及疑难杂证经验集》（四川科学技术出版社，1992 年版），集中反映了他在温病学说和临症治疗上的学术见解和宝贵经验。晚年曾主编《中医病因病机学》（人民卫生出版社，1997 年版），阐述中医病因病机学说，是一部系统完备的基础理论性专著。

十二、日祸与防空

1938 年 2 月 18 日，日机九架空袭重庆。这是档案记载抗战时期日机第一次轰炸重庆，标志着"重庆大轰炸"[②]正式拉开序幕。形势日益严峻，三台县长郑献徵在日记中记下当时的危难：

自全面抗战展开以来，敌方常以空军轰炸战区域，冀图扰乱我后方，暴力所及多成焦土，吾川以国府移渝，目标甚大，迩来渝万各地已有敌机来袭，三台位当川北枢纽，扼川陕航路咽喉，为敌机北来必经之地。[③]

金毓黻教授到东大后，于 1939 年 12 月 21 日在致乐山武汉大学友人黄焯信

---

① 袁诲余：《东北大学的一位校医：当代著名中医宋鹭冰教授》，相树春等主编：《我们走过的路》（北京：今日中国出版社，1993 年），第 140—141 页。

② 从 1938 年 2 月到 1944 年 12 月，长达六年又十个月的时间里，侵华日军集中其陆军和海军的主要航空兵力，对重庆及其周边地区进行了长时间的轰炸，史称"重庆大轰炸"。日军对重庆实施的无差别轰炸，其轰炸时间之长、次数之多、手段之残忍、造成灾难之深重，不仅居于中国各大城市之首，而且在世界反法西斯各国城市中也十分罕见。

③ ［法］郑碧贤：《郑泽堰：民国县长郑献徵传奇》（北京：三联书店，2012 年），第 149 页。

中，十分乐观地说："此间亦见警报，敌机曾自城上过二次，以无特殊目标，故无被袭之可虑。弟每闻机声，即避入校后防空壕内，仍然执卷诵览，不异平常，盖与在渝校之情景为不侔矣。"①

东北大学蒋天枢教授在其《论学杂著》序言中，曾经回忆在三台遭受日机侵扰的情况：

次年（己卯），空警日多，入夏尤甚，余凡遇险多次，以本年夏为最。寓楼之左侧即东城垣，垣内皆洼地，所居楼在陡坡上，下距洼地丈余。院外迤南田中，遍布防空壕，有警则妻携儿急避其中。某日，瞥见窗外敌机已至，急下楼出东角门跃下洼地，则保姆负霖儿及英文教师殷葆璨已先在。背倚坡地上视，敌机已在投弹，先一弹稍偏西，响震剧烈，次一弹，顶空直下，惧难免。幸稍偏东落城墙外。出见迤西民家房全毁，后闻全家罹难，仅一儿匿柜墙之间获免。时妻已携儿自壕出，震剧，儿鼻血流满面。妻遂携两儿逃避乡村，余独留城居。②

（作者注：己卯为 1939 年。此文为 1982 年夏天所作，疑作者记忆有误。因为抗战八年时间里，三台县城曾两次遭受日机轰炸，一次是 1940 年 7 月 10 日，还一次是 1941 年 7 月 27 日。）

1940 年 7 月 10 日（农历六月初六），天气晴朗，万里无云。上午 10 时许，突然，防空哨所发出空袭警报声。人们因空袭警报日烦，抱着侥幸心理，故只有少数人出城躲避。约二十分钟后，敌机二十七架经过三台上空，队形分为前锋和左右两翼三个队呈品字形，向成都方向飞去。半小时后，敌机突然从原线返航，飞到三台的北塔、凤凰山上空，便把队形拉伸，排成一字形。这时，人们知道要投弹了，顿时惊惶起来。不到两秒钟，就听到炸弹在空中的沙沙摩擦声，随即在正北偏东方向落下炸弹，响声震天，烟尘弥漫，墙倒、房摧，地裂山摇。敌机投

---

① 金毓黻：《静晤室日记》第六册（沈阳：辽沈书社，1993 年），第 4431 页。
② 蒋天枢：《丁丑丙戌间论学杂著序言》，《论学杂著》（郑州：中州古籍出版社，1985 年），第 2 页。

弹后，又乘势降到离地面二三十米低空，用机枪扫射，恣意横行，毫无忌惮。由于三台没有一点防空设备，任其摧残，为之奈何！

　　据三台县档案资料记载：此次轰炸，敌机共投弹九十二枚，投燃烧弹十一枚，炸死成年男女和儿童九十三人，重伤七十四人，轻伤九十七人。炸毁民房五百零七间，受灾居民五百六十户。还有许多机关被炸，其中县政府大部分被炸，炸死五人（小孩一人），重伤一人，轻伤五人；监狱被炸，伤十二人，还逃跑四十人；其他受炸损失较重的有国民党县党部、川北盐务局、县商会、国本初中、县征收局、图书馆、救济院、佛教会、北城小学、吉太丝厂等。平民损失重大，多数倾家荡产，居民受炸区以东、北市区最重，特别是北门内一带地区。[①]轰炸当天，东北大学臧启芳校长曾主持三台县防空委员会采取救济抚恤措施。事后，三台县长吴业祥在致省防空司令部呈文"关于被炸后之紧急处置"部分中说："时东北大学员生，暨盐务税警协助救护，亦颇努力。因此，各项救护工作极为迅速，殆警报解除，交通立复常态。随借东北大学地开紧急会议……"[②]

　　一年之后。1941年7月27日（农历闰六月初四）上午10点左右，在乡下住宅大门口竹林边玩耍的伯黎，看见对面天星磨山顶的上空，有九架日本飞机从西向三台城的方向飞去，不一会儿，就听到了炸弹爆炸的响声，家里的长辈们都在议论："从响声判断，今天三台城又挨炸弹了。"下午日寇飞机轰炸三台的消息就传来了。据载，日军第二次轰炸三台，出动飞机九架，共投弹十八枚，伤亡市民二十人，毁坏了一部分房屋，受炸主要是城南皂角城一带。[③]东北大学金毓黻教授日记中也有这次轰炸的记载："（7月27日 星期日）午前孟博、晋生、励俭、翰九、述言、哲先、穆清七君来访，为备午餐。方午闻敌机声自空中过，旋见城中起烟，始知敌机投弹。哲先诸君，均急归城。晚间城中来人言，城中落弹二十余，

---

　　① 谌治章：《日本飞机两次轰炸三台的暴行》，政协四川省三台县文史委编：《三台文史资料选辑》（1985年）第二辑，第62—63页。
　　② 四川省档案馆编：《川魂——四川抗战档案史料选编》（成都：西南交通大学出版社，2005年），第77页。
　　③ 谌治章：《日本飞机两次轰炸三台的暴行》，政协四川省三台县文史委编：《三台文史资料选辑》（1985年）第二辑，第63页。

民众教育馆、合作仓库被毁，潼高中学、三角井、前后小湾一带均落弹，死数人，伤十余人，灾情较去年为轻。据报阆中、盐亭等地皆被炸，此为敌机袭潼之第二次。"① （孟博、晋生、励俭、翰九、述言、哲先、穆清分别是东大教授蓝文征、高亨、郑资约、赵鸿翥、陈克孚、臧启芳、娄学熙。）

两次轰炸都未见东北大学校舍挨炸的记载，原因何在？姜亮夫在文章中说："有一次日机来炸三台，找东北大学的目标，但目标不显著，日机就乱炸一通！为什么呢？因为房子是修整了，但不用白色的粉墙，墙成灰色的，外表和当地老百姓的房屋颜色接近，敌机分辨不清，只有一个大操场比较明显，所以敌机狂炸时最后两颗炸弹是扔在操场上，其他的炸弹都在城外的旷野。这充分说明三台东北大学在整修时是连墙色都事先考虑过的，而操场因为太平整无法掩盖。"② 日寇为何找东大作为目标呢？姜教授的主观臆测显然站不住脚。研究西南抗战史发现，日寇对整个四川省的空袭，大致分为三个阶段：早期阶段（1938）、中期阶段（1939—1941）、后期阶段（1943—1944）。三台两次挨炸正处于中期阶段。

1938 年 10 月武汉失守后，抗战进入了战略相持阶段。日军由于战区扩大，兵力不足，加之中国中西部的山地战场不能充分发挥其机械化部队的威力，因而军事进展迟缓，始觉单靠武力不足以解决中国问题。速战速决既不可能，于是日军改变侵华政策，对国民政府采取以政治诱降为主的方针，企图实现所谓"速和速决"。日本空军为了与此配合，也改变策略，以战略攻击为主，战略袭击为辅，轰炸目标迅速由线扩展到面，范围遍及中国后方的广大城市，甚至农村也不能幸免。这样做的目的，就是要危害无辜平民，打击中国人民的抗战决心，扰乱后方的社会秩序，破坏中国的抗战潜力，以此迫使中国政府投降。③

基于这种"以炸迫降"的策略，日寇在这三年之中，调集其侵华空军的主要力量，肆无忌惮并连续不断地对四川进行所谓"空中闪击"，每次出动大队机群，

---

① 金毓黻：《静晤室日记》第六册（沈阳：辽沈书社，1993 年），第 4749 页。

② 姜亮夫：《三台岁月：国难中的东北大学杂记》，《姜亮夫全集》第 24 卷（昆明：云南人民出版社，2002 年），第 209 页。

③ 谢世廉主编：《川渝大轰炸》（成都：西南交通大学出版社，2005 年），第 161 页。

防空洞遗址

时而分批进扰，时而集团袭击，规模之大、轰炸之烈，都是其他省区所罕见的。特别是此期间夏秋两季，四川人民几乎难有安宁之日。在这三年时间内，全川共有六七十个市县遭到了日机的空袭，三台即是其中之一。东北大学能在两次空袭中幸免于难，实属上天眷顾，运气使然。

说到空袭跑警报，很容易想到汪曾祺的经典散文《跑警报》，继而想到昆明的西南联大师生们。殊不知，跑警报也是后方三台小城东北大学师生们生活的一部分。1940 年考入东大经济学系的李永康，曾回忆当年遭遇空袭躲警报的情景：

民国廿九年至卅三年，日军空袭，最为频繁，也是我国遭受损害最惨重的几年。重庆陪都，政治文化中心，自不待言。……后方都市，常有警报。三台虽非军事要地、交通枢纽，空袭警报，仍时有所闻。当发生空袭讯息时，先挂报警球，到一定距离时，发空袭警报，鸣电笛长短声互间，再近则发紧急警报，电笛连续短声，甚感恐惧。机关、团体学校均设防空洞，作紧急避难之用。三台地势平坦，又甚广阔，城内城外，均系平原，须走出数里外，方有小山，每遇警报时，一看挂球，便有人行动，三三两两，携带书册、衣物及简单食物、饮水等，步行向郊区疏散。往往走出三五里、七八里，干脆借机踏青、郊游，待警报解除后返校。有时从开始有警报讯息到解除，常常三两小时，半日时光白白虚耗。[①]

经济系毕业的沈公尚又说："时有空袭警报深夜长鸣，我们从梦中惊醒，仅带着一些单薄的寒衣，跑出北门，蹲在农田深沟里度过不知多少不眠的夜。"[②] 姜亮夫教授在回忆中提到一个可贵的细节："校方许多事情想得很周到。校方估计日机要来轰炸，学生要迅速疏散出去才行，假如都从城门口挤出去，那和三台老百姓发生矛盾，为了不和当地百姓同时挤城门，校方就在操场后边，搭上梯子，把城墙砖拿掉一点，由此处学生可爬出城墙向田野里疏散。"[③] 又说："我们夫妇住在郊外，一座小山麓下农民自修的房屋……有了警报就向山洞跑，住所离山洞大概十分钟路程，快走只要五分钟"，"当时我们的薪水尚可，每月有三百多元，我们夫妇俩是够用了……生活确实不必发愁，但成天是提心吊胆怕轰炸，日机不仅炸成都，三台也经常来投弹。有一天我们无聊，用《易经》卜卦，卦上说'鸟焚其巢'，我想三台确不保险，干脆搬到三四里外的袁家居住，这袁家是女主人当家，是自己设计建造的小楼房。第一天刚搬去住下，第二天日机果然来炸三台，原来我住的房舍被炸毁。幸好及时搬出，否则房毁人亡，此事与'鸟焚其巢'真是偶然巧合了。"[④]

金毓黻教授自 1940 年 8 月份到东大建立东北史地经济研究室之后，一年间的日记中有十几次空袭警报记载（《静晤室日记》）：

1940 年 9 月 3 日（星期二）：午前有警报二次，逾午始解，余避于赵岩。

---

① 李永康：《念三台 思母校》，东北大学旅台校友会编：《国立东北大学七十周年纪念特刊》（1993 年）。

② 沈公尚：《忆四川三台东北大学》，相树春等主编：《我们走过的路》（北京：今日中国出版社，1993 年），第 144 页。

③ 姜亮夫：《三台岁月：国难中的东北大学杂记》，《姜亮夫全集》第 24 卷（昆明：云南人民出版社，2002 年），第 209—210 页。

④ 同上，第 211 页。

9 月 12 日（星期四）：午间有警报，避于山上，已而无事。

9 月 14 日（星期六）：午间、夜间俱有警报，皆无事。

9 月 15 日（星期日）：雨中有警报。

10 月 6 日（星期日）：午间有警报。

10 月 12 日（星期六）：午间有警报，闻飞机声。

10 月 13 日（星期日）：午间有警，已而无事。

12 月 1 日（星期日）：午间有警，已而无事。

12 月 30 日（星期一）：午间有警报，敌机自空中飞过。

1941 年 2 月 4 日（星期二）：午间有警报。

7 月 29 日（星期二）：晨 8 时有警报，至晚 4 时乃解，不啻整日。

7 月 30 日（星期三）：午前有警报。

8 月 10 日（星期日）：今日凡发警报五次，入夜尚未解。

8 月 11 日（星期一）：晨间，有人言重庆市昨日彻夜未解警报：今晨昧爽，此间亦发急警，此敌人加紧侵略之征也。

8 月 22 日（星期五）：晨起入城办事，未午有警报甚急，乃与晋生、孟博、炳南三君出西门，颇觉狼狈。

日机轰炸既然连三台也不放过，防空设施是必需的。郑献徵县长在一份文告中明确规定："决定于附城高地配备武力，并于城厢及重要场镇建筑防空壕，期以减少敌机所予之损害。规定公共防空壕，即就住区内派款征工建筑，其属于机关学校及私人者，自行设法鸠工建筑，并请于一到两周内完工，避免空袭时互相惊扰，反予敌机以袭击之目标。除分别函令外，相应抄送建筑防空壕办法一份，查照办理如期完成为荷。"[①]

东北大学也不甘落后。1941 年 7 月，校方在西门外公园内牛头山开凿防空石洞。该防空洞为十字形，长千余米；洞宽、高各为二米左右；设三个出入口，可

---

① ［法］郑碧贤：《郑泽堰：民国县长郑献徵传奇》（北京：三联书店，2012 年），第 150 页。

防空洞遗址今昔（张在军摄）

容逾千人。指挥作战室、武器弹药和食品、药物储藏室即饮用水井等，一应俱全。为了尽快修好防空洞时，同学们利用课余时间，到此项工程中参加义务劳动。

郑碧贤在乃父的传记中特意对这个防空洞做了一番描绘：

东北大学防空洞，属掩体防空洞，由东大土木工程系设计。

它建在树木林立的牛头山，顺台阶下到洞口，再进入山的腹心，内呈"巨"字形，面积七百平方米；有指挥部、贮藏室、避难室，能容纳一千五百人。石结构的防空洞全部用一米长条石砌成圆拱形，洞外山崖通风口被绿树覆盖，隐蔽、安全，是全三台县最好的防空洞。敌机曾扔了几十颗炸弹，但它毫发无损。

这座防空洞，体现了土木工程系设计师们别具匠心的设计理念和高超的智慧。

外面是敌人的飞机在狂轰滥炸，洞内老师却安然无恙地在吟诗：

"夜暗树无影，天低云有声。枪移冈警动，露下草虫鸣。"

"野犬吠村严永夜，荒鸡报晓肃深更。一般不解兴亡事，应信人间有太平。"

他们对于死并不恐惧，对于和平充满信心。中国人那种大于死亡的浪漫主义的情怀，是任何侵略者都无法战胜的精神源泉。①

　　令人唏嘘的是，这座日寇用炸弹都未能摧毁的防空洞，不知被什么人用水泥砖石把洞门给封死了，市民根本无法进去参观，还美其名曰"国防教育基地"。

十三、闲情与雅兴

　　课余之暇，东北大学师生除了泡茶馆，更多是室外郊游。三台名胜古迹颇多，其中以中山公园之牛头山最负盛名，公园在城西牛头山麓，牛头山于三台、凤凰诸峰相映对，四围小溪，周连阡陌，兼原隰山林之美，景物极其明秀；山高约五百米，形似牛头，四面孤绝，其上有牛头寺。杜甫客蜀郡五年，一年居梓州，曾登其上，作诗甚多。在这儿读着杜甫《上牛头寺》的诗别有一番情趣："青山意不尽，衮衮上牛头。无复能拘碍，真成浪出游。花浓春寺静，竹细野池幽。何处莺啼切，移时独未休。"当春秋佳日，同学或师生常结伴登山览胜，各抒所怀。翻读东北大学金毓黻、潘重规两位教授的三台日记，郊游赋诗的记载比比皆是。

　　1939年10月中旬，金毓黻（静庵）向中央大学请假半年，到东北大学讲授东北史。他于12月21日致信乐山武汉大学友人黄焯云："三台附近之山水古迹业已游遍，所到之处必纪之以诗，同人竞相唱酬，两月之内积诗五六十首。"②

　　1939年10月27日，是金毓黻到达三台的第二周。上午才处理完学生闹事事宜，午后就同赵寿人（曾俦）、潘石禅（重规）游北郊。"先至琴泉寺，继至千佛岩，观石造佛像，崖壁有二造像，作武士装，背有双翼，雕法甚工，断为唐、宋时代，此可宝之史迹也。转至石禅寓归城。"③

　　11月19日，星期天。午前9时，金毓黻"邀同寿人、石禅、威伯、励俭及

---

　　①　[法]郑碧贤：《郑泽堰：民国县长郑献微传奇》（北京：三联书店，2012年），第151—152页。
　　②　金毓黻：《静晤室日记》第六册（沈阳：辽沈书社，1993年），第4431页。
　　③　同上，第4388—4389页。

本书作者在琴泉寺，这是当年东大师生经常游玩的地方

殷君大钧，汤君晓非，并史地系诸子共十五人，内有石禅夫（人）及张、李、金、赵、纪、史、隋七君"，"出南门过郪江大桥，上南山之北麓，寻兜率寺遗址，今称南岳庙。……杜子美有上兜率寺诗及望兜率寺诗，是此寺之规模甚弘，今仅一破庙，无可观。所谓宋人题名，或即刘蜕文冢碑之所在也。在此下瞰城内，犹有拱揖如画之胜概。""下山沿郪江南岸，至城东南隅，过一木桥而北，再转东渡涪江，至东山之麓，入东山寺……寺后山巅有九级，自塔内拾级而升，直造七级，俯视原野，如抚几席。寺前之秋林着霜鲜艳，丹碧相间，映日视之绝佳，此潼川之胜境也。在寺饮水进干糒，时己未分。出寺下山，渡江入城，各散去。"[①] 事后，金毓黻得诗一首，其余人都有和作。

---

① 金毓黻：《静晤室日记》第六册（沈阳：辽沈书社，1993 年），第 4405—4406 页。

游兜率东山二寺，呈同游诸君子

静庵

九曲江流好向东，喜从步屦后群公。山堆原野无穷碧，林染秋霜别样红。

怀古浑忘身是客，登高争奈塔当风。支离故宇伤心地，却付迢遥一望中。

和前作

寿人

奇才能障百川东，更话莺花欲付公。揽古可堪浮大白，看山端赏滴嫣红。

已迟小雪来今雨，（后三日小雪节）又咏停云敞昔风。他日两林齐茂美，（指《学林》《志林》二杂志）指定当照世说闵中。

同游兜率、东山二寺，和静庵学长韵

石禅

胜景清娱恋郭东，翩然高会托群公。天倪欲和冰坚白，（寿人考冰字古文，象冰山形，当在三百万年之前）地纪能穷壤赭红。（郑、杨两教授与诸生考察涪江两岸地质。）

好试流觞苏氏水，（东山寺有苏公引杯池）敢登危塔汉王风。（静庵悄然独上寺后之废塔，咏刘季大风之歌）远游故国应同感，引领江山一望中。

登东山寺和静庵韵

哲先

纵横故骑遍西东，闲眺东山想谢公。极目秋原千里碧，迎人霜叶一株红。

临流欲咏燕歌曲，面塔空怀国士风。怅望故园何处所，四围烟雨有无中。

11月26日，又是一个星期天。金毓黻"午前再至千佛崖赵岩，与拓工商响搨之法。遇哲先、一山两君，因与同寻岩洞之宋人题字，并登北塔。两君之眷属先来，因与同饭于塔侧之朝阳观，适有警报，时许无事。戏与两君作打油诗，颇可发噱。其一云：'一天一首打油诗，每遇星期何所之。（金）且对金尊听警报，好登宝塔望飞机。（萧、金合作）赵岩千佛翻新样，（萧）道观一餐仍旧饥。（萧、臧合作）待到钟声解除后，（萧）回城开饭莫嫌迟。（藏）'其二云：'面包两个酒三杯，主客十人一大堆。吃七八盘盼九碗，更邀四五六人来。'前一首颇能写实，后一首则以十个数字凑成而已。午后下山，到潘寓小坐，遂散归"。①

12 月 24 日，金毓黻日记载："午前 8 时许，同翰九、石禅、伯臬出西门，向西北傍涪江岸而行。崖间石洞极夥，入内视之，虽有深浅，大体不殊，土人呼为蛮洞，以为古代蛮人所居。西人考古者则谓为古人之墓，故以崖墓呼之，理或然也。行十二公里，至灵兴场，一称灵峰寺，以寺在其附近也。余自绵阳东来时，经此小憩，兹则为重来也，仍憩于茶肆。旋出场之西门，即见灵峰在望，相去不过数十丈耳。山名灵岩，高可五六仞，寺在其巅，故以灵峰名之也……寺中又有明永乐五年重修华岩山灵峰禅寺碑记，蜀府纪善卢陵李子仪撰文。所塑之像皆极精工，为城内及附城诸寺所不及，据碑记则乾隆补修时所重塑也。碑又言是时植柏五千余株，则其规制之崇闳，又可想见。惜以时间匆促，弗得深考，惟所刻三像及元、明诸碑记，拟觅工搨出，以资考证。午间，饭于场上，食其烂肉豆腐，口味颇佳。2 时许离场归来，4 时许至城。"②

灵峰寺即事二首，呈翰九、石禅、伯臬

场西百步接天陂，乍到灵峰欲上迟。画像谁摹吴道子，转轮却忆祖冲之。

举头漠漠云为盖，映眼森森柏当旗。佳刻如林搜不尽，四山无语客归时。

郊行不厌入山深，景色无边到处寻。绿意满窗窥渡母，水中生月拜观音。（时有绿渡母、水观音之称，皆指白衣大士而言）

且从野市尝新味，莫问盘飧费几金。归去输君先得句，愿将瓦缶换璆琳。

---

① 金毓黻：《静晤室日记》第六册（沈阳：辽沈书社，1993 年），第 4412 页。
② 同上，第 4433—4434 页。

鹧鸪天　用一山诗句嵌入

北郭已教游屐遍，东山每对夕阳斜。橙黄万点谁家树，菊秀千丛几处花。

看去雁，认来鸦，问君何事滞三巴。归心欲逐长江水，可惜东流不到家。

1940 年 1 月 2 日，潘重规日记载："昨臧校长、萧院长函约今日作郊游，晨偕怀萱诣高水井。同游者李孝同夫妇，一金二赵，并主人夫妇。9 时余，同出新西门旁牛头山，南行驰道修平，经过大佛寺，过南门外凯江石桥，折西行二里许，造小山，山树寺曰：云顶（邑志云顶山寺距县南三里。寺基宋时已有，胡三省通鉴注已引此山名）。今蚕丝公司办事处设于此，其经理陈君光玉，即今日招待予等之主人也。肃予等小坐，旋导登邻近诸山，野径湾环，水田移影，谈笑吟眺；偃息箕踞，各如客意，而冬暄风烟，若游春和，诚得山行之乐。徜徉久之，归寺宴饮。主人邀其同事数人作陪，一宋君，芸子先生之哲嗣。饮罢，已日昃。主人以小艇载予等归，凯江清浅，顺流而下，过石桥，水势喷薄急溜而下，俨如过滩，再下泽夷犹安行。回望群山参差，斜日在水，江流明净，石砾可数。三台数月郊游，今日一得舟行之乐，可喜也！舟泊南门，步登岸，于同游分录归。今日金公有作，予等皆和以无新意不录，唯萧公诗最佳。"[1]

（萧院长即萧一山，李孝同即李光忠，"一金二赵"为金毓黻、赵曾俦、赵鸿翥。）

此日郊游，在金毓黻日记里也有记载，并录诗若干首，惜无"萧公"诗。姑录几首：

元旦翌日，同哲先、一山、孝同、石禅四伉俪，并寿人、翰九二君游城南云顶寺，丝业公司主人留饮，作歌纪之.

---

① 潘重规：《三台日记》（手稿影印本，1978 年），第 1—2 页。标点为笔者所加。

中華民國二十九年一月一日　十一月廿二　星期一

陰　姓

晨八時詣校參加慶祝元旦典禮又檢閱學生軍遂在膳堂聚餐食罷出行市中今日全城懸旗慶祝家〻帖深可慶也午歸同寰戰三年而民氣奮發萱往老亞芳賀黃伯俊君結婚以予為介紹人宴罷出往同事家小憩夕步至大十字觀鐙喧填熱鬧黑夜趁餘鐙歸燃炬歸寓團李典李通臧霸文聘呂慶許褚典韋龐惪龐

潘重规三台日记手稿

静庵

开岁休沐何所事，结侣同游云顶寺。裙屐风流几少年，白发童颜都可记。

相将策杖过长桥，心骇目眩影动摇。琳宫金碧不到眼，苍松翠竹相招邀。

穹窿四野绝可爱，秋菊冬梅相嬗代。任他有梦到华胥，席地幕天不能碍。

拂桑分柘入寺门，漫向阶前白佛言。闻说蜀江好濯锦，买丝我欲绣平原。

主人爱客出美酒，鱼鳖脍鲤皆素有。群公赋诗顷刻成，可畏陈王才八斗。

座中文仲气横秋，一李二赵亦名流。隔席安仁与茂挺，竞起飞觞相献酬。

东家陈赵神弥旺，一口一杯频相响。已见钗光照盏中，更教酒点飞肩上。

笑君沈醉太郎当，引满何须论短长。此日且当逃席了，从今莫慨他人慷。

吁嗟乎！少陵客梓几名句，张子打油如可遇。

不见西邻大道王，（是日佩衡约同来，以事未至）牛头山前自来去。

云顶寺道中

静庵

北山游遍又南山，历乱东西水数湾。放步欲随飞鸟上，宅心应共野云闲。

翩翩骥尾犹能附，滚滚牛头未可攀。岩畔梅花开也未，赋诗当在广平间。

次韵静庵游云顶寺

寿人

健看腰脚赌寻山，树影溪流荇一湾。佳境且从忙里写，新诗莫遣座中闲。

多斟软饱茶犹醉，翠竹红梅迹可攀。归去扁舟摇曳处，还如陶乐水云间。

1月9日，潘重规日记又载："晡，静庵先生来，一僮舁长梯从，遂偕怀萱循昨径，登山访报恩寺。未几，即至。以梯平阁池面，迫近观之，其篆文乃金刚经二偈……夕归。"[1]

---

① 潘重规：《三台日记》（手稿影印本，1978年），第7—9页。标点为笔者所加。

战时生活艰苦，但教授们苦中作乐，赋诗唱酬风气特浓（不囿于游山玩水），往往还是臧启芳校长带头。比如草堂寺改建图书馆落成之日，就邀请校内能诗的教授及三台文人开了一次联咏大会。臧启芳率先赋诗一首："烽火连天处处愁，蜀山遥接楚江流。梦回辽海三千里，望断燕云十六州。大漠穷秋沙似雪，五更残角月如钩。林胡未灭家何有，破敌辞封万户侯。"金毓黻教授也随即吟道："东驰西驶何时了，岁月抛多少。剧怜沐雨又栉风，往事不堪回首百忙中！国魂民魂依然在，不怕山河改，一杯浇破古今愁，可爱四山无语水东流。"诗，道出了他们的国恨与乡愁。

姜亮夫回忆："有一天校长请客，宰了一只瘦羊，我们戏称'全羊宴'，会上校长作了一首七律诗，提出征韵和诗，当时共有二十多人参加宴会和诗，我请秋英作代表。和诗完毕，还要评诗，各人纷纷把自己的诗用纸写好挂起让大家边吃边评。有的人评原

姜亮夫陶秋英夫妇在三台留影

山东省秘书长陆老先生第一名，王淑英等人评秋英的诗第一名，后虽无最后定论，这样一来秋英的诗和书法名声大震。"[1]金毓黻日记又载："（1939 年 11 月 30 日）晚同翰九邀华甫、佩衡、朗轩、哲先诸君，饭于老亚芳。威伯有和东山寺红韵最佳。"杨曾威（威伯）《次韵和静庵游兜率、东山二寺》云："骚人漫唱大江东，共避西川作寓公。百仞江流自青碧，八方原野正殷红。登高耿效仲宣赋，垂老犹思汉帝风。寥落草堂伤杜老，躬耕何处是隆中。"[2] 以文会友，成了当时各界联络感情的绝佳方式。

战时的生活尽管艰难困苦，但谁也不会像李后主那样以泪洗面，东北大学师生都是咬紧牙根，艰苦度日。"我们的事业并不因艰难而停顿，就像自然的风景

---

① 姜亮夫：《三台岁月：国难中的东北大学杂记》，《姜亮夫全集》第 24 册（昆明：云南人民出版社，2002 年），第 212 页。

② 金毓黻：《静晤室日记》第六册（沈阳：辽沈书社，1993 年），第 4414—4415 页。

不因世乱而改观一样。而且生活之苦，也没有使我们忘记山水之美。"[①] 三台县的牛头山、云顶寺、千佛崖，还时常有他们的足迹。

十四、雨后春笋般的壁报

和大后方其他各个院校一样，东北大学的学生为了宣传抗日和民主，纷纷成立壁报团体。所出之壁报，日有增加，学校特许于校门左右墙上，为其粘贴之所，琳琅满目，蔚为大观。肖盈光曾经回忆："东北大学在四川北部三台县，这个县很小，地势偏僻，流亡到这里求学的东北籍同学和其他省籍的'左倾'同学，除上课外，就是坐图书馆、打球、办壁报。全校文艺性和综合性壁报，经学校批准备案的有三四十个，其中以《合唱群》《菩提》《黑土地》《新生代》等壁报在同学中影响较好。我在东北大学四年中，编过交流、新生、新生代三个壁报，刘光玉、黎丁、杜嘉、隋末、肖野等同学都参加并为新生代写过稿。其中，新生代还在三台唯一的报纸《三台简报》上，作为副刊在全县发行，由郭秉箴主编。"[②] 政治系毕业的郭秉箴则说："办壁报成风，东大校园内外，壁报最多时经常有四五十种，琳琅满目，以致发生抢占地盘的争执。人们喜欢看壁报，是因为当时的三台县只能看到相隔三四天后的重庆、成都的报纸，整所大学里甚至没有一部收音机。全城只有国民党县党部内有一台干电池收音机。他们每天收听重庆'中央广播电台'的新闻，经过记录删截，油印成一张'今日新闻'，在各单位各部门张贴。人们感到闭塞窒息，都希望接触各种资讯和要求了解现实生活的真相，在当时的条件下只能期望从各种壁报的字里行间得到一点慰藉，其中《合唱群》和《菩提》可说是最受欢迎的。"[③]

这里有一个问题，东大三台时期到底有多少种壁报？《东北大学校志》载：

---

① 钱歌川：《偷青节》，《钱歌川文集》第一卷（沈阳：辽宁大学出版社，1988 年），第 492 页。

② 肖盈光：《民主与独裁的斗争：1944 年东北大学学潮》，唐宏毅主编：《东北大学在三台》（成都：四川大学出版社，1991 年），第 63 页。

③ 郭秉箴：《他的碑立在我心中：东北大学时代的高而公同志》，《高而公文集》（北京：中国广播电视出版社，1985 年），第 13 页。

"自 1938 年至 1945 年，其业经学校登记并已刊出壁报之壁报团体有五十七个。"① 《校志》强调的是"业经学校登记并已刊出"。言外之意，一些壁报是否未经学校登记就刊出？答案是肯定的。要知道，学生壁报是需要经过校方登记审查的，如果壁报过于激进，那就不好意思了。

《东北大学八十年》载："（1942 年 12 月末）据本年统计，国立东北大学学生创办的壁报共有六十余种。壁报形式有综合版、新闻版、文艺专刊，某一事件的特刊，还有各

董每戡教授为《野火》壁报题词

系的学刊，如中文系的《文学报》、历史系的《史学》。影响大的壁报有《合唱群》《黑土地》《时事萃报》《学声》等。《时事萃报》摘录了《新华日报》《华西晚报》中的有关材料进行宣传。成员有二十人左右，负责人为高嵩朴、姜志衡。《学声报》性质与《时事萃报》性质相同，言词更为激烈，负责人为李秀剑、陈微尘、姚汉，社员约四十人，指导员为陆侃如教授、董每戡教授。"②

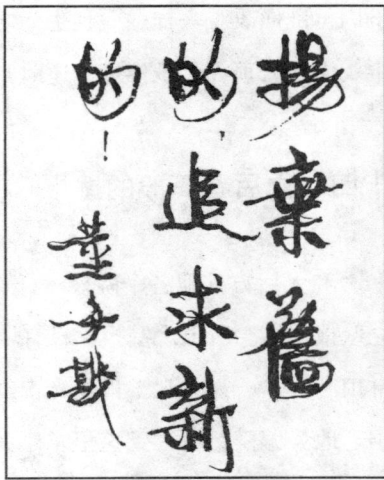

另外，据三台县档案馆所藏资料，1942 年至 1945 年东北大学壁报团体共有八十个。

这些壁报的性质有文艺、政治、学术、新闻报道和杂论等。形式有图文并茂的综合版，有报纸剪贴的新闻版，有诗歌、小说、散文、评论的文艺专刊，还有针对某一件事的特刊等等。壁报团体的组织是自由结合的，人数不等，最大的上百人，最小的三两人。其中有的成员是交叉活动的。壁报活动既是学生们交流思想、评论争辩的战场，也是不同政见的党派拉拢团结青年的一种形式。

抗战末期的壁报繁荣，其实是广大激进青年争取民主自由的强烈需求的表现。

---

① 杨佩祯等主编：《东北大学校志》第一卷（上）（沈阳：东北大学出版社，2008 年），第 643 页。

② 同上，第 143 页。

范如富曾对东大进步壁报团体做过如下评述："在国民党反动政府的高压政策下，人民没有言论自由。在东大，由于学校反动当局的严厉控制，政治空气沉闷，几乎是死水一潭，正如成都《华西晚报》载文说，东大是'没有太阳的学校'。为了打破这种局面，呼吸新鲜空气，壁报便成为一种合法斗争的工具。据校方1943年统计，各种社团已达五十多个，包括壁报团体、学术团体、剧团等。各社团的活动形式多样，生动活泼，有如繁花竞放。尤其是壁报团体最为活跃，教室、实验室、校园的甬道两旁，壁报五光十色，琳琅满目，美不胜收。……其中，《菩提壁报》是读书会成员胡鹏、郭秉箴主办的。《合唱群》是读书会成员高而公主办的。这两个壁报不断揭露蒋介石小朝廷逃到哪里便把荒淫无耻带到那里，无情地向残山剩水处的人民肆虐。而《合唱群》壁报的文章短小精练，富于辛辣讽刺，又具有知识性、趣味性的特点，每期刊有漫画，而且排版新颖，很受同学欢迎……《黑土地》壁报上刊登诗歌、小说、散文、杂文、评论等，文章既富有东北的乡土气息，又具有很强的战斗性。"[①]

蓬勃发展的壁报团体引起了校方关注。1945年1月26日，臧启芳校长召集学校各学术团体谈话，提出三点要求。事后，《国立东北大学校刊》进行了登载：

校长臧启芳对近今来本校同学在课余研讨学术及练习写作风气之盛，深表珍视，为资今后之鼓励与策勉起见，特及时召集各学术团体谈话，除于壁报稿付之审查办法外，对于今后各学术团体之努力上有三点重要提示：

1.办壁报之目的，最主要者为研究学术，练习写作，其次为养成办事经验与服务精神。壁报对于同学之进德修业均大有裨益，是以学校方面亦极为重视与鼓励。

2.壁报登载之学术方面，文字要大方，不要尖刻，总以不失学者风度为要，认为某学说有疵谬之处，则宜善意批评，不宜刻薄讽刺。

3.新闻性之壁报，登载消息务求翔实，消息之尚待证实者，则应缓登，而记

---

① 范如富：《东北大学在三台》，唐宏毅主编：《东北大学在三台》（成都：四川大学出版社，1991年），第10—12页。

载事实，不宜用刻薄字眼，有时稍用幽默笔调，亦以无伤大雅为度，古人讲批评，如诗经多用"比兴"体，所谓"言者无罪，听者足戒"，即此意也。我们现在一面要练习文章上的功夫，一面尤要训练"心术"，以促使社会向善。[①]

十五、东北问题研究社

太平洋战争爆发之后，日本为了巩固它的后方，在伪满进行大逮捕，发生了"一二·三〇"事件。

1941 年 12 月 30 日，是东北左翼青年抗日组织在哈尔滨召开代表大会的日子。在此之前，该组织在长春的负责人之一刘荣久，希望通过此次会议将东北各地秘密抗日组织统一在中国共产党的领导之下，因此召集辽西、吉林、齐齐哈尔、沈阳、长春、哈尔滨等地区的代表前来参加这次会议，但是会议当天，吉林、辽西等地区负责人未能参加。30 日上午 9 点钟，代表大会正式召开，共有五名代表参加了会议。后来正当众人准备用餐之时，七八名特务闯入，将与会者全部逮捕。在这次逮捕行动之后，特务对东北各个地区进行了大肆搜捕，将与该抗日组织有关的成员一一逮捕，只有少数人得以幸免。此次日本人对东北地下抗日组织成员的逮捕活动被称为"一二·三〇"事件。

在这次事件中幸免于难和可能受到牵连者，被迫逃亡，其他爱国知识青年也为躲避灾乱、寻求光明而积极设法离开东北，于是从 1942 年春起，出现东北知识青年进关的浪潮。这些青年对关内的实际情况并不了解，对于中国共产党也知道得很少，头脑中还充满着盲目正统观念。有不少青年路过西安时被国民党的战干团收容。战干团对他们进行以反共为主要内容的强化教育。但是，这些青年是有爱国思想的，是希望中国富强起来的。在战干团里，他们看到国民党的腐败无能，对于国民党的统治极为不满，因此又逃到了四川三台。

---

① 《校长召集本校各学术团体谈话》，《国立东北大学校刊》第七、八期合刊，1945 年 2 月 1 日。转引自杨佩祯等主编：《东北大学校志》第一卷（上）（沈阳：东北大学出版社，2008 年），第 641—642 页。

沈阳时期的东北问题研究社成员合影

据《东北大学史稿》载：1943 年来到东大的伪满流亡学生约有四五十人，东大当局为了给其中的一部分人补习功课，还专门办了一个先修班，到 1944 年末，伪满流亡学生已增加到六七十人。又据郑新衡《一二·三〇事件始末》一书载，"1943 年末到东大的新来东北青年计约一百余名，以后来东大的又数十名。'一二·三〇'事件后逃亡国统区的东北青年绝大多数均汇集东北大学。"[①]

这些从东北流亡出来的青年陆续进入东大后，于 1942 年成立东北研究室，当时主要成员为陈震（经济系）、钟华（中文系）、董雨（政治系）等。[②]1943 年 7 月改为东北问题研究社（以下简称"东研社"）。该社的宗旨是："研究东北，收复东北，建设东北。"

三台县档案馆现存有一份《东北问题研究社之组织》的文档，原文如下：

三十二年（1943 年）校长臧启芳，赴渝报告组织研究东北问题机构之意见，各得每月拨专款三万，作研究之资，文科研究所办理。遂于该校组织东北研究社，从事研讨东北问题，该社至今已有社员一百多人，多为对东北问题感兴趣者之学术团体，成员全部为东北四省人士。该社虽为学术团体，然与文科研究所、研究

---

① 郑新衡：《一二·三〇事件始末》（沈阳：辽宁人民出版社，1996 年），第 282—283 页。
② 张俊卿：《"东北问题研究社"之由来》，唐宏毅主编：《东北大学在三台》（成都：四川大学出版社，1991 年），第 221 页。

东北问题之机构合二为一，东北奸伪分子乘机渗入利用活动。本年毕业学生陈震即为此中奸伪领袖，亦充东北研究社之主要，陈去后继为主席者有刘光炎，亦大可怀疑。于 1933 年 4 月陈某曾返沈阳及哈尔滨一次，返校时在山海关摄有照片，并于 1933 年 10 月于东北研究社报告其返籍经过及"一二·三〇"事件（即《东北要览》中《大事年表》所称 12 月 30 日伪国搜捕反日分子入狱）略谓东北反日秘密组织甚多，即以"一二·三〇"事件而论，于各学校搜捕之反日分子一千余人，尚有许多不曾发觉。

民国三十三年十一月十七日 [①]

　　在东大诸多社团中，声势最大的要数"东研社"、学习社和学声社。"东研社"是最大的社团，几乎所有东北籍学生都参加了。朱语今在《我所知道的高而公向刘光的一次汇报》中提到，"东北问题研究社，是东大公开的一个带群众性组织，参加的有教师，也有学生，负责人是有爱国主义思想的教授，社员具有一般爱国主义思想的中间分子较多，进步分子和落后分子也都有。校长臧启芳是支持这个团体的"。[②]（训导长吴希庸、文科研究所所长金毓黻是该社指导教师。）

　　"东研社"社员众多，政治倾向不一，左中右都有。高而公等通过其中的王又生同学等在社内积极开展争取团结同学的工作，结果很有成效，不仅影响很多人倾向进步，而且，到 1944 年下半年"东研社"选举干事会时，被选为干事的，都是进步和倾向进步的学生了。此后，"东研社"就在"左倾"激进学生的影响下活动，逐渐成为倾向共产党的群众组织。

　　"东研社"首先是利用各种机会跟同学接触，建立联系，从关心生活和学习入手，以增进了解和友谊。对同学进行宣传教育，除口头讲述国共两党及中国政治社会情况外，主要是阅读进步书籍和报刊。这些革命书刊是秘密收藏和传递的。

---

　　① 《东北问题研究社之组织》，唐宏毅主编：《东北大学在三台》（成都：四川大学出版社，1991年），第 220 页。

　　② 朱语今：《我所知道的高而公向刘光的一次汇报》，唐宏毅主编：《东北大学在三台》（成都：四川大学出版社，1991 年），第 50 页。

先是在高而公的宿舍里保存，1943 年夏国民党发动第三次反共高潮之后就转移了，大部分放到谭学文那里，还有一部分转移到三台县城里一家织布的手工作坊里，主人是谭的一位表兄。对一些绝对"违禁"的册子和传单等，收藏的办法就更为隐蔽：有的用绳子把它们拴上，用竿子捅到席棚（室内天棚，在四川是竹皮编织的）最里边，将绳子另一端别在席棚边沿伸手可以摸到的地方，需要时可以拉出来用；有的把挂蚊帐的竹竿下截击裂，把传单或小册子卷紧，掰开竹竿裂缝放进去；有的塞在板凳下面，用块薄板夹上；有的剪贴在国民党三青团的刊物里面。阅读的报刊主要是《新华日报》和《群众》杂志，此外还有胡风主编的《七月》和郭沫若主编的《中原》。

除个人阅读外，还组织读书会。读书会的作用不仅是集体学习书刊，而且能够沟通思想，加深互相了解，增进团结，以促进共同提高和进步。读书会是自由结合的，没有什么约束，下设"社会发展史学习小组""新文学研究小组""九月读书会"。社会发展史学习小组是由高而公在 1943 年 6 月发起组织的，学习邓初民著的《社会发展史教程》。参加的人有：王又生、齐之平、韩锋、姜正、张汉辉、杜孔嘉、张延、程曦、阎蒙。学过社会发展史后，再学政治经济学。新文学研究小组参加人有：高而公、刘志鸿、石克基、郭秉箴、刘流、齐之平。除学习理论、作品外，还练习写作。理论学习材料是艾芜的《新文学手册》，最先学的作品是高尔基的《母亲》。九月读书会参加者有姜正、李健、李湛、王俊、贾锡武等，学习社会科学著作。

读书会的活动无固定地址，冷天多在茶馆，有时在宿舍，天暖时节则在野外，有时到三台附近山上、寺庙里、树林、竹林里，有时过涪江到对岸去，有时到农民家里。除读书外，还讨论"左倾"学生活动问题和其他有关事情。在野外活动一般采取野游、野餐形式，以免惹人怀疑和注意。

"东研社"发展到 1945 年时，几乎所有东北籍的同学，都是它的成员。它的领导机构是理事会，由九名理事组成。如果理事会的领导权掌握在"左倾"同学手中，它就起进步作用。为此各方都重视理事会的选举。这一届理事会选举结果，有五名"左倾"同学当选。他们是朱廷芳、李葆家、安民、田华伦和高桂林。受国民党影响的对方只得四席是少数。于是杨德钧等人便采取以"东研社"为共产分子所掌握为口实，煽动社员退社的办法，把"东研社"搞垮了。接着杨德钧等人又开始筹组"东北同学会"，企图用这个组织搞政治活动。于是双方又展开了第二次竞选斗争。选举结果，朱廷方因得票最多，直接当选为主席。杨德钧方面则控制了"干事会"的多数席位，双方又互相制约，谁也利用不了东北同乡会。经过这两次选举战，双方的阵线基本清楚了，最后各自成立了自己的组织。一部分人在杨德钧的控制下，成立了"祖国社"，而以朱庭芳等人为首的"左倾"同学组成"学习社"。

"东研社"解散后，三台国民党情报部门于 1945 年 11 月 24 日向上级汇报该社解散之原因："①新旧东北同学之冲突：东北研究社为奸伪陈震、董雨、戴庆祥、钟华、刘光炎等集中活动而成，大部分为新东北同学组成。其他旧东北同学与省外同学实为寥寥，第一届主席即为陈震，历届均是新东北同学包办，因之引起旧东北同学之不满，由来久矣；②金简即在内部起分化作用，金简即为'铎声社'友，东北人，公平正直，见东北研究社将迎新时力主□不满意之言极端反对所致；③东北研究社为奸伪活动之机关，而目标显著，全校皆知，欲暂时将目标缩小，也有解散之必要。另外学校有人造谣，说三台有多名特务专门注意东大；④自东北籍同学组成后该会遂为何奸活动之渊□，今□等闻此消息不佳势有必要解散，于是就借社员二分之一以上提议解散。"[1]

十六、十万青年十万军

太平洋战争爆发之后，日军以泰国为基地，入侵东南亚各国和中国滇西。中国远征军十万余人入缅作战失利，残余部队大部分被迫退往印度整训。由于中国军队损失惨重，扩大征兵范围已势在必行。另外，其兵员素质也一直为盟方所不满，觉得一般下级军官缺少文化，不能掌握新式武器。所以此时国民政府军事委

---

[1]　四川省三台县档案馆藏文件，□为原件模糊不清，无法辨认。据唐宏毅主编：《东北大学在三台》（成都：四川大学出版社，1991 年），第 246—247 页。

员会不得不发布征召全国适龄学生服兵役的通令："查征兵开始，六年于兹，所征壮丁，多系目不识丁之文盲，其知识分子之学生，多不予以征集，因之士兵素质低劣，影响抗战甚大。更以各地学校收容超过学龄之学生，几为壮丁避役之渊薮，役政推行，尤多滞碍。兹将通令各级学校之兵役适龄学生，自三十二年一月起一律依法抽签，按秩征召，依其程度，配服兵役，不得予以缓役。"①

蒋介石本人亦亲自出马推动知识青年从军运动，他于1944年元旦检阅军训学生，发表训词称："夫军事训练之目的，一方面在使青年学生获得军事上之知识技能，俾成为健全之备役候补军官；一方面尤在养成整齐、严肃、勤劳、机敏之习惯，与服从命令、遵守纪律之德性……军事化即为现代化，军事训练与军官管理之主旨，即在造成我全国青年为健全之现代国民，诸生欲效忠于抗战，固须诚恳接受军事训练与军事管理。"②8月27日，蒋介石在国民参政会三届三次会上，以"一寸山河一寸血，十万青年十万军"为号召，鼓动青年从军。10月14日，他又下达紧急手令："三月内发动十万知识青年从军，必须如期如数完成！"

同年10月21日，国民政府军事委员会颁布《知识青年从军征集办法》等法规，规定知识青年（男性）年满18岁至届满35岁者，受中等以上之教育或具有相当知识程度者，体格标准符合条件者，均得志愿参加；数额暂定为十万人；除照远征军之待遇办理外，副食费酌量增加；服役期间定为两年，期满后退伍。十三天后，教育部也出台《志愿从军学生学业优待办法》，不仅对从军学生一律保留学籍，而且还对从军学生退伍时做出了免试升学、减少学期、优先录取等优待办法。

11月5日，军政部部长何应钦向各省军、师管区发出了一通重要电令，即著名的《戌征役募》电。主要内容：转蒋介石征集十万青年的手令；各县配额为三百名，可抵本年壮丁额，《征集办法》另案颁发。四川省政府主席兼军管区司令张群奉蒋介石指示，与军管区参谋长徐思平反复商量。徐思平说："只有先向某一高等院校打开缺口，再图扩张战果。"

① 《学生要服兵役了》，陶百川主编：《中央周刊》第5卷第13期，1943年11月5日，第8—9页。

② 《蒋主席对军训学生致训》，《大公报》1944年1月1日。

11 月 11 日，徐思平由成都出发去绵阳。12 日，召集该县士绅、机关、法团等，向中学以上学生作《征集十万青年驻印军出国受训，提高国军素质》的讲演。徐思平讲得有声有色，当晚就有绵阳中学学生邱永森等十五人志愿服役。

徐思平 14 日到三台县，他对潼蓬师管区代司令李华骏说："我要向东北大学学生作一次动员从军的报告。"学生议论纷纷："东北大学是国立大学，不属地方政府管辖。"李华骏对学生代表说："徐先生就是学者从军，到日本学过军事，又到过欧洲诸国考察。连东大有些讲师、教授，都是他的学生。"学生代表说："那就请他讲'人生观'吧！"

次日晨，徐思平出席东北大学的"总理纪念周"，即于会上演讲《学生于民族存亡应有之认识与责任》。他详述亡国将是民族消灭的惨祸，列举历代名人和当代各国领袖多是文武兼备的人才，从军是无比光荣的事业。说到这里，他振臂激奋地说："贵校是张汉卿（张学良）先生创办，自东北沦陷，搬迁北平，再迁西安，最后迁四川三台，川中同胞殷勤相待，诸君得在抗战烽火之中，弦诵不辍，未感'黄鸟'之痛，……贵校当前的时代任务，应当是在战时必须支持抗战、收复东北！战后必须建设东北，否则，东北大学将失其存在意义。"徐思平这篇演说词成为抗战史上一篇重要文献，全文除在东北大学校刊载出外，曾由军政部印发各省军、师管区及各县、市，列为必读之文件。时人把内迁三台的东北大学作为知识青年从军的发源地，原因就在这里。

当晚 7 时，徐思平又到校作《我的人生观》的专题讲演。听讲的还有国立第十八中学、省立潼川中学、三台县中师生和各界人士，共二千八百余人……礼堂挤不下，伫立窗外听讲之人太多，途为之塞。当晚虽大雨滂沱，听众仍坚持到 10 时以后，气氛热烈。他要求青年学生自动服兵役，称所以如此，"其一因我国对倭抗战，在国内战场使用武器简单，且待遇较次，无须知识分子参加之必要；在驻印军则恰与此相反，故有要求知识分子参加之理由。再则我国地广人多，现凭依西南山地之险，以劣势武器拒抗敌人；如须反攻敌人在黄河平原及长江下流相角逐，则须有较新装备之补充。……欲求装备之大量补充，则加强远征军，打通滇缅路乃属切要。"当场报名从军者就达三百零四人，其中东北大学二十八人（含助教一人），省立高中三十五人，十八中一百三十五人，县中一百零五人，还有东北籍女生林霖等三十余人也申请从军。[①] 因《兵役法》规定女子无兵役义务，徐思平婉谢。女生们当场痛哭，质问："爱国不分男女，女子何以不能加抗战，共同杀敌？"林霖等女生此后又送上请缨呈文："生等虽为女子，语云：国家兴亡，匹夫有责。今聆徐参谋长传达政府德音……奈规章有限……泉涌之热泪，实有不能自已者。伏乞额外通融，务使生等展鸿鹄之志，愿效花木兰、梁红玉从军杀敌……以赤胆白骨换取新中华自由之花！"徐思平手捧呈文，激动地说："此所谓祖国山河兴亡泪，中国之不亡，赖有此耳！"[②]

自东北大学学生踊跃报名从军以后，复有东北大学教授、国民参政员萧一山，发电报促其在成都的长子萧树勋（北大毕业生）回三台报名从军，第十三区行政督察专员钟体道也相继送子从军，省立三台高中马先觉原定 11 月完婚，毅然推迟婚期，报名从军。而当时正在重庆的校长臧启芳也写了一封勉子从军的信："朋年儿知悉：父自到渝极忙，儿近来何如？为念！蒋委员长近来号召知识青年从军，各地青年多已回应，而我国抗战到此最后关头，亦实在需要此最后一举，吾儿前者有学陆军之意，如果目前愿意从军，父极为赞成，但父意并不是要儿去出风头，或者是要社会知道东大臧校长命之从军，也学那一般人在报纸上发表消息，故事标榜，父只盼吾儿能有此志，既可以自作主张，庶几尽你自己对于国家应尽的责任，也要强迫儿去的，儿可以把此信的意思告你母亲，你母亲的意思，必定与父相同……"[③] 当年学生回忆说："等到十万青年十万军运动时，东大师生响应也是最为热烈，何以称为'最'热烈？因校长之长子，教务长，训导长皆从军了。教务长的老太太守节抚孤，只有教务长一子，教务长又只有女儿，没有儿子，但是老太太说：'好小子，你去吧！'训导长有四女，甫生一男，在襁褓中，都交给年

---

①　侯德础：《略论抗战后期的知识青年从军运动》，《民国档案》2006 年第 2 期。

②　郑光路：《被遗忘的抗战史：四川大抗战》（成都：四川人民出版社，2013 年），第 344—345 页。

③　《国立东北大学校刊》第五期合刊，1944 年 12 月 1 日。

轻的妻子，自己从戎去了。"[①] 然而，东大"左倾"激进学生，"利用这个机会把三青团及顽固分子送出学校，掀起'欢送校长的公子参军''欢送训导长带头参军'的热潮。斗争的结果，校长的儿子和训导长的女儿被迫参加青年军，并带走大批三青团员。与此同时，对报名参军的一般同学则尽力劝阻"。[②]

截至 1944 年 12 月上旬，三台一县即有大中学生六百一十三人报名，录取二百一十三人。而东北大学截至 11 月底有十六人，不仅有学生报名参军，更有学校教师和职员报名参军：

姓 名	年 龄	籍 贯	职 别
吴希庸	37	辽宁辽阳	经济系教授
陈光哲	30	辽宁营口	训导处组员
党明良	35	辽宁西丰	图书馆馆员
郑恩墀	34	辽宁盖平	会计佐理员
朱彦威	34	辽宁辽阳	庶务组组员
朱长策	32	四川射洪	图书馆书记
陈心一	28	四川三台	图书馆书记
杜性源	24	四川忠县	政治系四年级学生
史子裕	30	辽宁安东	政治系四年级学生
王音卿	23	河南新乡	法律系三年级学生
李中直	23	河北清苑	中国文学系二年级学生
穆仰周	22	北平	外国文学系二年级学生
臧朋年	21	辽宁盖平	政治系二年级学生
徐达生	19	吉林长春	政治系二年级学生
阚甸封	22	辽宁沈阳	补习班学生
崔勇翔	18	辽宁沈阳	补习班学生

（据《国立东北大学校刊》第五期，1944 年 12 月 1 日）

---

① 张吴振芝：《四川三台未央歌》，《国立东北大学六十周年纪念特刊》（台北自印本，1983 年），第 135 页。

② 郭静主编：《中国共产党三台县历史》第一卷（北京：中共党史出版社，2007 年），第 128 页。

三台各界群众纷纷捐献钱物，举办各种活动欢送从军学生。12 月 7 日上午，在县城公园隆重召开"三台县各界欢送大中学生参加远征军大会"，盛况空前。出征之日，县城万人空巷，倾出送行。县长吴业祥将县城外麻石桥改名为远征桥，凿石纪念。三台县知识青年从军热情特别高涨，听听他们的从军歌，看看他们曾经是多么自豪和骄傲：

> 君不见，汉终军，弱冠系虏请长缨；
> 君不见，班定远，绝域轻骑催战云！
> 男儿应是重危行，岂让儒冠误此生？
> 况乃国危若累卵，羽檄争驰无少停！
> 弃我昔时笔，着我战时衿，
> 一呼同志逾十万，高唱战歌齐从军。
> 齐从军，净胡尘，誓扫倭奴不顾身！
> ……

东大从军青年在部队表现优秀，从以下从军同学来信可以看出："哲先校长道席自违：尘教倏已阅月，瞻仰之殷，褚墨难宣辰维，道履冲和、公务笃祜为颂，生等已编入青年远征军二〇一师受训，营中生活颇为安适，可释垂。此间各大学之同志，为欲发扬母校之精神，无不谨慎学行，严守风纪，而尤以生等之各种表现特博官长之嘉许，同辈之钦服此不独自身之幸亦东大之光……学生：杨念祖、徐达生、陈祖冀、方汉栋、穆仰周、杜性源、李镇亚。"[1]

11 月 25 日，徐思平回到成都，赓即又奔赴成（都）茂（县）师管区宣传鼓动。29 日在成都各电影院召集大中学校学生讲演。由于徐思平在三台鼓动学生从军，为全川、全国起了宣导作用。"迄至 12 月 8 日，报名从军者，计有中学生及

---

① 《国立东北大学校刊》第七、八期合刊，1945 年 2 月 1 日。

公教人员五千零九十四名，女生七百九十五名，大学生二百六十七名。经体检合格者二千二百二十九名。"[①]

历史应当记住这一场轰轰烈烈、在中国兵役史和抗战史上均留下了深深烙印的知识青年爱国从军运动。

十七、学潮催生学生自治会

1944 年，艰苦的抗战步入第七个年头。在反法西斯各个战场高奏凯歌的时候，中国战场却在难堪地败退。夏秋之际，长沙陷落，衡阳危机，内政不力对军事的影响已经充分暴露，蒋介石的威望也降到低点。史迪威将军对重庆政府大失所望，而将目光投向了中国共产党的军队，引得蒋介石大为不满。共产党的强大已经成为不争的事实。

随着抗战形势的恶化和人心动乱，后方学校日益加强对壁报的检查和控制。是年春，东大《合唱群》《菩提》等壁报牵头，发出成立壁报联合会通知，要求愿意参加者签名。肖盈光说："通知放在收发室，我代表新生代签名。过了不几天，我同郭秉箴、刘流等同学一起，登上东门外东山寺，参加壁报联合会成立大会，会址在一个破庙里，到会的近三十名各个壁报的负责人或代表，多数都是几天前就签名参加壁报联合会的，少数是刚听到消息就赶来的。大会决定壁报联合会今后的日常事务，由郭秉箴、刘流和我负责，并推举我为壁报联合会主席，同时决定由我负责同吴希庸训导长交涉，取消了学校提出的壁报稿要提前并全部送审的规定。"[②]

这年的冬天，东大掀起了一场争取言论出版自由的斗争浪潮，声势浩大，迅即席卷全校。学潮的直接起因，是校方领导人袒护撕毁壁报的学生，把大家平

---

① 万金裕：《抗战八年四川人民在征兵服役上之贡献》，《四川文史资料集萃》第二卷，第359页。

② 肖盈光：《民主与独裁的斗争：1944 年东北大学学潮》，唐宏毅主编：《东北大学在三台》（成都：四川大学出版社，1991 年），第 64 页。

日郁结在心中的不满，引发成一团怒火。据肖盈光回忆，事情的来龙去脉是这样的：

　　一天[①]晚饭后，我同郭秉箴、刘流等同学在南门外散步，《铎声》壁报负责人姜××，气冲冲跑来告诉我们，《铎声》被学校强令停刊，原因是《铎声》这期刊登一条消息：经济系毕业同学栾××，在重庆税务局工作期间，贪污税款，被判×年徒刑。这条消息被栾××的弟弟栾成津看到，立即动手撕毁壁报，还强词夺理向学校告了《铎声》的状。校长臧启芳去重庆开会，当时不在家。代理校长白世昌，不问是非曲直，亲手摘下壁报，并给铎声负责人扣上"有辱校誉"的罪名，扬言要处分他们。

　　任意撕毁壁报，在东大还是从未发生过的事。我怀着气愤心情，以壁报联合会主席的名义，向白代校长提出：栾成津随便撕毁壁报，违反政府法令，要给他处分；栾××贪污税款、触犯刑律，《铎声》的报道应该支持，不该责令《铎声》停刊。白世昌听不进。我把《铎声》收到的重庆来信，送给白世昌，说明《铎声》的报道并非捏造，但他不看。《铎声》决定给重庆去信，询问考息来源，要他们提供证据，并向学校保证，如事实有出入，《铎声》负责更正，并赔礼道歉，白世昌仍然不理。

　　……

　　经《铎声》一再要求，一天晚饭后，我同《铎声》负责人在一起，走进校长办公室，向学校明确提出："立刻让《铎声》复刊，保证有关人员不受处分。"白世昌坐在办公桌前，板着铁青的面孔，长时间一言不发。冬天，天气渐短，吃完晚饭的同学在校长室门外，探听消息，天已经黑了，同学们按捺不住内心的愤怒，门外开始嘈杂起来，我也有些急了，便对白世昌说："同学们急着要听回信，再不答复，我只好辞去代表职务，让同学们直接和你谈。"这时，门外出现敲门声和喊叫声，白世昌立刻由傲慢变得慌张起来，嘴里不断地说："我同意……我同意。"

---

　　① 据《东北大学八十年》记载，具体日期为1944年11月19日。

这时，还有人提出，要成立学生自治会，白世昌也满口答应，我走出校长室，向大家宣布："我们的三项要求，白代校长全都同意。"人群里喊出："我们要白世昌出来，当面跟我们说。"我转身回校长室找他时，他已跳出窗户，从女同学宿舍溜走。大家一听白世昌溜走，更是气愤，顿时有人大喊："走，到大礼堂开会。"黑压压的人群，一齐涌向大礼堂，煤气灯把大礼堂照得通亮，许多人在会上发言，诉说白世昌压制民主的事。我在会上被推选为学生自治会临时主席，同政治系、历史系两名同学一起，起草学生自治会章程，会上还通过了赶走白世昌、吴希庸的提议。①

选举产生东大的学生自治会，先要竞选各系班代表，然后产生领导机构。1944 级外文系的姜丁铭回忆说："杜嘉又为此事在各系同学间进行活动，杜嘉与我和刘丰年商量后，决定由杜黎均代表外文系。由于我与外文系的同学有较多的联系，这事很快办到了。一个团结的局面带来丰硕的成果，东大学生自治会迁到四川三台以来第一次以选法形式掌握在进步同学的手里。以演戏而为人熟知的文艺人郭秉箴以多数票，当选为学生自治会主席。全校局面急转直下，气氛为之一变，一切好像都充满光明和希望。"②在自治会主席的选举大会上，还通过了学生自治会章程和罢课的决议。11 月 21 日，学生开始罢课。然而，学潮的进程却朝着大家始料未及的方向发展：

斗争的形势出人意料，出现了反对校长臧启芳和"东北五老"（金毓黻等）的运动。停课局面延续着。其实，把矛头指向校长臧启芳，据了解，不过是国民党派系矛盾和各地方势力之间矛盾的公开化，他们企图把争取民主的斗争，变成驱逐东北籍的学校当权派的斗争。当时，风传江浙派推举潘公展来取代臧启芳。

---

① 肖盈光：《民主与独裁的斗争：1944 年东北大学学潮》，唐宏毅主编：《东北大学在三台》（成都：四川大学出版社，1991 年），第 64—66 页。

② 姜丁铭：《忆四川三台东北大学》，魏向前等主编：《东大逸事》（沈阳：东北大学出版社，2003 年），第 86—87 页。

这种局面出乎进步同志的意外，感到这种局面发展下去不可预测，认为完全打倒臧启芳，就可能是把多年已争取到的民主进步局面断送掉，但因经验不足，无法控制局势，乃去重庆寻求党的指示。经研究，定出了解决办法。他们回来后，通过自治会代表的研讨和辩论，同意白世昌等五人离校，取消壁报审查即展开拥戴臧启芳校长进校执政和驱逐臧启芳校长出校让权的争夺战。维护臧启芳校长的大多是东北同学，驱推臧启芳校长的多半是江浙同学和部分四川同学。东北的同学较多，臧启芳校长终于进校视事，于是反对臧启芳校长之争告一段落，学校进入正常学习。此后，从赵纪彬传来的信息是，对走上进步轨道的东北大学，不应由江浙派中代表国民党中央特务派系来操纵，而应以占多数的东北师生为主体，坚持抗日团结进步的这面旗帜。①

最终，教务长白世昌等五人离校，调来许逢熙任教务长，持续近三个月的东大学潮告一段落。当年千辛万苦才读上大学的政治系学生郭衣洞（柏杨）晚年回忆此次罢课，说：

入学不久之后，学校突然发生罢课……以我的性格，应该非常赞成罢课才对，而且罢得越久越好，最好一罢两年，当罢课结束之日，也就是毕业之时。不过，我是千辛万苦才进大学之门的，了解到读大学之不易和大学生涯的可贵，认为能读大学是一种福分，不应糟蹋，而应珍惜，所以我并不支持罢课。每天到大街上游荡，只在心中暗暗希望罢课早日结束。②

殊不知，当时的郭衣洞乃是中国国民党党员、三民主义青年团员，能有此"纯真想法"委实难得。领取国家贷金的学生们，像郭衣洞这样内心真希望上课

---

① 姜丁铭：《抗日、团结、进步的旗帜：忆四川三台东北大学》，《东北大学建校 65 周年纪念专刊》（自印本，1988 年），第 211 页。

② 柏杨口述、周碧瑟执笔：《柏杨回忆录：看过地狱回来的人》（沈阳：春风文艺出版社，2002 年），第 102 页。

学习而非罢课的还有多少？争取言论自由的同时，学生们是否想过读书机会的难得、光阴的宝贵？

十八、抗敌国剧社与实验剧团

抗战时期物资匮乏，物力维艰，乃至通货膨胀，经济崩溃，起码的衣食住行都难以保住，东大学生是在生活中挣扎，然而他们却过着丰富的文化生活、健康的精神生活，如此岂不矛盾？其实二者并不矛盾。仅从他们创办剧团，不亦乐乎地唱戏就可窥一斑。

三台时期的东大校门

东大在 1938 年春迁来三台之前，就已成立了一个"抗敌国剧社"，在西安时期便颇受重视，人才辈出。但由于历届学生毕业的变动，所以便没有固定的班底了。1941 年夏，曹韵波到东大当军事助教时，除部分教职工社员较稳定外，其余所谓名角名琴师已逐期出"科"了。从这一年起，大家推举曹韵波担任社长。他并非科班出身，但从中学到军校，唯一爱好就是京戏（时称平剧、国剧），并且还不断地演出，也算是有些实践经验吧。他说："叫我当社长，除了我能演青衣、花旦、小生等行当外，其他我还可以当听用。也许最现实的是，能解决当时京戏活动的组织及联系等问题。这样，在我与抗敌国剧社接触的五年时间里，还算起到协助剧社发展的作用。"[1] 曹韵波 1942 年考入东大政治系，1946 年毕业。

曹韵波担任社长期间，定期或不定期地排练、上演大小京戏节目，既活跃了当时的校园生活，又走向了社会，甚至在寒暑假期间到外地去，如遂宁、绵阳、射洪、太和、江油、中坝等县镇。当时剧社的固定成员，演生角的有刘国瑞、闵

---

[1] 曹韵波：《东大的抗敌国剧社》，唐宏毅主编：《东北大学在三台》（成都：四川大学出版社，1991 年），第 88 页。

宗恒、苏鸿俊、王琪、丁声等；演旦角的有刘玫、濮思华、蒋伯庚、曹韵波等；演其他行当的有赵如璋、刘谦、孙霏、高云等；文场操琴的主要是李家静。当时有些教授和家属也常参加演出，如专攻程派青衣的吴希庸教授，樊哲民教授的夫人和儿子也经常登台表演。

此外，每次公演还邀请社会上的京戏爱好者参加。如省银行的王世銮、邓夫人，盐务局的孙涧、罗兴亚、孟秘书等。这些人都是艺有专长，不同凡响，在当时当地有一定的知名度。至于演出时的文武场面，除剧社本身有固定成员外，也经常与社会同行合作。与当地的京戏爱好者同台表演，加强了同地方群众的联系，也扩大了东大在地方的影响。和他们联合演出的有当地的专业演员，如周盛芳；有当地的名票友，如周西烈等。可以说，在当时的三台，只要正式上演京戏，实际上是汇合了社会上这方面的人力和物力，不过始终是以东大抗敌国剧社为主体。

至于物力方面，国剧社是没有分文基金的，每次演出的必要开支都是临时请校方资助。有时为了募捐或纪念性的公演，都是由发起者采取售票、开支等临时措施，剧社从不插手。所以，剧社没有独立的财务机构。剧社有一套简陋的衣箱，但只能演出中小型剧本。如遇演较大剧本，登场人物较多，还要求助于地方上的川剧团体。故当时的行头已突破了京川剧的界限，而是综合利用，因陋就简。譬如给旦角包头，根本没有水发贴鬓，于是便采用了川剧化装方式，用固定的漆纸片来插鬓；川剧的蟒袍和靠子都与京戏有异，但也不能不利用川剧的行头来壮大京剧的声威。这些演员和观众都是一清二楚的，能做到互相谅解，从不抱怨。由于角色的唱做过硬，表演态度认真，所以并不影响演出的品质和效果。可以说，每次演出都是颇得好评的，有时甚至轰动一时。

当时能上演的剧本，除角色较少的一般传统折子戏，如《武家坡》《汾河湾》《别窑》《女起解》《宝莲灯》《三娘教子》《桑园会》《乌龙院》《杀惜》《玉堂春》《黄鹤楼》《徐策跑城》《追韩信》等几十个剧外，还能上演较完整的大幕戏，如《四郎探母》《木兰从军》《法门寺》《甘露寺》《群英会》《凤还巢》《四进士》《潇湘夜雨》等。金毓黻教授有则日记云："（1940年1月4日）夜观王佩衡演《汾河湾》及某君等演《玉堂春》《黄金台》，此为在潼第二次观旧剧。

课余遣兴，亦为雅事。"①

演出条件的确很差，就连起码的灯光都不能解决。那时，三台还没有电灯，学校宿舍里靠煤油灯来照明，只有图书馆到晚上才点几盏煤气灯来供学生阅读。这样，每次演出时，最好的照明设备便是煤气灯了。但有时这种灯又常出毛病，那就只有在忽明忽暗的光线下来进行表演了。三台没有影剧院，在校内演出，只有在食堂内搭台子；在外面演出，唯一的场所是破旧的华光庙。这个庙就是利用它还没倒塌的社戏舞台，经过美工人员的装饰打扮，还真像大舞台呢。但庙堂院内连一把椅凳都没有，那就有劳观众自带椅凳了。就是在这样简陋的演出条件下，每次上演都比传统的庙会还热闹。这也是当时三台居民颇为乐道的一件盛举。

三台实验剧团，是东北大学进步师生成立的另一具有影响力的知名剧团，成立时间在 1944 年底。由郭秉箴、高而公、刘黑枷负责，董每戡、张艾丁任导演。据负责人之一的刘黑枷回忆："我们组织了三台实验剧团，每学期都演剧，一学期能排演两个。演剧都在县城内的华光庙戏台上。每次卖票，一场戏至少演三天。我们演过老舍和宋之的合写的《国家至上》，讲的是汉回两个民族团结抗战的故事。我扮演一个回教老拳师张老师，剧本要求光头，我把头发都剃掉，满腮粘上用黑白毛线做的长胡须，

三台时期的刘黑枷

一出台，即得了一个满堂彩，内心极为兴奋。接着又演了宋之的的《草木皆兵》、夏衍的《祖国在召唤》以及《寄生草》《处女的心》《正在想》。演得最多的是曹禺的作品，如《日出》《家》《北京人》等。我经常扮演老年人，如固守着一手造成的大家庭做着五世同堂美梦的高老太爷（《家》），如一个衰落腐朽大家庭的家长曾皓（《北京人》）。"② 这些戏剧深受民众欢迎，观众络绎不绝，场内座无虚席，收入也很多。他们将所得的一部分作为川北文协分会活动经费，如铅印《文学期

---

① 金毓黻：《静晤室日记》第六册（沈阳：辽沈书社，1993 年），第 4449 页。
② 刘黑枷：《涪江岁月》，《带露的鲜花：刘黑枷纪念文集》（沈阳出版社，2002 年），第 30 页。

刊》，另一部分捐献给前方抗战。

刘黑枷又说："通过演剧，我们团结了许多同学，争取了一些中间偏右但人品较正派的同学。和他们真诚相处，有事共同商量，不向他们提出他们一时接受不了的口号。他们帮我们搞灯光、舞台设计，做道具、借服装。有一个工商管理系的同学，当初并不爱好文学，对'左倾分子'持怀疑态度，最后竟和我们密切合作，每次演剧都拿着锣担任'舞台监督'职务，很尽职。"① 正是由于该剧团的政治倾向，引起了国民党特务的关注："（1944 年 12 月 12 日）据报：三台东大实验剧团现在国内各大学中为最具规模之剧团，在川北各地公演数次，成绩斐然，近为援助贫病作家及三台文协分会筹募基金公演，《日出》由董每戡教授导演，演员有胡蒂子、佟（枢）慧等。"②

很多资料都不约而同地记载，当年演出曹禺先生的《日出》，不但誉满三台县城，也惊动了四镇八乡。刘黑枷回忆："那次演《日出》时，董每戡教授当导演，郭秉篪为执行导演，并扮演李石清，邓光扮潘经理。我搞剧团的行政工作，兼演黄省三一角。当时，反动学生撕毁壁报，引起了学潮。由于各派力量都想争夺群众控制学潮，学潮处于僵持阶段。演最后一场前，郭秉篪作为学生会主席，根据大家的决定，赶赴重庆曾家岩找南方局青年组的同志，请示如何解决学潮问题。而为了筹集剧团基金和出版刊物的印刷费，戏票都已卖掉，演出又不能停。大家临时商量，由我代替郭秉篪扮李石清一角。黄省三这个角色没有人扮演怎么办？决定由一个没上过台的政治上中间的同学扮演。由于排剧时每天都'钉'在那里，对导演意图、舞台调度和演员步位十分熟悉，所以，扮演起来是有条件的。整日突击台词，靠后台提词，我们两个人居然也顶下来了，没有'砸锅'。最后，剧散场了，大家清理完舞台吃夜宵担担面时，高兴得把陈白露在剧中最后一段台词改为：'太阳升起来了，黑暗留在后面。但是太阳不是他们的，他们要睡了。''太阳是我们的，我们就是太阳，永远照耀在中国土地上！'大声地朗诵着，以表达

---

① 刘黑枷：《涪江岁月》，《带露的鲜花：刘黑枷纪念文集》（沈阳出版社，2002 年），第 30 页。
② 唐宏毅主编：《东北大学在三台》（成都：四川大学出版社，1991 年），第 223 页。

兴奋的心情。"① 还说："我们考虑《日出》的第三幕'三等妓院'（所谓宝和下处）一场不好演，也担心小城里某些封建卫道者会有说辞，打算把这幕略去，但董老师说：'这怎么好呢！要知道曹禺写这幕，花费多少心血，曾深入妓院调查过。我们要忠实于原著，这是对艺术家的尊重。况且不演这幕，不足以在本质上揭露罪恶的社会制度。'于是按剧本照演这幕。"② 董每戡曾有书札与刘黑枷谈《日出》演出事宜："（1944 年 10 月 27 日）今晚有事者仅我和陈祖翼二人，对词可照常举行。闻胡博有演小东西意，望与白素兰接洽一下，她如肯演顾八奶奶，则胡演小东西，臧肯演翠喜，更好，否则，白露兼演。闻刘玫又有演意。"③ 另据 1944 级中文系谢宇衡回忆当年的一些主要人员："中文系还有个'实验剧团'，董每戡先生任团长，具体工作由张艾丁先生负责。曾在三台公演《日出》（董先生导演，董师母胡蒂子饰陈白露和翠喜，郭秉箴饰李石清，石开基饰潘经理，体育教师高心安先生的爱人黄丽文饰顾八奶奶，胡宗南的一个念中学的堂妹饰小东西），轰动了那个县城。"④

外文系 1944 年级的姜丁铭提到，"在东大剧团活动的女演员中，以美貌和演技著称的要数刘玫了，演戏的女主角，她占多数。给我印象最深的是上演《万世师表》时，她扮演的女主角最后以'要说的都说了……没有什么可说的……'以示感谢，却极为打动人们的心灵，至今我还记得这种沁人肺腑的词句和献身教师的形象。著名的女演员还有王淑静、董每戡教授的夫人胡蒂子，以演陈白露而名噪三台。张艾丁老师的夫人郭一宁也是活跃的演员。无独有偶，郭一宁的妹妹郭二宁也在东大读书，热爱戏剧，与姐姐同台演出，真是并蒂莲花，传为美谈。"⑤

---

① 刘黑枷：《潼川四载奏战歌》，丁义浩、韩斌主编：《情缘东大》（沈阳：东北大学出版社，2013 年），第 24 页。

② 刘黑枷：《涪江岁月》，《带露的鲜花：刘黑枷纪念文集》（沈阳出版社，2002 年），第 31 页。

③ 董每戡：《书信辑存》，陈寿楠等编：《董每戡集》第五卷（长沙：岳麓书社，2011 年），第 495 页。

④ 谢宇衡：《东北大学文艺活动琐忆》，唐宏毅主编：《东北大学在三台》（成都：四川大学出版社，1991 年），第 105 页。

⑤ 姜丁铭：《忆四川三台东北大学》，相树春等主编：《我们走过的路》（北京：今日中国出版社，1993 年），第 109 页。

赵纪彬夫人李慎仪泽回忆："记得演巴金的话剧《家》时，除刘玫外，东大女生都担任了角色，一个教员的妻子也被吸收参加了。足见在东大争取大多数人的工作是很有成绩的。"[①]

值得一提的是，四川的地方剧川剧也兴起来，川籍学生组织了"川剧社"坐唱和彩排大戏。东大外文系还向全校上演过英文话剧，那是莎士比亚《哈姆雷特》的片段，由在缅甸远征军当过翻译刚复员的鲍鸿年演男主角，唐汝仁演过一个讽刺英国绅士的短剧。可以说戏剧演出活动不仅为东大在三台增辉生色，搞得生气勃勃，也团结了更多的学校师生振奋精神，拓宽了多种多样的文化生活领域。

十九、文协川北分会

抗战爆发后，国民政府西迁重庆，武汉暂时成为全国抗战的中心，聚集在武汉的文化界人士，为"联合全国文艺作家共同反对日本帝国主义的侵略，完成中国民族自由解放，建设中国民族革命的文艺，并保障作家权宜"，积极筹组全国文艺界的统一组织。《中华全国文艺界抗敌协会发起旨趣》说："我们应该把分散的各个战友的力量，团结起来，像前线将士用他们的枪一样，用我们的笔，来发动民众，捍卫祖国，粉碎寇敌，争取胜利。"

经过数月筹备，1938年3月27日在武汉正式成立了"中华全国文艺界抗敌协会"（简称"文协"），并通过了《中华全国文艺界抗敌协会宣言》《中华全国文艺界抗敌协会简章》《告全世界的文艺家》等重要文献，选举周恩来、孙科、于右任、陈立夫等为名誉理事，郭沫若、茅盾、夏衍、胡风、田汉、许地山、郁达夫等四十五人为理事，著名作家老舍为总务部主任，主持日常工作。1938年8月，随着武汉会战的临近，文协迁到重庆。

1944年秋天，川北地区的文艺战线成立一个有集中统一领导的组织机构的条件已成熟。"有德高望重的教授智力集团；有执着追求真理并愿为之献身的实干

---

① 李慎仪：《赵纪彬参与东大学运的点滴回忆》，唐宏毅主编：《东北大学在三台》（成都：四川大学出版社，1991年），第151页。

者，他们在同学中享有威信，如徐放、刘黑枷、郭秉箴等；有大量的追求进步渴望光明憎恨黑暗的热血大学生。可谓有把舵的，有划桨的，有拉纤的，有护航的。一条乘风破浪的文学大船可以下水开船了，这就是'中华全国文艺界抗敌协会川北分会'诞生时机已成熟。"①

文协三台分会的筹备情况，可从三台县档案馆藏国民党"致情字第 60 号"（1944 年 12 月 15 日发）情报了解清楚：

三台文协分会为东大文学研究会（中文系全体师生）、三台实验剧团、合唱团三单位组成，由陆侃如、董每戡等发起，先得文协分会许可，于十一月中旬在陆侃如家开筹备会，三团体人员为基本会员，另外由四个以上之会员介绍的为新会员，由三团体各推出理事、监事各三人，共理事九人，监事九人，组织理监事会，另推编辑委员五人，理事多为教师，有陆侃如、冯沅君、董每戡、迟念方、霍玉厚；监事有姚崇懋、罗麟、胡文举、刘志鸿等，编辑委员有刘志鸿、徐放等，定于元旦正式成立，出版月刊一种，不久即可印出，该会除出版刊物外，并援助贫苦作家等语。②

陆侃如

文协三台分会正式成立时间并非元旦，而是几天之后。据《中华全国文艺界抗敌协会大事记》载："（1945 年 1 月 6 日）'文协'三台分会假东北大学礼堂举行成立大会，到四五百人。"③又据三台县档案馆存国民党"致情字第 6 号"档："查三台文协已于（1945 年）1 月 8 日成立，该会所编文学期刊于 1 月 10 日发

---

① 马牧边、张展：《抗日战争后期川北文学活动概貌》，相树春等主编：《我们走过的路》（北京：今日中国出版社，1993 年），第 150 页。
② 《陆侃如等积极筹备成立三台文协分会》，唐宏毅主编：《东北大学在三台》（成都：四川大学出版社，1991 年），第 222 页。
③ 文天行：《中华全国文艺界抗敌协会大事记》，文天行等编：《中华全国文艺界抗敌协会史料选编》（成都：四川省社会科学院出版社，1983 年），第 447 页。

表……"①

　　分会会址设在三台东门内陈家巷陆侃如冯沅君夫妇家中。几乎每个星期六晚上大家都要在他们家聚会，讨论现实政治，气氛非常热烈。分会主办会报《文学期刊》，冯沅君为主编。第一期上有陆侃如的《中古文学系年》，冯沅君的《元杂剧和咏史诗》，还有赵纪彬、董每戡、叶丁易等先生的文章。可惜，这份川北分会的机关刊物，只出了一期。第二期的目录虽已发过预告，但终因为中文系几位教授被解雇而停刊。

　　文协三台分会成立之后，经常不断举行形式各样的活动。国民党特务认为，"文协分会活动异常激烈，颇有代表奸伪活动之疑"，所以时时盯梢。比如，中文系聘请的姚雪垠教授于 3 月 28 日到校，文协分会于 3 月 31 日在东大礼堂开欢迎会。马上就有特务向上级报告："会名虽为文艺晚会，然亦寓有奸伪活动作用在内，于其表演之节目中，有朗诵《火把》全本一节，系郭秉箴领导，董枢慧、臧慕莲（校长女儿）等五人，以对话形式进行，于火把照耀之下，故作慷慨激昂之状，

陆侃如与冯沅君

其内容有赞美火把世界，引人入火把队伍之词，无异以奸伪之主张宣布于人众，吸引千余青年学生之注意，颇为猖獗不羁，理合将经过情形具之呈报。"②4 月 25 日，文协分会又假东大礼堂举行过一场文艺晚会，参加者有陆侃如、冯沅君、董每戡、赵纪彬、姚雪垠、黎丁、谢梓文等一百五十余人。③

　　赵纪彬夫人李慎仪有一段回忆："1946 年（应为 1945 年）春，赵纪彬介绍姚雪垠、杨荣国来东大文学院任教，杨带来两个口信：一是杜国庠代表组织问候他，

　　① 《三台文协分会成立》，唐宏毅主编：《东北大学在三台》（成都：四川大学出版社，1991 年），第 224 页。

　　② 《文协三台分会欢迎姚雪垠来校任教》，唐宏毅主编：《东北大学在三台》（成都：四川大学出版社，1991 年），第 212 页。

　　③ 文天行：《中华全国文艺界抗敌协会大事记》，文天行等编：《中华全国文艺界抗敌协会史料选编》（成都：四川省社会科学院出版社，1983 年），第 449 页。

并肯定他在东大的工作成绩；一是老舍要他在三台组织川北抗敌协会分会。为此事他先找郭辛白商谈发展学生会员问题，后为主席人选问题又与董每戡、邹勇策商量。他们认为他做主席最合适。赵说：'抗协主席应由文艺界知名度高，平时少问政治的人做最合适。这样既能争取中间派教师参加，也可使当局少找麻烦。'结果选了冯沅君做主席，李尧东为秘书。"①（按，主席应为陆侃如，冯沅君实为副主席。）宋怀编《陆侃如年表》云，陆侃如"任川北分会主席"。②许志杰《陆侃如和冯沅君》："陆侃如当选为川北分会主席，冯沅君和哲学家赵纪彬当选为副主席。"③东大1944级中文系学生谢宇衡回忆："（川北分会）由赵纪彬先生和冯沅君先生分任正副主席，李尧东任秘书长。"④

文协分会发展迅速，很快由三台一县扩展到川北地区。据三台档案馆藏国民党（5月10日）"致情字第30号"情报："三台文协分会在5月4日举行聚餐。并改三台文协分会为川北文协分会，由姚雪垠、董每戡主其事，正式接办合唱团、实验剧团，并伸展其势力至绵阳及太和镇，绵阳由国立六中教务主任李东约负责，太和镇印有青年月刊……陆某自代东大文学院长以来，文学分会之负责人，名为董、姚负责，实际上还是陆某暗中计划，查文协分会日益扩大，似有控制东大各文化团体之情形。"⑤

"致情字第34号"情报："……该陆侃如、董每戡、赵纪彬、杨季野、姚雪垠等前于6月24、25日之夜间在青年旅行社茶馆开过一次会，其任务拟将川北文协分会组织扩大，并控制东大各文化团体，以作文协基础，以射洪、盐亭、蓬溪、

① 李慎仪：《赵纪彬参与东大学运的点滴回忆》，唐宏毅主编：《东北大学在三台》（成都：四川大学出版社，1991年），第151页。

② 宋怀：《陆侃如年表》，江苏政协文史委、南通市政协文史委编：《文海星光：南通文化名人（一）》（内部资料1999年），第68页。

③ 许志杰：《陆侃如和冯沅君》（济南：山东画报出版社，2006年），第105页。

④ 谢宇衡：《东北大学文艺活动琐忆》，唐宏毅主编：《东北大学在三台》（成都：四川大学出版社，1991年），第106页。

⑤ 《三台文协分会扩大为川北文协分会》，唐宏毅主编：《东北大学在三台》（成都：四川大学出版社，1991年），第238页。

川北各县发展，现董每戡、姚雪垠已于 7 月 6、7 日乘车赴成都文协会洽谈……"①

7 月 12 日，国民党特务又发"情寒字第 26 号"密报：

> 奉悉三台文协会改为川北文协会，其原因乃陆侃如代理文学院长，名义不能负责，所以改为姚雪垠、董每戡二奸伪负责，因川北学校关系，文协可以扩展至太镇及绵阳，太镇由杨序负责，并办有《文学青年》杂志，绵阳由李束绮（国立二中教务主任）负责。文协会所以扩大，一方面在扩展其组织至各地中学，笼络一部分中学学生做干部；一方面可以伸其活动半径，奸伪等可以公开自由活动，更可因其人多而造成胁。如东大当局要检查壁报，结果因奸伪反对而取消，即为证明奸伪活动方案，乃利用三台实验剧团及合唱团，收罗大部学生。《文学季刊》为文协向外发表文字之代表刊物，陆侃如、姚雪垠等乃利用学生组织，许办壁报，扩充力量，其活动情形大致为斯，特此呈复。②

文协分会搞得十分红火，座谈、演讲、办刊物、演艺活动都开展得有声有色。李尧东回忆："记得 1945 年端午（纪念屈原称作'诗人节'），由'全国文协三台分会'和'实验剧团'等有影响的文艺组织，发起组织了一次大型的诗歌文艺晚会，地点就在陈家巷口茶馆内，师生各泡清茶一碗。由陆侃如、冯沅君、赵纪彬等和同学们畅谈朗诵诗作。姚雪垠朗诵了他的名作《红灯笼的故事》。这个晚上，茶馆内外聚集着黑压压一片人群，附近的老百姓和爱好文艺的青年朋友成了围观者，直到深夜不散。"③ 不久，6 月 24 日，茅盾五十寿辰，也是创作二十五周年纪念日。分会在陆侃如的主持下，为茅盾举办了庆祝会，冯沅君在会上发表了演讲。④ 所以杨向奎先生对那段生活十分怀念："在三台东北大学时，每逢星期

---

① 唐宏毅主编：《东北大学在三台》（成都：四川大学出版社，1991 年），第 242 页。
② 《特分会密报文协三台分会情况》，唐宏毅主编：《东北大学在三台》（成都：四川大学出版社，1991 年），第 213 页。
③ 李尧东：《抗战时期流亡三台的东北大学学生生活素描》，政协四川省绵阳市文史委编：《绵阳市文史资料选辑》（1995 年）第十三辑，第 112 页。
④ 许志杰：《陆侃如和冯沅君》（济南：山东画报出版社，2006 年），第 105 页。

六晚，我们经常在冯陆家喝茶谈天。参加者有赵纪彬夫妇、杨荣国夫妇、董每戡夫妇，叶丁易夫妇等，无话不谈。谈到政治，总是对国民党政府不满。"[1]

文艺演出是分会工作的重点，他们组织起了各类队伍，利用各种宣传形式，抓住一切机会，对广大群众宣传抗日，为战争尽力。当时的宣传样式有：街头演活报剧，定期出专栏壁报，向群众教唱抗日歌曲，讲前线抗日英雄故事，组织募捐，制作慰问品，到军营劳军等等。分会的同仁们把三台这个小县城的抗日工作，搞得生动活泼热火朝天。

二十、学习社与祖国社

日本投降以后，国内两种命运和两种前途的决战，反映到东大内部，则是坚持独裁、内战与坚持民主、和平的两种政治主张的斗争。具体表现形式，则是左派社团学习社与右翼社团祖国社的斗争。

1945 年 9 月，东北问题研究社理事会改选，左派的学习社决定参加竞选，同企图夺取东研社领导权的右翼人员杨德钧、高造郡等人展开斗争。选举结果，杨德钧方面失利。于是，他四处呼吁说：东研社被共产党分子掌握，我们不能受共产党分子的利用，并采取签名的办法鼓动退社，把东研社解散了。杨德钧不甘失败，试图拉制东大的东北同学会，竞选结果，杨德钧方面控制了干事会的多数，而左派同学朱庭芳却以得票最多而直接当选为主席。这样，双方制约，谁也不能利用这个组织进行符合自己政治主张的活动。三台县档案馆现存一份国民党"致情字第 68 号"（1945 年 11 月 20 日发）文件：

据孙时斋报称：东北大学东北籍高造郡、杨德钧、张兴武、石铁军等一百八十名联名发起成立东北大学东北籍同学会，该会通告称"民主团结"，于（1945年）10 月 27 日在本校新生院教室开成立大会。由高造郡、郎人骏任临时主席，

---

① 《山东大学校友通讯》1985 年试刊一期；转引自严蓉仙：《冯沅君传》（北京：人民文学出版社，2008 年），第 205 页。

高报告开会意义暨筹备经过，出席人数约二百五十余位，情绪异常热烈，当场选举，以三分之二表决通过选举出总干事，副总干事，及各组负责人（曰干事）：

总干事：朱庭芳　　副总干事：田华伦　　总务组：张兴武 吕文达

会计组：高造郡　　宣传组：马承车　　康乐组：王化琴、冯慧嫒

文书组：郎人骏　　通讯组：杨德钧　　出纳组：刘志达

经过两次竞选斗争，东北同学的阵线分明了，倾向共产党的左派同学加入了学习社，而杨德钧等受国民党影响的右翼学生则组成了祖国社。著名作家柏杨当时就是祖国社成员之一，据他回忆：

那时，我们几个志同道合的同学在学校组织了一个"祖国学社"，是一个专门和"左倾"同学对抗的学生组织。我们都拥护比我低一年级、叫杨德钧的同学，当我们的"大哥"。杨大哥是三民主义青年团东北大学分团的干事，一批青年，包括我在内，每天围绕着他，出壁报，开笔战。有时候"左倾"同学把祖国学社的壁报半夜里砸毁，祖国学生的同学也用同样的手段，半夜里把他们的壁报撕烂。祖国学社拥有五六十个同学之多，自以为形成一种力量。①

祖国社相关人员有杨德钧、陈健（社长）、王征、熊镇、张占一、吕文达、赵唯纲、陈世宗、陈远、肖汉臣、李实、曾昭鸿、姚汉、刑国治、林伯流、庄腾祖、夏正石、郎人骏、张兴武、王德昌、林豁青、廖衡、王正心等。祖国社的舆论阵地是《祖国论坛》，充满了反苏反共，坚持独裁内战的内容。后来这个壁报改成铅印小报。其经济实力，超过国民党的三台县政府，因为三台没有本地的报纸。

学习社早于祖国社，成立于抗战胜利前夕的1945年5月中旬。其宗旨是：学习、团结、进步。成员都是东北籍学生，绝大多数曾生活在伪满洲国，他们因

① 柏杨口述、周碧瑟执笔：《柏杨回忆录：看过地狱回来的人》（沈阳：春风文艺出版社，2002年），第111页。

反满抗日，流亡到关内大后方，开始时对国民党抱过幻想，但现实又使他们失望。对共产党及其领导下的革命斗争知之不多。他们渴求真理，关心中国的命运和前途，想通过自我教育和参加校内的进步活动，寻求救国救民的道理。最初的成员有朱廷芳、田华伦、高桂林、于学谦、任正余、熊福旭（守金）、李葆家（北开）、安民、李宝善（李勤）、王立夫、侯明捷（照玉）、周桂芬、丁淑媛（丁塞）、白广文（张展）、高柏苍等。东研社解散后，其成员发展到三十多人。

学习社刚成立时，尚未同中共发生联系，1945 年 6 月，中共金沛霖从重庆来东大工作，才开始联系。金沛霖在东大毕业后，在重庆工作期间参加了"新民主主义小组"。1945 年 3 月，中共南方局青年组组长刘光在重庆《新华日报》营业部二楼办公室，组建了南方局直接领导的东北进步青年的"新民主主义小组"。当时参加小组的，有杨觉勇、赵家实、王国琴、金沛霖等。小组成立时，南方局青年组成员张佛翔（张黎群）也参加了会议。

金沛霖在三台工作期间，建立了两个"新民主主义小组"据点，一个是东大法律系毕业的刘光炎家，一个是刚刚成立的学习社。金沛霖通过他的老同学、学习社负责人朱廷芳和学习社建立了联系，但在学习社建立"据点"一事，只有朱廷芳、高桂林知道，没有向其他成员公布。

回重庆前，金沛霖与朱、高两位约定：按《百家姓》姓氏的顺序为收件人的通讯联系暗号，即他从重庆寄给学习社第一封信的收件人为赵 ××，第二封信的收件人为钱 ××，依此类推，凡是用同一发信地址、同一笔迹按上述姓氏顺序寄来的邮件，都是组织上寄来的资料，可以收受。

"新民主主义小组"的据点在学习社建立起来后，经过学习社成员对东北籍学生的接触和影响，根据他们的思想觉悟、进步要求、实际表现，日本正式签字投降前夕，又陆续吸收了彭万年、姜成德（江南）、王立邦（王庚）、王化琴、王鸿胤、关宇辉、姚志学、战师媛、于惠潜、金素兰、汪玢玲、陈梦菲、栾均林等为社员。

学习社在三台期间，其实是接受中共南方局青年组两个不同线索的领导，除了"新民主主义小组"外，还有南方局青年组领导的"民主青年社"，也称为"民主青年同盟"（简称"民青"）。1945 年 7 月左右，东大中文系丁易（叶鼎彝）教授去重庆，会见了南方局的刘光，向他汇报了东大的学生运动情况。刘光向丁易提出在东大建立"民青"的问题。丁易根据刘光的委托，回三台后，在"左倾"激进学生中组建了"民主青年社"（"民主青年同盟"）。这是南方局青年组领导的革命组织。东大"民青"的领导者是赵纪彬、丁易和郭辛白，骨干成员有高擎洲、张子勋、朱廷芳、高桂林等。学习社的成员中参加"民青"的有：白广文、李宝善、熊福旭、安民、任正余、李葆家、田华伦、侯明捷、周桂芬等人。

学习社在三台时期的主要活动和斗争主要有以下几点：

1. 开展系统的读书活动。为了使全体成员提高认识、提高觉悟，学习社始终抓紧对中国革命的基本问题和党的方针政策的学习。建社不久，系统地学习了毛泽东的《论联合政府》《新民主主义论》《在延安文艺座谈会上的讲话》，刘少奇的《关于修正党章的报告》，朱德的《论解放区战场》等。其次，是对时事政治的学习。重庆的"新民主主义小组"按照约定的通讯办法，不断地把《新华日报》《群众》《民主周刊》《世界知识》等多种革命报刊寄给学习社。再次，是学习马克思主义的基本知识，如：《列宁选集》《联共党史》《政治经济学》（列昂捷夫）、《大众哲学》（艾思奇）等社会科学著作。此外，还有《铁流》等苏联小说，鲁迅、茅盾、萧军等进步作家的文艺作品。

除了自学，学习社还采取各种灵活的讨论会、座谈会、与其他进步社团的联证会。学习上的心得体会，则在学习社的壁报《学习园地》上发表。

2. 争夺东北问题研究社和东北同学会领导权的斗争。"东研社"是东大最大且最有影响的社团，几乎所有的东北籍学生都是它的成员。这个社领导机构是理事会，由九名理事组成。如果"左倾"同学能获得理事会的多数席位，这个社团组织就会掌握在"左倾"同学手中。在1945年9月，"东研社"理事会改选期间，学习社决定参加竞选，与企图夺取"东研社"的领导权、把它引向反对方向的杨德钧、高造郡等人展开斗争。理事会选举的结果，"左倾"学生朱廷芳、高桂林、李葆家、安民、田华伦五人当选，杨德钧方面仅得四席。后来，学习社与杨德钧等人又展开了第二次竞选斗争。选举结果，朱廷芳得票最多直接当选为同学会主席，杨德钧一方则控制了同学会的"干事会"多数，双方互相制约，谁也利用不了这个社团进行符合自己政治主张的活动。

3. 与祖国社的反苏反共活动进行针锋相对的斗争。在日本投降后，祖国社反对蒙古人民共和国的独立，认为是苏联割去了中国的领土。1946 年 2 月间利用所谓"东北来信"进行反苏反共宣传，说张莘夫是共产党杀害的；八路军是扒路军；苏联红军在东北强奸妇女、拆运东北工厂设备等等。祖国社先后搞了三次活动：第一，在东大礼堂为张莘夫开追悼会。第二，发起组织东大和三台其他学校学生举行反苏示威游行。第三，公开号召东大组织"赴渝请愿团"，要求国民政府用武力接收东北。他们搞的追悼会因参加者寥寥，贴在礼堂门口的对联又被人贴上很大的问号和惊叹号，结果草草收场。对于后两个活动，事先东大"民青"领导召集骨干成员在三台城外一家茶馆开会研究对策。反苏游行由于得到校方的支持，"民青"不能公开阻拦，要尽力争取中间派和右派学生不参加游行。游行的那天，进步社团的成员和争取到的学生一起去坐茶馆或郊游。学习社只派李宝善参加，是为了了解这次游行的动态。

对于组织"赴渝请愿团"，"民青"决定通过各班级选举代表进行辩论的方式，进行反击。辩论结果通过决议："少数人组织的请愿团，不得用东大或东大学生的名义。"同时，担任学生伙食部主任的高擎洲以学生自治会伙食部名义宣布：凡无正当理由离校者，一律不发给伙食费。就这样，祖国社所倡议组织的"赴渝请愿团"瓦解了。[①]

4. 保护进步教授，对祖国社又一次有力的还击。1946 年春，东大举行教授会成立座谈会。会上，训导长叶叔良要求教授会对时局表态，发表反苏反共宣言，当即遭到进步教授的反对，会场内唇剑舌枪，斗争激烈；会场外，祖国社的学生阻止进步教授的发言，甚至向会场扔石头，使会议无法再进行下去。当晚，"民青"骨干成员开会决定动员全校进步力量予以回击。一夜之间，受"民青"影响的各个社团，以"尊师重道"为话题，纷纷发表宣言或抗议书，大字报铺天盖地，从校长室贴到校门口，祖国社显得非常孤立和狼狈。

---

① 高桂林、张展、朱廷芳：《1945—1947 年东北大学"学运"中的"学习社"》，相树春等主编：《我们走过的路》（北京：今日中国出版社，1993 年），第 176 页。

5. 在时局问题上同祖国社的斗争。1946 年 2 月上旬，中国政治协商会议胜利闭幕，重庆爆发校场口事件。祖国社在东大校内张贴《中央日报》的报道：校场口事件是"群众互相斗殴"。学习社的成员采取剪报形式，张贴《新华日报》《民主报》《华西晚报》等报道，揭明"事实真相"。同年 4 月，东北人民解放军自国民党军队手中夺取长春，重庆《大公报》写了社论《可耻的长春之战》，说共军"破坏和平"。祖国社抄录和张贴了这篇社论，并加按语说：这是中共首先挑起内战的铁证。学习社则抄录和张贴了《新华日报》的社论《可耻的〈大公报〉社论》，指明蒋军首先进攻解放区，发动内战。

6. 支持女生饭厅的斗争。东大学生饭厅历来是男女分开，1946 年 2 月，学生伙食团姚汉等人，为给学生中党棍和三青团成员追求女学生创造条件，取消女生饭厅，全校男女生混合编桌，引起女生的不满。学习社成员丁淑媛、汪玢玲、战明媛被推举为代表，向姚汉和东大校方交涉无效，发起抢占女生饭厅，又张贴《告全校同学书》，争取广大学生支持。为了抵制三青团的破坏，又发起绝大多数女生签名，宣布绝食。终于迫使伙食团和校方恢复原来的女生饭厅。这一斗争，对于团结和争取广大女生起了积极作用。

7. 除了在校内参加争民主、反内战的斗争，学习社还注意把工作引向社会。成员任正余、熊福旭、李宝善、李葆家、白广文及"左倾"学生张荫芳等人在 1945 年 8 月出版了名为《民报》的小报。八开，油印，每月一期，共出四期。对象是三台市民和农民。文章通俗短小，以小故事、谣谚等形式，每期有一个中心内容，如：反对征兵、拉壮丁，反对苛捐杂税，实行"二五减租"等等。每期由李宝善、熊福旭、周桂芬等人在街上以一二分钱出售。

1945 年 10 月，中共南方局青年组组长刘光在重庆《新华日报》营业部宿舍约请"新民主主义小组"负责人赵家实、孙序夫前去谈话，刘光向他们指出："由于日寇统治东北长达十四年之久，东北人民对国内政治情况知之甚少，盲目正统观念颇重。加以国民党反苏反共的宣传影响，东北地区亟须了解国民党内幕的东北进步人士前去工作。因此，重庆小组的全体成员和三台东大'据点'的成员要千方百计迅速去东北地区工作。"赵家实写信给学习社负责人朱廷芳、高桂林等传达刘光的指示，还向当时在重庆的学习社成员于学谦作了口头传达，让他回东大时把党的指示转告给学习社。

根据上级的指示精神，学习社经过会议讨论，决定了以下事项：第一，学习社成员不等待学校的统一安排，每个人根据自己的条件，采取各种途径尽早地返回东北（在此之前，田华伦、侯昭玉已经起程了）。第二，到沈阳立即找赵家实接头，通过他找共党组织。第三，到沈阳后，出刊《学习》杂志，宣传自己的政治主张。第四，把历届"左倾"同学积留下来的和组织上给学习社的革命书籍集中起来，委托与学校一道复员的高柏苍、金素兰等同学设法运回沈阳。[①] 此次会议之后，学习社的成员分别取道北上。

二十一、抗战胜利了

1945 年 7 月 26 日，中、美、英三国发表《波茨坦公告》，敦促日本必须立即无条件投降。8 月 6 日，美国在广岛投下了第一枚原子弹。8 月 8 日，苏联对日宣战。9 日零时刚过，苏联百万红军以迅雷不及掩耳的凌厉攻势，向盘踞在中国东北的日军发起了全线总进攻。

8 月 9 日上午，美国飞机在长崎又投了一颗原子弹。

8 月 10 日黎明，日本内阁成员签署意见，接受《波茨坦公告》——条件是，天皇的最高权力不容更改。

消息很快传到了三台东大校园，政治系四年级学生郭衣洞若干年后记忆犹新：

1945 年 8 月 10 日，天气晴朗，学校正放暑假，校园显得清静寂寞。刺耳的蝉声把人聒噪得发呆，街上几乎没有什么行人，同学们除了睡觉，还是睡觉。睡觉后鬼混一阵（青年时代好像有用不完的光阴），晚饭时候，懒洋洋去餐厅，重复一次"见饭愁"，接着就半饥半饱到街上压马路，有几个零钱的同学，甚至还

---

① 高柏苍：《随东北大学复员回沈阳》，齐红深编著：《流亡：抗战时期东北流亡学生口述》（郑州：大象出版社，2008 年），第 293 页。

到茶馆泡茶，或者到茶馆后院打麻将。可是，那天傍晚时分，气氛有点异样。大概六七点钟，由县政府收音室（全城大概只有县政府有个收音机，据我所知，东北大学师生，从来没有想到买一架，因为那东西贵得可怕）收听、抄写、油印，并分送有关机关的新闻简报，只有十六开那么大的一小张，这时候，在东北大学走廊的布告栏上出现，第一条消息是这样的：

"美国投下原子弹，日本宣布投降。"

先看到的同学，像疯子一样，跑到街上，招呼大家快回去庆祝，全校一片欢腾。日本投降，简直不可思议，比今天——20世纪90年代，忽然听到美国向古巴投降，还不可思议，理由很简单，那是不可能的。日本的崛起和傲慢、武力的显赫，加上他们一再宣称全国战死。简直不能想象竟然也会屈服，尤其向包括中国在内的同盟国屈服，这真是历史上最震撼的一页。同学纷纷议论的是：如何迁校和如何返乡。东北大学原址在沈阳，当然是迁回沈阳，同学不管是哪一省人，当然全随学校迁往沈阳上课。沈阳和三台直线距离二千二百公里，就在这个时候，"满洲帝国"依然存在，这对封闭在内陆已久的青年学生来说，更是最大的刺激。

天已入夜，大喜若狂的同学们，在东大唯一的广场，燃起营火，找了很多木柴，甚至把学校的破板凳、破桌子都投掷进去。熊熊火舌舔向天际，舌影忽亮忽暗地掠过每位同学的面颊，看得出内心的喜悦，那是多年所盼望的喜悦，那是一百年之久所盼望的喜悦。可是，大家却像修筑埃及金字塔法老王坟墓的一群被割掉了舌头的奴隶，只呆呆地站在那里，没有语言，没有声音，围着营火，像一大堆参差不齐、刚出土的兵马俑和木乃伊。这景象敲打我的大脑，想到德国投降时，美国人和英国人的高歌狂舞，我心里怀疑起来，这些大学生为什么没有一个人高歌？为什么没有一个人跳舞？我几乎是立刻就找到答案：我们是一个没有歌声的民族、没有舞蹈的民族。传统文化真是一个大酱缸，不要说不识字的小民，即使是高级知识分子的大学生，一个个也都被酱成干屎橛、酱萝卜。反传统文化的思想，被这次营火启蒙。

什么是原子弹？一颗原子弹竟然能使一个庞大强悍的帝国投降，它一定可怕得不可想象。但它是怎么制成的？没有一个同学追问，在以后的日子里，也没有一个教授向我们解释。而日本虽然战败，但他们在原子弹投下后，立刻就知道它是原子弹。我心中有一种感慨：日本仍是一个一流的强国。如果投在中国，恐怕三年之后，也不知道我们遇到了什么。[1]

原子弹确实为中国帮了大忙。当然，为迫使日本投降，中国军队也起了相当的作用。

8月14日12时整，日本广播裕仁天皇《终战诏书》，宣布向同盟国无条件投降。当日晚9时得知这一消息后，东北大学学生们手持火把涌向街头游行，并高呼："东北父老苦难的日子到头了！"

8月15日凌晨，东北大学师生在大礼堂举行了临时庆祝大会。"老校长臧启芳很早很早跑来学校，乐得闭不上嘴地大声疾呼'日本无条件投降啦'，住校师生不顾洗脸吃饭，群去街市及各个胡同敲锣打鼓地宣传，使家喻户晓。尤其外省籍的人们听了激动得声泪俱下！"[2]高柏苍回忆：是日傍晚，"日本无条件投降的喜讯传到三台，小县城立即沸腾起来，东北大学同学很快就组成火炬队伍，走过十字街，走到西门外，再返回新生院，一路高呼：庆祝抗日战争的伟大胜利！打倒日本帝国主义！释放张学良！等等，情绪激昂。最后开了焰火晚会"。[3]另据臧启芳次子臧英年回忆，当天晚上，他正在一家露天电影院看电影，突然，大屏幕上的电影停止了播放，取而代之的是五个大字："日本投降了！"露天电影院随即散了场，包括臧英年在内的所有观众迅速都跑回了家中。当晚，三台县放光了所有的鞭炮。随后，在三台县街头出现了一幅使用四川成语编写的对联，上联是："格老子朗个不喜"，下联是："龟儿子硬是要降"，横批是："硬是要得"。[4]

① 柏杨口述、周碧瑟执笔：《柏杨回忆录》（台北：远流出版公司，1996年），第148—150页。
② 关井贵：《东北大学由四川迁返沈阳北陵》，东北大学沈阳校友会：《东北大学校友通讯》，1988年8月编印，第54页。
③ 高柏苍：《随东北大学复员回沈阳》，齐红深编著：《流亡：抗战时期东北流亡学生口述》（郑州：大象出版社，2008年），第293页。
④ 贾学龙：《访〈进攻日本〉译者臧英年：一位美籍华人对日军侵华史实的深思》，中国青年网。

同一天正午，日本关东军十九名高级将领在新京（长春）的关东军总司令部地下室，静静地收听了日本天皇的所谓停战的投降诏书，一致仰天大哭。历经二十六年"威名显赫"的日本关东军，在这次终战会议后便结束了它的生命。当初发动九一八事变而趾高气扬的"英雄"们，绝没想到十四年之后，会有如此凄惨的下场。

9月2日9时，日本政府代表在东京湾内的美国战舰密苏里号上签署了无条件投降书，为第二次世界大战画上了句号。东大校方决定，自5日至7日举行盛大庆祝活动，校门口用柏树枝高扎起胜利牌坊，上挂庆祝联语。有一副对联是文书组张老先生作的：

漂泊西南回首辽天欢若是
支离东北扪心家国快如何

张先生勤劳直爽，年已花甲，他高兴地说："回到辽东，便可以死而瞑目了。"

9月4日，全校师生在新生院举行了欢天喜地的大聚餐，尽管前些天学校遭受水淹，大厨房、校医室淹没了三分之二，却丝毫未影响庆祝抗战胜利的活动。

9月5日，东大师生参加三台县庆祝抗战胜利大会。晚上，由东北问题研究社演出自行编排的话剧《胜利进行曲》。

9月6日，全校师生参加庆祝抗战胜利火炬游行。当晚仍演出《胜利进行曲》。为了配合这次庆祝活动，东北问题研究社的壁报出了胜利特刊，《东大校刊》出了胜利特号。校刊在献词中说："现在，抗战胜利了！东北收复了！流亡几年的东大也可以高高兴兴地回到她的故乡了。"

9月末，国立东北大学举行扩大校务会议，决定成立"东大复员委员会"，并推举许季康、李孝同、张德居、叶叔良四位教授草拟组织规程，其要点为：

1. 复员委员会以全体院处长系主任为当然委员，另由校长就职委员中聘请若干人为委员共同组织之，负责本大学复员之全部计划事宜。

2. 委员会下设常务委员会，由校长就职委员中聘请五人为常务委员组织之。

3. 委员会设总干事一人，副总干事二人。总干事以本大学总务长兼任，负责执行复员计划之总责；副总干事由本会就熟悉东北情形之委员推选之，担任协助行复员计划。

4. 总干事、副总干事之下分设总务、运输、联络三股，各股设干事一人，助理干事若干人，承总干事之命办理本股各项事宜。①

当年参与复员工作的总干事樊哲民回忆说："1946 年（应为 1945 年）秋，东北大学成立复员委员会。我即以总务长职务代行校务并担负起复员总责。派人分别前往渝、宜（昌）、南京等地设联络站。王子佩为重庆站长。胡显东为宜昌站长。后闻在宜昌换船时胡组织得有条不紊，颇受群众拥戴和赞扬。我于 1946 年 10 月离开客居八年的三台，前往重庆筹划船只。为了确保上千人性命、图书、档案的安全，鉴于教育部前舟之覆，我没有同意王子佩与臧校长议定租赁拖驳木船的措施，而是租赁国营公司的轮船出川。由王锡藩向招商局租好新生轮船。我即飞往南京，安排食宿并交涉下一步的海船。到南京后，即向有关部门交涉住处并奔走于莫德惠、于斌、丁贵堂等东北元老之间，请求协助。无奈当时南京所有部门均在忙于复员，房屋紧张，一筹莫展。幸 10 月南京并不算冷，东大员生到达南京后只有暂住帐篷安身。南京救济分署主任卢广绵大力支持（卢是我三中同学），并派孙亢曾（中山大学教育系教授）与我同往上海，向救济总署交涉海船，很快就办妥了美龄号登陆艇。11 月在南京上船。行前由李德成等装运充足的面包、罐头，以供食用。大家都不辞辛苦，积极奔走，一个共同的心愿，就是一切都是为了能够迅速而顺利地回到老家。"②

1946 年春，东大校方正式宣布复员回沈阳，不料发生了一系列事情。首先，校方借复员之机，以"异党分子"罪名一举解聘了六位进步教授，即叶丁易、赵纪彬、杨荣国、陆懋德、姚雪垠、董每戡。当时学校已停课处于复员状态，什么

---

① 杨佩祯等主编：《东北大学八十年》（沈阳：东北大学出版社，2003 年），第 152—153 页。
② 樊哲民：《在东北大学工作的年代里》，《东北大学建校 65 周年纪念专刊》（自印本，1988 年），第 180 页。

抗战胜利后臧启芳与北平东大校友在一起（1945年12月），臧英年提供

抗议活动都无法进行。

　　其次是复员费被盗案。在校部院内的女生宿舍外间寝室，发现有同学的复员费全部被盗，关系重大，全寝室动员要连夜搜查。半夜有人要上厕所必须拉个同伴。不多时说是在水池边发现一纸包现款，与丢失的相符。钱归失主而案未破，失主次日离校了。

　　第三件是学生会主席胡子高被杀案。据高柏苍回忆："一天早晨见校部院内三五成群，小声叙说着胡子高被人杀死，身上被刺了十三刀躺在东大街。我便去看看，只见关门的店外大街上围着一圈人，正在议论：'昨夜店里有人听到求饶声，谁也不敢出来，真可怜啊！这个凶手也太狠了，说是为了一个女的……'我挤进圈里看见一具男尸，不敢近前。回到学校，见有人站在远处暗指着一个与胡子高女友站在一起的男子轻声说：'凶手就是他，特务！'我回到宿舍，见和我住一个寝室的胡子高的弟弟在哭：'哥哥，我怎么办哪？'听说是湖北同学会出面处理胡子高后事，据说三台县公安局都知道凶手是谁却不能破案。"[①]

　　后面这两件事发生后，人心惶惶，大家感到特务横行，生命财产毫无保障。学校也抓紧组织复员，加快工作速度。

---

　　① 高柏苍：《随东北大学复员回沈阳》，齐红深编著：《流亡：抗战时期东北流亡学生口述》（郑州：大象出版社，2008年），第294—295页。

第四章 复员沈阳（1946.5—1948.6）

万里流亡，尝胆卧薪，缅怀黑水白山，此时真个还乡去；
八年抗战，收京降敌，珍重禹时舜壤，来日无忘守土难。

——陆侃如

一、三千公里回乡路

抗战胜利了，流亡在四川三台的东北学生欢腾无比，归心似箭。但是复校与反复校的斗争又在学校里开展了，从 1945 年新学年开始，持续了半年多。1946 年 3 月 15 日，东北大学校方终于贴出布告，宣布放假，决定迁校回沈阳，并通知学生、教职员工于本年 10 月在沈阳东大北陵校园报到。学校给每名学生发放一笔复员费，自己走或跟学校一

胜利复员之前东大教师集体留影

起走都行，不过跟学校走要等待时间。于是不愿到东北去的纷纷转到四川大学或其他大学，也有愿回东北早日到家看父母的。

东大学习社的学生商定，要尽早赶回东北开展学运活动。"5 月间，东大胡子高（一说胡志高）同学遭暗杀后，学校气氛十分紧张。'学习社'同学紧急召开会议，决定立即出发，北上西安，通过山西、河北转赴东北。作为第一批复校沈

阳的社团，并在校内开展活动。学习社朱廷芳、李葆家、白广文、王鸿胤等十几名同学在全校尚未行动之前，就从三台出发，星夜兼程赶回沈阳。"[1] 作为其中一员的地理系于学谦，曾经回忆当年复员的经历：

从地图上看，四川三台在祖国的西南，沈阳家乡，远远地坐落在东北，算起来大约有三千公里的距离。从 1941 年离开家乡，已是六个年头了。漫长的岁月，漫长的路途，恨不得一下子飞回去。现在，开始故乡行了。

1946 年的 5、6 月间，正是国共谈判停战协定的开始阶段。在川陕公路上，好像那剑门关和秦岭都要成了平地一般，汽车和我们的心在一齐飞奔。现在，我一点也想不起是怎样顺利地到达西安的。但是从西安到潼关的一段火车行程，却使我记忆深刻。

在抗战时期，内地唯一的一条铁路，恐怕就剩陇海铁路宝鸡到洛阳这一段了。复员的人流从四川涌向长江，涌向西北。陇海路上仅有两列客车，一列叫"绿钢皮"，另一列叫"小红快"。当时能搭上这样的客车就算十分幸运了。西安车站月台上已是满满的人群，秩序已无法维持。真像"文化大革命"时期的火车一样，列车里人们挤得严严的，车厢之上也坐满了人，车门上扒着人，厕所里也站着人……可笑的是我们同伴的同学正赶上拉肚子，可怎么也无处可动，只好忍着。车徐徐地开动了，然而不久，便停在半途中。原来前面一列车厢顶上由于人坐的太多、太重，顶棚被压塌了，人们掉到车厢里，一片混乱。后来，才知道，当车子钻进山洞时，由于车棚上的东西太大太长，人又坐在上边，以致连人带东西被刮掉车下的死难者每趟车都有。车子终于在华阴车站停了下来，我们这批同学算结束了复员列车之苦，开始向黄河岸边走去。

按照原订计划，我们搭上马拉轿车，向陕西韩城进发。这条路十分偏僻，也是土匪不断出没之地。我们雇的两辆车尾随在一个马戏班子的三辆车后。车子从山沟里向上爬，同学们都纷纷下车从小道上山，我坐在车中押车。只听山下五声

---

① 于学谦：《东北大学学习生活片断》，相树春等主编：《我们走过的路》（北京：今日中国出版社，1993 年），第 167 页。

枪响。有经验的马戏班的人知道事情不好，便跟着车。正好在半山腰有一伙人等着。还是戏班的人上前搭了江湖帮会的话，才幸免于难。当车队到达旅店后，戏班人讲了这事，大家才大吃一惊。其实，我们这些穷学生什么也没有，车上装的是一些带回的书刊。当然同学身上带的一些路费，如果被抢了去，在回去的路上也是要麻烦的。

韩城是靠黄河岸边的一个县城。我们就准备从这里渡过黄河，再从山西的临汾搭车赴北京。为了防国民党沿途的盘查和匪徒的抢劫，同学们径直找到县政府。正巧，这里的县太爷是个东北人，一听说东北大学的一批同学"驾到"，非常高兴，热情欢迎。那天晚上还专门摆上了晚宴招待一番。有县太爷的保护，我们渡黄河就没有发生什么麻烦。

渡过黄河的龙门险滩，进入山西，我们步行到临汾，又搭上山西的小火车到了太原，后往石家庄转至北平。在这里，我们兵分两路，一路是经田华伦介绍给北平地下党组织，派任正余、李宝善、熊福旭、王立邦、丁淑媛、周桂芬等同学去华北解放区张家口参加工作；其余的同学立即回到东北大学所在地——沈阳。[1]

同年 9 月间，东大文学院历史系学生胡史路和同学正式开始从水路返回沈阳：

离中秋节前几天，我接到学校通知后，即和乐山同乡、东大法律系二年级同学税永书结伴离家乘车经成都去三台会合。不久，我们乘坐学校包雇的卡车从三台南下，经遂宁直达重庆市区。未经停留，就在朝天门码头登上民生公司的客轮，顺江东下，日夜兼程，经万县、三峡、武汉直驶南京下关码头。上岸后，学校安排我们住在太平路附近的东北同乡会馆。这是一座有高大风火墙的建筑，从阔大的石库门进去有院落厢房等。我们每天的伙食多是米饭馒头加沙丁鱼罐头。在等待学校联系北返交通工具的一个月里，学校只组织过一次天主教中国教区大主教

---

① 于学谦：《我的东大之路》，《东北大学建校 65 周年纪念专刊》（自印本，1988 年），第 192—194 页。

于斌①专门到会馆看望同学，于是东北人，高挑的个子，很平易近人。其余大部分时间，同学们都结伴游遍金陵城内外新街口、夫子庙、玄武湖和中山陵、明孝陵等名胜古迹，增加了不少见识。

10月下旬，深秋的南京仍然天气晴好，到处绿树成荫。我们接到出发通知，到达下关登上一艘巨大的美国"二战"时用过的登陆艇。甲板下是宽大的统舱。我们住进舱后，只见舱内早已住着约有千余扶老携幼、流落关内多年的东北老乡，他们都怀着返回老家的喜悦心情，用草席被单铺在舱内休息。在暮色苍茫下，不知不觉船艇离开南京向上海驶去。

不久，急驶的登陆艇经过上海已驶出宽广的长江口外，向北驶进碧波荡漾的东海。我们这些从未见过大海的人都兴高采烈地涌上甲板观赏那海鸥翻飞、水天一线的大海美景。我们回到舱内睡觉，不知过了多久，忽然，人们被暴风雨掀起的如山巨浪撞击艇首大铁门发出的轰响惊醒。在舰艇激烈的左右摇晃中人们无法站立，原来平底的登陆艇比尖底的海轮颠簸摇晃得更加厉害，只见船舷与海平面几乎摇晃成45度倾角，人们在事先没有得到这不小于八级台风暴雨袭击的预报下，愈显惊恐万状。只见舱内此起彼伏的大人呼喊，小孩哭叫，一片晕船呕吐声、呻吟声、叫骂声，还有船头的"嘭嘭"撞击声、船尾轮机轰鸣声……使舱内空气更加闷热浑浊不堪，几乎令人窒息。不少人日夜昏睡，不吃不喝，胃内食物残渣吐尽了，连黄绿的胆汁也吐出来了。我们当时年轻体壮虽无晕船不适感觉，但看着人们在痛苦中煎熬无助的场景，也是枯坐无眠，盼望早登平安彼岸。

经过海上日夜折磨，舰艇开足马力，迎风破浪，昂首奋进，终于驶进风浪稍小的渤海湾。11月初，安抵葫芦岛码头。

船到葫芦岛那天，天气晴好，却是寒风凛冽，山岭大地一片从未见过的冰雪

---

① 于斌（1901—1978）：字野声，洗名保禄，黑龙江兰西人。曾任天主教南京总教区总主教、第二位华人枢机、天主教辅仁大学在台复校后首任校长等。抗战爆发后，于斌随政府西迁重庆，主持难民教济工作，又发起百辆救护车运动。抗战期间，他曾前后八次前往欧美国家，争取国际上的同情和援助。中国得到的第一批美援就是于斌的功劳。1938年被国民政府聘为参政会参政员。1943年，于斌赴美在华盛顿创办中美文化协会。抗战结束后，于斌返回自己的教区南京。

世界，又觉精神一振，忘却了旅途劳顿，踏上码头不远处停靠的一列火车车厢，车上虽没有火炉取暖，但也不觉怎样寒冷，只顾趴在车窗边观望沿途城乡景色，不久到达沈阳北站。[①]

作为东大复员负责人之一的关井贵也是在秋季走的水路：

1946 年暑假学校停课，准备作最后全部迁校（以前已逐步将校中应迁物质先运送到重庆了）。外有东北及其他省籍很多流亡老乡，随校迁返沿途回乡。到秋季某日，雇乘多辆汽车，第一天宿遂宁，第二天到达重庆，住了几天候船启程。由重庆途径丰都、万县后，进入三峡地带，因该航路多礁，只得晓行夜宿，多在船上住宿。三峡航线，两边陡崖遮蔽太阳，中间急浪多暗礁，危险万分，奔波而出。到湖北界的宜昌市，住了约一星期，等候换乘大船……换船启行后，经武汉市停了几小时，有人去市内买物和观光。经江西省九江市，船停半天，多人去市内买瓷器。到南京住了十八天，等待换直达东北船。多人拜谒中山陵，游了莫愁湖与夫子庙等处。校方又答谢于斌主教，因他对东大的迁校，多方面联系与扶助一切，遗憾的是他忙而没到欢宴席上来，臧校长也没到场，我们路途十多负责人（我是负责路途发放临时用费）只陪同于主教的代表人，这一次筵化了国民党逐渐贬值纸币二十四万元（一般饭馆一个包子一百元，一大碗面条一千元）。由此换乘美军登陆艇由救济总署发放旅途足够的面包与罐头。经上海市停一宿即起锚，昼夜兼程。经旅顺口附近，远来一军舰侦察，经电讯联系全船人登上甲板亮相，确认是中国百姓才放行。至葫芦岛下船，分批随路过火车到锦州车站，等候了两天，乘专列火车，于 1946 年 11 月底，安全抵达阔别十五年多的原校址沈阳北陵。[②]

---

① 胡史路：《东大忆旧》，魏向前等主编：《东大逸事》（沈阳：东北大学出版社，2003 年），第 92—93 页。

② 关井贵：《东北大学由四川迁返沈阳北陵》，东北大学沈阳校友会：《东北大学校友通讯》东大建校六十五周年专刊，1988 年 8 月编印，第 54 页。

二、方永蒸筹办先修班

　　东北大学尚未复员沈阳之前，方永蒸筹办的东大先修班（相当于大学预科）已在 1946 年 6 月 24 日正式开学了。

　　方永蒸（1893—1994），字蔚东，辽宁铁岭县熊官屯村人。1917 年毕业于北京高等师范学校英语部，1922 年毕业于北京高等师范学校教育研究科第一班，曾受业于我国著名教育家李建勋、张耀翔和美国教育家杜威博士，1931 奉派赴美考察教育，同时入哥伦比亚大学研究院专攻教育，1933 年回国。

　　自幼目睹了东三省惨遭日俄侵占，备受蹂躏之惨况，方永蒸胸中沉痛的民族恨未尝一日去怀，后来逐渐明白"振作图强莫如以教育唤起民魂"

方永蒸

的大道理，因此，在青年时期便决心以教育定终身，以教育救中国。早年他参加了中华教育改进社和中华平民教育促进会并被推为辽宁分会董事。历任辽宁省教育厅视学和第二任科长驻美教育调查员等职，更多时间则从事学校教育工作。曾在辽宁省创办实验中学、预科中学，先后在北平高等师范学校附中、辽宁省立甲种农林学校、省立第三师范学校任教并担任过辽宁省（奉天）立第一中学、第三高中等校校长。1933 年归国后，出任东北大学教育学院院长兼教育系主任，次年又兼任东北大学分校主任和文学院院长。1936 年转任北平师范大学教育系教授。1937 年抗日战争爆发后，8 月离平赴津转陕任教于西安临时大学。因北平师大内迁西安，附中原主任姬振峰因故中辍西来，方永蒸临危受命，接受了临大高中部主任之职。1938 年 3 月临大南迁汉中（师范学院迁城固），改为西北联合大学，高中部改为附属中学，后又改为西北师范学院附中，1943 年西迁兰州十里店，到1945 年 8 月抗战胜利，方永蒸一直担任教育系教授兼附中校长。治校八年，成绩卓著，重庆教育部曾颁发"启迪有方"匾额以资嘉奖。取意双关，谓先生之功不可泯。

1945年9月，方永蒸被国民政府教育部任命为东北区院校接收委员，调赴东北接收伪高等院校。1946年2月由渝飞平，5月赴沈阳筹设东北大学先修班。由于沈阳当时没有校址，因而有众多伪满国民高等学校毕业生，蜂拥般进入方永蒸办公室请求入学。他看到这些学生久失祖国教育，异常同情，便尽量准其入学。因此短短时间，竟招收三千四百多名学生。他又日夜奔走，千方百计筹划经费，接收日产，聘请教师，改进教室和宿舍。由于工作抓得紧，早起晚睡，四处奔波，终于把规模庞大的东北大学先修班在很短的时间内办起来了。不久，东北各地学生纷纷来沈要求就读。但入学条件是：具有伪满国民高等学校毕业证书。另外找两名以上，具有政治地位和相当职业的介绍人。经校方审查方准入学就读。①

1946年6月1日，东北大学先修班正式成立，开始学生登记，相继实行口试，于24日正式开学。地址在沈阳市北陵原东北大学旧址，占用教室是理工楼、汉卿南楼、汉卿北楼、化学楼及实验室、图书馆等地，学生宿舍在新开河南岸伪满铁路学院旧址宿舍。"文理两科分别编制：文科十六班，计甲组二班，乙组七班，丙组七班；理科三十四班，计甲组七班，乙组十八班，丙组九班。文理二科共计五十班，招收学生三千四百九十五名。"②方永蒸说过："我办教育数十年，这是第一次人数之多有六十（应为五十）个班级。师资品质也比较高，有来自全国各地的大学教授，尚有留学日、美、英、德、法国之名流学者，不乏其人，并有教学经验。"③姚公虞回忆先修班时说："当时的讲师和教授的品质也比较高，例如知名教授有荣甫，化学教授郎俊章和傅荫波任英文教授，桑毓英经济学教授。周恩来少年时代的老师张敬轩教授也在这里讲过数学。历史教授李庆泽和中文教授华钟彦除授课外，还先后担任过先修班的教务长。东北临时大学补习班主任陈克

① 方景文：《方永蒸接收东北伪高校纪实》，政协辽宁省铁岭市银州区文史委编：《银州文史资料》（1989年）第四、五辑合刊。

② 杨佩祯等主编：《东北大学八十年》（沈阳：东北大学出版社，2003年），第154页。

③ 方景文：《方永蒸接收东北伪高校纪实》，政协辽宁省铁岭市银州区文史委编：《银州文史资料》（1989年）第四、五辑合刊。

孚教授也曾兼任过先修班的总导师，开学典礼之日，臧启芳校长还特向全体师生做了介绍。"①

东北大学先修班，因为学生来自四面八方，生活条件不一样，有的经济无来源，为了读书，请求善后救济总署的救济物质。学校当局原想不分贫富，一律造册申请救济，但因学校开学时间短，学生太多，职员又少，实在无法调查清楚。于是方永蒸便将全体同学集合在汉卿南楼前大操场上，讲明不可冒领救济物质的大义，并且耐心地说服同学应以集体利益为重，不困难的同学应该发扬风格，自动放弃，要帮助真正有困难的同学就学。话刚说完，便有七十多人，当场举手声明主动放弃，不要救济。方永蒸欣慰地对同学们说："很好，精神可嘉！"他还风趣地说："我也有三千弟子，还有七十多贤人。"②

当年理科英文甲组第七班的学生阎雪晶在《回忆东大先修班》中写道：

1946年夏天，经过甄审反甄审一阵热闹，东北大学先修班的同学陆续进校。

当时，校园内长着一人高的野草，遍地是军马的骸骨，显得很是荒凉，但是日本投降后，青年人想学习的劲头超过了环境的荒凉。

从6月到秋天开学前，同学们分别以同学会，同乡会的形式组织了些活动，我是"高补同学会"的成员，这个同学会组织了不少活动，例如合唱队——在体育场练歌，现在还记得有一首《山在虚无缥缈间》，前两年才知道是《长恨歌》组曲中的一首。此外还成立了壁报编委会，在编委会里有叶宁（刘晓泉）黄勃、郭永泰、方敏中、我，大约七八个人，在头一期上发表了一首《大动脉之歌》。词、曲都是同学会里人写的，歌词记得有"我们的心在跳动，我们的血在奔流，我们是国家命脉……"

这一期壁报在出版前，我们缺这少那，请三台回来的同学于学谦、王利夫、朱廷芳等组织的"学生联谊社"帮忙，提供给我们图案色颜料、画笔等等，我们

① 姚公虞、方景文：《从西北到东北，艰苦育人》，相树春等主编：《我们走过的路》（北京：今日中国出版社，1993年），第40—41页。
② 同上。

出版之后，贴在墙上不到半天，就被撕毁了，然后我们又照样制做一张贴出去。

冬天，成立了"女生同学会"，我被选为宣传部长，方敏中是副部长，我们出版了个壁报《第一步》，又组织一次晚会，本来要排演胡也频的《幽灵》，训导员不同意，于是改演田汉的《南归》，我扮演诗人，由王利夫导演，孙北帮助化妆，这次还有王凤岐跳俄罗斯舞，会场在理工楼，男同学来参加的不少，秩序不错。散会后，我们连夜起草油印小报，对男同志的支持表示感谢，在天亮前把小报贴到了各教室内。

我在先修班的理科英文甲组第七班，这一班都是女生，记得课目很多，教数学的老师叫卞福民，很年轻，头发上总涂得油亮亮的；教化学的老师动员我们入本科时学化学，原因是如果生活没着落时，可以做点肥皂、火柴谋生。教生物的老师姓李，讲得生动细致，记得作业要画鞭毛藻、草履虫等，涂上颜色很好看，到下学期讲社会发展史时，这位老师却不见了。①

方永蒸筹建沈阳东大先修班，仅仅用了四十多天时间，便完成了建校招生的任务。1946 年 8 月份，接南京国民政府教育部令，赴任吉林长白师范学院院长。在离开沈阳前夕，东大先修班的同学大多数都恋恋不舍，希望方先生留下不走。方永蒸说："我也希望和同学长期在一起，也不忍心离开你们，但我去吉林，还是为国家办教育，培养中学师资，我不能不走，我的接收任务重。"就这样回东北的半年时间里，方永蒸先后接收了两个学校，让大批学生得以入学读书。深受学生拥护和好评的同时，他也得到上级教育部门的信任和器重。曾有人感叹他："别的接收大员们，有的返乡接收财产，有的接收大权，有的接收'胜利夫人'，唯有方永蒸院长回来接收青年人的心。"②

1947 年 5 月中旬，东北大学先修班贴出通知："奉南京教育部谕，东北大学

① 阎雪晶：《回忆东大先修班》，《东北大学建校 65 周年纪念专刊》（自印本，1988 年），第 104—105 页。
② 方景文：《方永蒸接收东北伪高校纪实》，政协辽宁省铁岭市银州区文史委编：《银州文史资料》（1989 年）第四、五辑合刊。

先修班从即日起，改名为东北大学临时先修班，望全体师生一体周知。"全校学生反对更改校名，从 5 月 22 日开始罢课，向教育部请愿，历时二十八天，迫使教育部撤销更改校名的决定。

三、回到母亲的怀抱

在抗战胜利的兴奋情绪鼓励下，郭衣洞自政治系毕业后到沈阳去求发展了，他很自豪地回忆他见到的东北大学："和三台的东北大学相比，沈阳的东北大学雄伟壮丽得像一个独立王国，仅工学院，就拥有一个修理火车头的庞大工厂，如果要绕东北大学一圈，步行的话，恐怕要六七个小时。"[1] 郭衣洞认为他所在的祖国社拥有五六十个同学之多，到东北可以大有发展。然而抢先半年回到沈阳的却是祖国社的死对头——学习社成员。

1946 年 6 月的一个早晨，于学谦和朱廷芳、白广文等人第一批从三台回到别离数年的母校校址——沈阳北陵。

北陵是清皇朝清太宗的陵墓。在四面苍松翠柏的陵园边上，就是廿世纪二十年代建筑起来的一所大学楼群。当年以汉卿校长命名的汉卿南楼、图书馆、工字楼、教育楼等等，虽然几经沧桑，还依然矗立在校园内。还有一座雄壮的大体育场，当年可以说是高等学府唯一的高水准体育场了。抗战时期，这里成了日本军的兵营，体育场也变成日军的军马场。记得儿童时期我从家乡到北陵玩的路上就经过这座体育场，日本军上了刺刀在把守着，我们都不敢靠近。

在北陵校址隔河的对岸，是一大片白色的住宅群。那是日寇统治时期修建的日本官僚们的别墅住宅。我们到达沈阳的时候，这里的住宅是一片空寂。据说日本人刚刚被遣送回去，屋子里锅碗盆勺、被子、破烂，到处散在，像被抢劫了的现场一样。我和朱廷芳、白广文等同学就像占领了一个新的荒岛一样，搜寻了各

---

① 柏杨口述、周碧瑟执笔：《柏杨回忆录》（台北：远流出版社，1996 年），第 159 页。

东大复员后的北陵校门

个住宅，选一间屋子住下了。当时，我们想：从"九一八"事变当亡国奴后，十几年，东北的土地上没有我们中国人的自由，如今真的把日本鬼子赶走了，我们成了这块土地上的主人了，这房子这家具，这里的一切，今天都属于我们了。好像以一个胜利者的姿态，我们在这里住了几日。但是，当我们在校园里选好我们的"阵地"以后，对那里的破破烂烂我们丝毫也没动地离开了。现在，终于回到了我们真正的母亲怀抱了，回到了我们的故乡，回到了我们名副其实的东北大学校园里。我们学习社的几位同学，能够第一批开进这个校园，心里有说不出来的高兴。

6月沈阳，春意将浓，虽然草地青青、柳条长垂，北陵和东北大学校园里仍然是一片寂静，空旷无人。日寇已投降快一年了，人们还在动荡不安之中。我们这批青年学子却昂首挺胸，行走在校园里，"巡视"了校园的各个角落，仿佛此时此刻我们成了这学校的唯一主人。[1]

东北大学迁回沈阳之前，国民政府教育部于1946年3月在沈阳特设成立了"东北临时大学补习班"，收容的是伪满时期十四个大专院校的在校生，补习后编入正规大学。东北教育特派员臧启芳给临大委派了"一位文弱的老先生陈克孚来

---

[1] 于学谦:《我的东大之路》,《东北大学建校65周年纪念专刊》(自印本,1988年),第194—195页。

主管"，"这陈老夫子据说是研究莎士比亚的学者，无论德、才应该说是一位好教授，但是叫他管这个'乱摊子'，却无能为力了。"[1] 有人记得他给学生讲话时说："临大刚刚筹办，桌椅板凳都要重新制作，只能教室里准备椅子，食堂里先准备桌子。"[2] 如陈克孚所说，上课时学生就坐着，"用一只手托着厚纸板写笔记。吃饭时则围着圆桌站着吃"。[3]

"这个东北临时大学补习班就设在原南满医大旁边一所破旧的师道学校里，学生生活很苦，食宿安排勉强凑合，至于学习，根本谈不到，而门庭若市，学生们终日出出入入非常杂乱。怎么会造成这局面呢？那是因为通过人情贿赂，一些官僚的子弟、亲属、乡亲和一些有钱人的纨绔子弟，都混进'临大'，甚至有的'吉普女郎'也以取得'临大学籍'为时髦。在这种情况下，东北原各大学学生，开始自治，都成立了自治会。这个自治会是用来证明来校同学的学籍的。逐渐发展成为自己管理自己，自己安排一些生活的组织。"[4] 补习班共有文、法、农、理、工、医六个组（相当于学院的临时编制），每组都有学生会，各设有主席。

临大补习班于5月14日正式开始上课，9月23日起举行结业试验，10月4日举行毕业典礼。[5] 结业学生除一少部分去沈阳医学院、长春大学和吉林长白师范学院就读之外，全部并入东北大学，按志愿和专业分别编入相应的院系和班级。资料记载，11月17日，分配到东大文学院二百六十五名，法学院四百七十三名，理学院八十八名，工学院四百三十七名，农学院二百三十三名，共计一千四百九十六人，开始入学。[6] 东北师大古籍整理研究所原副所长、《古籍整理研究学刊》

① 姚公虞：《黎明骤雨到朝晖：抗战胜利后东北大学生的动向》，政协辽宁省铁岭市银州区文史委编：《银州文史资料》（1986年6月）第二辑。

② 赵耀：《天亮前后》，杨超主编：《永恒的烙印》，长春地方史志编纂委印制1988年版，第70页。

③ 同上。

④ 姚公虞：《黎明骤雨到朝晖：抗战胜利后东北大学生的动向》，政协辽宁省铁岭市银州区文史委编：《银州文史资料》（1986年6月）第二辑。

⑤ 贺金林：《抗战胜利后国民政府教育复员研究》（北京：社会科学文献出版社，2010年），第213页。

⑥ 杨佩祯等主编：《东北大学八十年》（沈阳：东北大学出版社，2003年），第154页。

原主编高振铎教授就曾在补习班学习，半年结业后进入三台迁回的东北大学。

12月25日，东北大学在原北陵校址的图书馆举行了复员开学典礼。[①] 除了由三台返沈之学生，东大又在沈阳、北平招收部分插班生四五百人，这时全校约有学生两千五百余名。[②] 然而，大部分都是由临大分发而来，复员学生只有很少的比例。据学生反映：临大学生与复员学生双方闹得水火不容，吃饭都分开，有复员饭厅，吃的是白米；临大饭厅则吃的是高粱。复员学生程度较高，临大学生因十四年来所受的"统制教育"，程度稍差，许多人的英文几乎从字母学起，一年级的英文有的是采用初中三年级的读本。彼此程度不齐，在一块相处，闹闹意气在所难免；同时有一小部分复员同学稍带傲气，轻视临大同学，于是双方鸿沟更深，几乎随时有打架的可能。校方却根本无暇顾及，视若无睹。学生们为此发出感叹："'九一八'以后，我们就嚷着收复东北，复兴民族。东北的教育情形如此，如何复兴民族，谁能作答。东北的教育正患着慢性的溃烂症，下一代的健康失去了保障，那么我们又何必收复东北！"[③] 众所周知，东北教育复员是在相当复杂的背景下展开的，当时国共两党在东北战场上的内战加剧，而教育却成了"比内战还可怕的一个问题"。

1947年4月11日，已在金陵女子文理学院任教的董每戡教授致刘黑枷信：

> 文汇报说臧已离职照准，确否？又载《传奇的学校东北大学》一文，知东大已为国内最糟之大学，真糟蹋了历史！赵先生[④]住上海狄思威路505号，任东吴大学教授，兼武训专校课，生活极好，赵太太都穿六七十万元一件的大衣，足见比东大好；丁易在北师大，杨荣国在桂师院，凡离东大者都不错。[⑤]

---

① 王恩德主编：《延阁飞香：东北大学图书馆建馆九十周年纪念集》（沈阳：东北大学出版社，2013年），第29页。

② 杨佩祯等主编：《东北大学八十年》（沈阳：东北大学出版社，2003年），第154页。

③ 贺金林：《抗战胜利后国民政府教育复员研究》（北京：社会科学文献出版社，2010年），第218页。原载张高峰：《东北教育的溃烂症》，《观察》第3卷第18期（1947年6月28日），第18—19页。

④ 赵先生，指赵纪彬。曾于1943—1946年任东北大学文学院教授。

⑤ 陈寿楠等编：《董每戡集》第五卷（长沙：岳麓书社，2011年），第496页。

其实，臧启芳并未离职，而是向教育部请假六个月，校政由刘树勋代理。总务长是罗云平，教务长是傅筑夫，训导长是侯家骕，文学院院长陆侃如，法商学院院长傅筑夫，理学院院长杨曾威，工学院院长刘树勋，农学院院长郝景盛，图书馆馆长王一之，生活管理组组长郑铁。东大于1947年3月初开学时，设有五个学院，二十七个系（科），文学院设有文学、中文、外语、历史、教育、哲学六个系，俄文、体育两个专修科；法商学院设有政治、经济、法律、工商管理四个系；理学院设有数学、物理、化学、气象、地理、地质六个系；工学院设有土木、建筑、化工、机械、电机、矿冶六个系；农学院，设有农艺、畜牧、森林三个系。文法理工四院设在沈阳北陵原校园，而农学院设在沈阳塔湾地区。

教务长傅筑夫

经过长达十五年辗转迁徙的流亡办学，东大何以复员就具有如此规模呢？原来，在1946年1月国民政府的"东北教育复员方案"中就提出，"拟将国立东北大学迁回沈阳，除原有文理学除外。分别将伪奉天农业大学、奉天工业大学、私立奉天商科学校、奉天药剂师养成所等，并入东北大学，改为农、工、法商、医四学院"。[1]

10月21日，国民政府行政院第二十六次会议议决，任命刘树勋为国立东北大学校长。11月20日，刘树勋正式就任校长职。

12月17日，校方向国民政府主席东北行辕委员会呈报东北大学概况，主要包括有：

（1）学校行政及设备概况，学校设五个学院（文、法商、理、工、农），两个研究所（历史、地理），另设总务、训导、教务三处，林场两处，果园饮料制造场、制果厂各一处，机器实习工厂、体育场各一处。

---

[1] 王恩德主编：《延阁飞香：东北大学图书馆建馆九十周年纪念集》（沈阳：东北大学出版社，2013年），第29页。

（2）共有教师三百二十八人，其中专任教授一百三十五人，兼任教授八人，专任副教授四十八人，兼任副教授五人，专任讲师五十六人，助教七十六人。本校职员一百七十人。

（3）本校有本科生共两千四百九十三人（其中一年级三百七十八人，二年级一千一百人，三年级五百八十七人，四年级四百二十八人）。

是年冬，臧启芳校长辞职去南京转任财政部顾问兼中央大学教授，遗缺由刘树勋充任；工学院院长由曹树仁接任；陆侃如院长辞职，任陈克孚为文学院院长。

校长刘树勋

四、包围朱家骅

抗战胜利后的两年间，国内形势可以说是，恐怖事件一个接着一个，民主运动一浪高过一浪。

1946 年 2 月 10 日，国民党特务在重庆捣毁了各界庆祝政协成功大会，制造了"校场口事件"。6 月 23 日，上海群众十万人举行集会游行，欢送各界人民团体代表团去南京请愿。以马叙伦为首的代表团抵达南京下关车站时，遭到预伏的国民党特务围攻殴打，造成"下关惨案"。6 月 26 日，蒋介石终于撕毁了停战协定，向各个解放区发起进攻，内战全面爆发。7 月 11 日、15 日，国民党特务在昆明先后刺杀民主同盟中央委员李公朴、闻一多。11 月底至 12 月初，上海发生摊贩斗争，形成全市性的反蒋群众运动。12 月 24 日"沈崇事件"之后，从北平开始，天津、上海乃至全国各地爆发了共有五十万学生相继参加的抗议美军暴行的爱国运动。

东北大学就是在这样形势下迁回沈阳的。1947 年 1 月，东大在东北临大并入后进行学生会改选，选出李世安为主席，张庆臣和齐觉生为副主席。齐觉生是佩戴手枪的特务，而李世安和张庆臣是倾向国民党的学生，他们完全控制了学生会的领导权。

1月底，国民政府把青年军复员兵约两三百人分配到东北大学学习，同时还有从国民地方政府各部门派出的一批人到东大入学。这些人反共气焰甚高，其中王昆山、米珍等人是军统特务，齐觉生和杜庆毅等是中统特务。当时，各系都有国民党党团骨干分子。"左倾"学生就是在这种情况下进行斗争的，如发动了1947年春季的大罢课，持续了一个月之久。

2月份，学校发生一起轰臧启芳下台的事件。主要是由从三台迁回的"左倾"学生发动的。当时在图书馆

朱家骅

大楼召集同学开会，说臧启芳贪污迁校经费云云，要求撤掉他的校长职务。这一事件虽然有其国民党内派系斗争的成分，后来竟不了了之。但却是对当时国民党官僚腐败内幕的一次暴露，成为东北大学学生运动的先声。

4月25日，正当东大校庆来临之际，在"左倾"激进学生的倡议下又举行了三天罢课，要求释放张学良校长并通电全国，由此揭开了东北大学民主"左倾"学生运动的序幕。

5月13日，由于物价上涨，教育经费短缺，教师不能正常发薪，在部分教授宣导下，东大全体教师宣布罢教三天，要求增加教育经费，提高工资待遇。先修班教师立刻回应，学生自治会召开紧急会议，宣布罢课，支持教师罢教运动。

5月20日晨，中央大学学生和沪苏杭学生代表五千余人在中大操场集合出发，并与金大学生汇合。当天是国民参政会四届三次大会开幕之日，当局在首都南京布下重兵，严阵以待。队伍到达珠江路口，有五百余名武装宪兵和警察强行阻止通过。宪警抢夺、撕毁旗帜和标语，用皮带、鞭子、木棍等殴打学生。这场反动镇压，学生重伤十九人，轻伤一百零四人，遭毒打的五百余人，被捕二十八人。同日，天津南开、北洋两校的游行学生，遭到特务的殴打，许多人受伤。此后，在中共领导下，学生们提出了"反迫害"的口号，运动向着"反饥饿、反内战、反迫害"的目标发展，并迅速扩展到六十多个大中城市，同工人罢工、教员

罢教等各阶层人民的斗争汇合到一起。

6月2日，由东大工学院学生自治会发起，全校学生回应，在校内举行示威游行并罢课（因杜聿明在北陵地区实行戒严），声援全国各地"五二〇"反饥饿、反内战、反迫害（简称"三反"）的民主运动。对此，当年俄文系学生、东大易帜前最后一任中共党总支书记王常友回忆说：

6月2日，在敌军警武装封锁学校大门的情况下，在校内组织了大规模的抗议示威游行。随即展开了罢课斗争。这时，校内一些特务学生在其主子指使下，大肆破坏学生运动。在罢课期间，曾两次在汉卿南楼，用汽油瓶放火烧教室。并贴出："焦土抗战，罢课到底""共产党万岁"等大标语。妄图嫁祸于所谓"共党"学生所为。演出了一场伎俩卑劣的丑剧。对此，我和同班同学于浚，在吴宗基的鼓励下，基于气愤和正义感，以亲眼所见系几个小特务学生所为的铁的事实，给予了无情的揭露。把反动分子破坏学生运动的丑恶嘴脸，暴露在光天化日之下。使一些受骗的同学，大白真相。①

当年的学生于学谦也有过回忆：

不久全国性的"六二"学潮起来了。来势之猛，范围之广，是过去所没有的。沈阳市全市罢工、罢市、学生罢课游行。学校里的壁报、小传单、标语口号，到处都有。国民党特务机关——沈阳警备司令部出动了坦克车、机枪，横陈在东大校门口，学校里一片混乱。就在这万分紧张的时刻，序夫在深夜里叫我妹妹家门，秘密地通知我："国民党特务机关已开列了黑名单，开始逮捕学生，其中有你，要赶快隐蔽起来，不能回学校。"说完匆匆地走了。序夫经常是深夜里来找我，那些次都是比较镇静地向我传达情况或是部署工作，或是听听我的汇报。记得有一次和我谈了整整一夜，最后让我写一份自传交给他。在我和他相处的日子里，像

① 王常友：《关于解放战争时期东北大学地下党及学生运动的回忆》，《东北大学1946—1949年学运资料汇编》（内部版，1988年），第9页。

今晚这样紧张的局面还是头一次，我领会了他的意图，预感到我们的工作将要遇到更大的困难了。

"六二"那天，学校里的确抓去了不少的同学。由于我没有在校，幸免于难。[①]

东大"六二"上街游行的计划虽然泡汤了，但是为"三反"而举行的罢课却一直坚持了下去。罢课期间，为了打破国民政府的新闻封锁，中文系学生欧克纯和罗克闻、李治彭走访了《大公报》驻沈阳办事处（地址在太原街）主任吕东润。欧克纯后来回忆说："我们向他介绍了东大罢课的情况，表明了自己的态度，请他派记者去东大采访。吕东润比较客气地接待了我们。不虚此行。几天以后，《大公报》上登了东大罢课的消息。但只提了我们反饥饿，没有提我们反内战，反迫害。"[②]

罢课坚持到了暑假。校园里住进了许多安东省（民国时期中国东北地区的一个省）的中学生。他们大多是被骗来的，在东大寄食、寄宿。这时，欧克纯等人得知教育部长朱家骅要来沈阳视察，还听说他在北平时被要求恢复北京师范大学的学生包围过，后来是跳窗户逃走的。欧克纯说："在同学中经过串联酝酿之后，我们向学生自治会提出要向朱家骅请愿。因为是假期，自治会的成员多已离校，只有副主席陈世宗还留在学校里。我们向他建议把各系学生会负责人召集起来，吸收他们参加请愿筹备工作。陈世宗接受了这个建议。于是我以中文系文学研究会主席的身份进入了筹备组，并被推选为秘书，掌握学生自治会的公章，负责起草请愿书。这下我可大权在握了。旋即找了罗克闻、何家昌、马骥等同学商讨请愿书的内容。经过商议，我们确定请愿书的主要内容为：要求民主，要求自由，要求人身安全，增加教育经费，提高教师待遇，提高学生公费金额，增加学生细粮供应，派名流学者来长东大（这一条曾使刘树勋校长大为恼火，但它是同学们的普遍呼声，所以把它写上了）等。何家昌提出的约束三青团、取缔特务一

---

① 于学谦:《我的东大之路》，《东北大学建校 65 周年纪念专刊》（自印本，1988 年），第 198 页。
② 欧克纯:《我们包围了朱家骅:校园生活回忆》，《东北大学 1946—1949 年学运资料汇编》（内部版，1988 年），第 46 页。

条，由于政治色彩太浓，恐怕在筹备组通不过，因而没有采纳。请愿书比较温和，提出的要求关系到广大师生的切身利益，得到了绝大多数同学的支持。"①

6月中旬的一天，国民政府教育部长朱家骅来东大视察工作了。当天上午，欧克纯和严则民、钟世德等几位学生，撕掉了训导处以学生自治会名义张贴的"欢迎青年导师——朱部长"之类的标语，换上了盖有学生自治会公章的与请愿书内容相一致的标语。

午后2点多钟，朱家骅带着一帮军警来了。陪同他的除了随从人员外，还有前东大校长、当时的东北教育特派员臧启芳。抗战胜利后，国民政府要接收沦陷区中的文化教育机关，成立了京沪、平津、东北、武汉、广州及台湾六个区的教育复员委员会，东北区包括原辽、吉、黑、热四省，由臧启芳负责。

朱家骅先在图书馆出席学校为他组织的教师欢迎会。会刚结束，欧克纯和几个同学以学生自治会代表的名义向他递交请愿书。朱家骅接过请愿书漫不经心地翻阅了一下便往口袋里一揣，接着说："你们的要求，我在讲话时答复你们。"

朱家骅在校园广场上发表了一篇彻头彻尾的反共讲演，并对学生们进行训斥，说什么"你们的苦难，完全是共产党造成的"，"民主自由不是无法无天"。对学生请愿书上提出的要求并没有正面答复。朱家骅食言了。他讲完就想离开会场。正当大家不满、气愤而又一时不知该怎么办的时候，何家昌在人群中高呼："朱家骅要溜。"顿时，有两个同学拔腿向校门跑去。当学生们关好校门背门而立时，朱家骅的轿车停在了他们面前。朱家骅被截住了。顷刻，大批学生先后赶到。臧启芳出面为朱家骅解围。罗克闻大喊："臧启芳贪污。"在校门前对峙了十几分钟，朱家骅被迫回到了校长室。学生们就近临时推出了韩彤等几个人和朱家骅谈判。其余的学生一起在门外对朱家骅施加压力，为谈判的同学助威。欧克纯回忆说："朱家骅训话时的威风没有了，时坐时起，坐立不安，汗流浃背，狼狈不堪，刘校长和庞（英）训导长，急得像热锅上的蚂蚁，走来走去对同学们进行劝说。教

① 欧克纯：《我们包围了朱家骅：校园生活回忆》，《东北大学 1946—1949 年学运资料汇编》（内部版，1988 年），第 46—47 页。

育部长在东大受委屈，他们是不能辞其咎的。"①

正在谈判的时候，忽然来了一卡车全副武装的宪兵。气氛立刻紧张起来。马骥大呼："保卫人权！"学生们把宪兵团团围住，不让他们下车。宪兵队长从驾驶室出来解释说："我们是路过这里，见到校园里围了很多人，顺便来看看发生了什么事情，没有别的意思。"其实，他们是朱家骅的随员打电话叫来的。他们没有解除朱家骅的包围，倒被学生们包围了。学生们说："我们在这里向朱部长和平请愿，不干你们的事。"迫使宪兵队长下令让宪兵回去。队长下令了，宪兵走了，但他本人却被扣留着。

为了脱身，朱家骅答应了请愿书上提出的要求。学生们明知这是不能兑现的，但也只好放他走了。走时，学生们没有异常的举动。那位宪兵队长，是经过庞训导长的再三说情才让他最后离开学校的。

黄昏时分，校园的广场显得空旷而寂静，好像刚才什么也没有发生过似的。学生们回到宿舍里，以各式各样的语言，谈论着各自的想法，描绘着朱家骅、宪兵队长被围时的狼狈相，情绪激越而高昂。欧克纯说："不知此时的朱家骅是怎想的。如果他把自己在北平被包围与在沈阳被包围的事件联系起来，如果他把战场上的军事形势与全国范围内的学生运动联系起来，会有一种什么样的预感呢！"②

五、从冬令营到集中营

历史没有论功行赏，抗战功臣国民党在东北战局最初还占优势，但是很快就翻了盘。1947年底，中共领导的东北解放战争从战略防卫转入战略进攻。翌年初，共军在冬季攻势中解放了鞍山、法库、昌图等城市，国民党退守到沈阳及其近郊城镇，沈阳已成孤岛。为了控制学生，防止学潮发生，国民党沈阳当局决定在寒假期间举办大中学生冬令营，与中共争夺东北青年。

---

① 欧克纯：《我们包围了朱家骅：校园生活回忆》，《东北大学1946—1949年学运资料汇编》（内部版，1988年），第48页。
② 同上，第48—49页。

1948 年 1 月末，也就是学校放寒假之前，国民党当局以"东北剿总"的名义公布了在沈阳举办大学生冬令营的命令，要求所有学生都得参加。于是，在中共地下党领导下东北大学内又掀起了一场反对冬令营的斗争。据东大易帜前最后一任中共党总支书记、俄文系学生王常友回忆说："当时，吴宗基回了解放区。俄文系的几个党员交由韩复兴领导。为慎重起见，每次由我到工学院以看几个反动阵营中的老同学做掩护，与韩复兴接头联系，接受指示。在整个反对冬令营及罢营斗争期间，韩复兴都随时做出部署，随机应变，指导工作。国民党反动当局，当时把东北大学作为重点，妄图首先攻下这个堡垒。因此，便大动干戈。"① 除由校方出面反复动员，国民党、团、特学生煽动和威胁外，警备司令楚溪春② 还亲自出马，来校召开学生大会，进行宣传动员，还限定 2 月 1 日前必须入营。结果遭到学生们一片嘘声。有的当场高喊"我们要读书，不要军训""我们不当内战炮灰"的口号，最后会场上只剩下寥寥几个学生。弄得他狼狈不堪，不得不草草收兵。很快，校园和宿舍就大小字报、大标语接二连三揭露国民党当局举办冬令营集训学生的别有用心，号召大家进行抵制。同时，中共地下党员、地工人员及"左倾"同学又逐个串联大家拒绝入营。后来当局和校方又采取利诱和威胁软硬兼施的手法。一是每人发给一个月伙食费，受训期间免费食宿；二是军训期间，学校停伙、停电、停水、停暖气，无故不参加者，开除学籍。根据这一情况，中共地下党和各地工人员，便采取疏散的办法。动员同学有家的回家，附近无家者尽量去投靠亲友或找个临时工作，离开学校。对"左倾"激进同学则动员他们到解放区去。力争把入营的同学人数减少到最低限度。警备司令部天天派卡车到校园接人。复员青年军听命令首先登车，有的学生为省一个月公费也去了，这样陆

---

① 王常友：《关于解放战争时期东北大学地下党及学生运动的回忆》，《东北大学 1946—1949 年学运资料汇编》（内部版，1988 年），第 12 页。

② 楚溪春（1896—1966）：原名河，字晴波，河北蠡县人。保定军校第五期步兵科毕业。阎锡山部晋军将领，阎的"十三太保"之一。抗战爆发后，先后任第二战区参谋长、第八集团军副总司令、第二战区北区军总司令。抗战结束后，任大同日军受降主官。1947 年 9 月，任国民政府主席东北行辕总参议兼沈阳防守司令官。同年 12 月任河北省政府主席，并兼任北平督察总监及保定绥靖公署主任。1949 年随傅作义起义。后在"文革"中服毒自杀。

续有人登车。直到冬令营开营几天后，住校同学才被迫入了营。周克回忆说："这时矿冶系二年级学生韩复兴（即韩光）来找我，我和组织重新接上头。韩通知我，反对入营难以坚持，要随学生到营里去，以免暴露。我是2月4、5日进的冬令营。"[①] 其他"左倾"学生吕英寰、李栋、陈延式、高继恒等人也同时入营。

冬令营分大学队、中学队。各校学生均打乱编队。大学营在沈阳国际体育场附近的中正大学，2月2日开营，为期一个月。参加的学校除了东北大学外，还有沈阳医学院、中正大学、辽东师专和中山中学部分学生。冬令营主任是国民党沈阳警备区司令楚溪春，副主任是国民党辽宁省党部和三青团头子崔垂言、王中兴。中队长以上军事人员、政工人员都是从国民党军队中调来的。全营两千多学生编为四个大队，十六个中队，每个中队又编为十多个小队，每个小队有十五人左右，小队正副队长由指定的国民党或三青团骨干分子担任。

冬令营训练的核心内容是反共宣传。以讲大课的方式讲授，也请了些所谓名流学者，并由南京请来两名反共专家，讲些共产主义是理想但不适合中国，共产党共产共妻等老调。周克回忆说："我们在营里的活动受到很大限制，一间教室住几十人，在地板上睡连铺，来自各个大学互不相识，不便深谈，无法形成统一的行动。中队是基层单位，设有指导员，入营后找每个人谈话，内容是家庭、经历、爱好、政治倾向，是否已参加国民党。这个活动遭到同学们抵制，大家共同研究如何应付。针对国民党的反共宣传，在大家议论中，只能提些问题，做适当启发。鼓动学生怠课、泡病号等消极对抗的办法。"[②] 结果，弄得偌大的"励志社"（现沈阳市体委）每次听课者寥寥无几。同时，又利用一切机会进行合法斗争。当时吃的饭是草米掺沙子，大家就去找指导员，找事务长说理，要求改善伙食。遭到他们蛮横拒绝后，学生们便在一怒之下，掀翻饭桶。不去出操、不去上课。有一次，一个学生在打开水时，由于发生口角，被国民党警卫连的一个排长殴打。此事更加激起了学生们的公愤，自动齐集大礼堂，听取被打同学的控诉。会场上，口号

① 周克：《生活在东北大学》，《东北大学1946—1949年学运资料汇编》（内部版，1988年），第38页。
② 同上，第38—39页。

声此起彼伏："要求营方当局惩办打人凶手！""保障学生人身不受侵犯！""保障言论和行动自由！"群情沸腾，当场决定组成抗议委员会出面交涉。刘树棠和王特山被选为东大的代表。在代表会议上，刘树棠被推选为大会执行主席。根据大会的发言拟定了抗议书，之后，即把楚溪春找来。刘当面向他宣读了抗议书，内容是：一、严惩打人凶手；二、保证不再发生类似事件；三、立即把被打学生送进医院，一切费用由营方负责；四、保证学生言论和行动自由。楚溪春假意接受学生们的要求，仍想借此机会进行欺骗宣传。但是，大会主席宣布，根据大会通过的决议，除上述四项要求外，举行罢课一天，以示抗议，旋即散会。楚溪春也无可奈何。

又一次，部分同学因感到无聊，溜号外出看电影、逛大街。负责看管学生的宪兵与溜号同学发生了冲突，并殴打了同学。许多同学闻讯后，决定去找大队长范玉枢中将讨个说法。抗议同学齐聚大队长办公室门口。大队长闻声出来，东大政治系学生柏嘉兴当时冲上前去，质问："同学不来冬令营，你们用停伙、停电、停暖气相威胁。如今入营了，人身安全无任何保障。宪兵怎能敢于殴打同学？"大队长问柏嘉兴是哪个部分的？没等回答，又命令宪兵把他带进来。柏嘉兴后来回忆说："我当时刚二十出头，体壮如牛，反抗宪兵的拉扯，加上许多同学援救，使我挣脱出来，跑回区队。区队同学正在闹退营。逼得营方采取迂回政策，由大队长在大会上宣布赔礼道歉！退营风波始告平息。"[①] 这时沈阳警备司令换为王铁汉，兼冬令营营长，于2月24日召部分区队代表去参加座谈会。会上，一、征求意见；二、王司令官愿交青年学生为友，冬令营结束后，倘有事可找他。

就在冬令营即将结束的前几天，国民党当局又搞出了大动作。2月25日，按规定日程，晚饭后为夜行军。柏嘉兴所在的区队长通知他，不参加夜行军，要去参加座谈会。他后来回忆说："晚饭后由区队长护送我到了中山公园对过励志社大楼。一时人未到齐，我想去一楼便所，当我走到一楼时，见布满了武装人员。见我下来时立即围上数人，问我到此干什么？我答：来参加座谈会的，我想去便所。

---

① 柏嘉兴：《1948年国民党沈阳冬令营大逮捕》，《东北大学 1946—1949年学运资料汇编》（内部版，1988年），第50—51页。

一个军官模样的人对我讲：我们在此执行任务，你走进我们防区。你可去便所，然后不要再回楼上。你从正门出去，然后再从别的门进入，再上二楼参加座谈会也不迟。我见这个架势，争执也没用，从正门走出，见楼外全是武装人员，配短枪，大卡车整齐地排成一行，这时有人告诉我上车吧！这时，我才反应过来，已经被捕了。稍候片刻，见一个个同学陆续从正门走出，见此架势也都明白了。被命令上车。车开到东北'剿匪'司令长官部的第一侦察连连部所在地，下车后进院，进入一座独楼，好像是没人住的旧仓库，门窗无玻璃是新钉的铁皮，室内外温度是一样的冷。这就是临时关押我们的监狱。又过了些天，王铁汉前来一次，宣布这是委员长手令，是全国统一行动。经过几个机关侦查，你们都是'共党分子'。有的经常奔走张家口、佳木斯之间（指解放区）。你们在这里，听候处理！这样一讲之后，中山中学被捕同学连哭带喊：'我怎么成了共党分子了？'东大一名同学说：我爸爸是四平城城防司令，我怎会成为'共党分子？'"[1]

26 日全市报纸公布，昨夜在全市搜捕"共党分子"二百六十人，其中东大有三十多人被捕。学生回校后虽然酝酿营救被捕同学，但在当时形势下，没有形成声势。这次国民党要抓人，事前是知道的，捕人前几天也有消息，如王特山等人就事先离营。被捕的学生大致可分为两类，一类是学运中的积极分子，多是相信校园民主敢说敢讲的人，如政治系的崔天奇、柏嘉兴等人；二类曾是国民党、三青团的骨干，但表现有离心倾向，如历史系三年级学生姚凛。抓捕学生三天之后，2 月 28 日冬令营结束。

却说那批学生被捕几天之后，在一个漆黑的夜里，宪兵连将他们转移到大西城门里女子同泽学校院内的一个独楼里。不久，经过一整天的审讯，是按准备好的表格一问一答，由审讯人员填写。过了数日，发下名签印有东北第四训导大队第二十中队。学生们后来才明白：凡是训导队均是国民党集中营。二十中队长是一名少校，下有数名中尉，负责集合跑步下操、起床、作息事宜。内有特工人员两名，虽身着便装，可出入楼经过宪兵岗哨时，通行无阻。这时沈阳警备司令又

---

[1]　柏嘉兴：《1948 年国民党沈阳冬令营大逮捕》，《东北大学 1946—1949 年学运资料汇编》（内部版，1988 年），第 51 页。

换了梁华盛。不久就增添了"长官训话"的活动，前后共来过十五六个人。其中最小的是少将，最高的是中将。辽沈大战时的兵团司令廖耀湘也曾到过这里对大家训过话。训话内容，不外是灌输反共的一套。接着就是出墙报，发动学生投稿。柏嘉兴回忆说："这时出头张罗墙报事宜的同学，我很熟悉，被捕前是位向往解放区，倾向革命的同学。但在墙报上发表文章时却与'长官训话'一个调门。另一个东大被捕同学，在狱友间闲聊时讲过国共两党的根本区别，记得他说过：国民党从核心到核皮全都烂掉了，不是革命的。而共产党核心不烂，是革命的。至于核皮不纯，迟早会被清洗掉。这论点在当时够激进的了。但在墙报投稿时，也与'长官训话'是同一腔调。东大先修班有个壁报《大动脉》，专门介绍辩证唯物主义哲学刊物，其主编同学也被捕进集中营里。在狱友间聊天时，他还教唱过：高尔基《牢狱之歌》。投稿时也是同'长官训话'同一口径，在'长官训话'后集中营就出现这样一种局面，出墙报时写文章时，与'长官训话'是同一口径的言论，狱友间议论时却是与此完全相反的一种言论。于是集中营内就形成了该说假话时，就说假话。该说真话时，许多狱友间还是敢讲真话的。"

数日后，狱友间盛传一种消息，一部分被长期监禁，一部分被释放。大伙儿一时都坠入五里雾中。某日，正在吃晚饭时，宣布了一个名单，有十人左右，立即被宪兵押上车，车临开动时，车上狱友高呼，同学们，来生再见吧！剩下来的同学也没心吃饭了。集中营内气氛变得近乎凝固。当天深夜，这些同学又被拉回来了，立即紧急集合。他们说："同学们，我们没有被处死，我们还受了梁司令官接见了，并让我们转告大家，不久我们就可得到自由，我们将获得释放。"这番讲话是很鼓舞人心，感觉梁华盛就成为集中营中遭磨难同学的大救星式的人物了。哪里知道他们陷害学生的新步骤正在悄悄逼近。

一天早上，突然紧急集合。由特工李中伟讲话：同学们经过这个过程，有部分同学在进步，表现为要求加入国民党，我看这是大家的唯一出路。还有部分同学无此要求，在今天不论在国内或国外，不革命就是反革命，不打"共党"，就是"共党"。我不希望这些同学还当"共党"。我不知道大家是否同意我的看法！？于是不少同学齐声答：愿意！说完立即开进大卡车、将学生们拉到中山公园，下车后立即举行入党宣誓，梁华盛主持仪式，就这样将集中营关押学生变成国民党。实际上，这些同学连个入党申请书都从来没写过，连入党介绍人也没有。第二天沈阳报纸头版头条新闻：昨日中山公园一幕盛典，六十八位大学生英勇参加国民党决心"剿共"。接着把学生姓名、校别、系别登得十分明白。这天早上，学生正在放风，李中伟从外边走来，将这份报纸给学生们看，当时工学院被捕学生刘景岳看后破口大骂："谁他妈的愿意加入国民党！"这时李中伟全听到了也装作没听到，扬长而去。

又关押一段时间，集中营提出履行打保手续。需找三个保人，三份保证书，在一天晚饭前发给同学让过过目，看后又收回去了。保证书内容如下：

保证×××确系善良公民，今后不得在言论上、行动上有违背国家民族利益的行为，并志愿参加戡乱建国委员会。本人以身家性命保证之。

开始时，保人条件需三位国民党少校以上军衔的。有学生说：谁家也不开司令长官部，谁家会有那么多少校。实际上也行不通。后来又降低了标准，家住沈阳殷实富户也可。每个人写好保人姓名、地址，由集中营来完成打保手续，又过一些天，学生们才被释放。

东大校史资料载：3月初，冬令营结束后不久，东大就开学了，学生自治会强烈要求国民党东北行辕释放被捕学生。3月9日国民党沈阳城防司令部罗织罪名，报国民党东北行辕政委会批准，将东北大学八十五名，先修班十三名学生开除学籍。①

---

①　杨佩祯等主编：《东北大学八十年》（沈阳：东北大学出版社，2003年），第158页。

第五章　再迁北平（1948.6—1949.2）

> 家乡月亮分外地光，家乡流水分外地长，
>
> 孩子们哟，孩子们哟，母亲在想念着你，
>
> 孩子们哟，孩子们哟，母亲等待你回到她的身旁，
>
> 辽河的水松花江的浪，是那样的沉痛，是那样的忧伤……
>
> ——《悼亡》[①]

一、铁狮子胡同和光明殿

1948 年初，东北局势急转直下，国民党在东北战场的败局已定，当局为了裹挟东北青年进关，令将东北大学迁到北平。他们一面放出谣言说，中共进城后将征集所有青年去当兵，并对青年如何虐待；一面施放诱饵，骗取青年上钩。例如，教育部就放出风声，说政府在平津设有招待所负责食宿，已设立临大、临中收容东北学生。《中央日报》也正式加以报道，说"到北平后可以公费读书"。实际上，当时在平津既没有招待所，也没有临大、临中。但是，国民政府的这种宣传却产生了很明显的影响，很多学生心存幻想，总想找个"世外桃源"安静地读书；而号召到北平去更富有吸引力，因为北平是文化古都，中国人特别是中国的文化人对它有一种特殊的感情和偏爱，是大家向往的地方。因此，迁校之风，一时甚嚣尘上。

---

① 靳恩全、李宇娟主编：《辽北青年运动 80 年》（北京：中共党史出版社，2000 年），第 144 页。此歌为纪念"七五"惨案遇害学生而作，作者待考。

　　东北大学当局最初对迁校问题并
不热衷，可是，那时沈阳已被中共的
军队包围，成为孤城，对外联系只有
空中通道，国民党大员的家属纷纷乘
机外逃。在这种形势下，回北平度假
的外省籍学生均不准备回校，于是，
东大乃有迁北平之议。1948 年 4 月间，
东大当局虽进行迁校准备，但却举棋

东北工学院办公楼

不定：既怕把大量知识分子留给共产党，又怕影响军心。农艺系毕业的肖毓秀说：
"由于我党的反对，东北大学学生内部展开了迁校与反迁校的斗争。当时校部争
论得相当激烈，我们农学院在塔湾，也是大字报满墙，校内国民党特务叫嚣，'谁
反对迁校，谁就是共产党'！但这种叫嚣并未阻止住反迁校的大字报。我们当时
因对共产党不了解，加之国民党的宣传，个人主见是为了读书，哪儿也不去，学
校全体迁，我们也随着。"①

　　1948 年 5 月 28 日，国民政府主席东北行辕政务委员会，发出"立务文字第
三二五四号 辰俭代电"，要求"东北国立各院校应变将逐步内迁饬速造各项清册"。
遵奉此电的要求，东北大学于 5 月 31 日，以新东勋字第一五四七号代电，向国
民政府东北行辕政务委员会呈报"国立东北大学教职员学生人数清册""国立东
北大学图书仪器数量清册""国立东北大学疏散费用预算表"请鉴核，并报告说：
"查本校为适应目前情势，分别缓急拟分三期逐步疏散，经切实估计共需流通券
四百八十七亿七千四百九十六万元，现在各项筹备工作亟待积极展开，需款至为
迫切，谨填造疏散费用预算，电请鉴赐核拨费款以应急需为祷。"

　　为迁校事宜，东大所呈报之本校图书仪器清册及教职员学生清册：档案（文
卷、账簿、学生册籍、会计、统计、人事表册等）六吨；图书（共计二十余万册）
五十二吨；仪器四十七吨，合计一百零五吨。此外，教员四百三十四人，职员

---

　　①　肖毓秀：《我们这一代垦荒人》，相树春等主编：《我们走过的路》（北京：今日中国出版社，
1993 年），第 227 页。

二百五十二人，学生三千八百九十九人，共计四千五百八十五人。

东大当局包租了国民党由北平向沈阳运粮回空的美式军用运输机，分批把学生送往北平。在此情况下，中共地下党领导决定，除少数党员留沈坚持斗争外，大部分党员和盟员随校去北平，以便团结广大学生继续同国民党进行斗争。又，依照教育部的训令，东北大学将在沈阳的全部校舍、校具，借给在沈阳的国立长春大学，"以资抢救长春大学员生来沈应用"。

来到北平后，国民政府许诺的临大临中遥遥无期，学生们的热切希望落空了，他们的生活陷入了极度困难，他们的精神更深深陷入了苦恼之中。这里摘引几段当时一个东北学生偶然留下的日记，可以略见当时学生们的遭遇。

6月2日 清气喘喘地跑到我家里来，兴奋地告诉我一个消息，说学校在沈阳不再办了，可是教育部在平津即将筹办东北临大临中，收容东北流亡入关学生。虽然要跑这么远，但读书是毫无问题的，而且关内时局要安定得多，一切物质方面的需求都要好多了。我问他消息来源如何，他从口袋里抽出一份《中央日报》给我看，就在这上面登载着这样的一段消息。这当然是千真万确的。于是我和妈、哥哥商量，都认为这是政府对东北青年的关注，是一点问题也没有的，极力赞成我们去。

6月15日 今天写了一封信回去，告诉妈，我已经平安地到北平了。虽然住的破庙，睡的走廊，吃的每顿两个窝窝头、几颗咸萝卜，但是我没有写，只说一切都很好。每顿两个窝窝头，实在不够，精神有点不好。出去也没意思，没钱什么也引不起兴趣来。躺在走廊上成日看天，望着屋檐，想家。谣言很多。临大筹办还杳无消息。同学们要求保送平市其他学校就读，没有确切的答复。同学们心情不安极了，成日聚在一起谈论着这件事。谈来谈去也都得不出要领，最后总是自己安慰自己说：不要紧，政府一定会想办法的。这是唯一的希望，也是最大的安定力量。

7月2日 昨天晚上，可真弄惨了。半晚上，下起大雨来。从梦里被闹醒了。赶紧起来，铺盖却已湿了一半，慌忙往里卷，雨却像故意似的，也跟着向里面喷来。同学们闹哄哄的，也顾不得身上脚上湿漉漉的，挟着铺盖卷紧紧地贴着墙站着。有的向大庙里撤退，也不过只能站着躲躲雨而已。雨下得特别大，刚停下也就天亮了。我们就这样挟着铺盖卷站到了天明。累极了，但不成，还得弄干走廊呀！同学们在尽力扫、洗，我却偷偷地倒在昌的床位上睡了。醒来刚好吃午饭。同学们啃着窝头，望着阴沉的天，相对地苦笑了。"①

东北大学于 1948 年 6 月份迁到北平时，先派员到灯市口设办事处，待全体员生到达后，总办公处设在武王侯胡同燕京造纸厂旧址，原办事处撤销。除工学院单独在棉花胡同外，文、法、理、农四学院驻东单铁狮子胡同（即今天的张自忠路）四号宋哲元故居公馆。②"这座公馆是中国古式的建筑群，屋顶是灰瓦飞檐，房间是出廊抱柱，并有金龙盘柱，铜匾横悬，院内是亭台池榭，曲径栏杆，穿过东西月亮门，后花园景色更美。"③不禁要问，学生们怎么有资格住在这里呢？原来，这个公馆是一些激进学生非法强行占有的。学生们对于暂时栖身的佛堂黑屋拥挤不堪而怨声载道，听说宋公馆很多房子闲置着，便有了去看看的想法。大概是在 6 月 10 日左右的一天早上，经济系林承栋等四五个男生相约前往：

到那里以后，只见沿着街巷是一座高大的院墙，大门两侧蹲着一对石狮子，在为主人壮威。宽大的铁门紧紧关着，足有一丈多高，为了防人爬越，上边满是铁制箭头。我们这几个身强力壮的年轻学生，满没在乎，手攀脚蹬，一蹴而上，毫没费力，翻身跳下。这时，住在门房的管家，听到有人跳进院内，就急忙走出来责问道："你们是什么人？随便跳进来，想干什么？！"我们泰然回答说："是东北大学的学生，迁校到北平后没有住处，听说这里有好多房子闲着，想借住借住。"管家依仗权势，大翻脸皮。我们正在围着他搭话时，有一名同学手疾眼快，

---

① 徐康编著：《青春永在：1946—1948 北平学生运动风云录》（北京出版社，2004 年），第 107—108 页。

② 杨佩祯、丁立新：《东北大学史迹画卷》（沈阳：东北大学出版社，2011 年），第 137 页。

③ 林承栋：《从光明殿搬进宋哲元公馆》，东北大学北京校友会编：《东北大学校友通讯》（1996 年 10 月）第五期。

从他背后的腰带上把一大串钥匙捵了下来。他去开了头一层院的各房门，接着又开第二层院和东西跨院的各房门。没想到这时惊扰了住在后花园的两位小姐，她们以为是哪里来的强盗，气冲冲地来到前庭，开口就声言厉色地质问，我们用和蔼的态度讲明来意。当她们知道是东大的学生后，又斥问说："你们承认不承认中国现在是私有制，这个院是我家的，不能随便抢占！"我们说："承认是你的财产，我们根本不要，只因现在没处住，不能露宿街头，这里有这么多房子闲着，暂借我们住住。"两位小姐又说："这绝对不行，你们不走，我们就到市里告你们状！"我们又正言说："去告吧，我们不怕！"气得两位小姐没有办法，告状已来不及，两三层院的各房门都已打开，她也奈何不了我们。①

学生们一面留此看守，一面派人急回住地召唤其他同学火速搬来。当大家拉着队伍涌进来时，都感到喜出望外。同学们虽然置身于如同大观园一样的漂亮庭院里，只不过是有了安身求存之地而已。当时中文系女生于吟梅回忆说："我们刚到铁四号时，没有床，就打地铺，像穿糖葫芦似的一个挨一个地睡在铺了草席的水泥地上；没有食堂，像粥场里讨饭似的吃在露天下。即使是这样，我们也没有一句怨言，为的是将来能在这里读上书。"②当时的北平虽然同属国民党的天下，但对刚刚从东北来的学生来说，却像是换了人间，一切都那么新鲜。然而北平给这群关外学子的好感只是昙花一现，读书的幻想很快就破灭了。

1948 年 7 月 5 日，一群手无寸铁的东北学生遭受国民党宪兵的机枪扫射，发生了骇人听闻的"七五"惨案，引发学生罢课。8 月下旬，在学生自治会的积极要求下开始复课。9 月，东北大学文、法、理、工、农学院及历史、地理研究所皆集中到光明殿，先修班则在国子监和文庙。③于吟梅对光明殿时期的生活也有着深情的回忆：

---

① 林承栋：《从光明殿搬进宋哲元公馆》，东北大学北京校友会编：《东北大学校友通讯》（1996年 10 月）第五期。

② 于吟梅：《"东大人"不会忘记》，丁义浩、韩斌主编：《情缘东大》（沈阳：东北大学出版社，2013 年），第 5 页。

③ 杨佩祯、丁立新：《东北大学史迹画卷》（沈阳：东北大学出版社，2011 年），第 137 页。

东大迁到北平后的第二站是光明殿（新中国成立后曾一度为香山慈幼院占用，后改成国务院参事室）。在这里，我度过了东大时代最难忘的日夜：有如饥似渴地追求真理的记忆；有无所事事侃大山、闲荡马路的记忆；也有夜宿锅炉房躲避魔爪，与各种黑暗势力进行斗争和送战友奔赴解放区的记忆。黎明前的光明殿以浓重的色彩为我留下了广角镜头的画面。

东大迁到光明殿以后，终于复课了。我也从一个被开除的学生与教室隔绝半年多以后，又重新在这里回到课堂。在这里聆听过游国恩、冯至、吴恩裕等北平名教授的专业课，也聆听过随校来平的本院教授们的各种专业课，霍玉厚老先生每天风尘仆仆地从西直门徒步赶到光明殿上课的情景至今记忆犹新。然而，在这里我更多的时间是在北京图书馆度过的。我们迁到光明殿不久，时令已交严冬，这里的教室和宿舍都没有暖气，去北京图书馆不仅可以自由地博览群书，还可以避风御寒，因此这就成了我的第二课堂。

光明殿的地理位置得天独厚。出前门过马路就是北京图书馆，它与北海隔栏相望。看书看累了，还可以到院子里眺望北海风光。当时的北海，使我们最感兴趣的与其说是秀丽的地上景物，倒不如说是无可奈何花落去的国民党从北海上空空投物资的狼狈相。我们常常为国民党拙劣的空投技巧——投下的物资挂在树上，上不着天、下不着地的"绝妙景色"——笑得前仰后合、拍手称快。从光明殿的后门出去，往东几步，就是中南海的西便门，里边杂草丛生、破乱不堪，出入也无人过问。我们常常坐在里边的回廊上交流读书心得、交流思想收获。出后门，往南穿过小胡同就是西单大街，在黄昏时刻或夜幕降临以后，我们几个形影不离的穷学生有时也在这条大马路上闲荡。一天，望着琳琅满目的商店橱窗，我们当中平素语言极少的一位老兄打破了沉寂："别着急，要不了多久，这些全是咱们的。"他说出了我们每个人的内心秘密，道出了几个人的共同信念，那就是我们坚信：黑暗即将过去，曙光就在前头！ [①]

---

① 于吟梅：《"东大人"不会忘记》，丁义浩、韩斌主编：《情缘东大》（沈阳：东北大学出版社，2013年），第6—7页。

二、"七五"惨案

到 1948 年 5 月间为止，迁来北平的东北大中学生已逾万人，除东大外，还有长白师范学院、长春大学、沈阳医学院、沈阳私立中正大学、辽宁医学院、女子文理学院、沈阳师范专修科、中山中学、省立四中、文会中学、松北联中、安东联中等校。东北学生大批来平，地方当局却无人过问。东大校长刘树勋、长春大学校长黄如今、沈阳医学院院长徐诵明、长白师范学院院长方永蒸等，因向南京请示不得要领均避不出面。学生向北平社会局请愿，答称"难民已满，爱莫能助"。当时，幸有辽宁省同乡会出面组成"东北旅平学生同乡会"，协助寻找住地，募集款项衣物等。经过辽宁同乡会的交涉，国民党市政当局只允许东北流亡学生每人每天用东北流通券兑换法币一千万元。国统区货币贬值，一千三百万元法币方能购买一斤玉米面。后来，几经交涉，市社会局才答允每人每天发给小米十二两六钱（当时，每斤为十六两），由辽宁同乡会领取分发，并由该会负责偿还，同时还附有条件，不发给"反动"分子。当时，几个国立的大学还可以靠公费勉强糊口，最苦的是私立大专院校和中学，学生们每天都挣扎在饥饿线上。国民党监察院发表的一份调查报告云："东北自永吉撤守，长沈孤立，粮价奇昂，一般人生活咸感困难，均纷纷入关，而学生集结至平者日众，自教育部公布在平津两市办东北临大临中后，大中学生蜂拥而来，以无准备，食宿均成问题，散居庙宇及公园廊下，甚至有宿于城墙洞内者，流离失所之状，殊堪悯恻。"[①]可谓真实之写照。

6 月底，东北学生不堪迫害，饥饿难忍，自动结队到北平市政府请愿，要求增发口粮，停止迫害，从速成立临中。市政府调集大批军警将学生们包围。北平各院校学生闻讯后纷纷赶来支援，但府右街以及各胡同口都已被封锁。

市长何思源（已辞职，由刘瑶章接替，尚未交接），请辽宁同乡会理事长王

---

① 廖风德：《学潮与战后中国政治（1945—1949）》（台北：东大图书公司，1994 年），第 400 页。

化一出面调停。学生派出八名代表提出四点意见：（1）先撤军警，然后商谈；（2）坚持增粮，保证吃饱；（3）释放被押同学，停止迫害同学；（4）迅速成立临中，正式上课。经过谈判，双方达成协议：（1）军警实行后撤（但尚未撤走）；（2）粮食从十二两六钱增至十六两；（3）由吴铸人负责通知三青团，此后不得随便检查、逮捕、侮辱学生；（4）由王季高负责向教育部电催火速开办临中。由代表当众宣布了商讨结果。学生们高呼口号，散队归去。但是当局却认为这次行动是受共产党的鼓动，随即逮捕三十多人，严刑逼供，追问背后主使人。

7月3日，由北平市参议会议长许惠东主持，召开了参议会第一届第三次大会，讨论关于东北学生的问题。国民党中央通讯社北平分社主任、参议员丁履进，秉承上司的旨意，提出了所谓《北平市参议会关于救济东北来平学生办法案》，这一被列为第104号的议案在参议员们的支持下通过了，全文如下：

（1）本会电请中央，对已到平之东北学生，不论公私立学校，凡有确实学籍及身份证明者，应请傅总司令设法予以严格军事训练。在训练期间，予以士兵之衣食待遇，并切实考查其背景身份、学历等项。确有学籍及思想纯正之学生，暂时按其程度分发东北临大，或各大学、中学借读，俟东北稳定时，仍令回籍读书。其身份不明、思想背谬者，予以管训。学历不合格者，即拨入军队，入伍服兵役，期满退伍。

（2）申请中央停发东北各国立、公立学校之经费及学生公费，全汇交傅总司令，会同省市政府审核发放，补贴东北来平学生费用，或改汇东北临大作为经费。东北各校一律暂行停办，以免其一面派遣学生进关，一面另招学生，并套取经费、公费。

（3）东北国立公立学校停办，停发经费，令教职员一律进关以原薪（照平津指数）在学生军训班或东北临大工作。①

---

① 张大中等主编：《解放战争时期北平学生运动史》（北京出版社，1995年），第228—229页。

这一议案试图达到一箭三雕的目的，一来可以用东北学生补充国民党军队的兵员，并对进步学生进行稳定；二来可将东北的教育经费全部充作军费；三来用薪水控制东北的大中学教职员，令他们撤入关内，阻碍解放区教育的恢复和建设。

议案经秘密会议通过，想用迅雷不及掩耳手段付诸实施，以免学生闹事。但参议会内派别复杂，反对许惠东的议员会后立即把这个议案全文抄送《益世报》等报社发表。

7月4日早晨，东北流亡北平各校住宿地墙上，贴出了刊登这一议案的报纸，学生舆论大哗，奔走相告，愤怒像火山似的爆发了。在各校驻地学生们用粉笔在墙上写下各种标语："我们不是来当兵的！""我们要读书！""我们不能再沉默了！""我们要行动！"

当天下午7时，东北大学、中正大学、长春大学、长白师院、沈阳医学院、松江大学、锦州先修班、辽宁水产学校、东北临中、吉林高中、松北联中等十五所东北院校学生会代表，齐集长白师范学院住地开会，决定7月5日联合到市参议会抗议。当时，迁校尚未结束，决定来平的地下党员有的尚在沈阳，到平的党员也刚刚开始工作，所以各校学生会除中正大学外领导权均尚未掌握。东大地下党紧急决定，党员、盟员都参加到游行队伍中去，因势利导，必要时参与领导。同时派人去联系北大、清华等北平各校战友予以支援。

由于有激进分子参与其中，故请愿队伍一开始就有强烈暴力倾向，监察院的调查报告曾记述东北学生在市参议会的请愿经过："七月五日上午七时，平市东北学生由各处纷至中南海门前集合，至八时余，十余单位学生四千余名，蜂拥冲入北平市参议会内以砖石木棒捣毁办公室及宿舍，并呼'反饥饿''反迫害''打死参议员'等口号贴标语，以叠罗汉方法爬上大门楣，将北平市参议会门额改为'土豪劣绅会''三老四少会'，并有北平学联学生数十人，高举绿色红字之'要生存''要自由'之旗帜，向东北学生慰劳，作煽惑之讲演，欢迎东北学生参加学联，并捣毁'平市戡乱建国动员委员会'与'平市民众清共委员会'（此二机构均与市参议会在一楼）员工及维持秩序之警宪，略受微伤，此时学生席坐马路中，要求该会负责人出面答复，但无人接见。"① 学生们便唱起自编的《打垮参议会之歌》，歌词印入每一个学生的心坎：

> 参议员呐坏良心，硬叫我们去从军，
>
> 停公费，受军训，调查思想加拷问，
>
> 兄弟们，快起来，一定把它打垮台，
>
> 参议员呐坏良心，不该轻视东北人，
>
> 不读书，去参军，建设东北用何人，
>
> 兄弟们，快起来，一定把它打垮台。②

经过再三交涉，警宪置之不理。而参议会楼上却扔下垃圾、果皮来挑衅。群众忍无可忍，一声怒吼，冲进铁门。冲上楼去之后却发现扑了个空。学生们敲掉了"北平市参议会""北京市戡乱建国委员会""北平市民众清共委员会"三块招牌，人叠人地爬上去，用沥青涂上八个大字："北平市土豪劣绅会"。

10 时半，东北临大筹备主任陈克孚被当局指派赶来了，他要求学生回去，声称："一切由我负责交涉。"但他的讲话很快被"你能负责吗？""反对教育骗子"的指责声打断，最后不得不悻悻离去。

东北学生的行动，得到了北平广大学生的声援与支持。11 时许，北大、清华等八院校派代表来慰问，送来一幅"要自由，争生存"的旗帜，大大鼓舞了东北学生的士气。

鉴于到议会请愿毫无结果，东北大学等十五个东北院校组成的主席团经过会商，决定带队到行辕主任李宗仁的住地去请愿。这时已过中午，饥肠辘辘的学生们又整队向北长街进发。

大队到达李宗仁官邸后，顾问甘介侯、秘书黄雪村出面说："李副总统不在。"让学生留下请愿书转呈。请愿代表要求"向李副总统面陈一切"。同学们忍着饥

---

① 《"七五"事件调查报告》，南京《中央日报》1948 年 8 月 28 日。

② 翟作君、蒋志彦：《中国学生运动史》（上海：学林出版社，1996 年），第 391 页。

渴，冒着烈日，站在马路上，直到 2 点多钟，李宗仁才驱车回府。请愿代表陈向远等同学向李宗仁诉说了东北同学处境，提出三点要求："一、撤销参议会议案，并向东北学生道歉。二、解决读书问题。按原建制来北平的，拨给校址，早日复课。建制不全的，立即成立临大临中，无条件地收容所有东北来平学生，并一律发给公费。三、彻底解决东北学生食宿问题。"李宗仁对东北学生处境表示同情，对三项要求，他说："参议会是民意机关。我这个副总统无权干涉民意机关之事。关于成立临大临中和解决食宿问题，可以转致中央和地方当局设法解决。"这个不解决任何问题的答复，使学生们大失所望。在群情激愤下，有人号召："同学们！许惠东就住在东交民巷一号，走呀！找许惠东算账去！"

　　学生们来到东交民巷许惠东宅前，等待他们的是枪击事件。大致经过是这样："当日二时许，徒手警察二百余人，宪兵一排，有二十余带枪者，均已到东交民巷里口一号许宅门内布防戒严，少时学生代表三人先到，声称要求见许议长或负责之参议员向学生答复。许未接见，学生大队跑步到一号门前，向门内直冲，经警宪在门内阻挡，大门被挤裂。宪兵见情势紧急，乃向空鸣枪，学生稍退。内七分局局员张乃仁，因劝阻被学生群众以砖击伤头部，昏厥于地，经救护送入医院，其佩带之手枪，亦于当场遗失（翌日方由学生王大有手中收回，失去子弹一粒）。学生既不得入正门，遂在一号之围墙东南角拆毁一缺口闯入，以砖石乱掷宪警。嗣经宪兵对空鸣枪，始又退去。学生分为两部分，集于门之东西，席坐地上，叫嚣不已，双方僵持至五时许，二〇八师搜索营营长赵昌会，奉警备总部命令，率部队两连到达，不久快速部队装甲车开来四辆，停于门前两辆，门西两辆，搜索营兵士布防一号门前东西，警戒哨兵持有冲锋枪、轻机枪，分向东西，枪口指向学生群众。斯时学生推代表十八人，入院内与宪警交涉，当经现场指挥官警察局副局长白世维告以明日负责答复，并要求学生代表代为清查张局员失落之手枪，如今日不能查得，明日亦可，并谓已奉陈总司令命令，于七时宣布戒严，劝导学生暂时回去，一切明日解决，学生亦因饥渴疲劳过度，允即散去。此时学生麇集东部者，在牌楼外，西部者，在一号门以西，相距约六十米，中间为装甲车与搜索营士兵布防。七时余白副局长出门往西向学生劝导归去，学生多起立整队之际，忽听枪声一响由东传来，旋即枪声大作，约三分钟稍停，嗣枪声又响一二分钟，白副局长顿足大呼不准开枪，但无人理会，此时学生闻枪一发，即行伏地，枪停之后，由保警队陈大队长偕同二〇八师搜索营连长出门制止时，然已死伤多人矣。"[①] 当时因枪声一响，士兵遂相继开枪，但第一枪究竟是从何处而来，成为争议的焦点。根据监察院的调查，第一枪似由学生群中发出，但学生则坚持第一枪系由牌楼内一穿马靴之军官发出，各执一词，莫衷一是。

在这次惨案中被屠杀的共有九人，其中东北学生有：吴肇泰、韩德林、孙德馨、杨云龙、卜鸿勋、李维福、徐国昌、贺守志，另有一人是北京市民张凤岭。他们中年龄最大的二十八岁，最小的只有十六岁，惨案中受伤人数达一百三十多人。[②] 这便是震惊全国的"七五"血案（又称"七五事件"）。这是自 1926 年北洋军阀制造"三一八"惨案以来，中国历史上又一个黑暗的日子。

各校同学怀着满腔悲愤回到各自的住地。他们做梦也没有想到，他们信赖的政府会这样对待本国的青年。但他们没有被血腥的屠杀吓倒，没有被巨大的悲痛压倒。各校学生自治会连夜互相联系，并联络了更多的东北来平学校。7 月 6 日，东北二十二院校学生代表在铁狮子胡同东院东北大学住地开会，成立了"东北学生抗议七五血案联合会"。韩复兴、张雷、曹雷、高兴岳等地下党员和盟员被选为执委。会后发表了《东北学生为抗议"七五"血案告家乡父老书》。其中写道："在泣别你们长涉来平的今天，我们以含泪沉痛的心，向你们写出你们子弟在异地被屠杀的经过。为了你们的期待，为了祖国的未来，为了青年人自身的责任，我们挣脱了你们牵扯着的手，离开了你们温暖的怀抱，到这里来漂泊流浪，茹苦含辛，我们相信政府会早成立临大临中收容东北所有一切流亡苦难的学生，而加以慰藉教导。所以我们一直来了两个月在与食宿无着的搏斗之中，我们依然艰苦地维持着，竭诚地期待着。但是，不幸的事件竟如霹雷般降临在我们的头上。"在详述"七五"请愿遭到屠杀经过后接着说："如此惨绝人寰之暴举，若我家乡父老同胞目睹自己子弟，长街乞怜，又遭残杀，此情此景谁能不哀？而当局又于当

---

① 《七五事件调查报告》，南京《中央日报》1948 年 8 月 28 日。
② 张大中等主编：《解放战争时期北平学生运动史》（北京出版社，1995 年），第 235 页。

晚借词逮捕同学三十多人。各校同学分窜逃回之后，学校周围再受重重封锁。像这样狠毒手段，较之过去倭寇更甚。可谓过去中国史上所未尝有之大屠杀案。故我们同学唯有北望云天，涕泣长流而已。但已再准一死之决心，誓给死者复仇，伤者求偿。所以纵令部分同学已异地羁魂，总可瞑目九泉，而我等来日归乡也该有面重见东北父老。"①

对这样的血泪文字，谁看了能不流泪？对这样悲惨的事实，谁听到能不痛心？然而《华北日报》刊出的中央社通讯竟说："不料是时突有暴徒开枪射击，警方白局长险被击中，仆地受伤。前列徒手警察宪兵受伤六名，是时暴徒一面放枪射击，一面蜂拥向前夺取枪支。戒备部队为自卫计向空放枪，警告制止。双方发生冲突，互有死伤。计军警死伤二十余人，暴徒死三人，受伤十余人，至8时暴徒呼啸而去。"北平市参议会7日发出通电竟称5日东北学生请愿是"自称东北学生之群众"，"事前即有详密布置之预谋"，"此辈学生一无请愿代表，二无请愿书，进门后见人即打，遇物辄毁，本会负责人员除准备挨打受死以外，并被捣毁之原因，尚不自知，更何从出面答复"。并说学生的口号标语"不仅侮辱本会全体同人，亦是侮辱全市一百八十万市民"。这些文字不仅激起广大同学的愤慨，也为广大师长和各界人士所不齿。北平各大学四百零四位教授讲师助教为"七五"血案发表抗议书。一些素来不问政治的老教授金岳霖、梁思成、刘仙洲、陈梦家、罗常培、杨宗翰、余冠英等都郑重签上自己的名字。书中说："天真无邪的青年，既由愤激而行动，华北军政当局复变本加厉，视青年如寇仇，调动军队，机枪扫射，死伤枕藉，遂使学术文化中心的千年古都，重演段祺瑞时代屠杀学生的惨剧。我们为人师表的人们，除对政府当局提出抗议以外，并要求立即履行下列数事：（一）彻底追究大屠杀之责任，严惩主谋及凶手。（二）立即交出所有被杀者之尸体，由政府从优安葬抚恤。立即医治所有伤者，由政府负担一切药费及损失，残废者由政府负担终身费用。（三）立即释放被捕东北学生，以后不得再行逮捕，并取消对东北学生住处之包围及封锁。（四）撤销北平市参议会对东北学生之无

① 徐康编著：《青春永在：1946—1948北平学生运动风云录》（北京出版社，2004年），第111页。

理议案。（五）从速切实救济东北学生，使其有住处，有饭吃，有书读。（六）确实保证今后不再发生同样事件。"[①]

惨案发生一周后，《七五血案抗议书》公开发表。

北平各校还分别举行了追悼会，祭文、悼词、挽联都很悲壮，感人肺腑。如："为读书诸君献出先驱血；争生存我辈继浇革命花。""呜呼哀哉！荒冢枯骨思亲泪；噫嘻悲夫！倚门白发望儿归。""比法西斯暴政，青出于蓝，希氏九泉有知应含笑；较段祺瑞屠杀，后来居上，国父在天之灵当一哭。"东北大学有名的"谢绝斋"中几位不问世事的"老夫子"，也从血泊中觉醒过来，把"谢绝斋"改称"何苦来斋（哉）"，并在房门口贴上了一副对联：

技尽露黑心，上当受骗，险矣哉做了刀下鬼；

图穷现匕首，枪声炮语，呜呼呀唤回梦中人。

三、"七九"大游行

"七五"血案发生当晚，中共北平地下党学委立即召开紧急会议，认真分析了形势，决定再组织一次示威游行。会议认为：（1）国民党血腥镇压学生，必将激起全国人民的反对，应抓住有利时机，进行有力的反击。国民党在全国抗议浪潮前，处境十分不利，不敢再次逞凶。（2）李宗仁在北平，他和蒋介石有矛盾，可以利用，以取得运动的成果。（3）东北来平学生大都从血泊中觉醒，但是也还有一部分人产生了悲观失望情绪，乃至冒险复仇的心理，要加以正确引导，使他们振奋起来，投身到民主运动中去。会议决定，于7月9日举行以北平学生为主的示威游行。学委明确规定，这次斗争的目的，主要是揭露国民党的暴行，争取社会舆论的同情，进一步孤立国民党当局。此外，还规定了游行路线、口号，以及再出现紧急情况时的应变措施。学委还决定派人随队游行，及时加以指导。

---

① 徐康编著：《青春永在：1946—1948北平学生运动风云录》（北京出版社，2004年），第112页。

北平各大学同学得知"七五"惨案消息后，纷纷前去东北同学住地表示慰问。7月6日，华北学联召开紧急会议，北大、清华、师院、燕京、中法、铁院、朝阳、艺专等校出席，成立了北平八院校学生抗议"七五"惨案后援会。随后，北平华北学院、天津南开、北洋、河北工学院、唐山工学院等要求加入，组成"华北十三院校学生抗议'七五'血案后援会"，并发表宣言。在叙述"七五"惨案真相后，指出："我们谨向东北父老、全国同胞、全世界人士呼吁：让我们一致起来，反对屠杀学生，抗议'华北剿总'暴行。'华北剿总'此举，实是剿民。我们坚决反对这种'剿民'政策。让我们一致起来，主持公道，为死者申冤，为生者雪恨！……我们华北十三院校学生谨以钢铁般意志申言，无论在任何迫害下，誓和全国同学、全国人民一起，永为东北同学的后盾。"7月8日，华北学联整日开会研究当时形势，为了有力支援东北同学，决定在7月9日和东北同学联合举行控诉大会，会后举行请愿游行。当时正当"七五"大屠杀之后，"华北剿总"又连日戒严，封锁东北各校驻地，接连逮捕学生，白色恐怖笼罩全城。但北平各校同学抱定和东北同学生死与共的决心，坚决参加这次请愿游行。北平各院校和东北各院校同学都以昂扬的斗志，连夜做好各种紧急准备。

7月9日清晨，北平、东北各校同学迅速集合好队伍，从全市各处，以急行军速度，奔赴北大民主广场。上午9时，民主广场已聚集了万余同学，临时搭起的主席台庄严肃穆。"东北华北学生抗议'七五'惨案哀悼控诉大会"白底黑字的横幅，吸引着万人的目光。大会开始前，清华代表郭德远临时提议：先去李宗仁处请愿，回来再开控诉大会。由东北华北同学代表组成的大会主席团认为这一建议很好，如先开控诉大会，可能耽误时间，被军警包围封锁，无法出去请愿。大会主席宣布主席团决定：为了争取时间，先去李宗仁官邸请愿。话未说完，全场同学即以热烈掌声表示赞同。于是各校同学立即整队出发。游行队伍由清华大学率先，北京大学殿后，东北各院校在中间，两侧有纠察队保护。北大医学院同学还组成了救护队。

大队绕民主广场一周后，在"反剿民要活命大请愿"大旗的引导下，万人请愿队伍像奔腾的怒涛冲出北大东校门，突破校门口和沙滩两道警察封锁线，一路跑步前进，直奔李宗仁官邸，长长的队伍挤满了整个北长街。东北华北同学共同组成的请愿代表团进入李宗仁官邸。各校同学严整地坐在马路两边，一队东北同学捧着烈士的画像，举着花圈挽联，缓缓走在马路中间狭窄的通道上，所到之处，两旁的同学立刻默默站起，低头致哀。一副高大的挽联道出大家共同的心声："希烈士稳坐云端压阵脚；看生者索还血债慰英灵。"一路上，贴满了标语，呼喊着"反剿民""反屠杀""要活命""要生存""严惩凶手""血债要用血来还"等口号，街道两旁观者如堵。

10时许，队伍到达北长街李宗仁住处，请愿代表团于淑静、曹雷、张雷、吴宗基、吕英寰、郭德远、王金铸、范德钦、张雨霖等向李宗仁递交了请愿书。请愿书提出十项要求：

一、严惩杀人主凶傅作义。

二、交还死难同学尸首，由同学自行安葬。

三、无条件释放"七五血案"被捕同学。

四、撤销医院的封锁和监视，认真治疗受伤同学。

五、撤销包围东北同学住处的封锁。

六、撤销戒严，并保证今后不得滥施戒严令以剥夺人民集体游行请愿的自由。

七、拒绝北平市参议会的"救济东北难生紧急办法"的建议。

八、立即设立临大临中，收容所有东北来平公私立大中学生，并一律给予公费。

九、立即解决并改善东北来平同学食宿问题。

十、厚恤死难同学家属，负责伤者医药费，死者治丧费。①

李宗仁说："我虽是副总统，但实际上有职无权，管不了什么，关于此次血案，我事先毫无所知，事后也无人报告。对同学的境遇，我也同情。凶手问题，

---

① 徐康编著：《青春永在：1946—1948北平学生运动风云录》（北京出版社，2004年），第115页。

当然该追究，如此项问题解决，其他亦有办法了。至于其他各项我可向上转呈或转交地方当局。"在外边马路上的同学焦急地等待着，请愿迟迟没有结果。主席团又派出第二批请愿代表，两批代表共同促请李宗仁回答同学要求。

两小时过去了，仍然没有结果。大街上包围学生的军警越来越多。忽然四辆装甲车隆隆开来，停在北长街南口，装甲车上的机枪对准街道上静坐的学生，原来街道上的警察开始撤退。"七五"大屠杀的惨剧可能又要重演，各校严阵以待，岿然不动。主席团根据情况变化，立即派出第三批请愿代表，集中提出三点要求：（一）立即释放被捕同学。（二）立即撤回装甲车。（三）如发生血案，由地方当局完全负责。李宗仁终于表示："东北学生如无罪，即令释放，如有罪证，移交法院。"并当时给陈继承打电话说："我不怕学生，你派装甲车干什么？你要担保今天不出事故。"主席团在得到以上答复后，决定结束请愿，开始游行。

警备司令部已经宣布全城戒严。大街两侧军警密布，荷枪实弹，如临大敌。游行队伍在一片枪林中行进。为避免东北同学再遭迫害，各校队伍的排列由清华、燕京领头，北大、师院殿后，东北和北平其他院校相间排在中间，纠察队排在行列两边。同学们迈着坚实的步伐，走过天安门，走过东长安街。大队缓缓地行进着，为了让北平的父老兄弟姐妹们多看一看那些含冤而死的东北子弟的遗容，多看一看这群威武不屈的祖国儿女的面貌。万人一腔悲愤化作震天的怒吼："反剿民、要活命！""反屠杀、要生存！""严惩七五血案凶手！""反对逼迫东北同学当兵！""立即释放被捕同学！"下午4时许，游行队伍胜利回到北大民主广场。

下午5时，控诉大会开始。祭台上摆放着死难烈士的遗像，两旁排列着成百的花圈和挽联，大会在沉痛的《七五惨案挽歌》声中开始。默哀后，宣读祭文，表达了东北、华北同学的无限哀思。接着，大会主席说道："今天，我们东北华北的同学在这里开会，我们除了哀悼死难的同学外，我们要控诉，要向全中国，向全世界控诉这惨无人道的暴行。我们有一个共同的任务，就是要为死难者复仇，为生者谋活命！"接着宣布为死难烈士默哀三分钟。默哀后，宣读祭文："兄弟们，你们没有死在日本人的刀枪下，你们没有死在饥饿贫困的压迫里，你们却死在祖国的大地上，死在统治者的屠刀下，杀你们的就是你们所依靠的政府呀！"肃穆的会场上，不断响起轻轻的抽泣声。接着东北同学代表高兴岳讲话，他站在祭台上咬着嘴唇，紧握着拳头，好久说不出话来，突然他挥动拳头大声地说："血淋淋的事实教训了我们，使我们知道，今后我们只有靠我们自己的力量，才能争取我们自己的生存权利。这次血案，不只是东北同学的事情，也不只是华北同学的事情，而是全国同学的事情。为了替死者复仇，为了要读书，要活命，我们要团结起来，向统治者坚决地抗争到底！"这番话引起万余同学的共鸣，广场顿时激荡起来。

大会主席团宣布成立"东北华北学生抗议七五血案联合会"（以下简称"抗联"）。曹雷同学激昂地朗读"抗联"成立宣言："七五血案是一个空前的惨无人道的大屠杀，是开封滥炸的继续，是更进一步残杀人民、残杀青年的大阴谋的开始。我们决不能仅止于怯懦的相对哭泣，仅止于软弱的相对叹息。我们已经没有眼泪，我们有的只是愤怒。东北死难同学的鲜血，受伤同学的呻吟，洗亮了我们的眼睛，给我们以光明，打碎了我们对政府所怀着的一点点可怜的幻想和希望，启示我们冲破黑暗，击退反动逆流，获得生存与学习的基本权利，只有依靠我们自己紧密结合，坚强团结。团结就是力量，分离则只有灭亡。"他最后几乎是在呐喊："同学们！让我们团结得更坚强，斗争得更英勇，目的不达，誓不甘休！"随后，全场万余同学一齐举起右手，同声宣誓："为了求活命，争取生存，我们东北华北学生，坚决地站起来，齐心合力，团结一致，来保卫我们的基本人权。我们决以钢铁的意志和坚强的决心，来坚持我们的斗争！谨誓。"①

7月10日，国民党中央社发表关于"七九"游行请愿的所谓真相报道，说"东北学生聚众捣毁平市参议会事件，因奸匪职业学生的操纵煽动，今已变质，演出超乎法令范围之行动"，还说："昨日请愿已非要饭吃、要书读的单纯行动，而为与政府在城内作战之状态。"还有一个所谓《东北辽宁学院等十单位学生代表的声明》，说"关于'七五'不幸事件，东北各院校学生正在静候东北老乡与当局作合理合法解决中，不幸7月9日又有所谓北平各院校学生大游行事件发生，

---

①　徐康编著：《青春永在：1946—1948北平学生运动风云录》（北京出版社，2004年），第117—118页。

此一事件与东北各院校学生绝对无关系，即使有同学参加，也是为参加追悼会而去，并无参加游行之意图。"当天下午，"抗联"发表紧急文告，郑重地否认中央社的所谓声明，并要求追究这篇声明的法律责任。

为了严惩"七五"血案凶手，妥善安排东北学生的生活和学习，"抗联"不断派出代表向北平当局请愿，从 7 月 11 日至 8 月 7 日，向北平行辕和北平市政府去了六次，要求他们实践诺言，取消戒严令，释放被捕学生，解决东北学生的食宿，赔偿一切损失等。为了争取全国人民的同情和支援，"抗联"还派出"南下请愿团"和"北上访问团"，分别到国民党政府所在地南京和东北同学的老家沈阳等地，揭露当局屠杀学生的暴行。

国民党当局的所作所为，激起了社会舆论的强烈谴责。12 日，沈阳暨东北各地的四十八所大中院校万余名师生，在沈阳中山体育场（现人民体育场）为"七五"惨案罹难的东北学生举行追悼大会。抗议的横幅、旗幡铺天盖地，其中一副挽联如下：

民意安在？数千东北学生流浪异乡，求生存、争自由，惨遭毒杀，死者何能瞑目！

真理犹存。亿万中华儿女痛哭斯地，保人权、护学府，索还血债，活的惟有斗争。

横额：怎么死的？ [1]

14 日，全国学联发表慰问信，告诉东北学生已把"七五"血案报告给全世界各地学生。信中说："所有的同情，都在你们这方面。"并且勉励东北同学："时刻不忘三十年来中国学生在斗争中所获得的宝贵经验：团结就是力量，团结必能战胜一切。"

27 日，沈阳学界在市府广场举行了五万人的"控诉七五惨案大会"，并决定

---

① 刘迎初、吕亿环主编：《沈阳百年 1900—1999》（沈阳出版社，1999 年），第 59 页。

8月1日举行全市性的罢课、罢工、罢市活动。会后举行示威游行。学生们组成宣传队到各地农村、工厂进行宣传。这一切使沈阳市政当局及沈阳警备司令部大为震惊和恐慌。

北平各个大学和一些中学还成立了后援会，以实际行动支援东北同学。首先发起募捐，仅7月份，募集到现款法币十七亿元，面粉三千五百四十斤，衣服两千零八十四件，鞋子五百零二双，交给东北同学抗联，分给东北同学。北大、师院、中法、清华、燕京等校，开办了文化补习班，为东北各中学同学补习文化课程。北大医学院组织医疗队到东北同学住地巡回义务看病。各个大学还和住在附近的东北同学举办联欢会，演出各种文艺节目，举行各种座谈会、交流心声。

"七九"大请愿大长了东北同学志气，促进了东北华北同学的团结，但是请愿所提要求仍然没有得到任何解决。广大东北同学要求到南京请愿，要求严惩"七五"血案凶手，抚恤伤亡同学，解决东北同学求学和生活问题。于是"东北华北学生抗议七五血案联合会"决定组成代表团南下请愿。代表团成员包括：东北大学周奕林、中正大学李之、长春大学刘镇东、辽宁大学先修班邢凤辉、长白师院韩文炳、沈阳医学院黄文龙、辽东学院刘景护、北大华惠珍、清华邓德群、师院郭明月、燕京谢道渊。

7月31日晚，东北华北学生五千余人在北大民主广场举行了晚会，欢送请愿代表团。为提防国民党军警特务盯梢，翌日，代表团成员作为普通旅客，秘密赴津，乘船南下。

请愿代表团首先到达上海，获得上海同学和各界人士支持。代表团在交大举行了控诉"七五"血案汇报会，展出遇难同学相片和血衣。代表团又分头拜访了陈叔通、盛丕华、包达三、蔡尚思等各界知名人士，他们都对东北同学深表同情。盛丕华先生当场捐助了法币一亿元作为代表团活动费用。代表团还举行了记者招待会，东北同学李之控诉了"七五"暴行。第二天，《大公报》《新民报》等做了报道。

代表团到南京后，首先住进中央大学学生宿舍。当时中大正有两位同学被捕，但中大同学仍然尽力掩护他们。他们先去"总统府"请愿，无人接待。又去行政院请愿，副院长张厉生、秘书长李惟果接见了他们。但这两位大员并不想解决什么问题，只是想分化东北华北同学的团结。张厉生说："七五、七九性质不同。七五事件与东北同学出于误会，我们对东北学生深表同情，也可答应他们的合理要求。七九游行有共党参加，欺骗东北同学，借机闹事，对不轨之徒应严加惩处。"又指着北平各大学代表说："东北学生的事与你们北平学生有什么关系？"当时郭明月回答："东北华北同学都是国家青年，本是一体，迫害东北学生和迫害华北学生是一回事。"邓德群说："对东北同学无辜遭到惨杀，我们华北同学怎能坐视不顾？"

代表团分头访问了中央大学和金陵大学的知名教授，又拜访了几位东北籍国大代表，得到他们支持，在"国民大会堂"召开了全体东北籍的"国大"代表会。会上，李之声泪俱下，讲述了"七五"血案经过，感动得不少人流下同情的眼泪，还有人当场站起来痛骂蒋介石。

南京政府对代表团请愿要求没做一项肯定答复，却又阴谋对代表团加以迫害，他们对代表团说："你们到南京来，生活也会有困难。你们可住到国立图书馆馆内，派人照顾你们的生活。"代表团住进国立图书馆后，实际上被监视起来，难以继续活动。北大华惠珍借口自己是女生和男生一起住不方便，说住在一个同学家中，实际上仍住中大，以便和南京学联联络。随后从南京学联听到将要大逮捕的消息，于是代表团便离开南京前去上海。到上海时，正赶上"八一九"大逮捕开始，代表团便乘坐一艘货船匆匆北返了。代表团回到北平，把请愿经过传达给东北同学，东北同学对南京政府所抱的最后的一点幻想也消失了。

8月间，行政院长翁文灏指定秘书长李惟果召集会议，研究"七五"惨案问题。军政部长何应钦派郑介民出席，教育部长朱家骅和社会部长谷正纲到场，粮食部次长关吉玉亦参加。会商决定：（一）设立五所临时中学，北平两处，天津三处；大学能复校的复校，不能复校的借读，由教育部拨发开办经费。（二）伙食一律由社会部用救济名义向北平市社会局借用补助，每人每天一斤粮，另发菜金。由天津存放的救济物资中拨发毯子、衣服、鞋袜等物，补助贫苦学生。（三）关于抚恤问题，由行政院转饬北平市从优处理，后对每名死者家属发法币十亿元，伤者按轻重每名发一亿至五亿元。（当时玉米面每斤为一千七百万元）。（四）关于惩凶一事，郑介民表示了何应钦的意见，认为涉及华北高级将领，须"委员长"由济南回京以后决定。① 这项大帽子一搬出来，当时在场的北平东北"七五惨案后援会"代表王化一等，也就无话可说了。

8月26日，监察院发表谷凤翔、胡文晖二委员对"七五血案"中措置失当官员之纠举书，认为北平警备司令陈继承、第二〇八师搜索营营长赵昌言暨北平市警察局副局长白世维等，对事件之措置显有失当及纵属杀人情事，依法提案纠举，移送行政院办理；赵昌言纵属杀人应交军法审判，以明责任，而慰舆情。8月31日，华北"剿匪"总司令傅作义电呈蒋介石和行政院长翁文灏，陈述四点理由，表示愿意负担所有责任。然而舆论与民意则认为"七五血案"系负责治安之军宪警依法担当警戒职务，不应负失职处分。北平市商会、工会、教育会、律师公会等民众团体联衔致电蒋介石，云："东北学生，不堪奸匪压迫，间道入关，继续求学，人数众多，临时涌集，主管机关未能适时安顿，致使流离失所。市参议会关怀殷切，通过议案，建议救济，讵为同学误解，酿成'七五'事件。所有善后事宜、肇事责任，正由傅总司令督饬地方指派专人妥为处理间，监察委员谷凤翔、胡文晖莅平调查，日前发表报告及纠举书，对于治安当局课以失职之责。傅总司令虚怀引咎，自请处分，全体市民深为诧异。查谷胡两委员之调查报告，叙述事实与当日情形大致相符，对于事件之责任，拟议则似欠缜密之考虑。"② 他们认为首先开枪出于学生方面，且枪击发生时间系在宣布戒严之后，军警可不必负任何责任。南京《中央日报》的社论亦认为事件的责任应由"组织暴动制造惨案的共党间谍负其责任"，傅作义是没有法律上任何责任的。社论云："民主国家没有特殊阶级，学生不是特殊阶级，学生与其他国民同为国民，即同受法律平等的待遇。七五事件决不能因其为学生群众所制造，而超越国家法律以外，单独以感情观点加以处理。""如果学生群众制造了暴动，不受制裁，而弹压暴动的军警反受处分，其结果将使学校都成了为共党制造暴动的据点，学生都成

---

① 王振乾等编著：《东北大学史稿》（长春：东北师范大学出版社，1988年），第168页。
② 南京《中央日报》1948年9月8日。

了共党暴动的资材。这在戡乱时期，实足以危害国家的生存与社会的安定，政府决不能听任其如此。"①

四、时局变化

1948 年 9 月 8 日至 13 日，中共中央在西柏坡召开政治局扩大会议，提出建设五百万解放军，用五年左右时间（从 1946 年 7 月算起）从根本上打倒国民党统治的战略任务。

9 月 12 日至 11 月 2 日，林彪、罗荣桓率东北野战军进行辽沈战役，歼灭国民党军四十七万余人，东北全境解放。

10 月，国民党当局在东北难保、华北危机的形势下，当局决定"凡外埠迁平各院校师生及流亡到平之中学生，应一律他迁，借以减轻战时粮食消耗"②，并借口"保存文化、免遭蹂躏"，在报纸上大造舆论，计划把大专院校迁往南方。中共北平地下党发动民众针锋相对，反对南迁。《北大清华联合报》11 月 11 日刊登了两篇文章，一篇介绍了解放区的新大学的新气象，新的大学生活使学生们精神振奋，不再受饥饿和失学的痛苦；另一篇描绘东北流亡学生在平的不幸遭遇。③鲜明的对比，帮助大多数同学、教授做出了抉择，群起反对北大校长胡适的南迁主张。美国教会和国民政府图谋将燕京大学南迁，也遭到了校长陆志韦和多数教授的抵制。

教育部欲将东北大学南迁到福建，刘树勋校长亲赴福建永安、长汀等地勘察校址。当时的福建省政府主席李良荣为欢迎东北大学迁闽，于 1948 年 12 月 8 日致函教育部：

---

① 《法律观点与感情观点》，南京《中央日报》1948 年 9 月 2 日。
② 孙鹏越：《满腹心酸话迁校》，《国立东北大学六十周年纪念特刊》（台北自印本，1983 年），第 21 页。
③ 董世桂、张彦之：《北平和谈纪实》（北京：文化艺术出版社，1991 年），第 166 页。

　　骝公部长勋鉴：接奉十一月二十五日惠书敬悉一是，东北大学迁闽至表欢迎。刘校长景异先后莅府面谈后，已亲赴永安、长汀等地勘察校址，当经分别电饬该处专员县长代为照料矣知。注特复并颂勋祺。

　　东北大学的部分教职员和国民党骨干学生串连一起，酝酿迁校福建长汀，目的是方便下一步转往台湾。以青年军复原兵为骨干，组织了"迁校委员会"，负责人是米珍、王昆山、齐觉生等人。这时，学生自治会的代表是由刘志学负责，理事会由刘树棠和马德超负责。于是，"左倾"激进学生便以学生会这一合法组织领导同学们坚决反对迁校，同国民党骨干学生展开了激烈的论战和斗争。

　　此时的校内形势，对于学生会特别有利。因为"七五"惨案的血腥教训使很多同学擦亮了眼睛，投入到反蒋的学生运动，而持中立态度的同学也大部分靠近"左倾"同学。其次，迁校的主张本身很不得人心。东大学生历经颠沛流离，深知寄寓他乡的痛苦，人人都在思念故乡。当时，在东北的大专院校中广泛流传着的一首歌曲很能代表大家的心声。这首歌的歌名是《母亲的召唤》，歌词如下：

　　辽河的水呀，松花江的浪呀，

　　那样的沉痛那样悠长，拖载千万个母亲的哀伤。

　　母亲的心像乌云遮蔽的太阳，母亲的双眼常被泪水洗荡，

　　母亲的心中失掉了希望。

　　孩子们哟，孩子们哟，母亲在召唤着你呀。

　　孩子们哟，孩子们哟，母亲在等着你回到身旁。

　　家乡的月亮分外的光呀，家乡的流水分外的长呀，

　　家乡的土地要你耕种，家乡的宝藏要你开发……

　　所以，学生会一声号召，反对迁校的社团便大量出现，一夜之间，最多的时候贴出一千多张壁报和大字报。其中最活跃的壁报社是李公绰同学主编的《孔乙己》。国民党学生也贴出主张迁校的大字报。但是，反对迁校的大字报铺天盖地

而来，压得他们根本抬不起头来。他们在大字报上辩论不过，就转而采用武力。他们手持棍棒，在校区巡逻，不准"左倾"同学贴大字报，还偷撕反对迁校的大字报。学生会则以保护民主权利为由，安排夜间巡视，保护进步壁报。中文系学生于吟梅回忆说："蒋家王朝覆灭前的北平，两种势力的较量特别激烈，东大所在的光明殿自然也不例外。到了后期，就连夜深人静时，躲在空屋子里打着手电写出的壁报都不能及时地贴出去，不得不拖到第二天白天，抢在开饭的时间张贴。因为当时学生们都终日填不饱肚子，饥肠辘辘的人们每顿饭前都必须早早地挤在食堂门口，门一开，就都拥进去抢饭吃。特务、打手们当然也不肯饿着肚子去替主子卖命，所以，开饭时间便成了张贴壁报的最安全、最佳时间。"①

为了反击国民党学生的迁校活动，学生自治会召开了全体代表大会，讨论迁校问题。经过十分激烈的辩论之后，通过了刘志学提出的两点建议：

（1）以自治会的名义，呼吁全校同学尊重民主权利，支持全校同学以大字报的方式表达对迁校问题的态度。

（2）自治会立即筹备全校同学总投票，表决对迁校问题的意见，并在三天后进行。

会后，反对迁校的大字报贴满了民主墙，占了压倒的优势。

11月初，进行全校总投票，结果，反对迁校的票数占绝对多数，如文法学院，表决的结果为440票比44票。迁校的主张完全被否决了。

后来，"左倾"激进学生大做争取教职员的工作。代校长刘树勋始终表示"迁校事宜并没有任何决定"。有东大学生赴台后获悉，正当大家进行迁校斗争时，"在台王文华学长等，曾在高雄市准备十余座大仓库作为母校迁台校舍。并由王学长数度函告母校，而校方不但不函复，并且对此事秘而不宣，坐失良机……"②

11月下旬，根据中共华北局城工部长刘仁的意见，周克、韩光在东大传达准

① 于吟梅：《"东大人"不会忘记》，丁义浩、韩斌主编：《情缘东大》（沈阳：东北大学出版社，2013年），第7页。

② 孙鹏越：《满腹心酸话迁校》，《国立东北大学六十周年纪念特刊》（台北自印本，1983年），第24页。

备解放北平的指示，说明共军即将攻占北平，为了防止占领北平时发生混乱及文物古迹遭到破坏，地下党组织要领导"左倾"同学组成"护城队"。东大文法学院重点保护地是国立北平图书馆。党支部对这一指示非常重视，为了完成好这一任务，全部交由地下党员和盟员负责。

另一项任务，是秘密进行迎接解放的准备工作。主要是组织一些中共党员和盟员于夜间秘密刻制蜡版，印刷党的宣传文件，如《入城布告》《告全市人民书》《解放军三大纪律八项注意》等，准备解放军入城前后张贴、散发；同时组织各社团排练庆祝解放的文艺节目，如《放下你的鞭子》等街头剧、《解放区的天》等歌曲。另外，由共党支部负责，收集整理了一份"东北大学文法学院反动党团分子名单"，以便今后对这些人进行审查、处理。

1948年底，中共与傅作义的谈判尚未达成最后协议，北平城郊不时炮声隆隆，气氛十分紧张。东大校内的特务学生焦急万分，仍企图作迁校的打算。为了减少阻力，他们给领导社团活动的同学写匿名信，胁迫他们停止活动，否则"将对其不利"等等。共党支部经过分析，认为傅作义正与共党进行谈判，估计国民党不敢大规模逮捕学生，但仍不能不防。所以一些地下党员白天在校内坚持活动，夜间则不住在校内。

此种形势下，东北大学的一些教师也在做激烈的思想斗争，是走？是留？有人曾劝刘树勋校长携带校印，偕同部分在校教授与若干同学前往台湾，"刘校长夫人深恐到台遭遇危害，坚决反对来台。刘校长曾对人说：'我平生没有对不住旁人的事，仅仅是对不起我的太太'，刘夫人既已不肯来台，刘校长受其牵制，遂亦不能成行。"[1] 文学院长陈克孚决定不走了，"不能走，走了，对不起张公校长！"[2] 令人意外的是，臧启芳在1948年秋离平赴台前夕，授意两个北大毕业的子女（长子臧朋年和长女臧慕莲），"不必随他南下，应该留在新中国开辟天地"。

---

① 曹树钧：《回忆并怀念母校创办人及历任校长》，《国立东北大学六十周年纪念特刊》（台北自印本，1983年），第40页。

② 陈秀梅：《父亲的回忆和回忆父亲》，东北大学北京校友会编：《东北大学校友通讯》（1989年3月）第九期。

后来他的小儿子臧英年回忆其父，"下这个决定在当时是很痛苦而困难的"。①

1948 年 11 月 29 日至翌年 1 月 31 日，林彪、罗荣桓、聂荣臻等率东北野战军和华北军区第二、三兵团以及华北、东北军区地方部队进行平津战役，歼灭和改编国民党军五十多万人，华北全境基本一片红。东大政治系教授李方晨在自传中写出了当时的心境："11 月以后，北平被困，炮声隆隆，四十日不绝。余心情反异常况静，因已准备接受最大不幸之来临，面对最残酷现实之考验。目前一切，反置之度外。"②

1949 年 1 月，在中共地下党领导下，成立了"东北驻平十三院校学生联合会"（简称东北学联），选出刘志学为常驻会主席，江放为常委。东北学联的主要活动是：安排护校，迎接共军，协助军管会接收学校，动员同学参加革命，推动各校返回东北。

年初，国民政府将东北大学在平的两万五千万余册藏书（其中线装书一万两千六百万册）运往台湾，其后台湾教育部门将这些书籍拨给台湾省立师范学院。③

1 月 14 日至 17 日，傅作义派全权代表邓宝珊、周北峰，到通县西五里桥平津前线司令部，与林彪、聂荣臻、罗荣恒等进行谈判，双方签订了《北平和平解放的初步协议》十四条。

1 月 19 日，东北野战军前线司令部代表苏静与傅方代表王克俊、崔载之正式签定了《关于北平和平解决问题的协议书》。

1 月 21 日上午，蒋介石在总统官邸召开国民党军政界高级人员参加的紧急会议，他本人宣告引退，其总统职务由李宗仁代理。

1 月 22 日，国民党华北"剿总"司令傅作义率领二十二万部队和平起义。

1 月 31 日，北平和平解放，东北大学成立了庆祝北平解放委员会，吕英寰任主席。张善儒、高振铎为宣传部负责人。在宣传部下组成宣传队，分为三个大队。

---

① 臧英年：《忆先父》，东北大学北京校友会编：《东北大学校友通讯》（1989 年 3 月）第九期。
② 黎东方：《记李方晨先生》，《国立东北大学六十周年纪念特刊》（台北自印本，1983 年），第 207 页。
③ 王恩德主编：《延阁飞香：东北大学图书馆建馆九十周年纪念集》（沈阳：东北大学出版社，2013 年），第 30 页。

每个大队设戏剧组、歌咏队、秧歌舞组、国乐伴奏组、讲演大队、张贴组（大字报组、漫画组）和刷墙组。此外，还有出版组，翻印各种革命宣传资料，供给东北十三个院校之用。宣传队每天分三路到北京街头宣传，讲目前形势，中共的城市政策，包括工商政策。

北平军管会教育组接管东北大学后，在东单广场召开大会，号召学生参加军队南下。会后有一百二十名学生参加"南下工作团"，随军南下，开辟新区工作。

2月3日，中国人民解放军在北平举行了轰动世界的盛大入城仪式，片片红旗在古城飘扬。

2月19日，北平军管会派文化教育接管委员会主任钱俊瑞和东北组组长徐放，到东北大学文法学院（西四光明殿）召集在平东北各院校全体师生开会，正式宣布：在平东北各院校一律返回东北解放区。事实上，除了学生，在北平任课教师和兼职教师很多没有随迁回沈。① 臧启芳在《国立东北大学》一文中说：应届三十八年（1949）毕业之学生只身逃入台湾者颇多，教育部门曾于1950与1951两年两度为该生等补行毕业考试，及格者皆发给证书。今东大先后毕业生在台者逾五六百人，教职员亦逾百人。②

4月1日，傅作义向全国发出了《北平和平解放》的通电。

---

① 刘宝仲：《难以忘记的东大老建筑系长者们》，丁义浩、韩斌主编：《情缘东大》（沈阳：东北大学出版社，2013年），第99页。
② 臧启芳：《国立东北大学》。

尾章：1949年前后

　　盼望着，盼望着，东北大学"左派"师生终于盼到了国民政府的覆灭，盼来了中共领导的新政权。1949 年 2 月 28 日，中共中央东北局大学委员会、东北行政委员会教育部发布《对于在平东北各校学生处理办法的规定》。该规定内容如下：

　　一、根据东北现有各专科以上学校的情况以及回东北的学生就学要求，特将回东北的专科以上学生作如下的分配：

　　1. 原锦州大学先修班学生九十八人分给冀察热辽联合大学。

　　2. 原辽海商船学校学生二〇九人及长大土木系学生五十八人分给交通部所属之交通专门学校。

　　3. 原东大、长大、东大先修班、长大先修班，机械、电机、采冶、化工、建筑、东大土木系及地理研究院学生共一二五〇人交工业部所属之农学院。

　　4. 原东大、长大农艺、农经、森林、畜牧、兽医、气象六系，学生共六〇七人交农业部所属之农学院。

　　5. 原东大、长大之医学系学生（先修班在内）三八五人交卫生部所属之医科专门学校。

　　6. 原东大、长大、东大先修班、长大先修班之经济系，工商管理系学生五三三人，交商业部所属之商业专门学校。

7. 原东大、长大、长白、东大先修班及中正大学先修班之教育系学生二百七十七人交辽北省之辽北学院。

8. 原东大、长大、长白校之英文、俄文两系学生三百五十六人交哈市外国语专门学校。

9. 原长白校之音乐、美术两系学生一百一十七人交鲁迅文艺学院。

10. 原东大、长大、长白三校及东大先修班、长大先修班之中文、历史、地理、数理化动植物博法政家政体育书记官专修科及历史研究生等学生共二千一百八十六人交东北大学。

11. 在天津大中补习班千余人交松江省，在天津之长大之工农医三部学生分别交工农卫三部所属之学校。

二、原东大、长大、长白、商船学校以及各先修班之教职员随同所属之学生分配。

三、原东大、长大、长白、商船学校以及各先修班之图书仪器设备先集中沈阳，然后按照所属之学系合理分配。

四、各校接收后必须进行短期政治训练，初步的甄别审查根据各部工作需要及学生程度，或分配工作或留下学习。

五、大学委员会及教育部，得以工作需要随时至各校选调学生分配工作或调他校学习。

六、大学委员会及教育部得以工作需要调整各校教职员。

七、由平津回东北拨归各校之学生待遇暂依照各校待遇办理，俟大学委员会统一规定学生待遇办法后，再依新规定办法办理，必须之接收经费由财政部审发。

八、各部委所属学校，对接收后教职员学生的处理，如有涉及政策问题或带有原则性问题者，应事先向大学委员会及教育部请示。

从上述文件标题不难看出，这不是接管国立东北大学等院校，和关内整体接管学生的方针是完全不同的。河南大学赵希鼎教授一次在东大校友会上说过这样一番话："四九年我们回东北，在沈阳住在中苏联谊社，当时东北教育部负责人讲：

处理东北国统区的大学，我们是根据马列主义，砸烂旧国家机器的原则处理的。"①方针很明确，是要把国立东北大学、长春大学等东北院校全部拆散，学生按系分给东北解放区已有的部属大学校。国立东大的文学院、法商学院、理学院一部分、东北大学先修班和历史研究所等，全部并入中共 1946 年 2 月创建的解放区东北大学（当时校址在吉林市）。至此，张学良、张学思②两将军、两兄弟先后担任过校长的两个东北大学，也就合二为一。

吉林东北大学校长张学思

国立东北大学仅剩的理（部分）工学院，又将何去何从呢？1949 年 2 月，东北行政委员会决定，在沈阳东北大学工学院基础上建立沈阳工学院（院长阎沛霖），隶属东北工业部，以位于沈阳铁西地区的伪奉天工业大学和市第二工科学校的旧址为校舍。

学生们怎么处理呢？《办法规定》："各校接收后必须进行短期政治训练，初步的甄别审查根据各部工作需要及学生程度，或分配工作或留下学习。"就是说学生也不承认原来的学历，而是根据"程度"重新处理。东大理（部分）工学院的七百七十五名学生从北平回东北后，即到吉林市参加政治学习后返回沈阳。庞殿英、李栋在《忆"沙丁社"》中说："（1949 年 3 月）在沈阳市太原街一影院召开学生大会，在会上东北人民政府文教处处长阎沛霖讲话，欢迎同学们返回东北，同时宣布：工学院学生继续北上吉林市学习，对这一决定，不少同学没有思想准备，包括'沙丁社'不少成员，本想着回北陵复课，对继续北上吉林市一点思想

---

① 周克：《1949 年东北大学解体》，《东北大学 1946—1949 学运资料汇编》（内部版 1998 年），第 109 页。

② 张学思（1916—1970），辽宁海城人，张学良胞弟。1933 年于北平参加"反帝大同盟"，同年 4 月加入中国共产党。1938 年到延安，曾任抗日军政大学直属二队队长，后去晋、察、冀、冀中任职。抗战胜利后率队挺进东北，任辽宁省政府主席兼军区司令员、东北行政委员会副主席。1946 年 2 月至 1948 年 6 月任中共解放区东北大学校长。1949 年之后，历任海军学校校长、海军副参谋长、参谋长。

准备都没有。经说服教育，很快思想通了，并深入到同学中进行工作。团结同学一同乘火车抵达吉林市，到吉林市北郊吉林工专，安定后政治学习班开学。"[1]

3 月，国立东北大学农学院由北平回到沈阳后，原一、二年级学生留在新成立的沈阳农学院继续学习，三、四年级学生除少数被分配到东北农业部工作外，其余全部转入哈尔滨东北农学院。

4 月 23 日，中国人民解放军解放南京，宣告国民政府破产。

7 月，中共解放区东北大学从吉林市迁到长春市。

8 月中旬，在吉林工专第二期政治训练班的原东北大学、长春大学四年级学生由工业部分配工作。其他年级学员与安东科学院学员一律进行甄别考试，合于大学生标准者，编入沈阳工学院学习，重新调整班级。

9 月 17 日，沈阳工学院举行首届开学典礼。

9 月 21 日，中国人民政治协商会议第一届全体会议在北京召开，会议选举产生中央人民政府，毛泽东当选为中央人民政府主席，会议通过起临时宪法作用的《共同纲领》。会议决定的国歌，是东大师生在抗战期间经常演唱的《义勇军进行曲》。

10 月 1 日，三十万军民在北京天安门广场集会，举行开国大典，毛泽东正式宣告：中华人民共和国中央人民政府成立了。

12 月 10 日下午，蒋介石飞到台湾，国民党二十二年的统治就此彻底结束。然而有人提出一种观点，说国民党在大陆之溃败，应当归咎于张学良和杨虎城。他们认为，1936 年底，如果蒋委员长以数十倍于共产党的军队，三面合围西北共产党的计划能够实现，那么红军早就被逼入长城以北的沙漠地区，甚至可能会因无法生存而不复存在，国民党现在又何言失败，何言被赶出大陆？[2] 后来，国民党秘书长张其昀把这种谬论写进了他所主编的国民党《党史概要》中。而幽居于

---

① 庞殿英、李栋：《忆"沙丁社"》，《东北大学 1946—1949 学运资料汇编》（内部版 1998 年），第 101 页。

② 唐德刚记录、王书君著述：《张学良世纪传奇》下卷（济南：山东友谊出版社，2002 年），第 976 页。

台湾新竹山中的张学良，做梦也没有想到他所发动的"兵谏"，在十几年后还要承担国民党丢失大陆政权的"罪责"。

11 月 1 日，中央人民政府教育部宣布成立。"为了改造旧教育，建立崭新的人民教育"，① 毛泽东特意邀请卓有成就和威望的老教育家马叙伦担任第一任教育部长。

12 月 23 日至 31 日，新中国第一次全国教育工作会议在北京召开。在这次会上，新当选的教育部长马叙伦，就教育部的工作方针做了报告。他说："中国的旧教育是帝国主义、封建主义和官僚资本主义统治下的产物……因此，我们对于旧教育不能不作根本的改革。"②

1950 年 4 月 1 日，位于长春的东北大学改名东北师范大学。至此，东北大学名实皆亡。

---

① 陈秀伶编写:《教育兴国:第一次全国教育工作会议召开》(长春:吉林出版集团有限责任公司，2010 年)，第 4 页。

② 同上，第 7—8 页。

后记

真没想到我这本书出了繁体字版之后，还有机会出简体图文版。

大概是 2015 年 7 月份的一天，我在微博上收到一条私信，是九州出版社大众出版中心主任沧桑先生发来的，大意是说我的历史作品不错，看有无合作机会。

我的所谓历史作品，是指在海峡对岸出版的"抗战时期的武汉大学"系列四部（《苦难与辉煌：抗战时期的武汉大学》《坚守与薪传：抗战时期的武大教授》《西迁与东还：抗战时期的武汉大学编年史稿》《才情与风范：抗战时期的武大教授续编》）和《战乱与革命中的东北大学》。并且，根据繁体字版改编的《当乐山遇上珞珈山：老武大西迁往事》已经在国内出版上市，剩下可以合作出简体版的就是写东北大学的这部书了。

必须向读者朋友老实交代的是，简体版并非简单的文字转换，而是在原繁体版上做了三个动作：

一是修订。将原书中的一些史实谬误、笔误等尽可能地更改。我一直认为，历史永远是一门遗憾的学科，随着新的史料发现，或思想意识的变化，就要修正或推翻以前的一些东西。

二是增补。主要是增补图片，图文并茂，增加阅读体验。

三是删减。在不影响全书脉络的前提下，将一些史料性较强但可读性较弱的部分作了删减。

我还有个没想到的是，繁体版出版之后会引起一些读者朋友的浓厚兴趣。臧英年先生告诉我，作家李敖就读过拙作，甚至想和我讨论某个问题，最终未能。

倒是上海大学文学院研究生丁乙同学读过之后，"受益很多""很好奇"，便主动联系我畅谈感想，谬赞我"尤其是语言组织、材料搜罗等方面，实在让人拜服"。同时，他也指出我"不太用档案材料"，我坦诚地告诉他我不是不用而是没条件。他后来写了一篇长文来全面评价拙作，并将精简版投稿给《博览群书》杂志刊发，在此致谢。

为增强写作现场感，我先后到四川三台县城、西北大学太白校区考察东北大学旧址，拍摄了一些照片，这回派上了用场。为本书提供过照片的人员还有：臧英年老先生、东北大学档案馆陈均老师、西北大学档案馆王旭州馆长、河南大学档案馆刘建民老师，等等。此外，还有一部图片来源自网络或其他资料，难以确定原作者，恳请知情者联系本人，必将酬谢。

最后，感谢谢泳先生百忙中作序，这个序文对我来说是一种鼓励和期望。

2016 年 11 月于番禺寻渔楼

附录：弦歌不辍的流徙史诗
——评张在军《战乱与革命中的东北大学》

丁乙

　　提起抗战时期的大学教育，我们很容易想起那个民国高等教育史上的神话——西南联大。在许多小说家、文学史家的各种想象之下，西南联大的形象被无限拔高，它在抗战高校内迁史上的地位与意义也被无限夸大，① 以至于无形之中压抑或是掩盖了其他同样传奇、精彩也同样值得大书特书的高校。对此，近些年转向民国大学史研究的陈平原深有感触："抗日战争中，于颠簸流离中弦歌不辍的，不仅是西南联大"，然而后人谈论"大学精神"，或者抗战中的学术文化建设，都会仅仅选择西南联大为例证，陈平原认为，"此例证虽很有说服力"，但他更想强调的是，"还有很多同样可歌可泣的'大学故事'"。② 值得庆幸的是，近些年来，有些史家已经开始重新发掘这些逐渐被人淡忘的高校，用文字的形式来还原这些学校在抗战时期播迁流徙的风貌。

　　在抗战胜利七十周年之际出版的《战乱与革命中的东北大学》（台北：秀威资讯科技股份有限公司，2015 年）就是一部厚重的关于抗战高校内迁的著作。在

---

　　① 伊继东、冯用军：《中国西南联大研究三十年（1978—2008）：一种词频计量分析》，《清华大学学报（哲学社会科学版）》2009 年第 4 期。

　　② 陈平原：《抗战烽火中的中国大学》（北京大学出版社，2015 年），第 122 页。

作者张在军的笔下，一幅关于东北大学播迁流徙、辗转多地的流亡画面被精彩、立体地呈现了出来。对于这样一部波澜壮阔、气势恢宏的史诗巨著，笔者无意也无法对其做一番全面、细致的品评，而仅就印象最深的四个方面展开论述。

填补空白，树立典范

作者张在军其实是靠武汉大学校史研究起家的，在撰写本书之前，他在近五年内已经先后推出了关于抗战时期武大校史的四部曲：《苦难与辉煌：抗战时期的武汉大学 1937—1946》（2012 年）、《西迁与东还：抗战时期武汉大学编年史稿》（2013 年）、《坚守与薪传：抗战时期的武大教授》（2013 年）、《才情与风范：抗战时期的武大教授续编》（2013 年）；并在去年又出版了本《当乐山遇见珞珈山：老武大西迁往事》，作为"四部曲"的补充和延续，主题仍是抗战时期的武汉大学；今年新出版的《发现乐山：被遗忘的抗战文化中心》的对象范围虽有扩充，包括到抗战时前往乐山的众多高校如川大、中央技专、江苏蚕专等，但武汉大学仍是其中一个重要的着眼点。作者对于武大校史有如此丰厚的成果，一方面是由于作者自己的写作天赋与不断挖掘史料的耐力，另一方面也与武汉大学的相关史料相对完整、齐全有关。而东北大学则不然，用他自己的话来说，"写东北大学的难度，比武汉大学高出若干倍。零星散落的史料，搜集不易；众说纷纭的谜团，辨析不易；千头万绪的线索，梳理不易"。恐怕正是因为这种种原因，在近些年来高校"重写大学史"的热潮中，东北大学史的研究仍是"人迹罕至"，鲜有问津。

有关东北大学校史研究的阙如，有物质资料上的原因：它的档案材料在战争年代焚毁、散失，也与我们对于东大内迁的价值与意义的认识不到位有关。目前学界对于东北大学在历史上的地位与重要性没有清晰的认识，对于东大十四年间辗转多地、播迁流徙这样一个艰难的过程在我国高等教育史、抗战史上的意义同样没有得到充分的体认。

随着学界对于抗战史研究、民国校史研究的逐渐深入，已经有越来越多学者开始意识到高校内迁在近代中国历程中的历史内涵与象征意义。马敏就曾指出："内迁各高校在严酷的战争环境下，毫不气馁，团结一致，艰苦办学的精神是一笔最为难能可贵的精神财富，它融入各校的传统之中，成为其优良传统的一部分，代代相传，弦歌不辍"，更为重要的是，这样一种精神财富在很大程度上"决定着我国战后的复兴与未来的建设"。① 陈平原也曾提到"抗战中大批中国大学内迁，其意义怎么估计也不过分——保存学术实力、赓续文化命脉、培养急需人才，开拓内陆空间，更重要的是，表达了一种民族精神以及抗战毕生的坚强信念"。② 再用美国学者易社强的话来说就是：西南联大艰苦卓绝的跋涉之旅也是"中国高等教育和文化持续不缀的象征"。③ 与马敏、陈平原、易社强等学者相类似，本书作者在书前的引言中就曾点出：东北大学抗战时期的流亡史，是民国大学兴衰的一个缩影。东北大学的命运，就是东三省的命运。东北大学的流亡史，其实就是一部国难史。在此崇高立意之上，再在史料的挖掘上下一番功夫，何愁写不出一部栩栩如生、体大精思的校史来？

无疑，张在军《战乱与革命中的东北大学》一书不仅填补了学界巨大的空白，而且也为我们树立了一个经典的"战争中的大学史"的书写范式。后来者无论是想书写其他高校历史，还是再涉足东大校史，恐怕都绕不开《战乱与革命中的东北大学》一书。笔者相信，随着这部书的出版，国内学界必然会对东北大数十年颠沛流离、历经艰难的苦难历程有着更加深刻的认识，从而能够吸引更多的学者投入到东大的校史研究中来。

画面立体，场景生动

校史著作的写作模式容易流于两种形式，一种是典章制度的罗列，另一种是

---

① 马敏：《拓宽历史的视野：诠释与思考》（武汉：华中师范大学出版社，2006 年），第 258—259，263 页。

② 陈平原：《抗战烽火中的中国大学》（北京大学出版社，2015 年），第 6 页。

③ [美] 易杜强著、饶佳荣译：《战争与革命中的西南联大》（台北：传记文学出版社，2010 年），第 64 页。

将校史写成一个学生运动史。前者仅仅是对校史档案的堆砌，与其说是校史，不如说是学校的制度史或是资料汇编，不仅死板，读起来沉闷，而且意义并不很大。相较于前者，后者虽然显得生动了些，但难免有些以偏概全，失之偏颇。如今，这两种叙事模式都已经从学界淡出。

2000 年以后，随着王东杰《国家与学术的地方互动：四川大学国立化进程（1925—1939)》与许小青《政局与学府：从东南大学到中央大学（1919—1937)》两书的相继出版，"民国大学史"的书写模式发生了根本性的转换，通览《战乱与革命中的东北大学》全书可以看出，张在军在很大程度上借鉴、吸收了上述成果，不过在笔者看来，张著在写作风格上更多的是偏重文学界关于"民国大学史"的叙述模式。

"他山之石，可以攻玉"，随着"文学史"叙事的兴起，许多从事现当代文学研究的学者，对于民国大学史的书写也有过许多创见，如钱理群在探索"民国大学史"写作的新范式时，曾有过一个基本的预设与企盼，即希望以"具体的历史事实的描述为主，以'设身处地'的原则，通过对大量原始资料的发掘，研究者自身要努力进入历史情境之中，以获得历史感，为此，要特别重视历史细节的运用，重视日常生活的再现，在史的叙述中追求报告文学式的现场感，但又要绝对避免虚构，做到每篇材料都有历史依据"。[①] 不论是"原始资料的发掘"，还是"历史感"的获得，不论是"日常生活的再现"，还是"报告文学式的现场感"，都可以看出至少就"民国大学史"这一领域而言，文史之间的壁垒绝对没有我们想象中的大，同时，这几点预设也对"民国大学史"研究提出了比较高的要求，不过通观《战乱与革命中的东北大学》一书，它在很大程度上达到了这种预设。韩晗在评介作者《苦难与辉煌：抗战时期的武汉大学》一书时曾指出："对于任何一所大学的校史研究，不但要将研究对象、研究结论融入到格局背景、历史与人文的大时代里去，更要真实、翔实、踏实地反映历史的细节甚至重现历史的真实场景，

---

① 钱理群：《现当代文学与大学教育关系的历史考察："二十世纪文学与大学文化"丛书序》，《中国现代文学研究丛刊》1999 年第 1 期。

否则就容易脱离史实、漠视实际甚至空话连篇。"①《战乱与革命中的东北大学》一书不仅延续了《苦难与辉煌》的写作风格，而且还将这样一种长处发挥到了极致。

书中给我印象最深刻的是，作者对于空间场景的切换，书写得非常自然、到位，由此，东大师生播迁、流亡的画面总是立体地呈现出来的。内迁高校大都于 1937 年抗战全面爆发后才陆续开始迁徙，然而东北大学是个例外，早在六年前九一八事变爆发、沈阳沦陷后，它便被迫南下，成为近代中国第一所流亡大学。从此东大师生背井离乡，流离燕市（1931.9—1937.2），转徙长安、借住开封（1936.2—1938.3），南渡潼川（1938.3—1946.9），一路跋山涉水、颠沛流离、历经艰险，终于在三台站稳脚跟。及至抗战胜利之后，东大师生又开启了一段漂泊复员之路，先是复员沈阳（1946.6—1948.6），于辽沈会战打响之际再迁北平（1948.6—1949.2），前后一共经历了八次规模较大的迁徙，走了十八年的流亡路，最后伴随着中共建国而解体。本书作者也带领读者重新踏上东大师生从东北到西南流离迁徙、复从西南回到东北的足迹，在学校、师生的迁徙中，在空间场域的转换中，还原一幕幕历史画面。

随着地域空间的不断位移与变换，作者的视角不仅仅停留在学校颠沛流离的宏观场景上，而且还关注到了许多细枝末节的微观侧面。这在书中第三章得到了充分的体现，如"宝光寺的军训生活""办学经费与衣食住行""疾病与校医""闲情与雅兴""雨后春笋般的壁报""抗敌国剧社与实验剧团"等诸多小节，作者透过这些篇章，带我们领略三台东大师生的日常生活与文化情趣。原来，东大不仅有流亡、抗日、学潮，而且还有学术、情趣与追求。这样的东大风貌才显得更为真实、立体、丰富。这样的叙事手法非常接近时下颇为流行、前沿的"新文化史学"，即不追求"大历史"（自上而下看历史）的抱负，而是注重"小历史"（自下而上看历史）的意义。② 就此而言，本书作者的确能够匠心独运、无师自通地

---

① 韩晗：《苦难的细节，辉煌的时代：〈苦难与辉煌：抗战时期的武汉大学〉代序》，见张在军：《苦难与辉煌：抗战时期的武汉大学》（台北：秀威资讯科技股份有限公司，2012 年），第 13—14 页。

② 陈恒、耿相新主编：《新史学》第四辑《新文化史》（郑州：大象出版社，2005 年），卷首语。

达到了与西方前沿史学接轨的高度。在他的笔下，东大流徙、命运沉浮这样的宏大叙事与师生的衣食住行这样的微观图景得到了有机的结合，细细品味，别有一番风韵。

史料殷实，论说有据

近年来海内外大量刊布的学人传记、回忆性资料，例如日记、书信、回忆录、自传、年谱、诗文集等，举凡学者的教育背景、师友关系、交际网络等，大中学校的学科发展、学院建制、校史脉络等，多半可以从这些史料中觅得许多信息，并进而爬梳、整理出一些线索，如果再将这些材料与其他相关材料进行对比、互勘，则不难还原许多基本史实。很多时候，这些材料散落在各种全集、文集、杂集，文史资料汇编、港台地区的文本、甚或是许多所谓"内部资料""不公开发行"的资料当中，查找起来则无异于大海捞针，不下一番功夫很难还原历史全貌。

从《战乱与革命中的东北大学》一书中所征引的材料来看，该书确实做到了"言必有据"，达到了"上穷碧落下黄泉，动手动脚找东西"的境界。笔者注意到，在书后所罗列的参考文献当中，有一连串被命名为"大陆内部出版物的"的资料，我想这应该就是作者在找材料方面做到了"竭泽而渔"的证据。平心而论，在东大校史档案材料难以觅得的情况下，能充分将这些散布在各处的材料加以考订、整合，并与上述学人传记、日记、书信、回忆录等相互参证，勾勒出一部波澜壮阔的学校流徙的史诗画面，确实不是一件易事。

作者对于相关史料之熟悉，几乎做到了"信手拈来"。兹举一例，1948 年初，东北局势急转直下，国民党在东北战场的败局已定，当局为了裹挟东北青年南下进关，打着"到北平后可以公费读书"的幌子，将东大迁到北平。作者在此处恰到好处地征引了《东北大学校友通讯》中刊载的一个当事人的日记，将当时东大师生在北平的悲惨遭遇立体地呈现了出来："1948 年 6 月 15 日，今天写了一封信回去，告诉妈，我已经平安地到北平了。虽然住的破庙，睡的走廊，吃的每顿两个窝窝头、几颗卤萝卜，但是我没有写，只说一切都很好。每顿两个窝窝头，实在不够，精神有点不好。出去也没意思，没钱什么也引不起兴趣来。躺在走廊上成日看天，望着屋檐，想家。谣言很多。临大筹办还杳无消息。同学们要求保送平市其他学校就读，没有确切的答复。同学们心情不安极了，成日聚在一起谈论着这件事。谈来谈去也都得不出要领，最后总是自己安慰自己说：不要紧，政府一定会想办法的。这是唯一的希望，也是最大的安定力量。"这段日记看似不长，但其中包含的信息却很丰富。篇幅有限，不作太多展开，这里想简单谈一下。这条材料的真实性应该是毋庸讳言的，从中可以看出东大学生"物质"上的困顿与"精神"上的不安，但也不难读出潜藏在文本背后的讯息。引文中的"临大"，指的是教育部计划在北平筹建的东北临时大学，这同样也是政府打出的幌子，直到北平解放，所谓"临大"也仍是遥遥无期。然而即便如此，东大学生居然仍对政府抱有希望："政府一定会想办法的。"这与主流的叙事模式似乎有些出入。主流的历史书写，在面对1948年这样一个"急转直下""天玄地黄"的历史情景时，采取的都是一边倒的模式，即描写国民政府如何离心离德，人民群众是如何投入到革命洪流之中，青年学生是如何与地下党结盟，发动学潮、反对"反动"当局的。从这一条信息可以看出，至少在1948年夏，还是有不少学生仍对当局、对政府留有幻想的，而从日后事态的发展来看，国民政府由于一直无法满足学生、群众的这一点点期待与幻想，终于促使这些"中间势力"愈发"左转"，直至分道扬镳。

书中对于史料娴熟运用、"信手拈来"的例子可以说是不胜枚举。如果不长期沉浸在史料中，如果对于史料的拿捏没有一定的感觉，恐怕是达不到这样一种境界的。该书文笔之老到、史料之翔实，确实不像一个非科班出身的业余学者所能完成的。笔者还注意到一个细节，就是书中每有一个看似陌生但同时在东大校史中有过贡献的人物出现时，作者都会将他们的生平履历罗列在页下的脚注中，看似一个微小的举动，却既能省却读者大量时间，又能提供许多线索，让有兴趣的人可以顺藤摸瓜，找到相应的信息。

当然，这也并不是说本书毫无缺陷。就史料运用而言，尽管本书在一定程度上做到了"涸泽而渔"，但仍有"稍显不足"之处，就叙事手法而言，本书还是多了一些文学的色彩，少了一些史学上的严谨；就材料上而言，该书对于目前仅存的一些档案材料没有充分利用起来，据笔者所知，四川三台档案馆还藏有一批较为"丰硕"的东大史料，[①]本书作者并未充分加以利用；此外，对于民国的报刊材料，作者也并未给予应有的重视。这些"缺陷"反映到内容文本上，便导致了一些章节的论述力度不够，如尾章"建国前后"，关于东北大学是如何被调整，又与后来的东北师范大学有一层怎样的渊源关系，以及它最后的命运如何？读后确实让人有种"语焉不详"之感，相较于前面论述的充分，此处到略显得有些"虎头蛇尾"。当然，这些"缺陷"其实都"无伤大雅"，而且作者也曾一再表示，待"解甲归田"以后，再慢慢"著史""修订"，笔者对此尤为期待。

人物臧否，客观平允

在种种复杂原因之下，那些曾在民国教育界叱咤风云的知识精英，逐渐为世人所淡忘、被时代所"淘汰"。他们中的大多数在少年时期就曾接受了严格的私塾训练与传统教育，或经受过早期新式学堂的启蒙；青年时代的他们或选择漂洋过海、求学东瀛，或者远涉重洋、负笈欧美；与洋务官僚"师夷长技以制夷"的"情绪化"思想略有不同，不论在东洋抑或是西洋，不论是欧陆还是美国，这一批新式知识分子心中大多怀揣的是教育救国的信念，他们无非是想将所习得的知识顷刻转换为国家富强的源泉、社会进步的资本，并且愈快愈好；他们在这十多年的求学历程中，逐渐养成了"既遵奉传统道德思想、充满家国情怀，又具备现代视野与西方民主理念"的新型人格；[②]他们虽然有着不同的学术背景：教育学、政治学、法学、社会学、历史学、哲学，甚或是化学、物理学、生物学、农学、植物学等，也有着不同的职业领域：教育部、各省教育厅、各大专院校、研究院

[①] 陈丕来：《抗战时期东北大学内迁三台研究》，四川大学硕士学位论文（未刊稿），2007年，第1—2页。

[②] 楚寒：《直书信史在民间》，载张在军：《战乱与革命中的东北大学》（台北：秀威资讯科技股份有限公司，2015年），第407页。

所、图书馆、博物馆、档案馆等，但他们不仅在自己的学术领域内有过种种建树，而且还无一不曾对民国教育、学术事业的现代转型立下过汗马功劳。然而，在时代的急剧翻滚之下，他们的言行事功或被淡化，或被遮蔽，或被扭曲，直至淹没在历史的尘埃之中，不再被人提及。东北大学校长臧启芳无疑就是这样的人物。

臧启芳（1894—1961），字哲先，辽宁盖平人。民国元年入南京民国大学，旋入北京国民大学（中国大学），1920 年赴美留学，初入加州大学研究院，后转伊利诺大学，习经济学。1923 年返国后，历任中国大学、华北大学、东北大学教授，1928 年任东北大学法学院院长，1930 年曾一度出任天津市长。此后又历任东北行政长官公署地亩管理局局长、江苏省第四区、第二区行政督察专员。西安事变后，臧启芳代理东大校长。[1]1939 年 7 月初，代理国立东北大学校长一年半的臧启芳，终于"转正"——被国民政府教育部正式任命为校长，他不仅是东北大学改国立后的第一任校长，也是主政东北大学时间最长（1937.1—1947.4）的校长。从上面一个简单的人物履历不难看出，与东大的前三任校长均系职业政治家或军阀不同的是，身为第四任东大校长的臧启芳无疑是一位学者出身、拥有海外留学背景的大学校长，他经受过西方教育的洗礼，谙熟现代大学的管理理念，所以在他任职期间，他竭尽全力为东大师生营造一个自由、理想的学术环境。

当然，更为重要的是，东北大学之所以能在烽火遍地的情况下迁徙、流亡并得以最终生存下来，与臧启芳的各种努力、斡旋密不可分，可以说，没有臧启芳，就没有三台东北大学的发展与成长。以下再举书中两例加以说明。臧氏对于东大的发展，无不亲力亲为，尤其在面对迁校事宜，更是事必躬亲。1937 年 11 月太原会战结束以后，日军地进逼潼关，西安岌岌可危，然而臧氏最初接到的命令，竟是"命东大向青海迁移"，这在他看来是绝对做不到的事情，因为此举无异于让东大就地解散。后来臧氏先斩后奏，"冒着受处分的风险违令迁川"，随后又向教育部陈立夫、张道藩、顾毓琇等部长、次长据理力争，多方斡旋，才最终得以力挽狂澜，使东北大学绝处逢生，将校址选定在三台，无疑，是臧启芳在历

---

[1]　秦孝仪主编：《革命人物志》第二十二集（台北：1982 年），第 397—399 页。

史的关键时刻挽救了东北大学。有人曾指出臧氏背后的 CC 系背景，这确是不争事实，但从这次惊心动魄的交涉中不难看出，如果没有这层背景，臧启芳恐怕也不能说服陈立夫，从而也就不能挽救东大。进一步说，若是没有陈立夫出掌教部，臧启芳或许也不是最佳的校长人选。在这儿，我想强调的一点是，在近代中国大学史上，大学校长这一角色从来就不是纯粹的"政治家"或者"教育家"，在很多情况下它前者的身份标识可能会明显一些，而无论校长是什么背景、贴上哪一派哪一系的标签，只要能为学校的长足发展做出贡献，我们就不应该否定他的历史功绩。

纵观臧氏十年掌校的历程，他不仅在关键时刻挽救了东大，而且还能不断招贤纳士，推动东大迈进民国一流学府。臧启芳在校长任内曾表示："我聘请教授一向无畛域之见，我所求的是学问品格，不问他是哪校出身、哪省人士、哪国留学，这可以从先后在东大任教的教授名册中看出来。"[1] 翻开当时东大的教授名录，确有"名师汇聚，盛极一时"的景象，包括历史系的丁山、金毓黻、萧一山，中文系的陆侃如、姚雪垠等、外文系的冯沅君、殷仲珊，都是在此时来到三台东大任教的。笔者曾翻阅过金毓黻的《静晤室日记》，臧启芳的礼贤下士之举在日记中得到了清晰的体现。[2] 正因为此，臧、金两人的情谊才日渐升温，成了莫逆之交，以至于到后来，就因为臧氏一句话，金毓黻可以马上放下中央大学的教务与系务，赶赴三台。

此后尽管东大"外部有动荡，内部有斗争"，但在挑选教师上，依然坚持学有专长和在学术上有声望的人，以保证教学的正常进行，这确实东大的好传统。在如此强大的师资基础上，臧氏又按照现代大学的理念与格局设立了理、工、文、法、教育等较为齐全的学科。这一大批饱学之士的纷至沓来，以及相关系科的建设与完善，足以使东北大学跻身一流学府之列。

---

① 臧英年：《序》，载张在军：《战乱与革命中的东北大学》（台北：秀威资讯科技股份有限公司，2015 年），第 8 页

② 金毓黻著，《金毓黻文集》编辑整理组校点：《静晤室日记》第六册（沈阳：辽沈书社，1993 年）。

　　《战乱与革命中的东北大学》一书阅毕，掩卷而思，唏嘘不已。通过作者在浩如烟海的历史资料中不断地摸索、挖掘与勾稽，一所偏安一隅、四处流浪的大学，一条艰辛漫长、横跨大半个中国的流亡道路，一件件深藏在史料与长河中的史事，一个个被世人弃忘、已经模糊不清的人物，逐渐地从地底浮出地表，由远处拉到近端。再经由作者不断的加工、排列、组合，这若干个要素构成了一幅清晰、立体、富有层次感的动态画面，呈现在我们面前，灵动而明亮，却也发人深省、引人深思。或许，这就是我们重新结识臧启芳、认识东北大学的开始。

主要参考文献

一、公开出版物

《一二·九运动》，人民出版社，1954 年

《一二·九运动史》，北京出版社，1980 年

《一二·九运动史要》，中共中央党校出版社，1986 年

《一二·九运动资料》（第一辑、第二辑），人民出版社，1981 年

《一二·三〇事件始末》，郑新衡著，辽宁人民出版社，1996 年

《人民教育家车向忱》，车树实、盛雪芬著，辽宁人民出版社，1989 年

《"九一八"抗战史》，谭译主编，辽宁人民出版社，1991 年

《"九一八"事变·抗日烽火》，辽宁省政协文史委编，辽宁人民出版社，
1999 年

《"九一八"事变：奉天总领事林久治郎遗稿》，王也平译，辽宁教育出版社，
1987 年

《"九一八"到"七七"》，马仲廉编著，中国青年出版社，1985 年

《文史资料选编》第 21 辑，政协北京市文史委编，北京出版社，1984 年

《王卓然史料集》，赵杰、王太学主编，辽宁人民出版社，1992 年

《太平洋战争史》，[日] 今井清一，商务印书馆，1959 年

《天皇的战争责任》，[日] 井上清，商务印书馆，1983 年

《中华全国文艺界抗敌协会史料选编》，文天行等编，四川社科院出版社，1983年

《中国西部抗战文化史》，唐正芒等著，中共党史出版社，2004年

《中国共产党三台县历史》，郭静主编，中共党史出版社，2007年

《中国青年运动史》，中国青年出版社，1984年

《中国奥运第一人刘长春》，元文学主编，大连理工大学出版社，2008年

《中国学生运动史》，翟作君、蒋志彦著，学林出版社，1996年

《日本帝国主义对外侵略史料选编》，上海人民出版社1975年

《日本军国主义侵华资料长编》，四川人民出版社，1987年

《日本昭和史的最后证人张学良》，[日]臼井胜美著，辽宁大学出版社，1993年

《日本为什么侵华：从甲午战争到七七事变》，冯学荣，金城出版社，2014年

《世纪学人自述》第四卷，高增德、丁东编，北京十月文艺出版社，2000年

《末代王朝与近代中国》，[日]菊池秀明，广西师范大学出版社，2014年

《北平和谈纪实》，董世桂、张彦之，文化艺术出版社，1991年

《北京青年运动史》，北京出版社，1989年

《北京档案史料》各期，新华出版社

《左承统回忆录》，左承统，湖南人民出版社，2010年

《血色残历：侵华日军发动的九一八事变》，徐光荣，花山文艺出版社，1998年

《百年回首》，宁恩承，东北大学出版社，1999年

《西安事变史实》，李云峰，陕西人民出版社，1981年

《西安事变档案史料选编》，档案出版社，1986年

《宋哲元研究》，陈世松主编，四川省社会科学院出版社，1987年

《我们走过的路》，相树春等主编，今日中国出版社，1993年

《我国学生运动史话》，王念昆，湖北人民出版社，1954年

《抗日战争时期中国高校内迁史略》，侯德础，四川教育出版社，2001年

《抗战中的中国文化教育》，延安时事问题研究会编，上海人民出版社，1961 年

《抗战胜利后国民政府教育复员研究》，贺金林，社会科学文献出版社，2010 年

《延阁飞香：东北大学图书馆建馆九十周年纪念集》，王恩德主编，东北大学出版社，2013 年

《河南大学抗日流亡办学纪实》，陈宁宁，河南大学出版社，2012 年

《河南大学校史》，张振江主编，河南大学出版社，2002 年

《青春永在：1946—1948 北平学生运动风云录》，徐康编，北京出版社，2004 年

《东大逸事》，魏向前等主编，东北大学出版社，2003 年

《东大传统》，熊晓梅主编，辽宁人民出版社，2008 年

《东北大学八十年》，杨佩祯等主编，东北大学出版社，2003 年

《东北大学史迹画卷》，杨佩祯、丁立新主编，东北大学出版社，2011 年

《东北大学史稿》，王振乾等编，东北师范大学出版社，1988 年

《东北大学在三台》，唐宏毅主编，四川大学出版社，1991 年

《东北大学校志》第一卷，杨佩祯等主编，东北大学出版社，2008 年

《东北大学教授名典》，杨佩祯主编，东北大学出版社，1999 年

《东北青年运动大事记》，鲁雅萍主编，东北大学出版社，1984 年

《东北师范大学校史 1946—1996》，戴星东等主编，东北师范大学出版社，1996 年

《东北救亡七杰》，王连捷编，白山出版社，1992 年

《东北解放区教育史》，苏甫主编，吉林教育出版社，1989 年

《东北解放战争大事记》，丁晓纯等编，中共党史资料出版社，1987 年

《金景芳自传》，金景芳，巴蜀书社，1993 年

《姜亮夫全集》第 24 册，姜亮夫，云南人民出版社，2002 年

《南开大学校史资料选》，南开大学出版社，1989 年

《流亡：抗战时期东北流亡学生口述》，齐红深编著，大象出版社，2008 年

《高而公文集》，中国广播电视出版社，1985 年

《被遗忘的抗战史：四川大抗战》，郑光路，四川人民出版社，2013 年

《带露的鲜花：刘黑枷纪念文集》，沈阳出版社，2002 年

《齐世英口述自传》，齐世英口述、林忠胜记录，中国大百科全书出版社，2011 年

《情缘东大》，丁义浩、韩斌主编，东北大学出版社，2013 年

《张学良口述历史》，唐德刚，中国档案出版社，2007 年

《张学良文集》，毕万闻主编，新华出版社，1992 年

《张学良世纪传奇》，唐德刚记录、王书君著述，山东友谊出版社，2002 年

《张学良年谱》（修订版），张友坤等编著，社会科学文献出版社，2009 年

《张学良——西安事变主角的命运》，[日] 松本一男著，中国青年出版社，1992 年

《张学良将军生活纪事》，刘恩铭等编著，辽宁大学出版社，1990 年

《张学良与西安事变》，应德田，中华书局，1980 年

《张学良与东北大学》，丁晓春、魏向前主编，东北大学出版社，2003 年

《张学良画传》，张友坤，山东友谊出版社，2005 年

《董每戡集》第五卷，陈寿楠等编，岳麓书社，2011 年

《新修潼川府志校注》，何向东等校注，巴蜀书社，2007 年

《解放战争时期北平学生运动史》，张大中等主编，北京出版社，1995 年

《杨虎城将军传》，米暂沉，中国文史出版社，1986 年

《蒙文通先生年谱长编》，王承军撰，中华书局，2012 年

《漫游中国大学·东北大学》，熊晓梅主编，重庆大学出版社，2008 年

《漫游东大》，丁义浩等主编，东北大学出版社，2013 年

《郑泽堰：民国县长郑献徵传奇》，[法] 郑碧贤，北京三联书店，2012 年

《蒋天枢传》，朱浩熙，作家出版社，2002 年

《图说西北大学 110 年历史》，姚远等撰，西北大学出版社，2012 年

《论学杂著》，蒋天枢，中州古籍出版社，1985 年

《静晤室日记》第六册，金毓黻，辽沈书社，1993 年

《沈阳百年 1900—1999》，刘迎初、吕亿环主编，沈阳出版社，1999 年

二、内部出版物

《三门峡文史资料》第二十辑，政协河南省三门峡市文史委编印，2010 年

《三台文史资料选辑》各期，政协四川省三台县文史委编印

《三台中学校史资料选编》第一辑，李宗富主编，1995 年

《三台简史》，左启，2009 年

《永恒的烙印》，杨超主编，长春地方史志编纂委印制，1988 年

《四川省三台中学校百年史》，柯海生、唐永齐主编，2006 年

《年轮：东北大学文学学院历史概览》，张雷、杨建春主编，沈阳，2003 年

《抗战时期东北大学内迁三台研究》（硕士论文），程丕来，四川大学历史学院，2007 年

《东大校友》各期，东北大学校友总会编印

《东北大学 1946—1949 学运资料汇编》，1998 年

《东北大学建校 65 周年纪念专刊》，东北大学北京校友会、沈阳校友会合编，1988 年

《东北大学校友通讯》各期，东北大学北京校友会编印

《东北大学校友通讯》各期，东北大学长春校友会编印

《东北大学校友通讯》各期，东北大学沈阳校友会编印

《东北大学校史资料简报》合订本，东北大学校史志编研室，2003 年

《张学良教育思想研究会专刊》，张学良教育思想研究会编印，沈阳，1992 年

《绵阳市文史资料选刊》各期，政协四川省绵阳市文史委编印

《银州文史资料》各期，政协辽宁省铁岭市银州区文史委编印

《辽宁文史资料》各期，政协辽宁省文史委编印

《战火中诞生的东北大学》（修改稿），武强编写，长春，1984年

《沈阳文史资料》各期，政协辽宁省沈阳市文史委编印

三、港台各类出版物

《三台日记》，潘重规，台湾自印手稿本，1978年

《矢志兴中华：王卓然传》，王太学，香港中华国际出版社，2001年

《柏杨回忆录》，柏杨口述、周碧瑟执笔，台北远流出版社，1996年

《背影：我的父亲柏杨》，郭本城，台北远流出版公司，2014年

《珞珈》第127期，台北武汉大学校友会编印，1996年

《秦德纯回忆录》，秦德纯，台北传记文学出版社，1967年

《国立东北大学六十周年纪念特刊》，国立东北大学旅台校友会编，1983年

《国立东北大学七十周年纪念特刊》，国立东北大学旅台校友会编，1993年

《学潮与战后中国政治》，廖风德，台北东大图书公司，1994年

《张学良、宋子文档案大揭秘》，林博文，台湾时报文化出版公司，2007年

《张学良与西安事变》，傅虹霖，香港中华书局，2014年

《张学良与辽宁教育》，孙景悦等，香港同泽出版社，1993年